Bibliographische Information durch die Deutsche Nationalbibliothek:
Die Deutsche Nationalbibliothek vorzeichnet diese Publikation in der
Deutschen Nationalbibliographie; detaillierte bibliographische Daten sind im
Internet über http://dnb.-d-nb.de abrufbar

Meinen beiden Vätern (+)
in
dankbarem Gedenken

ISBN 978-3-83349-604-2
© Copyright 2007: sämtliche Rechte bei der Autorin
alexa-rostoska@web.de
Herstellung und Verlag: Book on Demand GmbH, Norderstedt
www.bod.de
Umschlaggestaltung: Christiane Ley, Cabarete, D.R.
christiane_ley@yahoo.de

Alexa Rostoska

Der Kuß
der
weißen Schlange

Heiter-ernste Gespräche
über
spirituelle Philosophie
- ein Roman für fast Alle und fast Keinen -

Vorwort

*In Tatsachen gekleidet
fühlt die Wahrheit sich eingeengt.
Im Gewande der Dichtung
bewegt sie sich leicht und frei*

sagt Rabindranath Tagore … und ich möchte fortfahren:
Legen wir also den zu engen Hut ab, der nur Kopfschmerzen bereitet, und
geben der Wahrheit diese dichterische Leichtigkeit und ihren Schwingungen
die Freiheit.

Ich lade meine Leserinnen und Leser ein, teilzunehmen an meiner besonderen
˝Talk Show˝ über spirituelle Philosophie, Poesie und Fantasie
mit dem weisen mythischen Wesen Ishtuahavi, der weißen Schlange.

Wo?   Im Paradies auf der Karibikinsel Hispaniola.
Wann?   Jetzt – oder wann immer Sie wollen.

Mögen Nachdenklichkeit und Traum-Erleben gleichermaßen angeregt und
zum Genuß werden. Dann hat es gelohnt, dieses Buch geschrieben zu haben, denn es hat seine Bestimmung erreicht und den sensiblen, aufgeschlossenen, unalltäglichen Leserkreis gefunden, an den es sich wenden
will.

Alexa Rostoska
Isla Hispaniola, Jan.2007

alexa-rostoska@web.de

1.

„Was für ein Morgen in diesem paradiesischen Land!"
Ich mußte einfach mit diesem Ausruf den eben heraufkommenden Tag begrüßen, mußte meiner Freude Ausdruck verleihen und gleichzeitig über mich und mein Pathos schmunzeln - stand ich doch ein wenig zu theatralisch auf der Terrasse wie eine Schauspielerin auf der Bühne.
Aber die Kulisse war echt und ich in ihr – das machte den Unterschied!
Weit und breit war niemand zu sehen, um mich kopfschüttelnd wie einen sonderbaren Vogel zu belächeln.
So breitete ich – wie mir eben gerade zu Mute war - meine Arme aus, ließ ein paar tiefe Atemzüge durch den ganzen Körper wandern und hielt meine Ansprache an die erwachende Natur um mich her.
Ja, was für ein Morgen! Grün-gold leuchtend, sonnendurchflutet die Blätter der großen Almendras (1) im schräg einfallenden Frühlicht der tropischen Sonne, die Schatten noch lang, der Sand noch kühl am menschenleeren Strand. Eine Wonne, mit nackten Füßen hineinzustapfen. Die Fußspuren spült das Meer hinweg, zeichnet einen feinen Saum von kleinen und kleinsten Muscheln in großen unregelmäßigen, sich überschneidenden Girlanden in den goldkörnigen Sand. Ein wuchtiger, vielfältig verästelter Baumstamm wurde angespült über Nacht und reckt sich in bizarrer Kontur gegen den seidig blauen Himmel. Der Atlantik machte ihn mir zum Geschenk an diesem heiteren Morgen: lud mich ein zu sitzen, zu sinnen und seiner Melodie zu lauschen.
Wer das Meer liebt und mit ihm lebt jeden Tag, spürt, daß sein Klang immer wieder anders ist, lernt die feinen Unterschiede hören.
Und dann erst das überwältigende Schauspiel, wenn Sturm, Blitz und Donner ihre Gastrollen geben des Nachts! Ein Tosen, ein Krachen, hochaufgetürmte Kumuluswolken erhellt zu Feuersäulen, ein ungebärdiges Zucken der Lichter verwandelt den prasselnden Regen in einen dichten, schillernden Silbervorhang, die sich überschlagenden Schaumkronen in rieselnde Perlen. Wer kann und will in solchen Nächten denn schlafen: ich sitze andächtig und schaue nur. Für Bruchteile von Sekunden tauchen die flammenden Blitze alles in ein überirdisch magisches Licht - wieder und wieder – mit wilden, fast wütenden Strichen zeichnen sie in die schwarze Nacht glühende Gestalten und Figuren, die schneller wieder verschwunden sind, als die Fantasie verweilen kann.
Manchmal geht die Aufführung stundenlang ohne Unterlaß. Manchmal kehren ebenso schnell die Sterne wieder und auch der Mond. In nur einer Stunde ist ringsherum alles wieder getrocknet, Fledermäuse segeln lautlos um die Lampen, die Grillen stimmen ihre Serenade an, Nachtfalter und riesen-

große Glühwürmchen schwirren durchs Rund und übernehmen ihre Rollen auf der nächtlichen tropischen Bühne.

Dann landet ein großer blau-grauer Reiher am Poolrand. Wenn er ganz ruhig da steht, hat er gar keinen Hals. Ich weiß nicht, wie und wo er den Platz findet, ihn zu verstecken, denn wenn er ihn plötzlich reckt, scheint er fast noch länger als seine Beine. Das ist dann das untrügliche Zeichen, daß er gleich loslegen wird: eine Strandkrabbe war's diesmal, die nicht die geringste Chance hatte zu entkommen. Man konnte ihre Konturen verfolgen, wie sie langsam im Reiherhals nach unten gelangte.

Ich sah ihn schon einmal fünf solcher Krabben hintereinander vertilgen. Aber jetzt ist er's mangels weiterer Gelegenheit erst einmal zufrieden, zieht seinen Hals wieder ein, plustert seinen eben noch langen, schlanken Körper auf und sieht aus wie eine Kugel auf Stelzen. Nur die langen Beine verraten den Vogel.

Während des Tages entdeckte ich ihn in den Almendras – oben nahe dem Wipfel. Zunächst glaubte ich an eine zufällige Blätter-Ansammlung. Mein Biocular konnte mir auch nichts anderes bestätigen: er saß absolut unbeweglich und perfekt getarnt dort oben. Ohne aufzufliegen wechselte er dann den Ast, um wieder in gleicher Unbeweglichkeit zu verharren – schlafend mit offenen Augen.

Ein kleiner dunkler Vogel mit gelber Brust – fast so winzig wie ein Kolibri – flog vor Schreck davon. Aber er kam wieder - mit Verstärkung. Die kleinen Burschen umkreisten ärgerlich schreiend den Reiher und attackierten ihn sogar frech mit ihren Schnäbeln. An Ausruhen von seinem nächtlichen Streifzug war nicht mehr zu denken. Schließlich wurde es ihm zu bunt, er suchte das Weite und entfloh der kleinen lästigen Schar mit ein paar weiten Schwüngen auf das offene Meer hinaus.

Der Vergleich mit Situationen im Menschenleben drängte sich auf, und ich mußte ein kleinwenig lächeln, da mir einige Parallelen aus meinem Leben in den Sinn kamen.

So einfach davonfliegen wie der Reiher konnte ich damals leider nicht. Doch das alles soll in meiner Psycho-Truhe mit der Aufschrift ''erledigt'' verwahrt bleiben, denn es gibt Schöneres und Sinnvolleres als über Vergangenes wiederkäuend nachzudenken.

2.

Am folgenden Abend ein ganz anderes Szenario: das Meer begleitet sanft und einverstanden die Bilder des abendlichen Himmels mit leiser, fast zärtlicher Melodie: am Horizont die Silhouette blaugrauer Kumuluswolken – Skyline einer fernen Fantasiestadt – darüber ein helles Leuchten unter breiten Purpurstreifen, die die untergehende Sonne zeichnet und färbt. All das wechselt schnell, wird noch intensiver, bis die Dunkelheit mehr und mehr sich der Kontraste bemächtigt, die glühenden Farben mildert, allmählich verschwinden läßt in der Umarmung der einbrechenden Nacht.

In den kommenden Stunden werden wir wieder das Crescendo des Atlantik vernehmen – im Wettstreit mit den aufziehenden Gewittern. Aber bis dahin wird es noch 4 – 5 Stunden dauern.

Am 19.Breitengrad sendet die tropische Nacht oft solche malerischen Dämmerungskulissen voraus. Sie bricht nicht jäh und überraschend herein wie am Äquator.

So hat diese Stunde etwas ganz Besonderes, daß ich gern um diese Zeit am einsamen Strand entlang laufe, oft die eine oder andere hübsche Muschel oder einen skurril gewundenen Ast finde, auf einem angeschwemmten Baumstamm sitzend, in den Anblick der auslaufenden Wellen versunken die Gedanken ein wenig umherbummeln lasse. Manchmal regt sich ganz von allein eine tiefe andächtige Dankbarkeit, ein Gefühl der Geborgenheit, das sich einig weiß mit allem, was i s t .

So auch heute wieder.

Da schwamm etwas Schmales, Weißes, Längliches zu mir in Richtung Ufer, kam mit jeder neuen Welle ein Stück näher. „Sieht aus wie ein Stück Tau aus weißem Polyester", dachte ich und fand es drollig, daß es wie ein Lebewesen in den Wogen auf und nieder tanzte. Die Wellen schienen ihren Spaß mit dem Tau zu treiben, und ich mußte ein wenig lächeln: Lîla – fiel mir ein - das Spiel Gottes, wie die Inder es nennen.

5 Wellenschläge wird es wohl noch brauchen, um vor meinen Füßen zu landen …ich zählte schließlich 7, als es links von mir in geringer Entfernung - vom Meer freigegeben - im Sande lag.

Ich blieb wie angewurzelt stehen: bewegte es sich? ... tatsächlich... es bewegte sich, schlängelte sich, war mindestens 2 m oder gar 3 m lang… Seeschlangen sind giftig, schoß es mir durch den Kopf... aber sind die nicht dunkel-farbig und viel schmaler?

„Alexa" … hatte jemand leise meinen Namen genannt? Ich blickte mich um … keine Menschenseele weit und breit… da… wieder: „Alexa"…

Die Schlange wand sich in sinusförmiger Bewegung ein wenig auf mich zu und hob den kräftigen breiten Kopf, aus dem zwei hell leuchtende Augen blickten.

„Fürchte dich nicht, Alexa, ich bin nicht giftig, und ich will dir nichts Böses", sagte sie, als hätte sie meine Gedanken erraten. „Habe Vertrauen zu mir...... darf ich mich vorstellen? Mein Name ist Ishtuahavi."

„Ich bin Alexa, aber das scheinst du ja bereits zu wissen", entgegnete ich und bemühte mich, sachlich- kühl und emotionslos zu erscheinen.

Sie kam nicht näher, ließ mir etwas Zeit, meine Fassung wieder zu gewinnen.

„Bist du die Verführerin aus dem Paradies, Ishtuahavi?" fragte ich vorsichtig und immer noch ein wenig mißtrauisch. Sie schien erheitert und schüttelte den Kopf:

„Nein! Ich habe niemals verführt. Ich habe immer nur Antwort gegeben, wenn man mich gefragt hat ... und immer eine wahre Antwort. Die Genesis des Alten Testamentes ist ein altes, verlogenes Märchen - erfunden von Patriarchen, um all deren eigene Schlechtigkeit und Verderbtheit auf die Frau, das Weibliche schlechthin und deren vermeintliche Verführerin, die Schlange, projizieren zu können. So böse, wie auch durch und durch falsche Geschichten halten sich über Jahrtausende hinweg. Eine Lüge aber wird nicht zur Wahrheit, nur weil man sie seit ein paar Tausenden von Jahren erzählt."

„Ich habe schon manches Mal darüber nachgedacht, warum über die Entstehung der Eva ein so sonderbar-schlimmes Märchen gesponnen worden ist, " sagte ich. „Schließlich kann doch keiner der Nachfahren Freude daran haben. Auch Adams Söhne nicht, obwohl sie immer wieder so tun, als würde diese Story ihnen das größte Vergnügen bereiten."

„Und wohl erst recht nicht dieser merkwürdige Schöpfergott, Alexa.

Eva soll aus diesem Adam entstanden sein? Noch dazu aus einem so unattraktiven krummen Knochen wie die Rippe? Da wäre sie sicher so etwa wie eine weibliche Ausgabe vom Quasimodo, dem Glöckner von Notre Dame, geraten und hätte wohl niemals die irdische Urmutter des sogenannten schönen Geschlechts werden können, meinst du nicht auch?"

Man denke nur an Aphrodite, die schöne Schaumgeborene, die dem Meer entsteigt! Welch ein herrlich ästhetisches Bild überbringen uns da doch die alten Griechen! In Zypern zeigt man noch heute stolz den Ort, wo sie aus den Wassern aufgetaucht ist, und genießt noch immer diese edle Vorstellung.

Aus dem Männlichen ist noch niemals Leben hervorgegangen: das ist ebenso lächerlich wie biologischer Nonsens, weil dies alle Gesetze der Natur und damit die göttlichen Gesetze konterkarieren würde. Das Göttliche aber i s t das ewige Gesetz des Universums. Es kann sich nicht selbst widersprechen."

„Eigentlich völlig klar, Ishtuahavi", warf ich ein, „*ein Gesetz, das nur manchmal gilt, ist eben kein Gesetz*, wie es der Physiker Stephen Hawking ausdrückt – daran ist doch wohl kaum zu rütteln, denke ich."

„Eben, Alexa. Deshalb sei an dieser Stelle eine kurze Bemerkung zu dem alten kabbalistischen Wissen eingeflochten. Das Buch der Schöpfung Sefer Jezirah spricht von den drei Müttern - manifestiert in den hebräischen Buchstaben Mem – Schin – Alef, aus denen drei Väter hervorgegangen sind. Aus ihnen ist dann alles erschaffen worden.

Aber das soll jetzt erst einmal genügen. Wir werden uns zu einem späteren Zeitpunkt über die Buchstabenmystik der Kabbala unterhalten.

Gebären ist ein weiblicher Vorgang und – nota bene (2) - ein weibliches Privileg. Das wußte auch der Apostel Paulus, denn eine so bodenlose Dummheit unterstelle nicht einmal i c h diesem heilig gesprochenen Bibelfälscher. Aber zur Diskriminierung der Frau war ihm jede noch so dummdreiste Theorie recht.

Selbst wenn Adam tatsächlich der erste Mensch gewesen sein sollte und Eva der zweite: was sagt das schon über die Qualität aus? Im Allgemeinen ist der erste Versuch einer Schöpfung der meist weniger gelungene. Und worin liegt die Berechtigung des ersten Menschen den zweiten zu bevormunden und zu befehligen?"

„Du nennst Paulus einen Bibelfälscher?" fragte ich.

„Da stehe ich mit meiner Meinung inzwischen Gott sei Dank nicht mehr allein da, Alexa. Ich kann dazu sogar auf einige kluge Bibelforscher verweisen: den katholischen Theologen Joseph Blank – zum Beispiel. Er sagte: * Würde ein heutiger Experte mit der Schrift so umzugehen wagen wie Paulus mit dem Alten Testament, dann wäre er wahrscheinlich wissenschaftlich und kirchlich erledigt *.

Paulus hätte durchaus mehr Bescheidenheit angestanden, war er doch weder Augen- noch Ohrenzeuge, wie es in einer weitgehend durch mündliche Überlieferungen geprägten Zeit doch noch notwendig gewesen wäre. Wir werden uns zu einem späteren Zeitpunkt nochmals eingehend darüber zu unterhalten haben.

Kommen wir auf die Entstehung des Menschen zurück, Alexa:

Ungeachtet der alttestamentarischen Texte hat die Forschung schon sehr lange Kenntnis davon, daß als erste die Muttergottheiten verehrt wurden, folglich das gebärende vor dem zeugenden Prinzip in der Evolution des Menschen auf der Erde existierte.

Die Menschenfrau gab es also lange schon vor dem Menschenmann.

Die Wissenschaft hat auch inzwischen herausgefunden, daß mehr als 84.000 Jahre später als das weibliche X-Chromosom erstmals das männliche Y-Chromosom auftauchte - zunächst als eine Entartung des X-Chromosoms. Das fand u. a. ein Forscherteam unter der Leitung von Prof.

Peter Underhill an der Stanford University in Palo Alto in Kalifornien nach Auswertung eines umfangreichen, gen-analytisch relevanten Materials heraus.

In der Fachzeitschrift ''Nature Genetics'' veröffentlichte eine internationale Gruppe von Wissenschaftlern Resultate, die dies ebenfalls bestätigen konnten. Ein erstes Menschenpaar hat es demzufolge überhaupt nie gegeben – geschweige denn ein synchron entstandenes. Adam und Eva können sich also gar nicht begegnet sein – zumindest nicht als irdische – sprich physische Menschen.

Jedoch wollen wir sie ja nicht ein zweites Mal verjagen, die Armen, nach allem was sie erleiden mußten. Deshalb habe ich bereits mit größtem Vergnügen den Vorschlag aufgegriffen, daß wir ihnen einen idyllischen Garten im Reich der Mythen einräumen, wo wir ihnen gern jede Menge von Obstbäumen des ewigen Lebens pflanzen wollen. Ich werde sie ab und zu besuchen und aufpassen, daß sie sich erfreuen können, ohne daß da so ein Störenfried eindringt, um ihnen erneut den Appetit an all den wunderbaren Früchten zu verderben. Der Zustimmung der großen Urmuttergöttin bin ich mir völlig sicher, denn die Idee stammt von ihr ...und ich bin bereits beauftragt, in ihrem Sinne tätig zu werden."

„Oh, das gefällt mir außerordentlich", sagte ich spontan begeistert. „Ich komme gern und helfe Bäume pflanzen!"

„Scherz beiseite und zurück zur Wissenschaft, Alexa. Diese Ergebnisse sind natürlich schon länger bekannt in der wissenschaftlichen Forschung, die kurzerhand und selbstgerecht von den in ihrer verstaubten Theologie festgefahrenen Kirchen-Oberhäuptern ignoriert wird. Es ist ja kaum zu erwarten, daß die Patriarchen deshalb die Bibel umschreiben, wenn es doch so viel einfacher ist, sich angeblicher Symbole zu bedienen, um sie - wie seit eh und je gewohnt - als Ausreden zu mißbrauchen. Daher ist für sie ''Evolution'' ein Reizwort, das man meidet, wie der Teufel das Weihwasser.

Außerdem ist da noch etwas hinzuzufügen: die Torah, der Talmud, das Buch Jezira und der Sohar sind die heiligen jüdischen Schriften, die unterschiedliche Darstellungen der Genesis in hebräischer Sprache behandeln, wie eben schon angedeutet. Die griechische Übersetzung des Alten Testamentes - wie maßgeblich von den Christen benutzt – entstand 270 a.Chr. in Alexandria und wird als Septuaginta bezeichnet. Sie ist so verbogen worden, daß die Juden mit Recht sich dagegen verwahren und ihr die Authentizität absprechen.

Diese Übersetzung wurde in nur 72 Tagen von ebenfalls 72 sogenannten Gelehrten ''erarbeitet'', weswegen sie auch diesen Namen ''Septuaginta'' - ausgedrückt in römischen Zahlen LXX - bekommen hat. Das sagt doch schon alles: ''Viele Köche verderben den Brei'' - und das auch noch in rekordverdächtiger Zeit.

Die jüdische und später die christliche Kabbala sowie auch die frühchristliche Gnosis haben immer die göttliche Idee gelehrt, ein ausgeglichenes Verhältnis zwischen den als gleichwertig erkannten Gegensätzen anzustreben. Denn für sie bedeutet Gott die Vereinigung aller Gegensätze, das meint sowohl die Vereinigung von Gut und Böse als letztlich auch von Mann und Frau. Eine Lehre, die die Frau in die zweite Reihe verbannen, ihr damit eine untergeordnete und minderwertige Stellung zuweisen und sie außerdem auch noch zum Gehorsam gegenüber dem Manne zwingen will, war allgemein vollkommen unbekannt und hätte auch diesem wunderbaren Gedankengut völlig widersprochen. Man sehe sich nur den Lebensbaum der mystischen Kabbala an mit seinen zehn Sephirot (39). Ohne sich näher einzulassen, erkennt man sofort, daß von daher eine harmonische, und damit vollkommen andere Gesinnung heraufgewachsen ist, die der Menschheit wirklich dienlich ist. Darauf werden wir später zurückkommen, wie ich schon sagte.

Diese entstellte alttestamentarische Genesis der Septuaginta aber wird weder in dieser noch in einer anderen Form von Jesus jemals erwähnt. Auch hat man ihm keinerlei Fragen dazu gestellt. Jesu Worte und Predigten wichen kein Jod von der Tora ab. Das hat ER selbst immer wieder betont.

Aber ausgerechnet die primitivste von allen Überlieferungen - wie in dieser von Mängeln strotzenden Septuaginta festgeschrieben - hat sich die frühe Christenheit um Paulus herausgesucht, um sie bis heute ihre Anhänger zu lehren. Das alles gehört gar nicht in die christliche Religionslehre, sondern ist allenfalls von historischem Interesse – selbst für eine Märchenstunde bei Kindern gänzlich ungeeignet.

Wenn dem aber nachgegangen wird, dann bitte mit mehr Korrektheit!

Die alles andere als christlich zu nennende Frauenfeindlichkeit fußt hauptsächlich auf Paulus. Jesus hatte eine gute Beziehung zu Frauen: nicht nur zu seiner Mutter, sondern auch zu allen anderen Frauen und nicht zuletzt zu seiner Lebensgefährtin Maria Magdalena, deren angeblich wenig ehrenhafte Vergangenheit man gern noch verleugnerischer und naserümpfender kommentieren würde, wäre sie nicht von Jesus so liebevoll behandelt worden.

Es gibt keine einzige frauenfeindliche Äußerung von Jesus, denn sie waren ihm meistenteils näher und inniger verbunden als seine Jünger. Die beiden eben erwähnten Frauen waren es auch, die Jesus während seiner Kreuzigung begleiteten. Außer Johannes war kein einziger seiner Jünger zugegen. Weil sie zu feige dazu waren oder als Begleiter nicht für würdig befunden wurden? Wer weiß? Das wollen wir einmal dahin gestellt sein lassen!

Doch der Apostel Paulus sah sich genötigt, diese fragwürdige Entstehungsgeschichte der Eva eifrig zu bekräftigen, um ihre angebliche Minderwertigkeit in der Lehre zu zementieren, wie man in den Briefen an die Korinther 11,7-9 und 1. Tim.2, 11-13 nachlesen kann. Daraus ergaben sich und ergeben sich noch heute die sattsam bekannten Unterdrückungs-Methoden, die Männer gegenüber Frauen seit Jahrtausenden in den unglaublichsten Variationen generieren – oftmals in Form bedrohlicher physischer Gewalt in Ermangelung einer geistigen Überlegenheit."

„Ishtuahavi, beantworte mir doch bitte noch folgende Frage: da gab es doch noch eine Version der Genesis, die in den von den Christen übernommenen Texten fehlt. Die erste Frau Adams hieß doch Lilith, richtig?"
„Das ist wiederum eine interessante Geschichte, die dir gefallen wird, Alexa. Wie viele Christen wissen denn schon von Lilith.
In dieser überlieferten Legende heißt es:
Lilith und Adam wurden gleichzeitig aus Erde erschaffen. Adam begann sofort mit dem Versuch, sich Lilith untertan zu machen, denn er hatte nichts Eiligeres zu tun, als sie zu befehligen. Sie aber meldete daraufhin mit Nachdruck ihren Gleichberechtigungs-Anspruch an, als der verloren zu gehen drohte. Bevor Adam jedoch seine physischen Kräfte an ihr ausprobieren, sprich handgreiflich werden konnte, sprach Lilith einen geheimen Gottesnamen, verwandelte sich in einen Vogel und flog dem sprachlosen Adam einfach davon." Ich lachte:
„Das ist in der Tat eine wunderbare Geschichte. Adams Gesichtsausdruck hätte ich sehen mögen, kann ihn mir aber lebhaft vorstellen. Nun war er ja allein. Es mußte - wie im richtigen Leben auch heutzutage – eine neue Frau her, das war dann Eva, nicht wahr?"
„Ja, das war dann später Eva. Aber laß mich die Geschichte der Lilith noch beenden", fuhr Ishtuahavi fort, „Lilith war die erste Magierin. Sie besaß übernatürliche Kräfte.
Das meint: sie verfügte über Kräfte, die der normalen Natur des Menschen nicht von vornherein mitgegeben sind. Diese Kräfte hat sie aus dem weiblichen Element Erde mitgebracht - und sie besitzt sie noch heute. Hier wird auch deutlich, daß beide - Adam und Lilith - aus Erde gemacht wurden: die symbolische Erde als weibliches, gebärendes Prinzip. Adams Körper ist später den Weg alles Irdischen gegangen.
Lilith indessen ist unsterblich geworden, indem sie sich in die himmlischen Lüfte erhoben hat und einen nach ihr benannten Stern bewohnt. Sie lebt in jeder Tochter der Eva. Natürlich wurde sie nach ihrem Verschwinden, das nicht einmal dieser Schöpfergott verhindern konnte, dämonisiert. Man machte sie für allerlei böse Vorkommnisse rund um die irdischen Frauen verantwortlich: Miß- und Totgeburten, Kindbettfieber, Frauenleiden wie auch Kinderlosigkeit wollte man ihr gern anlasten. Ihre Verfolgung spiegelte sich auch in den Hexenverbrennungen wieder, obwohl ihr Name dabei nie erwähnt wurde.

Lilith ist weder ein böser Dämon noch eine engelsgleiche Lichtgestalt.
Sie ist untrennbar mit dem weiblichen Prinzip verbunden, als dessen Wächterin sie keine geistigen Vergehen gegen dieses heilige Prinzip duldet: weder von Männern noch von Frauen. Lilith ist die starke Tochter der großen Urmuttergöttin - der Magna Mater.
Weder der Gottsohn der Großen Urmutter, der irrtümlich glaubt, Lilith erschaffen zu haben, noch Adam und seine Söhne haben bis heute jemals Macht über sie ausüben können. Daher die tief verwurzelte Angst vor ihr. Es wurden in alter Zeit Beschwörungen vorgenommen, die die eheliche Lagerstatt wie auch die Betten der Kinder vor Lilith schützen sollten.
Und jetzt kommt etwas wirklich Komisches:
die angerufenen Heiligen und Engel können ja absolut gar nichts gegen Lilith unternehmen und wollen es ja nicht einmal, denn dann müßten sie sich gegen die große Urmuttergöttin stellen. Davor würden sie sich aber unter allen Umständen hüten, denn das würde ihnen schlecht bekommen. Da aber in den vermeintlichen Gebeten Liliths Name auftaucht, sie also beschworen wird, erscheint sie auch – wenn auch unsichtbar. Sie, deren Nähe man fürchtet, wird quasi darum gebeten zu kommen. Sie entscheidet dann ganz gelassen und souverän, was geschehen wird: es ist immer die richtige Entscheidung – wie angenehm oder wie unangenehm deren Folgen für diese Flehenden auch erscheinen mögen. Denn was wissen diese denn schon, was für sie richtig ist oder nicht?
Da aber gruselige Dämonengeschichten viel spannender sind als liebliche und freundliche Erzählungen, geriet es in Vergessenheit, daß auch wunderschöne Mythen von Lilith als einer schutzengelsgleichen Göttin berichten."
„Das ist doch immerhin tröstlich. Lilith scheint deine Freundin zu sein, Ishtuahavi?" fragte ich.
„Ja, Alexa, in der Tat, so wie auch du es bist. Denn auch du hast alle weiblichen Aspekte in dir, die es je gegeben hat in der Evolution des Menschen: Lilith wie Eva wie auch alle anderen, die danach kamen, sind in dir."
„Du nennst mich deine Freundin, Ishtuahavi? Nach so wenigen Minuten, die wir uns kennen?"
„Alexa, ich kenne dich immer schon, wie du mich auch schon immer kennst. Nur hast du es vergessen. Das ist ja immer so von einem Menschenleben zum nächsten und daher auch kein Vorwurf. Aber ich habe dich niemals vergessen."
„Danke, Ishtuahavi. Ich werde mich daran gewöhnen und mich damit vertraut machen. Aber sag mal, auch wenn die Erschaffung der Menschen gerade eben im Mittelpunkt unseres Gespräches steht, kann es doch nicht davon ablenken, daß der alttestamentarische Schöpfergott - bei allem Respekt - auch nicht gerade vorbildlich dasteht während dieser ganzen Geschichte, oder was meinst du dazu?"
Ishtuahavi lachte:

„Ganz und gar nicht – da hast du recht. Besagter Schöpfergott hat sich schon im Garten Eden als der ''geoutet'', der er tatsächlich gewesen ist: der mißratene Sohn der Urmuttergöttin Magna Mater, die gelegentlich in meiner Gestalt – der weisen Schlange - auftritt. Mißraten deshalb, weil er gelogen hat.

Er verbot nämlich den beiden soeben erschaffenen Menschen, vom Baum der Erkenntnis eine Frucht zu pflücken und sie zu essen, und behauptete, daß sie sofort sterben würden falls sie das Verbot übertreten sollten. Die große Muttergöttin war davon nicht sehr angetan, daß das erste Menschenpaar gleich zu Beginn ihrer Existenz mit einer Lüge leben sollte. Sie hat mich geschickt – wie sooft auch in späteren Fällen - um diese falsche Information zu korrigieren, vorausgesetzt man würde mich danach fragen.

Daß es ohnehin widersinnig ist, Erkenntnis zu erlangen und gleichzeitig zu sterben, konnten Adam und Eva noch nicht wissen. Sie konnten auch nicht wissen, daß dieser Gottsohn der Magna Mater über die Früchte des Baumes gar nicht zu verfügen hatte, denn die Früchte als weibliches Prinzip unterstanden doch der Muttergöttin.

Nun - wie du weißt – Eva hat mich gefragt. Wie ich schon eingangs auf deine Frage geantwortet habe: sie hat von mir eine klare, wahre und unverfälschte Auskunft erhalten. Ich hatte gar nicht den Auftrag zu verführen, warum sollte ich also?

Hätte ich denn davon profitiert? Mitnichten und ganz im Gegenteil! Denn meiner großen Urmuttergöttin, der ich mich zutiefst verbunden und ergeben weiß, hätte ich Anlaß gegeben, traurig oder gar zornig über mich zu sein.

Wenn man mir also dennoch Verführung unterstellt, ist böswillige Verleumdung am Werk, oder auch einfach nur unreflektierte Dummheit – mag sein.

Diese erste Lüge des Sohnes der Urmuttergöttin zog weitere nach sich, wie das immer so ist, und wie wir gleich sehen werden. Eva war die mutige Pionierin – Adam hätte sich nicht getraut – nicht als erster.

Sie überwand ihre Skrupel um den Preis der Alternative Tod einerseits oder Klugheit und Erkenntnis andererseits und riskierte es, die Frucht zu pflücken und hineinzubeißen. Und siehe da: sie fiel nicht tot um. Erst jetzt traute sich der feige Adam auch die Frucht zu kosten, die ihm Eva bereitwillig reichte. Diese Frucht war nebenbei gesagt kein Apfel, der zu jener Zeit noch völlig unbekannt war.

''Da gingen beiden die Augen auf '', heißt es. Wie peinlich für den Sohn der Muttergöttin! Der sah seine Autorität wanken und mußte sich schnellstens etwas einfallen lassen. Von Adams Seite war nicht viel Aufmüpfigkeit zu erwarten, denn der machte sich - zur Rechenschaft gezogen – zitternd vor Angst in die sprichwörtlichen Hosen (die es freilich im Garten Eden noch nicht gab) und schob feige und schnell die alleinige Schuld auf seine Gefährtin. Von Eigenverantwortung für sein Tun keine Spur!"

„Eben, Ishtuahavi. Hätte er nicht die verbotene Frucht zurückweisen und Eva ermahnen können, gehorsam zu sein? Statt dessen macht er indirekt sogar noch seinen Schöpfer verantwortlich. Hätte dieser ihm die Gefährtin nicht an die Seite gegeben, wäre er - Adam - nicht verführt worden. Welch unehrenhafter Held, der da erschaffen worden ist!"

Ishtuahavi kicherte:

„Und der soll die Krone der Schöpfung und Herr über die Frau sein?" Dann fuhr sie fort: „Eva hingegen war geständig, aber ohne zerknirscht zu sein oder Reue zu zeigen – geschweige denn ein Versprechen abzulegen, es nie wieder zu tun. Das machte diese Vatergottheit wütend. Was er dann von sich gab und vollzogen hat, ist sattsam bekannt als die Vertreibung des ersten Menschenpaares aus dem Garten Eden, dem Paradies. Auch die angeblichen Verfluchungen gegen Eva und die Schlange sind immer wieder und allzuoft aufgewärmt worden, als daß wir sie hier noch einmal erwähnen müßten." Ich fuhr fort:

„Damit hat die Karriere dieses Gottes als der rächende Vatergott begonnen. Eine wie auch immer geartete Liebe zu seinen Geschöpfen kann selbst der gutmütigste und wohlwollenste Mensch nirgends entdecken. Er spricht auch vorerst einmal gar nicht davon."

„Diese weitere Lüge hat er uns wenigstens erspart", sagte Ishtuahavi.

„Die künftige Koexistenz mit diesem ersten Menschenpaar im Garten Eden war aus Autoritätsgründen also nicht mehr möglich, insbesondere Eva war als eine ernst zu nehmende Gefahr schwer einzuschätzen. Sie wäre ziemlich schnell in die schützenden Arme der wieder erstarkenden Muttergottheit geflohen, deren Symbole allseits sichtbar und unbeugsam präsent waren: die Schlange für die weibliche Weisheit und Klugheit, der Baum für die weibliche Wahrheit der Natur, die Frucht für die weibliche Fruchtbarkeit und Kreativität.

Daraus ergibt sich zwangsläufig das patriarchale Verhalten, das auf Erden dieser Rächergott für Adam und seine Söhne generierte und ihnen einimpfte. Gehorsame Unterordnung unter eine Autorität – wie sinnvoll oder wie abwegig auch immer – fiel Männern noch nie besonders schwer. Ein geradezu simples Beispiel dafür liefern Männer in militärischen Diensten mit ihrem Kadavergehorsam im Gleichschritt. Sie Frauen abzuverlangen ist nicht ganz so einfach. Dies verunsichert die Männergesellschaft, weil sie im tiefsten Inneren weiß, daß sie all ihre Doktrinen den Frauen nur äußerlich und nur zeitlich begrenzt oktroyieren, sich nie sicher sein können, daß Evas Töchter nicht irgendwo und irgendwie ein Hintertürchen finden, um ihrer Intuition, ihrer Kreativität, ihrer lebendigen Ursprünglichkeit auf geheime, aber sehr wirksame Weise zur Wirkung zu verhelfen.

Dieser Rächergott konnte mich übrigens gar nicht verfluchen, geschweige denn Feindschaft zwischen mir und dem weiblichen Erdengeschlecht stiften, denn ich gehöre gar nicht zu seinem Machtbereich, sondern unterstehe der großen Muttergöttin.

Das wahre Göttliche, das unteilbare Absolutum, über das wir uns ein andermal intensiv unterhalten werden, verflucht niemals. Das weißt du längst, nicht wahr?

Auch ich bin natürlich nicht herabgewürdigt worden, im Staub zu kriechen, sondern schlängele mich in eleganten Sinusschwingungen über den Sand der Wüste, wo andere Geschöpfe schwerfällig und nur schrittweise vorankommen und mit ihren Füßen einsinken. Ich kann im Meer schwimmen, steile Felsen überwinden. Ich weiß um das Unbewußte, kann in das Unterbewußtsein eindringen. Ich werde zu Recht als ein Symbol der Erkenntnis verehrt, ohne die es keine Weisheit gibt, bin Symbol der Erneuerung und der Heilung, weil ich mich ständig häuten und erneuern kann. Ich bin Teil des Caduceus: das ist der geflügelte Heroldstab des Götterboten Hermes oder Merkur – wenn du so willst. Auf diese Weise kann ich sogar fliegen mit diesem Gott des dynamischen Wandels.

Moses, der wiederum aus dem alten Vorurteil heraus nicht besonders gut auf mich zu sprechen war, mußte mich schließlich erhöhen, weil er nicht anders konnte: es war göttlicher Befehl (4.Moses 21,7 f).

Dazu brauchte es einen aufsehenerregenden Trick: ich durfte all die kleinen schwarzen, giftigen Schlangen, die noch unerlöst in mir waren und die es noch zu überwinden galt, auf die Israeliten loslassen. Sie wurden gebissen und schrieen erbärmlich. Da betete Moses inständig um Hilfe und erhielt besagten göttlichen Befehl, einen Stab mit einer ehernen Schlange zu schmieden. Alle Israeliten, die vergiftet waren, blickten auf diesen Schlangenstab und wurden sofort geheilt. Der Asklepius-Stab mit der Schlange - Symbol der ärztlichen Heilkunst - gibt diese Idee noch heute symbolisch wieder. Auch der Hirtenstab der katholischen Bischöfe ist mit einem Schlangensymbol versehen. Ob sie sich jemals über den Tag hinaus Gedanken dazu gemacht haben, weiß ich nicht, obwohl die Deutung ja nicht schwer fallen dürfte: der Stab bedeutet die Wirbelsäule des Menschen, das Schlangensymbol am Kopfende des Stabes steht für die Erleuchtung. Außerdem bin ich dem Symbol des durch Jesus geheiligten Kreuzes von jeher verbunden (Joh.3, 14)"

„Kierkegaard, der Philosoph des Existentialismus, hat sich ausführlich mit der Philosophie und der Psychologie der Angst seit der Genesis beschäftigt. Er war wenigstens ehrlich genug zuzugeben, daß er mit dir überhaupt nichts anzufangen wisse, dich zu verstehen nicht in der Lage sei und deshalb auch keine Deutung versuchen wolle", warf ich ein.

„Über die Urangst des Menschen werden wir sicher noch ein andermal miteinander philosophieren, Alexa. Dessen ungeachtet halten sich trotz allem die alten Geschichten und werden wegen ihres angeblichen Symbolcharak-

ters sogar auch noch verteidigt. Aber weißt du, Alexa, mich stört das alles nicht mehr. Sollen doch die ewig Gestrigen glauben, was sie wollen.
Solange die Kleriker und Religionsoberhäupter nicht ihren weiblichen Anteil in sich erkennen und annehmen können und an der wirklich lächerlichen Geschichte der Entstehung der Eva aus der Rippe Adams festhalten wollen, sei es auch nur um symbolisch die vermeintliche Minderwertigkeit von Eva und deren Töchtern festzuschreiben, werden sie keine vollwertigen Menschen sein. Die Unvollkommenen sind aber von jeher aggressiv gegen alles Vollkommene gewesen, haben immer versucht, es zu unterdrücken.

Nach all meinen vielen Häutungen bin ich jetzt glänzend weiß und kann mich lang genug machen, einen großen schützenden Kreis um dich zu ziehen, den geheimnisvollen Uroboros (40), das Ewigkeitssymbol. Das Zeichen dafür, daß es kein Anfang und kein Ende gibt, beide einander bedingen.
Das rein geistige, göttliche Weiß erlangte ich übrigens durch eine reine Jungfrau, die mit ihrem Fuß meinen Kopf berührte. Ich durfte meinen Kopf auf ihre Füße legen, erst auf den linken Fuß und dann auf den rechten. Sie hat mir nicht den Kopf zertreten, wie das gern und wiederum falsch geschildert wird, sondern mit ihrem Fuß mir das Reich des Unbewußten geöffnet, wo ich eine wichtige – vielleicht die wichtigste - Aufgabe übernommen habe. Ich habe sie auch nicht gebissen, wie es diese böse Schilderung so gern hätte, sondern zum Dank ehrfürchtig auf die Ferse geküßt. Es war auch nicht Maria, die Mutter Jesu, sondern schon viel, viel früher eine für diese symbolische Handlung ausersehene göttliche Heilige, die mir ihre Reinheit in diesem Ritual übertrug. So wurde ich in meiner letzten Häutung rein und weiß.
Symbole – Symbole, davon werden wir noch oft zu sprechen haben, denn das Leben ist angefüllt davon wie auch die Träume. Man muß sie aber zu deuten verstehen, um Einsichten zu gewinnen."
„Weißt du, worüber ich mir schon so manches Mal Gedanken gemacht habe?"
„Ja, ich weiß es, aber fahre nur fort, Alexa".
„Die Erde, aus der - entsprechend der Legende der Genesis – die ersten Menschen erschaffen wurden, ist doch - wie eben schon gesagt – ein weibliches Prinzip. Ohne diese weibliche Erde hätte der Sohn der Großen Muttergöttin die Menschen doch wohl nicht erschaffen können?"
„Das ist wahr, Alexa. Deshalb gibt es noch einen weiteren, märchenhaft schönen Mythos über die Entstehung des Menschen, der dir genauso gefallen wird wie mir:
die männliche Himmelsgottheit vermählte sich in einer heiligen Hochzeit mit der weiblichen Erdgottheit. Aus der mythischen Hochzeit des Elohim und der Edem, die halb Schlange und halb Jungfrau ist, entstand das Paradies. Die Bäume in diesem Paradies-Garten sind die Symbolfiguren für die Engel.

Diese Engel nahmen den jungfräulichen Teil der Edem, nämlich Erde, und formten daraus den Menschen. Er entstand mithin aus der Liebe zwischen Elohim und Edem – ging aus der heiligen Vereinigung zwischen Himmel und Erde hervor. Edem - Adam – Erde – man spürt schon die Wortverwandtschaft.

Dieser Mensch Adam war mitnichten ein männlicher Mensch, sondern schlichtweg erst einmal Mensch, der beide Geschlechter gleichsam wie ein göttlicher Hermaphrodit in sich trug: der Adam Kadmon (3). Die weitere Entwicklung ist in einigen kabbalistischen Schriften auf unterschiedliche Weise dargestellt worden. Das aber würde hier und jetzt zu weit führen. Aber auch diese Darstellung gibt dir einen weiteren Einblick in das Wesen der Schlange."

Die ''Genesis'' - was für ein Thema!

Und nun - nach all diesen wenig anheimelnden Geschichten - zum Schluß doch noch diese unerwartet faszinierende Krönung: die göttliche Hochzeit zwischen Himmel und Erde! Solche Erzählungen muß man einfach in sein Herz schließen! Das ist orientalische Fantasie in ihrer wunderbaren, bildhaften Gleichnis- und Märchensprache, die keines weiteren Kommentars bedarf. Wer wollte an dieser Stelle ernsthaft wissenschaftliche Beweise einfordern, um eben diese herrlichen Bilder zu zerstören? Weit entfernt von all diesem Ansinnen bleiben sie in ihrer Welt und laden ein, sich verzaubern zu lassen und mit ihnen zu träumen. Das wäre wirklich eine wunderschöne ''Gute-Nacht-Geschichte'' für Kinder, um sie sanft in den Schlaf zu geleiten. Irgendein schlichtes, melodisches Lied könnte diese Erzählung noch ergänzen und abrunden... und dann sind auch die muntersten Seelchen vollends in Morpheus Armen.

Mir fiel eines meiner Lieblingslieder ein und ich summte es leise vor mich hin - gedichtet von Joseph von Eichendorff, vertont von Franz Schubert:

> * Es war als hätt' der Himmel
> die Erde still geküßt,
> daß sie im Blütenschimmer
> von ihm nun träumen müßt.
>
> Die Luft ging durch die Felder,
> die Ähren wogten sacht,
> es rauschten leis die Wälder,
> so sternklar war die Nacht.

Und meine Seele spannte
weit ihre Flügel aus,
flog durch die stillen Lande,
als flöge sie nach Haus.*

Ich mußte erst einmal verschnaufen. Zweifelsohne hatte es mir viel Vergnügen bereitet, mich mit diesem sonderbaren Wesen namens Ishtuahavi zu
unterhalten. Es war ein sehr befriedigendes Gespräch gewesen. Ishtuahavi
lag ruhig im Sand, ihre goldenen Augen auf mich geheftet. Ich hatte mich
ebenfalls schon seit einer Weile im Sand niedergelassen. Sie schien es zu
merken, daß ich eine Pause brauchte, und wartete geduldig, bis ich das
Wort wieder an sie richten würde.

„Wer schickt dich zu mir?" wollte ich wissen.
„Das kannst du so nicht fragen, Alexa. Ich habe schon lange darauf gewar-
tet, mich dir zu nähern, dir zu begegnen, ohne dich zu erschrecken.
Deine Traumgestalt und deine Schwellengestalt haben mich nun wissen las-
sen, daß die Zeit jetzt reif ist dafür."
„Und welchen tieferen Sinn hat unsere Begegnung?"
„Oh, sie hat einen sehr tiefen Sinn, der sich dir nach und nach erschließen
wird. Sie wird dir Freude machen – eine tiefe, befriedigende, innere Freude.
Kannst du dir etwas Schöneres vorstellen?"
Ein unirdisches Leuchten kam aus ihren klaren goldtopasfarbenen Augen.
„Ich werde dich begleiten, dir helfen, wenn du willst, wann immer du meiner
bedarfst. Deiner Intuition war ich schon immer eine wichtige Helferin, ohne
daß du von mir wußtest... und du wirst wieder schreiben, Alexa. Alle unsere
Gespräche wirst du zur Freude einiger deiner Mitmenschen aufschreiben.
Und wir werden spielen:
Lîla – das Spiel Gottes - das war es doch, was dir einfiel, als du mich ans
Ufer schwimmen sahst..."

„Dahinten kommen Spaziergänger", warnte ich, „sie werden ein Riesenspek-
takel veranstalten, wenn sie dich sehen."
„Sie werden mich nicht sehen, Alexa, und du wirst dich hüten, von mir zu erzählen. Sie würden dich nämlich für ein bißchen verrückt halten oder vielleicht sogar glauben, daß du unter Drogen stehst."

Die Spaziergänger kamen näher, man grüßte sich, Ishtuahavi war tatsächlich wie vom Sand verschluckt. Als die Leute einige Entfernung erreicht hatten, wurde sie wieder sichtbar.
„Hallo, du Wunderschlange, da bist du ja wieder!" rief ich erstaunt aus.
„Ich habe meinen Körper in Schwingungen versetzt, die das physische Auge
des Menschen nicht sehen kann. Alles ist Schwingung mußt du wissen. Al-

les ändert und verändert sich, wenn sich die Schwingung ändert. Es gibt keine Wunder..."

„Die Tarnkappe der Göttin Athene, die sie im Kampf gegen den Gott Ares unsichtbar machte... die hätte ich so gern…", warf ich ein.

„Das glaube ich dir. Aber soweit bist du eben noch nicht, Alexa….

So... nun steh auf und nimm einmal den langen Stecken, der dort liegt, und ramme ihn senkrecht in die Erde", befahl sie. „Ich schlängele mich jetzt empor, um dir in die Augen zu sehen. Du wirst den lebendigen Äskulapstab vor dir haben. Schau ihn dir genau an, damit du ihn immer vor deinem inneren Auge erstehen lassen kannst, wenn du ihn einmal brauchen solltest. Erschrick also bitte nicht, Alexa. Wir werden uns jetzt schweigend ansehen bis ich vor deinen Augen langsam entschwinde. Bis zum nächsten Mal – vielleicht wieder hier an diesem oder in der Nähe an einem ähnlich geeigneten Ort".

Ich tauchte wie gebannt ein in das goldene Licht ihrer Augen bis sie allmählich immer durchsichtiger wurde, schließlich wie ein Traumgebilde verschwand, und ich den leeren Stock in den Händen hielt. Die Nacht war schon vollends hereingebrochen. Der Vollmond tauchte riesengroß und blutrot am östlichen Horizont auf. Ich genoß in Andacht dieses überwältigende Bild und wartete, bis er hoch genug stand, um mir auf meinem Heimweg zu leuchten, den ich fast schlafwandlerisch antrat – tief in Gedanken an das soeben Erlebte.

3.

Die Träume der folgenden Nacht waren keineswegs stürmisch, wie eigentlich erwartet. Denn schließlich war ich innerlich in Aufruhr, was ich mir zunächst nicht eingestehen mochte – trotz meiner Entspannungsübungen vor dem Einschlafen.

Die Traumbilder gerieten merkwürdig und märchenhaft, aber keineswegs beängstigend: keine schwarzen giftigen Schlangen als Teilaspekte der alttestamentarischen Mosaischen Szene, keine teuflisch grinsenden Geistererscheinungen, keine mahnenden oder ermunternden Stimmen mit sakralen oder pastoralen Untertönen, keine makabren Fratzen mit höhnischem Gelächter ...auch keine Muttergöttin, keine drohende Vaterfigur...

Statt dessen wanderte ich in stiller, erhabener Wüstenlandschaft zwischen rotglühenden Felsen, Sandhügeln mit geschwungenen Rillenmustern, wie ich sie von früher aus der Wüste Sahara wie auch vom Negev und vom Toten Meer her kannte. Vor mir im Sand fand ich eine ´´Wüstenrose´´ - ein Wunderwerk aus Gestein - und hob sie auf. Ich fühlte mich weder einsam, noch litt ich unter der glühenden Sonne, hatte keinen Durst noch sanken meine Füße schwer in den losen Treibsand. Es war kein normales Gehen – eher ein schwebendes Schreiten oder fließendes Gleiten, doch durchaus nicht abgehoben.

Die Luft war flimmernd heiß und ließ in der Ferne eine Fata Morgana auftauchen.

„Für Wasser braucht man ein Schiff", dachte ich halblaut vor mich hin und mußte über mich lächeln. Plötzlich saß ich ohne mein Zutun auf einem Kamel, das zu mir sagte:

„Bitte sehr, Alexa, ich bin dein Wüstenschiff."

„Oh, danke, das ist wunderbar. Wohin reiten wir?"

„Ich denke, du möchtest vielleicht Ishtuahavi sehen, bevor die Sonne versinkt?"

„Wenn du meinst? Wenn auch sie mich treffen will - ja, warum nicht – gut, gehen wir."

Ich sah auf dem Ritt gegen die untergehende Sonne nie gesehene Bilder: Farbspiele, Farbspiegelungen tanzten in einer seltsamen Choreographie vor meinen Augen. Sie faszinierten mich, blendeten mich, nahmen mir völlig die Sicht auf den vor uns liegenden Weg, aber mein Reittier schritt in seinem schwankenden Paßgang sicher und unbeirrt voran.

Da fiel mir die Bibelstelle wieder ein: *...eher geht ein Kamel durch ein Nadelöhr, als daß ein Reicher in den Himmel kommt...*

„Mußtest du schon mal durch ein Nadelöhr gehen?" fragte ich unvermittelt mein Reittier. Das Kamel stieß Laute aus, die sich wie eine Mischung aus Seufzern und Gelächter ausnahmen:

„Du bist nicht die Erste, die das fragt. Es ist einfach lächerlich. Was hat ein Kamel mit diesem Unsinn zu tun? Laß dir eins sagen, Alexa: es ist nur falsch übersetzt, weil ein paar Buchstaben verdreht wurden. ''Eher geht ein Schiffstau durch ein Nadelöhr...'' (4) muß es heißen. Schließlich gibt das ja mehr Sinn, oder nicht?"

„Verzeih mir, ich wollte dich nicht ärgern, aber ich wußte es bisher nicht besser. Diesen komischen Vergleich habe ich auch nie so recht verstehen können..."

„Ach, mir macht das gar nichts aus, ich bin nicht beleidigt worden dadurch, und ich mußte ja auch Gott sei Dank nie den Beweis antreten. Aber mach dir nichts draus: das Alte wie auch das Neue Testament wimmeln nur so von Kuriositäten und falschen Übersetzungen, die sogar von sogenannten Bibelforschern, die es eigentlich besser wissen sollten, verteidigt werden. Hättest du gern noch ein Beispiel, das zum Totlachen ist?"

„Ich lache gern, also laß hören!"

„Die Aura, der Glanz, der strahlende Schein um Moses – im Hebräischen ''koran'' - wurde wegen eines Übersetzungsfehlers in ''keren'' verkehrt, und das bedeutet soviel wie ''Hörner'' (nach Weinreb). Da der hebräische Text keine Vokale kennt, stand da quasi ''krn''. Mit o und a ergänzt, wie es auch sinnvoll gewesen wäre, bedeutet dies ''koran'' - sprich strahlender Schein. Irgendein Schlaumeier hat da nicht aufgepaßt und zweimal ein e eingesetzt, so daß Moses ''keren'' - sprich Hörner bekommen hat. Michelangelo hat dann auch tatsächlich aus diesem Mißverständnis heraus Moses mehrfach mit Hörnern dargestellt. Das eindrucksvollste und wohl berühmteste Beispiel lieferte er uns mit seiner bekannten Skulptur des gehörnten Moses am Grabmal Papst Julius II. in der römischen Kirche S. Pietro in Vincoli. Anstatt aber mit einem feinen, leichten und humorvollen Lächeln, dessen Michelangelo sicherlich ob dieses Irrtums fähig gewesen wäre, diese Fehlinterpretation richtig zu stellen, schaute man seitens der verantwortlichen Exegeten einfach weg und ließ es dabei bewenden. Fehler-Korrekturen waren von jeher unbeliebt im Vatikan, wie diese Geschichte einmal mehr beweist. Psychologen und andere schlaue Leute, denen es nicht im Traum einfiel, Quellenforschung zu betreiben, haben sich dann mit einem schon lächerlich zu nennenden Bierernst und höchst ''wissenschaftlich'' daran gemacht, eine vermeintliche Tiefgründigkeit in der Figur des gehörnten Moses ''herauszuarbeiten''. Ganz besonders Sigmund Freud – wie sollte es auch anders sein, waren doch diese Hörner einmal mehr willkommener Anlaß für ihn, sie als Phallussymbol einordnen und deuten zu können. "

Das Kamel bog sich so vor Lachen, daß ich kräftig durchgeschüttelt wurde. Ich konnte ohnehin gar nicht anders als kräftig mitlachen, denn es überkam mich ein urkomisches Gefühl, als hätten wir beide uns in einen schwabbelnden Wackelpudding während eines mittelschweren Erdbebens verwandelt, der bedrohlich schaukelnd jeden Augenblick außer Kontrolle geraten konnte.

„Das ist der beste Witz aus der Bibel, den ich je gehört habe", mußte ich zugeben und wischte mir eine Lachträne aus dem Augenwinkel. „Aber bitte, mein liebes Wüstenschiff, keine solchen Scherze mehr, solange ich auf dir hier oben sitze, sonst fallen wir beide noch in den Sand", gab ich zu bedenken.

„Das ist nurmehr erst der Anfang, mag aber für heute genügen, Alexa. Versprochen! Ishtuahavi ist Expertin darin. Sie wird dir noch so manches Spaßige wie auch sehr Ernste erzählen können."

„Glaub ich sofort! Eine Kostprobe hat sie mir gestern schon serviert", entgegnete ich.

„Da kommt sie übrigens…", unterbrach das Kamel meinen Gedankengang.
„Ich sehe sie nicht, wo ist sie?"

„Ich habe ihre Schwingungen im Sand schon wahrgenommen. Sie wird gleich auftauchen."

Hätte mein Kamel mich nicht vorgewarnt, ich hätte mich heftig erschreckt:
Mit einem Riesensalto neben uns, mehr als 3 m hoch, tauchte Ishtuahavi auf, kicherte und brillierte dann mit allem an Akrobatik, was ihr Repertoire hergab. Sie formte Dreiecke, Quadrate, Kreise, die liegende Acht, das Unendlichkeitszeichen, ringelte sich in Spiralen nach oben.

Sie schien dabei ausgelassen und vergnügt, tanzte in allen erdenklichen Schwingungskurven über den Sand, verschwand, kam wieder. Sie tat alles, um komisch auszusehen und mich zum Lachen zu bringen - und das gelang ihr voll und ganz. Dabei kümmerte sie sich gar nicht weiter um mich, spielte ihr Spiel, als sei ich ein x-beliebiges anonymes Publikum für ihre Zirkusnummer.

Das Kamel ging plötzlich langsam und elegant zu Boden - auf wessen Geheiß, ich weiß es nicht - und nahm die übliche komfortable Ab- und Aufsitzstellung ein. Ich ließ mich in den Sand gleiten. Da formte Ishtuahavi blitzschnell eine Figur um meine Füße. Die Linie konnte ich nicht sogleich erkennen. ``Ist das die Form eines Herzens?`` überlegte ich.

Ishtuahavi lachte schnatternd und schallend. Es war ein Lachen, das ich so noch nie gehört hatte: eine reine, unbändige, überschäumende Lebensfreude, der ich mich einfach nicht entziehen konnte.

„Wenn die Gottheit nicht zu lachen und zu tanzen verstünde, wie hätte sie uns beiden komischen Wesen erschaffen können?" sagte ich zu ihr und lachte, lachte mit ihr - so ausgelassen wie selten zuvor.

Ein irdischer Sonnenstrahl der aufgehenden Sonne traf mich mitten ins Gesicht. Ich erwachte und mußte heftig niesen.

4.

Dieses Lachen, mit dem ich erwachte, wandelte sich in ein heiteres Lächeln, das den ganzen Tag über anhielt. Bilder aus meinen Kindertagen wurden wach.

Als ich noch keine 5 Jahre alt war, strotzte ich nur so vor unbremsbaren Aktivitäten und brachte nicht nur ein Kindermädchen dazu, ihre Stellung zu kündigen. Meine Großmutter sah ein, daß diese viele überschüssige Energie auf positive Weise kanalisiert werden mußte, um ihr keine weitere Chance zu lassen, die gesamte Umwelt zu tyrannisieren. Sie fand nach einiger Suche die richtige tagesfüllende Beschäftigung für mich: eine Zirkusschule. Ich war selig. Als schönste Erinnerung ist mir geblieben, wie drei Männer übereinander auf ihren Schultern standen und ich kleiner Drops noch oben drauf als i-Punkt. Und dann durfte ich steppen lernen und bekam entsprechend beschlagene Schuhe dafür. Noch heute, wenn ich irgendwo dieses Klackedie-klack höre, fährt mir der Rhythmus in die Glieder, und alles weicht einer ausgelassenen Fröhlichkeit. Am besten von allen konnte Sammy Davis jun. steppen, wie ich später herausfand: seine fantasievollen Solo-Auftritte schienen aus dem Augenblick kreiert und meisterlich improvisiert. Er machte geradezu eine Wissenschaft aus den verschiedenen Beschlägen und besaß eine ganze Reihe von Schuhen mit den unterschiedlichsten Metallen ausgerüstet. Leider habe ich ihn live nie erleben, sondern nur im TV bewundern können.

Doch so klein ich auch noch war in dieser vergnüglichen, unbekümmerten Zeit: ich habe niemals die todtraurigen Gesichter zweier etwa 12-jähriger Zirkuskinder vergessen können, die nur eines trainieren durften: den ganzen Tag ein Lasso um sich herum kreisen zu lassen. Sie waren nichts als die wenig beachteten Hintergrundsfiguren für die allseits bekannte Messerwerf-Nummer, mit der ihr Vater am Abend im Zirkuszelt auftrat. Ihnen wurde die Kindheit gestohlen, mir hingegen eine wunderbare Zeit geschenkt. Mit Schulbeginn war verabredungsgemäß meine geliebte Zirkuszeit zu Ende. Meine Trainer wollten mich nicht gehen lassen, und ich wäre auch soooo gern geblieben. Aber natürlich hatte meine Mutter recht mit ihrem strikten Nein. Meine Liebe zum Zirkus ist geblieben. Wenn immer ich kann, gehe ich in ein Zirkuszelt, in die Stallungen oder in einen Wohnwagen zu Artisten oder Clowns.

Wollte Ishtuahavi letzte Nacht im Traum mit ihren Vorführungen ganz bewußt diese Kindheitserinnerungen in mir wecken?

Natürlich stellte sich so nach und nach während des Tages auch Nachdenklichkeit ein, ob und wieweit die Begegnung mit Ishtuahavi Platz greifen würde und auch sollte in meinem Leben. Deutete sich da die Gefahr einer Fremdbestimmung an oder einer unzulässigen Einmischung? Ich war besonders sensibilisiert für den leisesten Hauch von psychischen Übergriffen, die eine mögliche Gefahr darstellen konnten. Denn schließlich war ich nicht endlich, endlich allen begrenzenden, okkupierenden und erdrückenden Beziehungen entkommen, um meine glücklich wieder erlangte Freiheit – und sei es auch nur scheibchenweise – wieder einzubüßen.

Sofort kam die innere Antwort: das ist doch nicht vergleichbar mit meinen vergangenen Menschen-Beziehungen … es ist doch alles vollkommen anders. Schließlich hatte das Kamel ja auch im Traum ausdrücklich gefragt, ob ich Ishtuahavi begegnen möchte.

Ich hätte ja ´´nein´´ sagen können. Habe ich aber nicht. Wollte ich denn etwa keine freiwillige Hinwendung an die Verkörperung einer weise führenden Kraft? Nein? War es nicht das, was ich suchte: Intuition für weise Entscheidungen, Weiterkommen auf dem spirituellen Weg zunehmender Bewußtwerdung zu immer weiter fortschreitendem, sich ausweitendem Bewußtsein? Nein, nur weil das in meiner beschränkten Vorstellung ganz anders auszusehen hatte? Und wie hätte es denn aussehen sollen? Bisher war es doch eine erfrischende Begegnung gewesen, die bisher keine Haken und Ösen hatte. Irgendwelche Anzeichen dafür, daß man in eine todernste Pseudo-Erleuchtung mit subjektiven Erkenntnissen oder in ähnlich törichte und blokkierende Illusionen schliddern könnte, wo dann Eingebungen vom ``lieben Gott`` höchstpersönlich oder irgendeinem selbsternannten ``Meister`` zu Papier gebracht werden - und zwar durch einen ganz und gar nicht heiligen, sondern eher menschlichen, fehlerhaften und verfälschenden Filter - solche Anzeichen gab es doch beileibe nicht. Wir würden sicher nicht wie viele andere die gut getarnte Parole *friß oder stirb* unter dem Deckmantel einer religiösen Vereinigung vertreten und zu verbreiten suchen, sondern höchstens vollkommen absichtslos anbieten:

„koste doch mal…" – und das unbedingt heiter, mit ein bißchen Sarkasmus gewürzt… und uns lächelnd in das Spiel Gottes einlassen, das uns auch erlaubt, vor Lachen zu explodieren und zu tanzen, tanzen, tanzen…

So schätzte ich Ishtuahavi ein. Hätte sie sonst diese Zirkusnummern präsentiert?

Doch nicht nur meiner Kindererinnerung wegen!

Lîla – das Spiel Gottes: da war dieser Gedanke wieder – und sicher nicht zufällig – genau wie zu dem Zeitpunkt, als Ishtuahavi sich vom Spiel der Wellen an den Strand spülen ließ. Lîla – ja! Dazu konnte ich ja sagen – uneingeschränkt. Wir werden Teil im Spiel Gottes sein … wir werden spielen und uns freuen:

SAT – CHIT – ANANDA   … Sein – Bewußtsein – Freude -

das hatte ich doch bei Shri Aurobindo gelernt. Auch das kam mir sicherlich gerade jetzt nicht rein zufällig in den Sinn.

5.

Wie schön sie ist! Welch wunderschön klare, große Augen, die in verschiedenen Schattierungen leuchten können: wie Bernstein, wie Goldtopas – und doch noch intensiver, unirdischer, lichtvoller. Vielleicht können sie ja auch grün werden wie Smaragd?

Auch ihre Haut nimmt je nach Licht unterschiedliche Tönungen an, immer aber bleibt sie unverwechselbar weiß. Daß eine Schlange so schön sein kann – ich hätte das nie gedacht.

Ob ich sie nach der Kundalini (32) fragen sollte? Ich hatte das unbestimmte Gefühl, daß ihr diese Frage nicht gefallen könnte. Gleichzeitig bemerkte ich aber, daß i c h sie nicht fragen mochte, also geneigt war, einen Bogen darum zu machen. Projizierte ich etwa? Warum eigentlich? War das Thema für mich mit irgend etwas besetzt, und ich hatte derzeit keine Lust, mich damit zu beschäftigen?

Plötzlich drängte sich der Name ˝John˝ in mein Bewußtsein. Bingo! Das war´s also!

John war früher einmal mein Freund und Gefährte für eine kurze Zeit - viele Jahre her und fast schon vergessen. Er war geradezu darin verliebt wie auch besessen, seine sexuellen Begierden mit seiner Kundalini in Verbindung zu bringen: wie eine Formel der Begründung, wenn nicht gar Heiligung, immer aber als ein Alibi für alles unterhalb der Gürtellinie, das jeden evtl. verständnislosen Seitenblick schon von Vornherein entkräften sollte.

Eine fein erdachte Koketterie mit den eigenen Schwächen! Schon spaßig, wie er damit andächtig lauschende Frauen im frühen bis mittleren bis späteren Lebensalter während seiner pseudo-esoterischen Vorträge in seinen Bann ziehen konnte. In der Provinz brauchte er ja auch nicht zu befürchten, daß da irgendein vermeintlicher oder tatsächlicher Besserwisser in unangenehmer Weise dazwischen funken könnte. Später wagte er sich in die Großstadt vor ein gebildeteres und kulturverwöhnteres Publikum und erlebte auch prompt sein Waterloo.

Ich erinnere mich noch an einen kurzen Dialog zwischen uns.

Er klagte über typische Beschwerden im Lendenwirbelbereich, die den Menschen jenseits eines Alters von 50 Jahren schon gern einmal heimsuchen, mit folgenden Worten:

„Ach, ich spüre meine Kundalini heute wieder besonders arg". Ich konterte:

„Ach, du Armer, wie schlimm! Gib mir doch bitte mal ein Taschentuch."

„Hast du Schnupfen?", fragte er.

„Nein, mir tränt mein drittes Auge (33) heute so sehr."

Er machte genau das dümmlich-verdutzte Gesicht, das ich sehen wollte. Bevor er aber den Mund öffnen konnte, ließ ich ihn stehen und ging rasch davon – prustend vor Lachen. Diesmal gönnte ich ihm einfach nicht das letzte Wort.

Wir haben nie wieder darüber gesprochen.

Also, das war's: die auch aus vielen anderen Gründen ein wenig unwillkommene Erinnerung an John. Mit dieser Erkenntnis kam die Diagnose ´´Verdrängung´´. Aber Verdrängung stimmte doch nicht so ganz. Es war auch nicht die Verdrängung sexueller Themen, sondern eben diese spontane Erinnerung an John und seinen lächerlichen Abusus esoterischer Begriffe, die er in unzulässiger Weise für seinen persönlichen Hausgebrauch modifizierte, und schlimmer noch, in unredlicher Weise ein ahnungsloses Publikum konsumieren ließ.

Nur aus dieser kuriosen Erinnerung heraus die Frage an Ishtuahavi umgehen oder auslassen? Dieses Kleid der Erinnerung mußte schleunigst ausgezogen und durch ein anderes ersetzt werden. Dann können andere Bilder mit neuen Formen und Farben kommen, die die alten zurückweichen und verblassen lassen. Diesen Prozeß muß man hin und wieder wie einen Frühjahrshausputz in Angriff nehmen. Wenn man erst einmal angefangen hat, tut das richtig gut.

Während all dies sich wie zufällig in meinen Gedanken tummelte, bin ich über die Felsen und durch den Sand gewandert – entlang am Meer, das heute sanft murmelte... noch! Während ich mich unter einem Baum niederließ, beobachtete ich einige zuckende Blitze in einer fernen schwarzen Wolkenwand, die näher rückte und wieder einmal eine Nacht heftiger Gewitter verhieß. Bis dahin aber würde ich längst wieder daheim sein und auf der Terrasse auf meinem geschützten Logenplatz das Schauspiel genießen. Tropische Gewitter sind etwas Wundervolles. Gäbe es sie nicht schon, man müßte sie erfinden.

„Wie schön du bist … und welch große klare Augen du hast, wenn du etwas erkannt hast." Die weiße Schlange ließ sich ein Stück weit von einem Ast herab.

„Ishtuahavi, das sagst du nur, weil du mir damit bedeuten willst, daß du meinen inneren Monolog von Anfang bis Ende genau kennst. Ich brauche die Frage, obwohl ich sie gar nicht mehr umgehen will, also gar nicht zu stellen, weil du sie bereits weißt?"

„Ich will sie aber von dir hören".

„Gut, also: du, Ishtuahavi und Kundalini, sag mir dazu bitte einige eventuellen Zusammenhänge."

„Sehr diplomatisch formuliert! Also gut! Natürlich bin ich a u c h Kundalini – wie eben alle Schlangenaspekte in mir vereinigt sind. Ich kann alle Stufen der Chakras vom Muladhara–Chakra (5) bis zum Ajna-Chakra (6) durchlaufen als Kundalini Shakti - die Schlangenkraft. So bin ich natürlich auch die rote Schlangenkraft."

„Wann, wo und weshalb ist die Kundalini Shakti rot?"
„Nur wenn die Kundalini Shakti ruht, schläft sie dunkel und farblos in der Kundalini, die im Wurzelchakra zusammengerollt ist. Erwacht die Kundalini Shakti, nimmt sie die rote Farbe des mobilisierten ersten Chakras an. Wenn sie dann aufsteigt, durchläuft sie auch die Farben der anderen Chakras. Alle Farben zusammen ergeben dann Weiß - das weiße Licht, das als 8. Chakra über dem Kopf zu schweben scheint. Dazu werden wir uns später noch ausführlicher unterhalten.

Deine hohe, leidenschaftliche Zeit der roten Schlangenkraft hatte längst ihre zentrale Bedeutung für dich verloren, als John in dein Leben trat. Deshalb konnte er auch nur kurzfristig und nur als Randfigur Bedeutung für dich erlangen. Seine primitive Sexversessenheit, die er spirituell zu verbrämen suchte, wirkte eher lächerlich auf dich. Es gelang ihm nicht, dich zu Tantra bzw. zu dem, was er - völlig falsch gedeutet - darunter verstehen wollte, zu verführen, weil du sein ganzes Tamtam durchschaut hast. Er wiederum war nicht in der Lage, von dir zu lernen, sondern meinte, dein Lehrer sein zu müssen. Was hätte er dich denn lehren sollen? Er, der nach dem Scheitern seiner Ehe und in seinem Beruf gerade erst begonnen hatte, sich innerlich neu zu orientieren und noch etliche kuriose Irrungen und Wirrungen vor sich hatte, mit denen du dich nun wirklich nicht aufhalten konntest. Er war einer der typischen Midlife-Crisis-Esoteriker, die neben den jugendlichen Softies und Out-Laws die in Mode gekommenen ''Esoterik-Messen'' bevölkern. Dort wird mit bedeutungsschwangerem Gesichtsausdruck mit allen erdenklichen, dem fernöstlichen Gedankengut entlehnten Begriffen herumjongliert. Je mehr Sanskrit-Zungenbrecher, desto besser. Von A wie Akasha bis Z wie Zen-Buddhismus, vom Pendeln bis zu Kaffeesatz-Lesen. Die Typen, die dort ausstellen, sind schon das ganze Eintrittsgeld wert. Bevor sie irgend etwas wirklich begriffen haben, wollen sie immer gleich Weltbeglücker und - verbesserer sein und erzählen allen, was sie zu tun und zu lassen haben. Natürlich gibt es inzwischen einige allgemein bekannte Begriffe, die praktisch in der Anwendung sind: Karma, Guru, Chakras - um nur ein paar zu nennen. Sie lassen sich nur ungelenk übersetzen. Aber bei Samadhi und Nirvana z.B. gehen die Definitionen schon weitgefächert auseinander. Frag doch diese Typen mal, was sie darunter verstehen und aus welcher Sprache das stammt: Hindi, Pali, Sanskrit oder Tibetisch. Du wirst sehen, wie sie ins Stottern geraten. Aber ''Esoterik'' läßt sich komischer Weise ganz gut verkaufen, obwohl man sie gar nicht kaufen kann. Das macht wohl ihren besonderen Reiz aus. Besser gefällt mir der umfassendere Begriff ''Spiritualität'', weil er das Innen wie das Außen umfaßt - im Übrigen nicht zu verwechseln mit ''Spiritismus''.
Ich belauschte neulich ein Gespräch, bei dem ein Teilnehmer schreckensgeweitete Augen bekam, als von spirituellem Leben die Rede war. Er dachte an die unheimlichen Séancen der Spiritisten, die über ein Medium mit den

Geistern der Toten zu verkehren suchen und dabei allerlei Phänomene wie rückende Tische und sonstige Geisterzeichen erwarten. Diese Geister ließe man wohl besser aus dem Spiel. Sie sollten dort bleiben, wo sie sind, und nicht in unseren Sphären herumspuken. Welchen Nutzen hat denn der ganze Unsinn außer eine gruselige Gänsehaut hervorzurufen!

Tote können die Probleme der Lebenden nicht lösen. Sie sind nicht dazu da. Wenn Menschen sich sehr verbunden waren zu Lebzeiten, dann können die Verstorbenen gelegentlich in Warnträumen erscheinen – ja, das gibt es durchaus. Aber man kann sie nicht rufen und auch sicher sein, mit wem man denn da redet. Elementargeister wittern immer ein vergnügliches Spiel und freuen sich, Menschen an der Nase herumzuführen.

Dies hast du damals unter anderem John klar gemacht, der aber als spiritueller Analphabet wenig aufnahmebereit war für das, was du ihm sagen wolltest. Es gelang dir leider trotz aller Mühe nicht einmal, seine tatsächlichen Stärken aktivieren zu helfen. Daß du John nicht halb so fabelhaft fandest, wie er sich selbst, und ihn verließest, schmerzte wiederum sein Ego so sehr, daß er dich auch nach eurer Trennung eine ziemlich lange Zeit mit seinen Nachstellungen zu ärgern und zu irritieren versuchte. Er ließ es sogar ganz bewußt zu peinlichen Szenen kommen. Du mußtest schließlich deine Anwältin bemühen, um ihn los zu werden. Ihrer Hartnäckigkeit hattest du es zu verdanken, daß das Gericht endlich nach mehrjährigem Kampf und Einreichung umfangreichen Beweismaterials eine psychiatrische Untersuchung anordnete, die diesem Treiben ein Ende setzen sollte."

„Ja, einmal mußte ich sogar die Polizei rufen, um unbelästigt in mein Haus zu kommen. Leider war er in dieser Phase zu dem Versuch übergegangen, zu schaden oder vielleicht sogar zu vernichten, was er nicht besitzen konnte", erinnerte ich mich.

„Heutzutage hättest du nicht so lange unter seinen Nachstellungen leiden müssen wie damals, denn inzwischen gibt es den juristischen Fachbegriff ´´Stalking´´ dafür und ein Gesetz, das für Zuwiderhandlungen entsprechende Strafen vorsieht und die Unterlassung regelt", ergänzte Ishtuahavi und wechselte in ein anderes Thema:

„Reden wir mal von einer Zeit davor, nämlich von Bill. Deine hohe Zeit der roten Schlangenkraft war nach der langen sexuellen Durststrecke in deiner vorherigen Beziehung ein Feuerwerk nie enden wollender Fantasie, Natürlichkeit, Ursprünglichkeit. Ein Wechselspiel zwischen totaler Hingabe und leidenschaftlicher Besitzergreifung, das Bill und dir in jeder Minute eures körperlichen Zusammenseins Erfüllung aller Wünsche bescherte."

„Es waren tatsächlich unbeschreibliche Erfahrungen, die durch nichts zu überbieten waren", mußte ich gestehen. „Bill war ein Naturtalent. Er war unermüdlich darauf bedacht, niemals nur sich, sondern zugleich auch mich vollends in immer wieder neue, ungekannte Höhen zu entführen. Ein müdes Zur-Seite-Rollen und Wegschlummern – das gab es bei diesem Wunder an

Potenz nicht - jedenfalls nicht, bevor ich entspannt und zufrieden eingeschlafen war. Er gab alles und forderte auch alles von mir. Ich weiß nicht, ob
es sehr viele Menschenpaare gibt, die eine sexuelle Vereinigung und Ver-
schmelzung in dieser Vollendung erleben dürfen. In der erotischen Literatur
konnte ich nicht annähernd so etwas finden. Auch im Kamasutra nicht. Vermutlich, weil es sich einfach mit Worten kaum beschreiben läßt."

„Die rote Schlangenkraft schwelgte in euch", ergänzte Ishtuahavi. „Ihr habt
Eros und Sex in einer unnachahmlichen Weise zelebriert. Ich habe euch mit
Vergnügen beobachtet. Besonders auf dich hatte ich ein Augenmerk, weil
ich wußte, daß du dich eines Tages zurückziehen würdest. Das konnte nicht
ohne Kummer stattfinden, und du mußtest zunächst mit seinen Aggressionen als Folge seiner unausgelebten Sexualität umgehen lernen, während du
schwere Existenzsorgen hattest. Er konnte nicht verstehen, daß du mit solchen Problemen beladen, deren Urheber er selbst ja sogar hauptsächlich
war, zuweilen keinen Sinn für Sex hattest, einfach nicht haben konntest."

„Ja, wir paßten eben nur sexuell und sonst weniger und weniger zu
einander. Die Voraussetzungen waren von vornherein nicht gegeben, aber
die Leidenschaft deckte am Anfang alles zu und beschönigte eine Zeit lang
die offensichtlichen Schwachstellen. Es war natürlich sehr unreif anzunehmen, daß man sich bedingungslos liebt, nur weil man sich körperlich so stark
begehrt und zu solchen Höhenflügen fähig ist."

„Trotzdem bereust du diese Erfahrung sicher nicht, hat sie doch deinen
Hunger nach körperlicher Erfüllung so vollkommen gestillt, daß alle späteren
sexuellen Erfahrungen dahinter verblassen mußten."

„Das trifft tatsächlich zu, Ishtuahavi. Fast alle anderen Partner waren meist
auf einem sexuellen Egotrip und in ihre sentimentalen Illusionen verliebt.
Manchmal habe ich mitgespielt, manchmal auch nicht. Oft haben sie nichts
verstanden, waren zu sehr mit sich selbst beschäftigt und wollten dann zu
guter Letzt auch noch hören, was für fantastische Liebhaber sie doch seien."

„Du hast ihnen aber immer ihre Illusionen gelassen", wendete Ishtuahavi ein.

„Aber sicherlich! Sie waren doch zu festgefahren, um neue Sichtweisen zu
lernen und hinzuzufügen. Außerdem hatten andere Frauen sie offenbar in
ihren Illusionen so bestätigt, daß es sinnlos war und auch viel zu anstrengend, für einen allenfalls vorprogrammierten Teilerfolg sich voll ins Zeug zu
legen. Ich habe mich nicht als ihre Lehrerin in Sachen Sex verstanden und
verstehen wollen. Dafür habe ich manche anderen wunderschönen Erlebnisse mit den jeweiligen Partnern genießen können, die mich durchaus für
den zweitklassigen Sex entschädigt haben, so daß ich mit all den Highlights
vollauf zufrieden gewesen bin.

Aber sag mal, was ist mit meiner roten Schlangenkraft? Ist sie noch da?
Schläft sie? Kann sie wieder aufwachen?"

„Sie ist da, und sie ist wach, aber sie ist inzwischen für dein geistiges Feuer
angetreten. Ihre Energien sind kanalisiert worden. Sie träumt gelegentlich,

und du hast teil an ihren Träumen wie sie an den deinen. Sie kommuniziert mit dir aus dem Unbewußten in dein Unterbewußtsein hinein. Die Psychohygiene ist ihr Metier. Sie ist wichtig für dich, und du kannst auch jederzeit wie früher über sie verfügen, aber sie beherrscht dich nicht - nicht mehr. Du bist schon längst darüber hinaus, weil schon seit geraumer Zeit die weiße Schlangenkraft in dir die Führung übernommen hat und darüber wacht. Du hast dich für sie entschieden, ohne daß du das besonders bemerkt hast, einfach durch deine gesamte Entwicklung."

„Beherrscht d u mich jetzt, ohne daß ich es merke?" provozierte ich.

„Ich hoffe, du hast nicht tatsächlich diese abwegige Meinung. Hast du Anlaß, darüber ernsthaft nachzudenken?"

„Verzeih mir, du weißt wahrscheinlich, daß ich kurz darüber nachgedacht habe."

„Ja, ich weiß. Es ist normal und erklärt sich aus deinem Leben und deinem freiheitsdurstigen Charakter. Ich habe kein Problem damit. Wenn du dich selbst testen willst, dann sag einfach: wir machen eine Pause. Ich komme dann nur wieder, wenn du mich ausdrücklich bittest. Ich komme auch jetzt nur, wenn du mich rufst. Wenn du an mich denkst, dann rufst du mich bereits. Gedanken sind Kräfte – das weißt du doch, nicht wahr?"

„Jetzt habe ich dich gekränkt und fürchte, du entziehst mir deine Freundschaft."

„Eine wirkliche Freundschaft muß fähig sein, für einige Zeit in den Stand-by-Modus zu gehen. Kritische Fragen muß sie aushalten. Sie dürfen nicht einer kontraproduktiven Harmoniesucht zuliebe verdrängt werden."

„Harmoniesucht! Du hast mich wiederum erwischt! Dieser Harmoniesucht zuliebe habe ich manchmal unerträgliche Lebenssituationen zu lange aufrecht erhalten und mich selber lahm gelegt."

„Du befindest dich in guter Gesellschaft, falls dich das tröstet. Manchmal hast du scherzhaft gesagt, daß deine zweite, siebenjährige Ehe 6 Jahre und 364 Tage zulange gedauert hat. Das bringt zwar dich und deine Zuhörer zum Schmunzeln, aber letztlich hast d u doch deine Lektionen nicht schneller gelernt – und das ist weniger zum Lachen.

Doch mach dir nichts weiter daraus! Jedes Schicksal hat seine Stunde, jede Änderung ebenso. Du weißt längst, daß es Nonsens ist, von ''verlorenen'' Jahren zu sprechen. Es war, wie es war, eine Notwendigkeit, auch wenn das zunächst keiner gern einsehen möchte. Trennung nach langjähriger Partnerschaft bedeutet nicht, daß diese Partnerschaft ein Irrtum war, sondern daß sie zu Ende gegangen ist, aus welchem Grund auch immer. Da es keine Zufälle gibt, wie wir wissen, hat diese Partnerschaft in dieses Leben für eine zeitlang ''hineingehört''. Der Erfahrungs- und Lernprozeß hat auf jeden Fall Spuren hinterlassen – wieweit das als positiv oder negativ oder als eine Mischung aus beidem empfunden wird, ist eine Frage des Reifungsprozesses.

Wenn er gelungen ist, gibt es auch keine Schuldzuweisungen – nicht an die eigene noch an die Adresse des ehemaligen Partners. "

„Du hast recht, Ishtuahavi. Aber ein bißchen schämt man sich halt dafür, solange für eine solche Teilstrecke gebraucht zu haben."

„So wie du heute hier sitzt, Alexa, bist du das Ergebnis deines bisherigen Lebens. Da kann man noch soviel herumdeuteln, wie anders etwas wohl gewesen wäre, wenn dies oder jenes stattgefunden hätte oder eben auch nicht. Besser und weitaus hilfreicher ist es, uneingeschränkt zu bejahen, was war und zugleich, was immer in Zukunft auch sein wird. Zulange gebraucht für eine Teilstrecke? Ist das Leben denn eine Olympiade, wo es auf Zeit ankommt? Denke nicht in ˝Zeit˝ – denke in zeitloser Ewigkeit, dann brauchst du dich auch nicht zu schämen für irgendeinen ˝Zeitaufwand˝."

„Alles ist so wahr und hilfreich, was du sagst."

„Ich sage nichts, was du nicht längst wüßtest, leuchte lediglich hie und da in deine dunklen Ecken. Denn sie sind genauso wertvoll wie deine lichten Seiten – glaub mir!

Ich will dir jetzt noch einen Gedanken von Omraam Mikhael Aivanhov mit auf den Weg geben. Du selbst hast viele Male seine ˝Tagesgedanken˝ verfolgt, die im Internet herausgegeben werden:

* Wenn ihr in eurem Leben auf Schwierigkeiten stoßt, dann lehnt euch nicht dagegen auf und versucht auch nicht, ihnen aus dem Weg zu gehen. Begreift, daß die kosmische Intelligenz euch in diese Umstände plaziert, um euch zu drängen, weiter und höher hinauf zu streben. Verlangt nicht, daß euer Leben glatt verlaufe. Kein Bergsteiger könnte einen Felsen erklimmen, wenn er vollkommen glatte Wände vor sich hätte. Um sich hinaufzuziehen, braucht er Unebenheiten, auf die er seine Hände und Füße setzen, und an denen er sein Seil befestigen kann. Auf diese Weise gelangt er nach und nach zum Gipfel. Nun, aus gleichem Grund ist es notwendig, im Leben auf Schwierigkeiten und Hindernisse zu stoßen.* "

„Danke, Ishtuahavi. Ich werde daran denken, wenn es mal wieder soweit ist, daß mich solche Gedanken heimsuchen."

„Geh jetzt heim, Alexa! Es wird gleich heftig regnen."

„Danke dafür wie für alles andere auch, Ishtuahavi, und: bleib meine Freundin", sagte ich und ging rasch nach Hause, während die ersten schweren Tropfen und auffrischender Wind das sich nähernde Gewitter ankündigten.

6.

Seit 3 Tagen sintflutartiger Regen, Sturm und ein ungestümer Atlantik: die Brandung in mehreren Reihen kippender Wellenkämme. Der Regen klatscht und begehrt auf gegen das Tosen des Ozeans, der mit dem Sturm vereint den Ton angibt und die niederkommenden Wasser in alle sich bietenden Öffnungen peitscht. Nach Stunden endlich nimmt sich der Wind ein wenig zurück, lauscht dem Regen, der nun seinen Vorhang senkrecht fallen läßt. Die Almendras stehen in erhabener Gelassenheit. Ihre Blätter färben einen andächtigen Klang: tief beruhigend dringt er in mein Herz, läßt mich sanft eintauchen und tief und traumlos schlafen.
Am 4. Tag noch immer Regen und ein totales Chaos überall: Telefone gestört, dramatische Überschwemmungen, selbst die etwas höher gelegene Hauptverkehrsstraße unpassierbar. Gut, daß ich genügend zu essen im Kühlschrank habe. So kann ich für alle Vorhaben das lokale Lieblingswort ''mañana'' einmal sinnvoll anwenden…

Nun - es war in der letzten Begegnung mit Ishtuahavi genügend angestoßen worden, um darüber nachzudenken. Dazu eignen sich ja Regentage besonders gut.
Das unerschöpfliche Thema: Beziehungen zwischen Menschen – nicht nur die partnerschaftlichen mit dem anderen Geschlecht … und dann obendrein noch ein E-Mail von Irina, das heftig in diese Kerben schlug. Sie war mitten in einer solchen akuten Phase der Auseinandersetzung mit diesem Thema, sowohl, was ihre Mutter und Geschwister betraf, als auch die eheliche Situation. So wartete ich nicht lange, um ihr zu antworten: es würde eine längere Mail werden, das wußte ich schon von vornherein.

Liebe Irina!
Bitte lies diese Zeilen erst, wenn du dich in Ruhe hinsetzen und entspannen kannst.
Du hast mit Deinem E-Mail in ein Wespennest gestochen. Da schmerzen plötzlich wieder alte Wunden… oder brechen gar Narben auf? Wie oft wird und wurde man verraten, verlassen und hintergangen! Auch du, wie ich betrübt lesen muß. Viele Beziehungen, aber nie so ganz und gar, nur auf Zeit, nur geliehen… immer wieder ein Abschied – gewollt oder erduldet. Lange dauert es, bis man endlich verstehen lernt, daß es nur eines gibt: loslassen … und immer wieder l o s l a s s e n . Erst dann hört das Leiden auf. Loslassen heißt auch und besonders: den anderen verzeihen und sich selbst verzeihen. Außerdem errichtet man sich selbst nichts als kontraproduktive Hindernisse, wenn man sich an Vergangenem festbeißt, anstatt sich frei zu ma-

chen für neue Erfahrungen. Loslassen – habe i c h es denn wirklich schon gelernt?

Hand aufs Herz: in der letzten Konsequenz doch wohl noch nicht so ganz. Wissen und es auch umsetzen... Theorie und Praxis! Wenn ich dann jetzt an dich so einiges niederschreibe, dann um auch und gerade zu mir selbst zu sagen: aha, guck mal an! Ich habe die Weisheit nicht mit Löffeln gefressen und tue auch nicht als ob, sondern bin ein Mensch mit allen seinen Schwächen. Vielleicht sieht man mir ja meine Fehler nach, weil ich ehrlich bin. Ich bin mir fast sicher, weil sich einige Bilder gleichen werden. Deshalb ist das, was ich dir jetzt schreibe, auch und gerade und nicht nur ein bißchen an mich selbst gerichtet.

Immer wieder werden wir mit dem Schmerz in den menschlichen Beziehungen konfrontiert, der so unnötig erscheint und so schrecklich wie aber leider auch wichtig ist.

Hat dir deine Mutter, als du ins pubertäre Alter kamst und in gewisser Weise schwierig wurdest, gesagt, daß du ein Mensch bist, den man nicht lieben kann? Hat dir dein Partner nach einer stattlichen Anzahl von Jahren beglückender Erlebnisse wie auch gemeinsam bewältigter Probleme, weil ihm eine andere den Kopf verdrehte, gesagt, daß er dich nie geliebt habe, du nie die Frau seiner Träume warst, sondern bis heute nur eine ''Notlösung''? Na, usw. Wie häßlich und gemein das ist! Wie verdammt weh tat und tut das alles. Warum nur, warum noch nachtreten, wenn einer schon am Boden liegt? Hätten sie wenigstens geschwiegen!

Das gräbt sich tief ein.

Aber hierzu auch eine ausgleichende positive Geschichte, die ein einziger, locker hingeworfener Satz ausgelöst hat:

Mein Onkel Peter – früher einmal in der Dirigentenlaufbahn unterwegs, später als Musikwissenschaftler für die Berliner Philharmoniker tätig – hatte in seinem Gesicht jenes melancholische Lächeln, das manchen sensiblen Musikern eigen ist. Ein Lächeln – immer an der Grenze der Emotionen, bereit jederzeit zur einen oder der anderen Seite auszubrechen.

An einem sonnigen Wintertag gingen wir beide in einer hügeligen, mit Neuschnee überzuckerten Landschaft spazieren. Dann sagte ich plötzlich – aus welchem speziellen Anlaß heraus, das weiß ich nicht mehr:

Wirf eine Handvoll Pulverschnee in die Luft, und die Sonne macht dir einen Goldregen daraus.

Er blieb stehen, sah mich bedeutungsvoll an und plötzlich ging ein frohgemutes Lachen über sein Gesicht:

„Herzele, das ist ja wundervoll, das ist ja wirklich ganz wundervoll, " rief er aus, wiederholte meinen Satz ein paarmal, umarmte mich und gab mir einen dicken Kuß. Er hat ihn später noch oft zitiert. Er schien sein Aufheiterungs-Elixier geworden zu sein. Auch für mich sind diese Zeilen, die ich vor kurzem erst niedergeschrieben hatte, für immer mit der Erinnerung an sein lachendes Gesicht während dieses sonnigen Morgens verbunden geblieben.

Zurück zu deinen leider nicht so freundlichen Erlebnissen und den destruktiven Sätzen, die man dir an den Kopf geschleudert hat. Erst viel später wird man reif genug zu hinterfragen und festzustellen, daß das nur mit d e r e n Unfähigkeit zu lieben und gar nicht mit einem selbst zu tun hatte, daß es nichts als d e r e n Projektionen waren.

Ein Zeichen, daß es höchste Zeit war für den Abschied, den man nicht so gern begreifen wollte. Alle diese Vorfälle geben eine Menge Stoff für Begründungen und Entschuldigungen her, um abzugleiten, auszurutschen, sich irgendwo wiederzufinden, wo man nie sein wollte und auch gar nicht hingehört (Drogen, Alkohol, evtl. Kriminalität und dgl. mehr an sogen. ''abnormalem'' Verhalten)

Gut für verständnisvolle Diagnosen, wenn nötig auch zur Entschärfung von Gerichtsurteilen. Aber Schuldzuweisungen können nicht wirklich etwas nutzen, außer ggf. ein milderes Urteil zu erreichen. Diese Beruhigungspille der Verdrängung schadet langfristig, wenn sie kurzfristig auch schützt.

Psychoanalytiker sind meist hervorragende Totengräber, um all diese halbverwesten Kind-Eltern-Sozial-Beziehungen zu exhumieren. Sollen sie immerhin a u s -graben, aber dann auch b e -graben helfen: jetzt und für immer. Denn es ist ein sehr zweifelhaftes Geschenk, den Patienten bis an sein Lebensende mit einem permanenten Alibi für abwegig gelaufene Lebensentwicklung zu versorgen, das nicht wirklich beglücken kann. So weist man niemandem den Weg zu Selbständigkeit und Mündigkeit. Der Patient soll und muß fähig werden, nach Verarbeitung der erkannten Verdrängungen Eigenverantwortung für sich und seinen Lebensweg zu übernehmen und loszulassen von den alten Verhaltensmustern der Schuldzuweisung.

Ich kenne leider viele fehlgeleitete Fälle - besonders von Therapeuten der Freudianischen Schule. Sie wird weltweit noch immer gepflegt, obwohl C.G. Jung - nicht der einzige, wenn auch einer der bedeutendsten Psychologen nach Freud - ebenso wie auch Alfred Adler und Erich Fromm längst die Fachwelt eines Besseren belehrt haben durch ihre weiterentwickelten und weiterführenden wissenschaftlichen Erkenntnisse. Doch deren Bildungs-Niveau muß ein Therapeut erst einmal erreichen, um sie wirklich zu verstehen. Es ist eben nicht damit getan, eingeführte Begriffe wie die ''Archetypenlehre'' im Fremdwörterlexikon nachzuschlagen, sondern man muß ein tiefes mythologisches Verständnis erarbeiten.

Ursachenforschung beim Patienten sind notwendig, um ihm helfen zu können. Das aber ist etwas grundsätzlich anderes als Schuldzuweisungen einzuimpfen, denn sie vermeiden das Erwachsenwerden in Eigenverantwortung.

Wenn man enttäuscht worden ist, dann doch nur, weil man sich hat täuschen l a s s e n !

Das ist doch der Knackpunkt! Es geschieht wieder und wieder: ärgerlicherweise das gleiche Problem in immer anderer Verkleidung, bis einem endlich ein Talglicht aufgeht, daß man den Zustand erreichen muß, wo man völlig in sich ruht. Dann wird vollkommen irrelevant, was andere von einem sagen und denken. Man erkennt ihre Projektionen ziemlich schnell. Von sich absehen lernen, um zu sehen – sich A n -sichten verschließen, um E i n -sichten zu gewinnen. Das ist nicht leicht, und es dauert, bis man eine bestimmte, unabhängige innere Standfestigkeit erreicht hat.

Immer wieder wach sein und sich nicht täuschen lassen! Bei aller ''Verliebtheit'' und aller ''Liebe'' nicht! So leicht gesagt! Immer frei sein und frei bleiben, auch und gerade in einer Verbindung. Psychische wie physische Symbiosen gibt es unter Partnern, die wie Schlingpflanzen einander umwinden und sich gegenseitig erwürgen. Keiner kann sich entfalten in solchen ''Zugehörigkeiten'', die oftmals uneingestandene Hörigkeiten sind. So können zwei - jeder für sich großartige Gewächse - einander in ihrer Entfaltung behindern und zu Beziehungskrüppeln werden und merken es oftmals reichlich spät, wenn überhaupt. Glaube ja nicht den vielen reizend vorgespielten Ehe- oder sonstigen Beziehungskomödien anderer, die so gern inszeniert werden! Welche Tragödien verbergen sich manchmal hinter diesen glatten, sorgsam getünchten Fassaden.

Folgender Spruch ist gar nicht so sehr zum Lachen, auch wenn er als Witz erzählt wird:

Ich kann ohne dich nicht leben - du kannst ohne mich nicht leben. Gut, daß wir uns getroffen haben, sonst wären wir beide tot.

Du hast dich immer als ''Familienmensch'' verstanden. Der Familienmensch leidet immer: mit Familie und ohne Familie. Er braucht den Streit wie auch das ''Wir-Gefühl''.

Bricht das labile, oftmals gekünstelte oder verlogene Gleichgewicht einer Familie auseinander, steht er verzweifelt vor dem Scherbenhaufen, weil er nie allein und auf sich gestellt zu leben gelernt hat. Plötzlich und oft unerwartet ist er gezwungen, sich als einzelne, individuelle Person neu zu definieren. Das passiert dann meist in den Zeitabschnitten vom 42. bis zum 49. Jahr und / oder vom 49.-56. Jahr:

die Midlife-crisis mit den allgemein bekannten Symptomen von Depressionen, die aus dem Empfinden, entwurzelt zu sein, erwachsen.

Daß die Familie nur temporär gedacht ist, zeigt das gesamte Tierreich. Jungtiere, die nicht zur rechten Zeit ihre Selbständigkeit erlangen, gehen gnadenlos unter. Der Mensch aber löst sich nicht aus seinen familiären Verhaftungen. Der Zwang zur Dankbarkeit gegenüber den Eltern - besonders den Müttern - wird überall und immerzu betont und hochstilisiert. Die Fehler in ihrer erdrückenden ''Fürsorge'' werden dann immer mit den Worten entschuldigt: ''Kind, ich habe es doch nur gut gemeint mit dir.'' Gut meinen und gut tun ist aber meist nicht dasselbe.

Muß man wirklich so unendlich dankbar sein, daß man auf die Welt gebracht wurde? Erst das, was über diesen biologischen Vorgang hinaus an wertvoller geistig-seelischer Orientierung vermittelt wurde, macht die individuelle, besondere Beziehung aus, für die man nicht dankbar genug sein kann. Sie klammert und bindet nicht, sondern läßt frei, fördert freies geistiges und psychisches Wachstum. Selbst bei den Vätern und Müttern, die etwas mehr davon verstehen, und es eigentlich wissen müßten, findet das nicht statt.

Immer wollen sie unbedingt auch in späteren Jahren die höhere Rangordnung für sich in Anspruch nehmen, obwohl ihre Kinder ihnen inzwischen in manchem voraus, wenn nicht haushoch überlegen sind. Das Wechseln vom Vater zum väterlichen Freund, von der Mutter zur mütterlichen Freundin, um ohne Einmischung zur Seite zu stehen, scheint unendlich schwer zu fallen - besser gesagt - im allgemeinen zu mißlingen.

Man bleibt Zeit seines Lebens Sohn oder Tochter, aber nicht ''Kind'': das ist ein himmelweiter Unterschied.

Auch die Verniedlichung von Frauennamen stellt eine gut getarnte Herabsetzung dar. Du kennst den berühmten Ausspruch in dem bekannten Film *Casablanca*: ''Schau mir in die Augen, Kleines''. Wieso ''Kleines''? Das ist einfach unverschämt! Keine erwachsene Frau ist irgendwessen ''Kleines'', ''Mäuschen'' oder ''Kindchen''!

Mich wundert immer, warum Frauen sich das nicht verbitten. Das hat sehr schnell ein Ende, wenn du dein Gegenüber genauso anredest (Kleiner, Büchen oder so ähnlich) Wenn eine Frau in Gesellschaft anderer einem (oder ihrem) Mann mit der Hand das Kinn anhebt und sagt: ''... na, Kleiner?'' Jeder würde verstehen, wenn der so behandelte Mann wütend aufspringt. Aber eine Frau muß sich das gefallen lassen, weil es doch angeblich ''ganz lieb'' gemeint ist? Gegenseitigen Respekt einfordern hat nichts mit feministischem Geschrei zu tun, um das nur kurz klar zu stellen.

Frauen neigen als Produkte ihrer spezifisch auf sie zugeschnittenen, oftmals vorsintflutlichen Erziehung besonders dazu, sich unterzuordnen oder sogar unterdrücken und mißhandeln zu lassen. Man gibt ihnen schon von ganz klein auf gezielt sogenannte mädchen-typische Spielzeuge wie Puppen u. a. Das ist bereits die erste Manipulation mit Methode in einem leicht zu beeinflussenden Alter. Untersuchungen in afrikanischen Dörfern, deren Kinder kein Spielzeug kannten, haben ergeben, daß die kleinen Jungen sich gern und interessiert mit Puppen befaßten, während die kleinen Mädchen durchaus technisches Interesse für Spielzeug-Eisenbahnen und –Autos entwickelten. Diese Untersuchung zeigte, daß die europäische – vielleicht sogar die allgemeine - Meinung der sogenannten zivilisierten Welt über typisches Spielzeug und deren Praxis überwiegend ein - wenn auch ziemlich stark etabliertes - Vorurteil darstellt. Frauen machen sich meist keine Gedanken darüber, daß dies heute wie damals Methode hat in der von Männern dominierten Gesellschaft - ganz zu schweigen von der Situation der Frauen im Islam.

Da ''verkleiden'' sich muslimische Frauen aus ''religiösen'' Gründen, obwohl nirgendwo im Koran derlei Anweisungen stehen oder gar gefordert werden. In der Sure 24.31 steht lediglich, daß Frauen über ihren Busen einen Schleier schlagen und ihre Reize nicht zur Schau tragen sollen, wenn sie außer Haus gehen. Da steht auch nicht, daß sie nur in Begleitung von Männern aus der Familie das Haus verlassen dürfen, geschweige denn verhüllt in einer Art Ganzkörperkondom, wie man die in Afghanistan übliche Burka charakterisieren könnte. Interessanter Weise lesen wir in dieser Sure, daß es der Frau erlaubt ist, innerhalb des Hauses freizügig ihre Reize zu zeigen, wobei die gesamte mögliche Anzahl von männlichen Familienmitgliedern in einer erstaunlich langen Liste aufgezählt wird, die sie so gekleidet sehen dürfen. Das ist eher als ein restriktives Gesetz für die Männer aufzufassen, die in dieser Auflistung nicht genannt sind: nämlich sich zu entfernen bzw. sich ihr nicht zu nähern. Von Gesichtsverschleierung oder Einheitskleidung in vorgeschriebenen Farben oder gar in schwarz ist nirgends etwas zu lesen.
Selbst wenn eine strikte Kleiderordnung tatsächlich irgendwo beschrieben wäre: sie kann doch wohl unmöglich nach 1400 Jahren noch immer unverändert die gleiche sein!
Deshalb ist es ja auch allgemein viel praktischer für Männer, die das Sagen haben, wenn man vermeiden kann, daß Frauen überhaupt des Lesens kundig werden - geschweige denn ihre Nase in das heilige Buch stecken oder gar eigene Interpretationen vorzunehmen sich erdreisten. Man verheiratet sie gegen ihren Willen mit ungeliebten Partnern, verwehrt ihnen Schule und Bildung, obwohl im Koran die Väter angewiesen werden, ihren Töchtern die gleiche Erziehung und Ausbildung zukommen zu lassen wie ihren Söhnen.
Gerade kürzlich wurde einmal wieder - wie schon früher auch - mitten im Deutschland des 21. Jahrhunderts einer der zahlreichen sogenannten ''Ehrenmorde'' an einer jungen Türkin verübt. Sie hatte die Frechheit besessen, als Volljährige selbständig über ihre Zukunft entscheiden, aus der Familientradition ausbrechen und einen Deutschen heiraten zu wollen. Das gab Krach in der Familie und sie zog aus. Ihre drei Brüder verabredeten sich mit ihr, um sich angeblich mit ihr auszusöhnen, ermordeten sie jedoch feige und hinterrücks. Wo und an welcher Stelle erlaubt der Koran solche Handlungen: Lüge und Mord?
In der Sure 2,39 heißt es: *... und kleidet nicht die Wahrheit in eine Lüge und verberget nicht die Wahrheit wider euer Wissen*.
Das ist sogar noch eindeutiger als im Mosaischen Gebot ausgedrückt, wie wir es einst als Kinder gelernt haben, und erlaubt keinerlei heuchlerische Verdrehung und Umgehung dieses Gebotes.

Ich möchte auch gern wissen: wo steht im Koran, daß Frauen sich qualvoller Prozeduren der Beschneidung zu unterziehen haben? Lies mal dieses aufrüttelnde Buch ´´Wüstenblume´´. Ich habe das in diesem Ausmaß nicht geahnt, bevor mir dieses Buch von Waris Dirie in die Hände fiel. Das ZDF hat schon vor Jahren in seinem Magazin ´´Mona Lisa´´ mit erschütternden Bildern von verstümmelten weiblichen Genitalien die westliche Welt wach gerüttelt. Ich war so aufgewühlt, und mir war danach so elend, daß ich an diesem Abend nichts mehr essen konnte.

Übrigens habe ich n o c h eine interessante Entdeckung im Koran gemacht: in der Sure 24.23 steht, daß Ehebrecher und Hurer (d.h. männliche Huren) mit äußerster Härte genauso zu bestrafen sind wie Ehebrecherinnen und Huren, und daß ihnen nie wieder erlaubt sein soll, unbescholtene Musliminnen bzw. Muslime zu heiraten.

Und wie sieht die Praxis aus? Obwohl gesetzlich längst abgeschafft, tragen viele Frauen in Afghanistan immer noch diese Burka aus Angst vor Vergewaltigung, obwohl der Koran strenge Strafen für dieses Delikt vorsieht. Ist im muslimischen Orient oder Afrika jemals auch nur ein einziges Mal ein Mann wegen Ehebruchs oder Vergewaltigung bis zum Hals in die Erde eingegraben, zu Tode gesteinigt und als Leichnam wilden Tieren zum Fraß vorgeworfen worden?

Es bleibt festzustellen, daß weder die Juden noch die Muslime noch die Christen ihre heilig gehaltenen Schriften wirklich kennen, will man nicht unterstellen, daß absichtlich weggelassen wird, wozu man sich nicht bekennen möchte – aus Dummheit, Bequemlichkeit - oder aber und vor allem aus Machtgier?

Bekennt sich jemand zu den sogenannten heiligen Büchern - ganz gleich ob Tora, Koran oder Neues Testament - und gibt vor, ihren Lehren zu folgen und danach zu leben, so muß er doch zur Kenntnis nehmen, daß diese Lehren kein Dinner-Buffet sind, an dem man nach eigenem Gusto wählen, sich bedienen kann und unangetastet beiseite schiebt, was einem nicht schmeckt.

Die Mütter begehen oftmals unverzeihliche Erziehungsfehler mit und an ihren Söhnen. Sie erziehen ihre Söhne zu Männern, mit denen sie selbst niemals verheiratet sein möchten: nämlich zu unhöflichen, egoistischen, verwöhnten, egozentrischen Machos - oft genug von ihren Müttern derart angehimmelt, daß sie ihre Schwächen sogar auch noch für Stärken halten. Die Schwiegertöchter haben das später auszubaden, um so schnell wie möglich den gleichen Fehler an ihren Söhnen zu praktizieren. Und da capo! Gewollte Methode oder eine verpaßte Chance?!

Da redet man noch immer überall auf der Welt Frauen ein, daß der Status der Ehefrau und Mutter das einzig erstrebenswerte Ziel für eine Frau zu sein hätte, um sie als gefügige Wesen in die Familienfalle zu treiben. Allen voran die christliche Kirche, die als Alternative nur noch den ´´Beruf´´ der Nonne bzw. der Diakonisse anzubieten hat. Klischees und nichts als Klischees, wie man zu sein hat, um ein sozial akzeptables Glied der Gesellschaft zu sein: wie man zu sein hat als Mann und wie als Frau.

Wie wäre es, wenn wir erlernten, in vorderster Linie erst einmal Mensch zu sein und dann erst Mann oder Frau?

Aber gute Nachrichten kommen aus dem ganz hohen Norden Europas. Bisher wußte ich nicht, daß man auch dort teilweise Frauen so schwer mißhandelte, daß sie zu Krüppeln wurden. Das traut man den traditionell als ruhig und besonnen eingestuften Nordländern doch gar nicht zu! Es muß aber allgemein und besonders unter Alkohol-Einfluß ziemlich schlimme Ausmaße angenommen haben. Wie sonst ist es erklärlich, daß sich ausgerechnet Männer dort in einer Vereinigung zusammengefunden haben, die die Rechte der Frauen vertreten und ihre liebevolle Behandlung propagieren! Ein ermutigendes Signal!

Wenn aber zu allem Überfluß ein so hochqualifizierter und hochgeschätzter Psychologe wie Alfred Adler von sogenannten wertvollen Menschen in seinen sozial-psychologischen Schriften spricht, gehen bei mir schon wieder einmal die Warnleuchten an. Dreist und anmaßend ist das – man möge meine Offenheit verzeihen – bei aller Wertschätzung seines sonstigen sozialwissenschaftlichen Beitrags.

Wertvoll, weil angepaßt, weil konform oder sonst irgendwie sozial nützlich und möglichst unauffällig? Oder aber bitteschön wenigstens genial!

Das Genie aber ist schon wieder meist unbequem und nonkonformistisch – oft als solches erst posthum erkannt und anerkannt.

Deshalb ist es ein Verbrechen, einem Kind zu sagen, wie es sein muß, um geliebt zu werden. Das heißt ja nicht, daß man Kindern nicht gute Manieren beibringen soll und auch muß. Aber niemand kann einem sagen, wie man s e i n soll.

Du bist, was und wie du bist, in jedem Moment deines Seins göttlicher Ausdruck. Es kann und darf nicht dein Ziel sein, dort anzukommen, wohin dich andere haben wollen, denn dein tatsächliches Ziel liegt mit allerhöchster Wahrscheinlichkeit ganz woanders. Dein Lebens- und Schöpfungsprozeß verläuft immer anders, als die anderen es wollen oder sich vorstellen können, weil es dich nur einmal genau so gibt - jetzt und hier. Spiele also nicht die Rollen, die man dir zuweist, sondern verabschiede dich schleunigst aus diesen oktroyierten Klischees, die entwicklungshemmend oder kontraproduktiv sind. Du wurdest nicht geboren, um die Rolle eines Seelenmülleimers, einer braven Tochter oder einer immer lächelnden, alles erduldenden Ehefrau zu spielen und dafür dein dir tatsächlich zugedachtes Ziel zu vernachlässigen oder sogar ganz aus den Augen zu verlieren. Nicht Everybodies Darling sein wollen! Das macht nur unglücklich, weil es nicht gelingen und auch kein wirkliches Lebensziel sein kann.

´*Der moralische Mensch ist nicht der bessere Mensch, sondern ein geschwächter. Aber er ist weniger schädlich*, sagt Nietzsche.

Der spirituell denkende Mensch weiß, daß jeder von uns ein Teilchen ist im großen Puzzle der Gottheit. Es ist letztlich nicht wichtig, ob wir in diesem Puzzle in der Mitte als rotes, gelbes oder goldenes Pünktchen glänzen. Denn das gesamte Puzzle ist solange wertlos, bis das letzte Teilchen an seinem Platz und das gesamte Bild vollendet ist. Kein Teilchen paßt an den Platz eines anderen, sondern nur in seine eigene für ihn vorgesehene Lükke. Es ist nicht möglich, daß einer daher kommt und versucht, ein Puzzleteilchen nach seinem Verständnis zurecht zu stutzen, damit es seiner Meinung nach paßt. Dann paßt nämlich gar nichts mehr im Gesamtbild.

Was soll also Wertung, Urteil, Vorurteil, was soll Neid? Neid, weil jemand stark, erfolgreich und evtl. überlegen scheint? Und das unverschämter Weise auch noch als Frau? Kann man zu stark sein? Muß man sich wirklich seine Stärken als spezifische Schwächen um die Ohren schlagen lassen? Da gehen doch Alarmsignale an!

Und du bist so eine starke Frau, Irina! Frage Dich um Gottes Willen nicht: was haben die anderen, was du nicht hast? Wenn ein Schwächerer gegen deine Stärken rebelliert, ist es doch sein Problem, und du solltest es gar nicht zu deinem werden lassen. Besser man entfernt sich, bevor solche Minderwertigkeitskomplexe ausarten und sich in Aggressionen Luft machen, die durchaus bedrohlich werden können. Von solchen ´´Geschichten´´ wimmelt es nur so tagein- tagaus in der Presse.

Auch ich bin sehr aggressiv bedroht worden und hatte kalte, nackte Angst vor physischer Gewalt gegen geistige Überlegenheit, weil echte Argumente dem Gegenüber nicht zur Verfügung standen für eine faire Auseinandersetzung. Ich kann nachfühlen, wie dir zu Mute sein muß.

Wofür aber ist solche Angst gut? Welche Lernaufgabe enthält sie?

Frage auch nie: warum passiert gerade d i r das? Wo du doch niemandem etwas getan hast!? … immer nur das Beste wolltest! Warum gerade d u ? Du bleibst nur im sinnlosen kausalen Denken stecken, das nie eine Antwort gibt, die wirklich eine Antwort ist. Die Frage ist falsch gestellt!

Die richtige Frage lautet: w o z u dient das? Welche Zeichen setzt das Geschehen? Was soll ich jetzt lernen? Nur so kommst du heraus aus Selbstvorwürfen und Selbstmitleid.

Solche Fragen lassen dich ein Stück Abstand gewinnen, um die Dinge in Ruhe und objektiv betrachten zu können. Es ist jetzt eine spirituelle Aufgabe für dich: bau einen Schutz um dich. Wie? Es gibt kein Universalrezept. Es muß zu dir passen. Was man darüber in Büchern liest, kann Anregung sein, aber kein Dogma.

Könnten wir unsere Schwingungen ändern, wären wir blitzschnell unsichtbar, wie man mir kürzlich vor meinen erstaunten Augen demonstriert hat. Auch einige indische Weise konnte man nicht gegen ihren Willen fotografieren, heißt es. Auf dem Foto befand sich statt ihrer ein weißer Fleck. In diesen Gedanken der Unsichtbarkeit könnte ich mich geradezu verlieben. Noch sind wir generell in unserer geistigen Evolution nicht soweit, derart unsere Schwingungen ändern zu können. Wissen und Können bringen auch immer eine erweiterte Verantwortung mit sich, der die Menschheit derzeit nicht gewachsen ist.

Trotzdem können wir immer wieder kleine telepathische Erfolge erleben: man denkt plötzlich an jemanden, und derjenige ruft nach vielen Jahren der Sendepause tatsächlich an. Fast jeder kennt das! Es ist auch kein Zufall, daß du mir gerade jetzt diesen Brief geschrieben und mir den Ansporn gegeben hast, mich mit diesen Themen auseinanderzusetzen.

Deine Tiere, mit denen du sehr verbunden bist, wie ich weiß, können dich auch einiges lehren. Mir hat es immer Freude gemacht, mit meinen Vierbeinern auf diese Weise zu kommunizieren und zu experimentieren. Bei meinem Rauhhaardackel mußte ich vorsichtig sein, gegen jemanden auch nur den leisesten Unmut aufkommen zu lassen. Er griff diese Person sofort mit unglaublicher Schnelligkeit an und konnte gefährlich zubeißen. So erzog er mich tatsächlich in bestimmten Situationen zur Gedanken-Kontrolle.

An meinen Mittelschnauzer wirst du dich vielleicht noch erinnern. Er lag gern auf dem Teppich in der Mitte des Zimmers – alle vier Beine von sich gestreckt: ein Bild des Friedens und der restlosen Entspannung. Ich saß währenddessen im Sessel und las. Ohne mich zu bewegen, habe ich ihn nach einiger Zeit angesehen: in weniger als einer Minute hob er den Kopf und sah mich fragend an. Später dauerte dieser Vorgang nur noch Sekunden. Manchmal war es das schon, und er ließ sich mit einem kleinen zufriedenen Seufzer wieder in seine alte Position fallen. Manchmal aber wollte er, daß etwas passierte. ''Möchtest du ein bißchen singen?'' fragte ich ihn. Dann setzte er sich hin, hob den Kopf und gab einen tiefen Grunzton von sich, der ein Ja bedeutete. Das Klavierkonzert Nr. 5 von Beethoven war seine Lieblingsmusik, zu der er dann ohrenbetäubend heulte. Bei Musik aber, die er nicht mochte, kroch er hinter meinen großen Ohrensessel, der die Schallwellen abschirmte.

Pferde sind ähnlich sensitiv.

Eines Tages ritt ich am späteren Nachmittag allein durch den Wald. Es war Herbst und das meiste Laub schon herabgefallen. Da raschelte etwas zwischen den Bäumen: eine kleine, zierliche Frau in Reitausrüstung durchstreifte zu Fuß das Gelände.

''Was – um Himmelswillen - tun Sie denn hier?'' fragte ich erstaunt.

˶Ich bin vom Pferd gefallen, es ist weggelaufen, und ich habe meine Brille hier irgendwo verloren. Ich bin sehr kurzsichtig und kann mich überhaupt nicht zurechtfinden.˝

˶Ich helfe suchen. Bleiben Sie bitte ganz ruhig stehen und bewegen Sie sich nicht. Ich kann Ihnen nichts garantieren, und sollte mein Pferd Ihre Brille zertreten, machen Sie mir bitte keinerlei Vorwürfe, in Ordnung?" Sie willigte ein.

Ein Unternehmen ˶Stecknadel im Heuhaufen˝ – soviel war klar.

„Gudy, wir müssen diese Brille finden", sagte ich mehr beiläufig zu meinem Pferd und begann die nähere Umgebung zu durchstreifen. Ich hoffte auf eine, wenn auch geringe Chance, vom Sattel aus mit dem besseren Überblick die Brille zu erspähen. Natürlich konnte sie unauffindbar unter das viele Laub geraten sein.

Plötzlich blieb mein Pferd ohne mein Zutun abrupt stehen. Der sehr gehorsame Wallach mußte einen Grund dazu haben. Und tatsächlich: am Boden blinkte etwas – genau neben seinem Vorderhuf. Die Brille!

Unfaßbar, aber wahr. Ich saß ab und übergab sie der überglücklichen Frau.

„Ihr Ausbilder hat es wohl unterlassen, Sie darauf hinzuweisen, daß Sie ihre Brille mit einem Band sichern sollten. Ich bin sicher, Sie werden das nach dem heutigen Erlebnis nie wieder vergessen", sagte ich zu der noch sehr unerfahrenen Reiterin - nicht ganz ohne vorwurfsvollen Unterton, aber doch sehr erleichtert. Ich habe auch daraus gelernt und von nun an streng darauf geachtet, nie wieder Brillenträger ohne abgesicherte Brille auf einen Ausritt mitzunehmen.

„Am besten Sie bleiben dort auf dem Baumstumpf sitzen; ich reite heim und werde dafür sorgen, daß man Sie mit dem Auto abholt."

Ohne mein Pferd und mich hätte sie bestimmt die schon recht frostige Herbstnacht im Freien verbringen müssen, denn dieses einsamen Weges kam zu der vorgerückten Stunde sicherlich keiner mehr, der sie hätte entdecken können. Eine später im Dunkeln eingeleitete Suchaktion, die man seitens des Reitstalls mit erheblichem Aufwand hätte vornehmen lassen müssen, wäre zudem nicht unbedingt mit einer Erfolgsgarantie verbunden gewesen. Selbst ein SAR-Helikopter hätte sie in dem unbeleuchteten Gelände zwischen den dichten Bäumen nur schwer ausmachen können, zumal sie ihre Route niemandem bekannt gegeben hatte, wie sie mir gestand.

Es grenzte an ein kleines Wunder. Ich denke, daß diese Frau ihren wesentlichen Anteil daran hatte. ˶Denn Wunder brauchen bereitete Äcker˝, hab ich mal irgendwo gelesen. Sie hat sicherlich sofort innerlich losgelassen und dem Geschehen voll vertraut, als ich auftauchte und ihr meine Hilfe anbot. So konnte es glücken.

Normalerweise brauchen wir für alles und jedes Maschinen, was wir später einmal allein durch Geisteskraft erreichen werden. Dennoch ist ˶nichts so normal wie ein Wunder˝ - wie wir einst einsehen werden, weil wir ''dahinter'' blicken können. Auch Waffen zu unserer Verteidigung werden wir nicht mehr brauchen - das ist weiße Magie. Auch nicht zum Angriff – doch das ist schwarze Magie. Wenn dich das Thema ''Magie'' interessiert, kann ich dir einiges dazu ein andermal berichten.

Jeder von uns kommt in die Situation, wo er Schutz oder Rettung braucht. Du scheinst gerade eine solche Unterstützung zu brauchen.

Was hilft denn? Beten? ''Lieber Gott, mach, daß...''? Es ist so lächerlich wie auch unmöglich! Das bildhafte Gleichnis von den blaugrauen Engeln, die solche geplapperten Gebete auffangen, wie lästige Geräusche wegfiltern und vernichten, kann ich mir gut vorstellen. Mir gefällt diese Erzählung von den ''kosmischen Müllmännern''. Inhaltsloses Wortdenken kann nichts bewirken. Es muß durch das Bild –Denken ersetzt werden: die Imagination der Idee. Gebete in Form einer erbetenen Hilfe sind ein Tausende von Jahren altes Mißverständnis: es kann nicht glücken.

Ein Bild in uns – immer wieder imaginiert - kann sich eines Tages materiell manifestieren. Ähnlich muß daran gearbeitet werden, wenn eine Schutzformel im entsprechenden Moment zur Verfügung stehen soll. Bekannt ist die „Eihülle", die wir als weißliches Gewebe imaginativ aus dem Kopf (7.Chakra) austreten und uns ganz umschließen lassen. Ferner der schon in Märchen und Mythen erwähnte Bannkreis, den man mit einem Stab oder mit den ausgebreiteten Armen um sich zieht.

Fast jeder hat schon einmal von den besonderen Schutzformeln, den sogenannten Mantras gehört. Ich war erstaunt, erst kürzlich diesen Begriff aus dem Mund katholischer Ordensschwestern zu hören. Für den christlich orientierten Menschen ist das Kreuz ein starker Schutz: jedoch o h n e den gequälten Körper Jesu. Denn ein Siegeszeichen wurde das Kreuz erst n a c h der Überwindung des Schmerzes, d.h. nachdem der Körper Jesu abgenommen worden war. Das habe ich einmal versucht, liebevoll und vorsichtig einer Nonne zu erklären, die - wie ich fand - ein bißchen zu sehr in das Leiden Jesu ''verliebt'' war.

Erstaunlicher Weise konnte sie das sofort akzeptieren. Sie hat dann auch freudig auf meinen Vorschlag reagiert, unter positiven Affirmationen sich selbst ein Kreuz aus zwei schönen, im Wald gefundenen Holzstöckchen zu basteln und nach eigenem Belieben mit goldener Farbe anzustreichen. Sie gab unter Gebeten etwas Weihwasser darüber und versteckte es, wie ich ihr geraten hatte, vor fremden Blicken und Händen in ihrer Klosterzelle, wenn sie nicht allein war. Das Kreuz hat ihr unter ihrem Nonnengewand verborgen dann tatsächlich einmal in einer brenzligen Situation geholfen, wie sie mir beglückt berichtete: eine Mitschwester wollte gegen sie aggressiv werden, bekam dann aber einen Schwindelanfall und mußte sich setzen. Auch hinter Klostermauern menschelt es zuweilen recht heftig, wie zu erfahren war.

Nicht vergessen sollten wir die noch nicht so sehr verbreiteten ''Mudras'': dies sind verschiedene mit Bedeutungsinhalten angereicherte Handstellungen. Sie müssen mit entsprechenden Mantras imprägniert und trainiert werden, sollen sie im entscheidenden Augenblick zur Wirkung kommen.

Ich mußte mich einmal auf einen Gerichtsprozeß vorbereiten, der gegen mich angestrengt worden war. Man hatte mich ''aus heiterem Himmel'' vollkommen ungerechtfertigt auf eine sehr hohe Geldforderung verklagt.

Mit dem Recht auf meiner Seite sollte ich eigentlich nicht geängstigt sein müssen. Doch Recht haben und auch Recht bekommen – daß das zwei verschiedene Paar Schuhe sein können, hatte ich leider schon lernen müssen.

Ich war ziemlich aufgebracht, aber ich sagte mir: vermeide es, deine Feinde zu hassen, denn das trübt dein Urteilsvermögen! So setzte ich mich ruhig hin, las den Schriftsatz der Gegenseite und ging deren Argumente im einzelnen durch. Vieles war nachweisbar erlogen, folglich ohne weiteres widerlegbar und konnte mich nicht erschüttern. Nur für ein einziges falsches Argument bestand die Gefahr der Glaubwürdigkeit. Ehrlich gesagt: als Anwalt der Gegenseite hätte ich dieses Argument geschickt in den Mittelpunkt der Betrachtung gezogen und versucht, den gesamten Prozeß daran festzumachen. So sann ich auf innere Verteidigung.

Ich habe mir eine Mudra ausgesucht und mit einer Schutz-Affirmation geladen. Dafür hatte ich 4 Wochen Zeit bis zum Gerichtstermin. Im Gerichtssaal hielt ich die Hände in der Mudra-Stellung: wenn ich sprach, vor den Solarplexus (3.Chakra) - wenn ich zuhörte, vor das Herzchakra. Der Gegenanwalt, der ohne Kläger erschienen war, schaute mich mehrfach irritiert an. Sein wichtigstes Argument vergaß er vollständig zu erwähnen. Die Klage wurde als unbegründet abgewiesen, da sich nicht ein einziges Argument als ausreichend stichhaltig erwies, eine Klage zu erheben.

Der Vorteil der Mudras besteht besonders darin, daß man diese unauffälligen Handstellungen nutzen kann, ohne seine Konzentration von der Verhandlung oder sonstigen verbalen Auseinandersetzungen abzuziehen. Die Mudra ist bereits mit der Affirmation ''geladen'' und die Energie dieser ''Batterie'' kann man fließen lassen.

Vorschläge für Mantra-Texte sind in vielen ''schlauen'' Büchern zu finden. Aber oftmals werden die wichtigsten Regeln übersehen oder nicht mitgeliefert:

1. muß der Text von dir selbst formuliert sein. Das kann durchaus auch mal länger als einen Tag dauern, bis er so korrigiert ist, daß er für dich paßt.
2. Untersuche kritisch, wenn du einen ''guten'' Satz übernehmen möchtest: ist er auch durch und durch positiv und in der Gegenwart formuliert? Spricht er sich flüssig? Teste dies, indem du ihn laut aussprichst!

3. Wenn die Affirmation ''paßt'', dann solltest du sie auch für eine Weile beibehalten, denn nur so kann sie in dir fest etabliert und integriert werden.

z.B. habe ich von einem sehr bekannten Autor, der sich weltweiter Anhängerschaft erfreut, gelesen:
''Nichts bringt mich in Aufregung oder macht mich unsicher und ängstlich.''
Wer mit so einem Satz Erfolg verspricht, sagt schlichtweg die Unwahrheit, denn er enthält gleich drei negative Affirmationen: Aufregung – unsicher – ängstlich, die das Unterbewußtsein negativ einstimmen.
Richtig muß es heißen:
''Ich bin in vollkommener Ruhe. Ich fühle mich sicher, aufgeschlossen und frei''
Fremdwörter beispielsweise – wenn auch sehr geläufig – nisten sich nicht so gut in das Unterbewußtsein ein. Anstatt z.B. zu sagen: ''meine Vitalität wächst von Tag zu Tag'', ist es wirkungsvoller im Deutschen das Wort ''Lebenskraft'' zu benutzen, denn Leben und Kraft sind archetypische Wörter, die stärker wirken.
Von den Mudras habe ich dir nicht nur berichtet, um dir eine Anregung zu übermitteln, deine Möglichkeiten zu erweitern und zu ergänzen, sondern auch damit du die feinen Anzeichen um dich herum bewußt beobachtest:
z. B. wenn sich eine Gruppe bestimmte Zeichen zu eigen gemacht hat. Der Gruß im 3. Reich lud Hitler täglich millionenfach mit Energie auf, so daß Churchill für seine Engländer das Victory-Zeichen aktivierte, um dagegen zu halten. Er hatte erkannt, was sich da abspielte. Mitglieder von Geheimgesellschaften u. a. haben ihre Erkennungszeichen in bestimmten Handbewegungen, die von Außenseitern ihrer Unauffälligkeit wegen nicht gesehen, nicht erkannt und nicht gedeutet werden. Sie scheinen harmlos, sind aber oft höchst inhaltsträchtig und üben eine magische Wirkung aus. Manipulation und Fremdbestimmung können die Folgen sein, die nicht ohne weiteres bagatellisiert werden dürfen. Gerade die sich über solche ''Kinkerlitzchen'' erhaben dünkenden westlichen Intellektuellen haben das ehemals vorhandene innere Gespür für solche Psycho-Angriffe verloren. Das macht deutlich, daß man wach sein sollte, wenn dergleichen auf einen zurollt.
Zurück zur Macht der Gedanken!
Das positive Denken ist es, das die positive Tat hervorbringt. Herr seiner Gedanken ist viel wichtiger als der Herr seiner Taten zu sein. Denn gerade der Tatmensch muß öfter einmal feststellen, daß Geschehenlassen mitunter der bessere Weg ist, als die noch so gut gemeinte und geplante Tätigkeit oder Tat. Nämlich dann, wenn durch das Geschehenlassen, das ja ein Loslassen ist, sich der gesamte tätige Vorgang mit ihm als Mittelsperson von selbst und eins ins andere fast wie automatisch zusammenfügt. Dann steht man staunend wie vor einem Wunderwerk, daß alles so ''geklappt'' hat.

Man darf da nur nichts verwechseln! Gleichmut ist nicht gleichbedeutend mit Gleichgültigkeit, die aus mentaler Stumpfheit erwächst. Es ist ein durch und durch gravierender Unterschied, ob sich ein Mensch nur so dahin treiben läßt. Dies ist ein Leben der ständig verpaßten Momente, der schlafmützigen Trägheit, der Konjunktive und hat nichts mit dem schöpferischem Loslassen zu tun, das völlig wach und bewußt geschehen läßt, was praktisch und erkenntnismäßig vorbereitet wurde.

Das ist für dich als Tatmensch wichtig. Werde ganz ruhig. Laß los. Sprich dir selbst einen gut vorbereiteten Text auf eine Kassette. Das hilft, dem eigenen destruktiven Gedankenbrei, den man unbewußt ständig wieder umrührt, zu entkommen.

Wiederhole deinen Text 12 mal - dann sanfte Musik zur Entspannung: geeignet ist Musik mit Panflöten, Harfen oder Flöten, ferner die sanften Adagio und Andante der 2. Sätze in den Symphonien von Mozart und Beethoven und auch Barockmusik von Bach bis Vivaldi. Dann nochmals der gleiche oder ein anderer von dir vorbereiteter Text. Achte auf positive Formulierungen im Präsens. Sprich sehr diszipliniert. Lausche deinem eigenen Text, deiner eigenen Stimme: immer wieder, jeden Abend im Bett - wenn erforderlich - mit Kopfhörern. Sprich laut oder innerlich mit.

Es macht nichts, wenn du darüber manchmal einschläfst. Die Worte senken sich weiterhin in dein Unterbewußtsein und wirken. Nach 4 Wochen spätestens wirst du eine erste Wirkung spüren. Vielleicht ja schon eher! Aber du solltest nicht auf eine Sofortwirkung setzen. Die Kanäle müssen erst gegraben werden, bis es fließen kann. Das Alles hat wenig mit den üblichen ''frommen'' Gebeten zu tun.

Sogar Atheisten muß klar sein, daß Reklame unser Unterbewußtsein tagtäglich überall überschwemmen kann, so daß wir fast schlafwandlerisch nach den angepriesenen Produkten im Regal des Supermarktes greifen. ''Subliminal Messages'' heißt der Fachausdruck dafür. Mit nachfolgendem Slogan ist da neulich eine vieldeutige Reklame über den Bildschirm gehuscht - (ratz-fatz, denn schließlich kostet die Zeiteinheit horrendes Geld): ''dieser Autoreifen... (die Marke hatte ich nach einer halben Minute schon längst vergessen...) wird ihr Leben verändern...'' oder so ähnlich. Ich überdachte alle Autoreifen, die ich bisher gebraucht und schließlich verschlissen hatte. In einigen Jahrzehnten hatte ich nur eine einzige Reifenpanne erleben müssen. Wenn dieser Autoreifen mein Leben verändern kann, könnte das doch nur heißen, daß mein frisch- fröhliches Dahinsausen nicht mehr so sein wird wie früher. Also bin ich doch eher skeptisch und bleibe meiner bisherigen Reifenmarke treu. Mein Reifenhändler hat mich ja auch immer gut beraten und wird mir beim nächsten Reifenkauf schon sagen, wenn es revolutionierende Neuheiten gibt, die ich berücksichtigen sollte. Logisch, nicht?

Es gibt ja sicher ein paar Dinge, die veränderungs- und verbesserungswürdig sind in einem Menschenleben. Speziell dabei aber kann dieser neue Autoreifen gewiß nicht zum Erfolg verhelfen.

Diese überzogene und dümmliche Reklame hatte dennoch etwas Gutes für mich: ich machte mir Gedanken - sorry, aber nicht über einen Autoreifen, sondern über die Vorgänge, die ausgelöst werden können.

Reklame bemüht sich, etwas an sich gänzlich Unwichtiges oder Nebensächliches über das Unterbewußtsein einzuschleusen, schließlich in das allgemeine Bewußtsein zu befördern und in den Mittelpunkt des Interesses zu rücken: je häufiger täglich, um so besser. Ziel ist es, den Menschen einzureden, was sie brauchen - immer wieder und solange, bis sie es glauben. Wie der Schweizer Literatur-Nobelpreisträger Karl Spitteler sagte:

> * So bockbeinstörrisch ist kein irdisch Haupt:
> wenn man´s gehörig paukt,
> verwundert sich´s und glaubt.*

Auf welchem geistigen Niveau befände sich wohl eine Hausfrau, wenn sie schon allein dadurch, daß sie mit XXYZ ihre Wäsche superweiß wäscht, so ein strahlendes und zufriedenes Lächeln erreicht? Das fragt man sich doch wohl zu Recht. Tut sie aber gar nicht, sondern dieses gut bezahlte Model hat Grund zu lachen, weil man sie beim Casting ausgesucht hat – das ist alles! Deren Wäsche wäscht sowieso jemand anderes – sicherlich mit einem sehr viel kleineren Keep-Smiling-Faktor!

Praktisches Fazit dieser Überlegungen ist:

Warum also nicht unser Unterbewußtsein von zersetzenden und manipulierenden Einflüssen reinigen und sie durch Festigungs-, Heilungs- oder gar charakterbildende Formeln ersetzen?

Weil wir gerade bei den sogenannten Atheisten sind: man braucht sich um sie keine Sorgen zu machen oder sie gar zu missionieren. Wenn die Zeit gekommen ist, springt der Funke wie von allein über – wenn nicht in diesem, dann in einem späteren Leben.

* Wir gönnen ihnen das mühelose Vergnügen, etwas abzuleugnen, das sie nicht wissen *, sagt Eliphas Levi, und ich möchte ergänzen: es lebt sich vielleicht einfacher als Atheist - aber ob es sich einfacher sterben läßt, wage ich zu bezweifeln.

Laß ihnen Zeit: es kann ja nichts versäumt werden. Versäumnis gibt es nur im Zeitlichen. Zeit jedoch existiert nicht, wie früher einmal angenommen, sondern ist nur ein Hilfsmittel in unserem beschränkten Erdenleben, wie uns Albert Einstein gelehrt hat.

Der Atheist glaubt ja auch nicht an gar nichts. Er glaubt allerlei anstatt an den göttlichen Funken in sich: an die Macht des Geldes oder pauschal an die Wissenschaft - oder aber er sagt einfach: ich glaube nur, was ich sehen, hören, riechen, schmecken und anfassen kann.

Das wiederum ist in hohem Maße unwissenschaftlich – ja sogar ziemlich primitiv.

Der Wissenschaftler weiß sehr wohl, daß es unendlich viel Unsichtbares gibt und unendlich viel Unwissenheit herrscht, und immer geben und herrschen wird. Sonst würde sich ja Forschung sehr schnell von selbst erledigen. Bevor Thomas Edison 1879 seinen nächtlichen Garten in das taghell leuchtende Licht seiner Glühlampen tauchen konnte, wußte keiner um diese Möglichkeiten der Elektrizität – geschweige denn jemand konnte sich damals Technologien wie Telefon, TV und Computer vorstellen.

Jedem wissenschaftlich denkenden Menschen muß klar sein, daß die Widerlegungen aller Gottesbeweise nicht den Schluß zulassen, daß es keinen Gott gibt.

Diese Folgerung ist so falsch und wie auch unlogisch. Denn der Umkehrschluß funktioniert nicht: so wenig wie man eine göttliche Existenz beweisen kann, ebensowenig seine Nichtexistenz. Alle Gottes-Beweise und ihre Widerlegungen können somit nur in einer zusammenfassenden Feststellung gipfeln:

ein bewiesener Gott ist kein Gott. Er wäre nur irgendeine Sache in der Welt. (Jaspers)

Große Forscher waren und sind auch immer dem unerforschlichen Göttlichen verbunden, weil ihnen die Grenzen menschlichen Wissens bewußter sind als dem ´´Otto-Normalverbraucher´´. Auch die Gottesvorstellung der Menschen ist einem gewissen Wandel unterworfen, wie unser gesamtes Menschsein. Daß der Werdeprozeß ein ewiger, nie endender ist, zeigt schon die Tatsache, daß sich bisher jedes Weltbild irgendwann überlebt hat. *Alles Erkennen ist Auslegung. Jedes Totalurteil über die Welt und die Dinge beruht auf unzureichendem Wissen...*(Jaspers)

Fortschritt ist nichts anderes als die ständige Korrektur von Fehlern. Ich weiß nicht mehr, wer das mal gesagt und mit diesem Satz auf den Punkt gebracht hat.

Es gibt da übrigens einige amerikanische Autoren, die alle psychologischen wie auch philosophischen Begriffe munter durcheinander werfen. Eigenartiger Weise kann man trotzdem mit einigen solcher Bücher ganz gut praktisch arbeiten. Man braucht ja auch im Umgang mit einem Auto nicht unbedingt dessen sämtliche technische Einzelheiten zu kennen, um damit fahren und verreisen zu können. Andererseits kann man wissen, wie etwas funktioniert, aber trotzdem total unerfahren sein, dieses Wissen auch praktisch umzusetzen.

Der Atheist entlarvt sich übrigens selbst sehr schnell als ein auf seine beschränkten Sinnesorgane reduzierter Mensch. Unsere Sinnesorgane können nur erfassen, was - etwas vereinfacht ausgedrückt - in ihrem Frequenzbereich liegt. Man weiß durch Messungen, daß Fische eine ausgesprochen ´´redselige´´ Spezies sind. Könnte man deren ununterbrochenes Geschwätz hören, würde wohl keiner sein Wohnzimmer mit einem Aquarium voller Zierfische dekorieren, weil sie jedem Menschen in wenigen Minuten restlos auf die Nerven gingen.

Dem sogenannten Atheisten muß man einfach nur einmal klar vor Augen führen, daß sein Bewußtsein dem einer Motte gleicht, die Wolle von einem australischen Schaf frißt. Wie kann diese Motte etwas von Australien wissen? Sie ist sich nicht einmal des Schafes bewußt, von dem ihr Futter stammt. Nur – das ändert nichts an der Existenz Australiens und seiner Schafe. Und es ist auch Australien und seinen Schafen vollkommen gleichgültig, was die Motte denkt, weiß oder fühlt und erst recht, ob die Motte die Existenz Australiens und der Schafe anerkennt oder leugnet.(frei nach C.G.Jung) Käme nun eines Tages eine höher entwickelte Motte auf die Idee, ihren Mit-Motten mit Hilfe der Mottensprache etwas von einem ´´Wuselwusel´´ zu erzählen - womit sie in der Mottensprache das Schaf meint - würde sie sicher verlacht und für irre erklärt, evtl. sogar als ´´Mottenvolk-Verhetzerin´´ gejagt und umgebracht.

Dieses Beispiel zeigt, wie sinnlos alle Versuche sind, die Existenz Gottes, ein Leben nach dem Tod oder die Reinkarnation zu erklären oder zu beweisen. Es ist einfach kein Vokabular dafür vorhanden in der irdischen menschlichen Sprache. Alle derartigen Versuche sind lächerlich, weil sie auf Erden erfolglos sind und auch bleiben werden.

Der Bewußtseinszuwachs einzelner Menschen - allerhöchstens im Ansatz vermittelbar - ist und bleibt individuelle Erfahrung.

Aber glaub mir, auch wenn du mit Atheisten nicht auf einer Wellenlänge bist, es ist einfacher mit ihnen umzugehen als mit Menschen, die sich für ´´erleuchtet´´ halten. Was da manchmal an Kuriosem bis hin zum Psychopathologischen an die Oberfläche kommt und erwartet, ernst genommen zu werden!

Dazu paßt eine hübsche kleine Geschichte, die sich erst kürzlich zugetragen hat, und die ich dir nicht vorenthalten möchte:

Kurz nach Sonnenuntergang ging ich ins Haus. Mit mir hatte sich unbemerkt ein kleiner Besucher eingeschlichen: ein großer, grüner, fliegender Punkt schwirrte durch mein nur mit sanftem Dimmerlicht erleuchtetes Wohnzimmer.

Glühwürmchen sind – verglichen mit ihren europäischen Geschwistern – gigantisch groß in den Tropen und vollführen in den dunklen Gärten bei Nacht ein besonders reizvolles Lichterballett. Besagtes Glühwürmchen verirrte sich später in mein Schlafzimmer. Ich entdeckte es erst, als ich mich zu Bett legte und das Licht löschte. Ein paar Mal flog es an der hölzernen Schranktür etwas müde auf und ab, blieb dann schließlich erschöpft sitzen. Plötzlich entdeckte es einen anderen, viel größeren, viel helleren grünen Punkt hoch über sich unter der Zimmerdecke. Fasziniert flog es zu ihm hin, umschwirrte ihn und brachte allerlei Ehrerbietungen dar, um dessen Aufmerksamkeit zu erregen. Der große Leuchtpunkt sandte nur kühle Luft, aber bewegte sich nicht, mißachtete das kleinere Glühwürmchen ganz und gar. Dieses ließ sich indessen nicht beirren, den großen Leuchtpunkt weiterhin zu umwerben. Plötzlich waren da zwei große Leuchtpunkte, und es kam noch mehr kühle Luft. Das Glühwürmchen erzitterte und entfernte sich vor Schreck ein wenig, um dann in seinen zuvor begonnenen Bemühungen fortzufahren.

Plötzlich geriet es in Verzückung, tanzte einen wilden ekstatischen Tanz über die gesamte Zimmerdecke und flog vor lauter Freude allerlei kunstvolle Figuren. Mich erinnerte das an eine Holiday-on-Ice-Show meiner Kindertage: ich lag auf dem Rücken und genoß verzaubert den Auftritt des kleinen Solisten. Irgendwann war er müde, machte sein Lichtchen aus und entschwand meinem Blick. Ich war wohl ebenfalls eingeschlafen.

Am nächsten Morgen fand ich ihn am Boden: total erschöpft, aber noch am Leben. Ich brachte ihn vorsichtig ins Freie.

Falls er den Tag überlebt hat, wird er wohl in der kommenden Nacht allen Glühwürmchen – ob sie es hören wollten oder nicht – erzählt haben, daß er dem verehrungswürdigen Gottvater und der lieben Muttergöttin begegnet ist und sie höchstpersönlich und mit den eigenen Augen gesehen hat und, daß sie ihm den Auftrag eingehaucht haben, das Glühwürmchenvolk zu bekehren und zu unterweisen.

Wie wohl die anderen Glühwürmchen das aufnehmen werden? Viele werden die Köpfchen schütteln, aber einige werden dem erleuchteten Glühwürmchen als dem neuen gottgesandten Guru folgen und ergriffen seinen Predigten lauschen.

Was doch die kleinen grünen Kontroll-Lämpchen meiner Klima-Anlage für eine magische, ja geradezu revolutionierende Wirkung entfalten können – und sei es auch nur in der Welt der Glühwürmchen!

Du fragst mich nach der ausführlichen Schilderung deiner derzeitigen Situation, wie du dich entscheiden sollst. Liebe Irina, dazu gibt es von mir keine Antwort. Ich habe mir auch weitgehend abgewöhnt, Ratschläge ungebeten zu erteilen. Du hast mich zwar ausdrücklich in deinem Brief darum gebeten, aber Entscheidungen sind allein deine Angelegenheit! Ich werde mich hüten, das spirituelle Gesetz der Nichteinmischung zu brechen. ''Schicksalpanschen'' – wie Gustav Meyrink es treffend nannte – werde ich nicht.

Frage deine innere Stimme. Aber warte ab: vielleicht ist das ja nicht so leicht, weil sie sich in letzter Zeit ein bißchen heiser geschrien hat? So mußt du noch im Schweigen verharren und deine Seele auf Empfang schalten.

Wie immer du dich entscheidest, meine guten Gedanken begleiten dich – über den weiten Ozean hinweg. Ich hoffe, ich habe dich mit diesem langen Brief nicht überladen – mit dem Inhalt überfordert habe ich dich ganz bestimmt nicht. Aber eine knappe Antwort - nur fokussiert auf deine Fragen - hätte dich sicherlich auch nur halb befriedigt und erfreut. Du solltest wenigstens ein paar Mal einen Grund haben zu lächeln. Leg den Brief einfach weg und lies ihn an einem anderen Tag noch mal in Ruhe, wenn du erneut aufnahmebereit bist.

Mir kommt gerade die Idee, mit einem meiner Gedichte abzuschließen, das dir vielleicht etwas geben kann. Also hier für dich:

> * Sei frei wie Wind und Wolken,
> an nichts Vergängliches hänge dein Herz:
> jedes ''Dein'' und ''Für-Immer''
> enthält auch schon Abschied und ein ''Nie-Mehr''.
>
> Und stehst du fassungslos,
> weil ein Glück dir zerbrach,
> keime die Einsicht in deinem Innern:
> verloren warst du an einen Zustand,
> der Stillstand hieß;
> verhaftet einer schönen Illusion
> hast deines Daseins Sinn du vergessen.
>
> Sei frei - wie der Wind, wie die Wolken,
> finde dich wieder, öffne dich, sei bereit,
> zu gehen, wenn du gerufen wirst,
> zu empfangen, was höherer Wille dir zugedacht:
> auch Schmerzen und Leid sind vergänglich
> und Übergang nur für ein neues, reicheres Leben * A.R.

Laß von dir hören, wie es dir so ergangen ist und ergeht.
Die Inspiration des göttlichen Feuers und ein friedevolles Herz wünscht dir deine Freundin Alexa.

7.

Ich hatte mich müde geschrieben, aber ich war nicht ausgelaugt oder erschöpft, sondern angeregt. Es schien, als schwirrten da noch einige Gedanken in der Warteschleife umher, bereit für den Landeanflug.
Hoffentlich konnte Irina alles so aufnehmen, wie ich es meinte und mir erhoffte. Denn es kann immer passieren, daß man den ''falschen Nerv'' trifft. Deswegen sind Gespräche meist das bessere Medium, Dinge zu klären und ad hoc richtig zu stellen, wenn Mißverständnisse aufkommen sollten. Immerhin würde sie erkennen können, daß ich mir durchaus einige Mühe gemacht habe, ihr diesen langen, intensiven Brief zu schreiben.

Aber jetzt mußte ich hinaus ins Freie! Die Sonne lockte nach dem vielen Regen mit milden nachmittäglichen Strahlen, es wehte eine angenehme Brise des Nordost-Passats, und das Meer war so tiefblau wie schon lange nicht mehr. Es zog mich Richtung Westen ein kleines Stück am Strand entlang zu meiner Sunset-Felsen-Loge, obwohl der Sonnenuntergang erst einige Stunden später einen in glühende Farben getauchten Abendhimmel versprechen mochte. Abgesehen von gelegentlich passierenden Joggern, die aber erst am späteren Nachmittag zu erwarten waren, bin ich hier immer ganz allein, um zu meditieren oder auch nur meinen Gedanken nachzuhängen.
Einige Meter entfernt ragt vom Meer umschlossen ein einzelner Felsen aus den aufschäumenden Wassern: auf seiner Anhöhe öffnet sich eine schmale tiefe Spalte. Das hat seit einiger Zeit meine Fantasie beflügelt und ich stellte mir vor, wie dieser Stein plötzlich zu einer riesigen Felsenburg wachsen, sich öffnen und mir sein Geheimnis offenbaren würde:
eine Grotte der Mysterien, aus deren Wänden naturgewachsene Edelsteine leuchtend hervorragen und tausende von Lichtern reflektieren. In der Mitte ein kleiner, flacher, glasklarer See - gesäumt von Lotosblüten, bewohnt von umher schwimmenden Kois in seltenen exotischen Farben. In seiner Mitte lädt ein prächtiger Stuhl auf einem Podest zum Verweilen ein. Magische Klänge hallen von den Wänden wieder und vollenden die Verzauberung. Ich merkte, daß ich auf diese Weise mich sehr schnell entspannen und loslösen konnte, daß diese ''meine Felsenburg'' jetzt mein neues inneres Heiligtum bedeutete. Von nun an besuchte ich sie öfter. Nach einiger Zeit verlasse ich sie dann wieder und öffne meine Augen. Vorherige Unruhe oder gar Streß sind wie weggeblasen und haben einer tiefen, beglückenden Ruhe Raum gegeben.
Nicht jeder hat einen Strand mit einem solchen Felsen in der Nähe. Der Fantasie aber sind keine Grenzen gesetzt: man kann sich eine Wasserburg bauen, ein Hausboot oder ein Riesenschiff entwerfen, ein Korallenschloß am Grunde des Meeres errichten, wo bunte, neugierig Meeresbewohner den

Zaubergarten besuchen, ein himmlisches Wolkenschloß oder einen Sitz auf einem Berg mit einem atemberaubenden Panoramablick auf die schneebedeckten Höhen, einen geheimnisvollen Platz im Inneren eines riesigen, rauschenden Baumes, einen fernen, einladend funkelnden Planeten oder einen milde und verschwiegen lächelnden Mond besuchen. Auch Inka-Tempel und ägyptische Pyramiden gewähren der Fantasie freien Zutritt. Man erreicht sie mit einem himmlischen Märchen-Helikopter oder als Vogel oder als Schmetterling oder als Wanderer durch die Lüfte. Selbstverständlich sind eine Vielzahl helfender Geister zur Stelle, um alle guten Wünsche zu erfüllen: Wiederherstellung der Gesundheit zum Beispiel, Befreiung von verschiedenen großen und kleinen Nöten, von Zwist, für Frieden, selbstlose Liebe, Befreiung von allerlei Charaktermängeln, häßlichen Gedanken und den verschiedenen Arten der Sucht und dgl. mehr an menschlichen Schwächen, derer man sich gern entledigen möchte. Nie aber mit schlimmen Hintergedanken, die andere Menschen manipulieren oder gar schädigen könnten! Das käme als Bumerang irgendwann mit gräßlicher Wucht zurück.

In Europa hatte ich mir in meinem Haus ein Zimmerchen unter dem Dach als meinen ''Olymp'' reserviert. Keiner durfte meine heilige Stätte betreten. Nun brauchte ich Ersatz dafür und hatte ihn draußen in der Natur gefunden: meinen Felsen, der die geheimnisvolle Edelsteingrotte barg.
Das alles ging jetzt in meinem Kopf spazieren, bis ich an meinen meerumspülten Felsen gelangte. Ich setzte mich mit einem Kissen in das steinige Gelände – meiner Grotte gegenüber. Das aus Korallen gewachsene, wild zerklüftete Felsenufer ist dort sehr schroff, so daß man ein Polster braucht, um sich dort niederzulassen. Ich schloß die Augen und besuchte meine geheime Grotte: heute war sie von smaragdenem Funkeln erfüllt. Mein Wunderstuhl stand schon für mich bereit, und ich wünschte mir noch einen zweiten herbei – mir gegenüber.
„Ishtuahavi, darf ich dich einladen, auf diesem Stuhl Platz zu nehmen?"
„Aber natürlich … ich habe ja auf deine Einladung bereits gewartet", sagte sie und thronte schon im gleichen Augenblick auf dem fürstlichen Sessel.
„Gefällt dir das Ambiente meines Heiligtums?" fragte ich sie.
„Natürlich gefällt es mir. Ich hoffe, du hast nichts dagegen, daß ich dir heute smaragdenes Leuchten empfohlen habe?"
„Auch deine Augen sind heute smaragdgrün", stellte ich fest.
„Du selbst dachtest unlängst darüber nach, erinnerst du dich?"
„Ich kann dir auch rein gar nichts verheimlichen", seufzte ich ein wenig.
„Nein, in der Tat nicht! Dann müßtest du etwas vor dir selbst verheimlichen. Selbst dafür würde ich Wege und Mittel finden, es dir zugänglich zu machen. Es ist nämlich meine Aufgabe, deinem Unbewußten soviel Terrain wie möglich abzugewinnen, um es in dein Bewußtsein zu heben."
„Mache ich dir deine Aufgabe manchmal schwer?"

„Es geht so. Du kannst gelegentlich ganz schön stur und dickköpfig sein".

„Rrrrrr", knurrte ich, „das habe ich sooft und bis zum Überdruß gehört – und jetzt auch noch von dir!!"

„Ich bin nicht dazu da, dich mit Puderzucker zu überstäuben. Es wäre dir wenig damit geholfen...

„Übrigens deine Freundin Irina hat deinen Brief bereits gelesen."

"Tatsächlich? In Europa ist es aber schon sehr spät am Abend."

„Sie konnte nicht schlafen, stand auf und öffnete wie ferngesteuert dein E-Mail auf ihrem Computer."

„Und?" fragte ich ungeduldig.

„Sie wurde plötzlich hell wach, und den Rest der Nacht wird sie auch nicht mehr schlafen."

„Es tut mir leid. Das wollte ich nicht. Sie sollte den Brief erst tags darauf lesen."

„Macht nichts, keine Sorge, sie hat morgen einen freien Tag und Zeit zum Nachdenken und auch zum Schlafen."

„Wie nimmt sie den Inhalt auf?"

„Nun – einiges wird sich ihr erst nach und nach erschließen. Wichtig ist im Moment, daß sie über ihre Psychotherapeutin nachdenkt. Ich bin überzeugt, daß sie diese Pseudotherapie in Kürze durchschaut und aufgibt, weil sie spürt, daß sie ihr eher schadet als nutzt."

„Braucht sie denn Therapie?"

„Ja und Nein. Sie wird erst später einen guten Therapeuten finden, so daß sie jetzt erst einmal allein mit sich und an sich arbeiten muß. Es wird eine ganze Weile dauern, bis sie dir antwortet. Aber sei unbesorgt: sie geht ihren Weg, denn seit du sie das letzte Mal in Europa getroffen hast, ist sie gut vorangekommen im spirituellen Sinne. Sie hat einige wichtige Bücher gelesen, die ihr sehr geholfen haben."

„Wie schön! Ich bin erleichtert".

„Sie hat nach dem Lesen deines Briefes auch beschlossen, nicht mehr zu versuchen, ihren Ehemann zu missionieren. Das wird seine Beziehung zu ihr günstig beeinflussen. Er hingegen wird aufhören, sie eine ´´verstiegene Esoterik-Zicke´´ zu nennen. Beide werden mehr und mehr einsehen, daß kein Mensch auf der Welt dazu da ist, nach der Vorstellung eines anderen zu leben und ihn glücklich zu machen. Sie werden zwar nicht zusammenbleiben, weil sie sich auseinander entwickelt haben, aber sich als Freunde trennen, die sich frei, offen und freundlich begegnen können. Das wird auch ihren Kindern gut tun, auch wenn sie schon erwachsen sind und das warme Nest längst verlassen haben. Auch ihre Eltern werden sich beruhigen und Einsicht zeigen."

„Gott sei Dank! Dann hat sich wohl die Mühe doch gelohnt?"

„Unbedingt! Du hast die üblichen schlimmen Fehler vermieden und keine Phrasen gedroschen wie etwa ´´Kopf hoch – das wird schon wieder´´ etc.

oder gar den belehrenden, erhobenen Zeigefinger versteckt durchblicken lassen. Sie wußte schon vorher, daß du sie dem nicht aussetzen würdest, deshalb hat sie dir ihre Probleme anvertraut und so ausführlich beschrieben. Sie erwartete von dir keine üblichen persönlichen Tips Marke ``Hausfrauenart``, sondern richtungsweisende Anstöße. Die hast du geliefert, wenn sie auch zuweilen unbequem sind und nicht sofort praktikabel für sie. Sie ist klug genug und auch fähig, damit zu arbeiten. Sie schätzt es sehr, daß du kein pastorales, besserwisserisches Gehabe mit Predigten von Liebe und anderen frommen Sprüchen vom Stapel gelassen hast. Denn Liebe predigen ohnehin immer nur diejenigen, die am wenigsten davon verstehen, sie am wenigsten geben können. Immer wenn zuviel von Liebe die Rede ist, sehe ich sie heimlich und traurig durchs Hintertürchen entschwinden. Liebe will einfach da sein und nicht beschworen, diskutiert oder gar gefordert werden. *Gefühle werden erlebt, die Liebe aber geschieht* sagt Martin Buber, und bringt es damit auf den Punkt."
„Möchtest du mir jetzt etwas über Agape - Philia - Eros erzählen? Das wäre ein schönes Thema für mein Heiligtum, denke ich."
„Nicht direkt, Alexa, denn du weißt ja, was diese Begriffe bedeuten: Gottesliebe - Menschenliebe - seelisch- körperliche Anziehungskraft, was man noch durch die unterste Stufe des reinen Sex ergänzen könnte. Sex für sich genommen aber ist schon keine Liebe mehr, wenn es auch wünschenswert ist, wenn er sich in Liebe vollziehen läßt.

Ich möchte mit dir über die Liebe des Göttlichen in seiner Schöpfung sprechen. Wir werden heute nur erst einen bescheidenen Anfang machen, denn über dieses Thema gibt es unendlich viel zu sagen und zu fragen."
„Ishtuahavi, das ist ein wichtiges Thema, ja! Besonders deshalb, weil da immer noch dieser alttestamentarischer Rächergott, von dem wir schon gesprochen haben, in den Köpfen vieler Menschen haust, der als gnadenlose Vaterfigur in irgendeinem wie immer gearteten Himmel thront und angeblich am Jüngsten Tag unbarmherzig zu Gericht sitzen soll."
„Alexa, kannst du dir vorstellen, daß es unter den vielen Milliarden von Menschen wenigstens einen einzigen gibt, der vergibt, obwohl er darum nicht einmal gebeten wurde, der so voller Liebe ist, daß er sogar im Vorhinein vergibt, bevor etwas geschehen ist – aus seinem wundervoll liebenden Charakter heraus?"
„Doch, ich kann mir das vorstellen. Ich denke, es wird zwar sehr wenige, aber doch nicht nur einen einzigen solchen Menschen geben."
„Gut! Und was folgt daraus? Wenn dieser Gott nicht vergibt, sondern straft in irgend so einem ´´Jüngsten Gericht´´ – was ich für das älteste Gerücht halte - dann wäre dieser Gott diesen Menschen an Liebe, Güte und Vergebung unterlegen?! Was für ein Gott soll das denn sein: dieser in der Liebe einem Menschen unterlegene Gott? Kann der Mensch überhaupt eine so große

Verfehlung begehen, daß er damit Gottes unendliche Liebe erschöpfen könnte?! ... Nein! ... Also?! Vergessen wir doch solche Sonntagsreden der moralpredigenden Bibelfälscher. Die Karma-Adjutanten sind nicht viel besser. Denn wenn es - wie wir schon feststellten - keine Zeit gibt, sie also nur menschliche Erfindung für diese ihre kleine hiesige Welt und dafür auch einigermaßen brauchbar ist, dann gibt es jenseits dieser kleinen Welt auch kein Karma. Denn Karma ist eine Angelegenheit von Abgeltung in einer wiederkehrenden Zeit für begangene oder unterlassene Taten. Es gibt keine wiederkehrende Zeit, keine Abgeltung, kein Karma. Wenn aber ein Mensch glaubt, etwas Schreckliches, Unverzeihliches getan zu haben oder einem anderen Menschen in ''innigem'' Haß verbunden ist und nicht loslassen, sich selbst wie auch anderen nicht verzeihen kann, dann bleibt er in diesem Bewußtseinsfeld stecken, was dann zu neuerlichen ''Erlebnissen'' auf dieser Ebene schon in diesem oder aber in einem nächsten Leben führen kann: die Konfrontation mit genau den Themen, die man doch eigentlich gar nicht mehr wollte.

Aber Wollen und Nichtwollen verhindern Loslassen. Nach dem Loslassen und Wechseln auf eine andere Ebene gibt es auch kein Karma mehr. Mit dieser freien Entscheidung zum Wechseln der Ebene läßt man zugleich auch alle Diskussionen über Willensfreiheit oder Determinismus hinter sich. Inwieweit dieser Wechsel dem Menschen gelingt oder er stecken bleibt in seinen Verhaftungen - das ist eine ganz andere, wenn auch fundamentale Frage, der wir ein andermal noch nachgehen werden.

Bereits hier auf Erden ist alles dem Wandel unterworfen: Wandel als Gesetz der Beständigkeit – so paradox das auch klingen mag in Menschenohren. Es gibt nichts anderes als ständigen Wandel. Beispielsweise sieht ein Fluß in der Landschaft immer gleich aus. Aber das Wasser fließt und erneuert sich ununterbrochen. $\Pi\alpha\nu\tau\alpha$ $\rho\epsilon\iota$ (panta rhei) – alles fließt, sagte Heraklit. In Indien sagt man: ''Niemand steigt zweimal in den gleichen Fluß''. Auch das weise, mehr als 3000 Jahre alte I Ging heißt '' Buch der Wandlungen''. Du arbeitest schon seit mehreren Jahrzehnten damit. Auch davon reden wir ein andermal.

Zurück zu den vorwiegend patriarchal geprägten Religionstheorien. Ausnahmslos a l l e sind anmaßende Gotteslästerung. Laß sie einfach hinter dir - diese wichtigtuerischen Gurus, Priester, Religionsführer und Sektengründer - und geh lachend davon! Sie allesamt versuchen immer wieder, dem Göttlichen Eigenschaften anzudichten und ES in verbindliche Lehrsätze einzupacken. Lektionen über Gott zu erteilen oder IHN gar zu interpretieren und schließlich für verängstigte Seelen immer irgendwelche bösen Folgen ihrer Taten im Jenseits oder in einem späteren Leben zu erdichten - aus Überlegenheitsdünkel und Machtgehabe: was ist das anderes als Gotteslästerung in Reinpotenz!

Alle diese überzeugten Religionsführer liefern oder vertreten doch lediglich ein K o n z e p t , aber keiner von ihnen die absolute Wahrheit. Unser Dasein läuft doch ebenfalls in und nach einem uns eigenen Konzept ab, in das wir hineingeboren wurden.

Nehmen wir die für uns alle wichtige Energie-Quelle – die Elektrizität – als Beispiel. Eine Kaffeemaschine ist für nichts anderes da, als Kaffee zu bereiten, einen Staubsauger nimmt man zum Staubsaugen. Beide werden elektrisch angetrieben, aber man kann nun mal mit dem Staubsauger keinen Kaffee bereiten und mit der Kaffeemaschine nicht staubsaugen. Deshalb ist es ein Krampf, wenn ein Staubsauger gern eine Kaffeemaschine sein wollte - oder umgekehrt. So etwas Abwegiges kann nicht gelingen.

Der Teufel z.B. ist auch wieder so ein Konzept. Er wird ja nicht einmal in der Genesis erwähnt, wie man vermuten müßte. Er ist ja auch nur eine Erfindung der katholischen Kirche. Sie hat ihn extra dafür erschaffen, um ihn bekämpfen zu können: man erinnere sich nur an ihre grausamen Exorzismen und menschenverachtenden Inquisitionen.

Würde ein Gott der Liebe jemals einem Teufel erlauben, die Menschen zu verderben? Das wäre eine ungeheure Mitschuld: Gott als Helfershelfer des Teufels! Welch eine absurde Vorstellung! Wer sind sie denn, diese Prediger? Mit welchen Recht dürfen und können sie verängstigen? 2000 Jahre lang haben die Päpste und Priester des sogenannten Christentums die Menschen mit ihrer kirchlichen Erziehung nach ihrem hausgemachten Verständnis für Moral demoralisiert, geknechtet, verwundet, zerstört!

Geh lächelnd vorüber … Jedes Wort an diese festgefahrenen Individuen ist Verschwendung. Gedanken sind Schöpferkräfte. Laß sie sich ihren rächenden Vatergott erschaffen und ihn anbeten, wenn sie es unbedingt so wollen. Sie sollen alles haben, was sie brauchen, diese selbstgerechten, fanatischen Tugendbolde. Auch wenn sie es dennoch sind: als Gotteskinder können sie sich doch unmöglich empfinden. Welcher liebende Vater würde sie dem Fegfeuer oder gar der Hölle überlassen und sie quälen? Sie maßen sich an, über Gottes Willen zu reden und ihn nach ihrem beschränkten Verständnis zu deuten und zu erklären. Ja, sie behaupten einfach, Gott hätte die Menschen nach seinem Ebenbild erschaffen, nur weil die Menschen sich Gott in menschlicher Gestalt vorstellen. *Gott aber wäre endlich, könnte er erklärt werden. Sprechen wir also nicht mehr von ihm, aber leben wir immer in seiner Liebe *, sagte Eliphas Levi, der Meister der christlichen Kabbala. Die wahren Adepten wirken im Verborgenen. Nur Scharlatane brauchen ein Publikum, zeigen sich gern auf den Kanzeln und schreiben dann auch noch überflüssige Bücher. Sie haben an der geistigen Evolution bisher noch sehr wenig Anteil.

Soll ich dir das allergrößte Geheimnis in Bezug auf die Begegnung mit dem Göttlichen offenbaren, Alexa?"

„Jetzt kommt etwas ganz Wichtiges, ganz Neues, was ich noch nicht weiß und noch lernen muß, Ishtuahavi?" fragte ich gespannt.

„Doch, du weißt es im Grunde, aber höre es dir ruhig nochmals an:
Das allergrößte Geheimnis der Gottesbegegnung ist:

ES wird dir in d e m Aspekt begegnen, wie d u ES dir vorstellst.

Brauchst du einen strafenden Gott-Vater? Na, gut! Bekommst du.
Brauchst du überhaupt eine Vatergott-Figur? Na, gut! Bekommst du.
Brauchst du eine Muttergöttin? Na, gut! Bekommst du.
Brauchst du einen, mehrere oder viele Teufel, gute wie böse Geister?
Na, gut! Bekommst du.
Du bekommst sie alle à la carte.

Du willst das alles nicht?
Dann geh weg von all diesen Bildern und Gestalten, als ob du eine Gemäldegalerie verläßt. Geh in einen anderen Raum: in Räume mit überirdischem Licht, sanften Klängen, dich erhebenden Schwingungen. Laß dich von Lichtgestalten empfangen und durch diese neu erschaffene Wunderwelt leiten.
Die Lichtgestalten reden allerdings selten in menschlicher Sprache mit dir, wie du ja weißt, sondern lassen in dir eine Ahnung auftauchen, machen dich empfänglich für eine andere Art des Wissens. Du spürst, daß dir unbeschreibliche Schätze gegeben werden. All das tust du ja schon längst in deiner Felsengrotte.
Was in dir vorgeht, liegt jenseits der physischen Erfahrung und entzieht sich der Beschreibung durch Worte. Aber einmal eingetaucht in diese Energien, einmal gekostet, einmal erspürt, kannst du nie wieder mit weniger zufrieden sein.
Nur Energie ist unsterblich und vergeht nicht!
Diese unsterbliche, geistig-seelische Energie des Menschen ist das Bewußtsein.
Insoweit der Mensch diese seine für ihn typische Energie fördert, ausbaut, erweitert, nimmt er an der geistigen Evolution teil, ist er Teil von ihr und auch nur in soweit unsterblich.

Der Körper geht den Weg aller Natur. Nach dem physischen Tod geht die materielle Energie an die Natur zurück, die sie erhält, aber in ihrem ihr eigenen Sinne umwandelt.
Der Glaube, daß an einem vermeintlichen jüngsten Tag alle Gebeine sich aus der Erde zusammenraffen und in ihrer alten menschlichen Gestalt wiedererstehen, ist ebenso lächerlich wie auch traurig. Traurig, weil solche Vorstellungen in einem Zeitalter wie dem heutigen normalerweise gar nicht

mehr vorkommen sollten. Angebliche ''Symbole'' sind kein Alibi für diese Idiotie.

Aber man kann auch eine amüsante Vorstellung daraus machen, damit wir beide am Ende doch noch etwas zum Lachen haben. Malen wir uns dieses Spiel einmal bildhaft aus:

alle Menschen, die bisher auf dieser Erde gelebt haben und noch leben werden bis zu diesem Tag X (wobei - wie schon erwähnt - es bekanntlich keine Zeit und somit auch keinen Tag X gibt) stehen aus ihren Gräbern auf. Sie haben keinen Platz auf der zu klein gewordenen Erde. Der Kosmos bietet zwar genügend Raum, aber andere Lebensbedingungen. So müßten diese Menschen verteilt werden auf Mond, Venus, Mars oder am besten gleich in ein anderes Universum, ausgestattet mit Raumanzügen und Spaceshuttles. Das unvorstellbar riesige Equipment müßte für diesen Tag schon fertig vorbereitet zur Verfügung stehen. Ob all die Menschen, deren Gebeine seit vielen Jahrtausenden in ihren Gräbern ruhen, mit der Technik gleich zurechtkommen werden? Oder bricht Chaos und Panik aus? Zum Totlachen, oder?

Aber Gott ist allmächtig. ER wird's schon richten: Gottvater - der Generaldirektor der Universum GmbH - wie ihn Erich Fromm spöttisch, aber treffend nannte."

Ishtuahavi lachte und ringelte sich vergnügt auf dem Sessel.

Ich fuhr fort mit der imitierten Stimme einer krächzenden, aufgeregten Alten:

„''Mein Mann ist auf dem Orion, da will ich auch hin!'' "

„''Nein, du kommst auf den Mars, denn dein Mann hat beim Chef beantragt, daß du woanders hin kommst, weil du immer so zänkisch bist, und außerdem hat er eine andere''", ergänzte Ishtuahavi in dunklem Befehlston eines Erzengels.

„''Wie? Was? Eine andere? Ich und zänkisch, na so was. Der soll mir mal nach Hause kommen!''" krächzte ich zurück.

„''Er kommt nach Hause – nämlich auf den Orion. Und du kommst auch nach Hause – nämlich auf den Mars!''" dröhnte Ishtuahavi dunkel.

„''Mami, Mami, wo ist meine Mami, ich will zu meiner Mami''", schrie ich mit einer Kleinkindstimme.

„''Deine Mami ist schon unterwegs zum Saturn, aber du fährst mit Onkel Paul zur Venus''", brummte Ishtuahavi in tiefem Ton.

„''Ich will aber nicht,''" quietschte ich quengelig zurück.

„''Doch, doch, da ist es viel schöner, ganz bestimmt, viel schöner als auf dem Saturn. Auf den Saturn kommen nur die bösen Kinder. Du warst doch immer lieb, oder? Na, also, dann fliegst du auf die Venus. Tante Elfriede ist auch schon da und wartet auf dich''", ließ sich Ishtuahavi jetzt sanfter vernehmen.

„Ich glaube, wenn wir so weiter machen, werden wir die Fortsetzung von Dantes Göttlicher Komödie als Comic erfinden", schloß ich unsere kurze Theaterprobe.

Wir hätten noch Stunden diesen Sketch proben können, ohne Mangel an Erfindungsreichtum kurioser Dialoge zu haben. Wir lachten ausgelassen und waren richtig albern …

„Laß uns noch einmal zu der Liebe zurückkehren", bat ich, während ich mir die letzte Lachträne von der Wange wischte.

"Liebe ist eine Himmelsmacht – heißt es. Wie sieht es denn aus mit diesen so verschiedenen Begriffen: Liebe und Macht - wenn man sie für sich betrachtet. Schließen sie nicht einander aus? Wenn einer Macht haben will, kann er dann auch noch gleichzeitig lieben? Schließt Herrschen-Wollen nicht die Liebe aus oder verdrängt sie zumindest?"

Ishtuahavi nahm eine bequeme Position ein, die mir verriet, daß sie sich zu einer längeren Antwort rüstete:

„Vergiß das politische Machtstreben oder das Streben nach Macht einer Vorrangstellung wegen in Familie und Gesellschaft. Das kann wirklich ausarten und schlimme Formen annehmen, wo Gnadenlosigkeit und damit extreme Lieblosigkeit regieren und die Oberhand gewinnen.

Diese Form von Macht ist aber immer nur temporär und sehr labil. Deshalb kann sie schnell in das Gegenteil, nämlich in Machtlosigkeit und totale Hilflosigkeit umschlagen. Daher die überzogen anmutende Machtausübung von Diktatoren und Religionsoberhäuptern mit dem entsprechend eitlen Gepränge, die ständig um ihren Status fürchten müssen. Wo hierarchische Strukturen herrschen, ist es immer Menschenwerk. Es gibt unendlich viele geistigen Ebenen, die nebeneinander existieren, unendlich viele, für den Menschen nicht vorstellbare Dimensionen, aber es gibt keine Hierarchien. Das ist für den normalerweise dreidimensional denkenden Menschen schwierig nachzuvollziehen. Die Chemiker und Physiker verstehen schon eher etwas von Mehrdimensionalität, während sich der Rest der Menschheit vorerst einmal mit der theoretischen Vierdimensionalität der von Einstein beschriebenen Raumzeit begnügen muß (Stephen Hawking).

Wo dir hierarchische Strukturen und Denkweisen entgegentreten - in Staaten oder Religionen – ist immer wachsames Mißtrauen angesagt. Denn sie sind das Ergebnis von Eitelkeit und Hochmut. Ein guter und weiser Anführer, Präsident oder Herrscher empfindet sich als der Primus inter paris, d.h. als der Erste unter Gleichen, deren besondere Erfahrung und Kenntnisse er immer wieder zu nutzen weiß. Er wird sich niemals einem Unfehlbarkeitsdünkel hingeben oder sich anmaßend als Stellvertreter Gottes auf Erden bezeichnen. Wahre Macht bedeutet zu allererst Macht über sich selbst: sie ist gottähnlich – ja geradezu göttlich.

Dieser Mensch des Idealfalls wird Macht f ü r andere, aber niemals g e g e n andere ausüben oder gar mißbrauchen. Aber er wird andere unterrichten und unterweisen, diese Meisterschaft der Macht über sich selbst zu erreichen, wenn ihn ein Schüler oder Chela (24), wie ihn der Osten nennt, darum ersucht und für reif befunden wird. Der beste Dienst am Menschen auf diesem Planeten ist Macht über sich selbst zu erreichen, über sich selbst herrschen zu können. Ich sage bewußt nicht: sich b e -herrschen können, weil das falsch verstanden werden kann. Man kann sich beherrschen und nicht zuviel essen, nicht rauchen, nicht trinken oder sonstige Abstinenzen jeglicher Art pflegen und sich auferlegen. ``Tugend ist nicht das Faulwerden unserer Laster`` - (frei nach Nietzsche – Zarathustra) und auch keine Verdrängungsstrategie: nicht nur weil das Krampf ist, der ein Loslassen verhindert, sondern weil sich die gestaute Energie sehr bald irgendwo anders Luft machen wird."

„Dazu fällt mir eine Geschichte ein", sagte ich. „Ich war zum Abendessen mit Mitgliedern einer religiösen Sekte in der Nähe von Philadelphia unterwegs. Sie waren zum größten Teil überzeugte Antialkoholiker.

Als dann einer jungen Frau ein flambiertes Dessert serviert wurde, reagierte sie überzogen empört und geradezu hysterisch. Der Auftritt war bühnenreif für eine Comedy-Show. Ich sagte zu ihr: ''Sieh mal, erstens ist der Alkohol bereits verbrannt und hinterläßt nur sein Aroma für den guten Geschmack, und zweitens – denke ich mir so – nimmst du doch auch homöopathische Präparate wie auch Bachblüten?'' Sie nickte. ''Na, also! Aus der Homöopathie wie auch bei der Zubereitung der Bachblütenextrakte ist die alkoholische Aufbereitung gar nicht wegzudenken, auch nicht bei den Präparaten, die später als Globuli in den Handel kommen. Viele Produkte gibt es nur in Tropfenform – mit einem Gehalt von 35% bis zu sogar 85% Alkohol. Also, nun beruhige dich wieder und genieße unbesorgt dieses wundervolle Dessert''. Bei so viel tugendhafter Alkoholabstinenz kann einem schon fast schlecht werden, nicht wahr? Bei den Anderen sah ich nur ein heimliches Grinsen in den Augenwinkeln. Sie wollten nicht, daß sie sich ausgelacht fühlte und trotzig die Runde verlassen würde, denn dieser Dame mangelte es obendrein an Heiterkeit und auch an Humor."

„Besser, du lachst ebenfalls insgeheim darüber", fuhr Ishtuahavi fort. „Du kannst sehr oft beobachten, daß gerade diese ''tugendhaften'' Menschen zuweilen ein besonders mürrisches, chronisch schlecht gelauntes und humorloses Wesen an den Tag legen, wie es u. a. auch C.G. Jung sehr treffend beschrieben hat.

Dieses Herr-im-eigenen-Haus-Sein, das ich meine, geht viel weiter, bedeutet nämlich das Erreichen der Zielsetzung, immer und überall in der Liebe zu sein und zu bleiben. Das ist unglaublich weitreichend. Es gipfelt darin, über die eigenen Gedanken zu herrschen und alles, was mit der Liebe nicht vereinbar ist, sofort fallen zu lassen, einfach wegzuschicken. Wahrheit, Vollkommenheit und was es sonst noch für relativierbare Absolutismen gibt, verblassen zur Unwichtigkeit. Sie sind in die Liebe integriert oder sie s i n d nicht.

Doch ausnahmslos alles – auch die Liebe – können wir nur partiell erfassen, nur aus unserem eigenen relativen Blickwinkel erleben. Das Erlebnis dieses relativen Teils eines Anderen ist nicht das deine, kann es nicht sein, weil du eben mit deinem Leben und deinem Sein einen anderen Teil dieses Relativen erwischt hast.

Unter diesem Aspekt sind alle Diskussionen oder gar Streitigkeiten, was wichtig und richtig ist, gänzlich überflüssige, kindische Spiele.

Für dich ist nur der dir mitgegebene relative Anteil am Absoluten wichtig, weil er deine Aufgabe hier auf Erden enthält, die zu entschlüsseln du aufgefordert bist. Das klingt egomanisch, egozentrisch oder gar egoistisch, ist es aber unter dem Aspekt gelebter Liebe ganz und gar nicht. Welches größere Geschenk kannst du der Menschheit machen, als mit deinem Leben durch dein So-Sein einen Teil zur spirituellen Evolution beizutragen und an deren Fortschreiten mitzuwirken? Das beantwortet auch die Frage nach dem Sinn deines Lebens. Du selbst hast bereits erkannt, daß alles Zweckdenken mehr und mehr verschwinden sollte, und hast vor langer Zeit geschrieben:

*Wenn das ˝Um-zu˝, das ˝Damit˝, das ˝Wenn˝ aus deinem Leben gehen wird - unendlich langsam – und endlich, endlich gegangen sein wird, wirst du frei sein von fakultativen, von spekulativen, von konditionalen Gedanken - frei von Zweck:

Zweckfrei wirst du
Sinn finden,
Sinn empfinden,
Sinn leben
bis du endlich Sinn hast
und Sinn bist*   A.R.“

„Danke, Ishtuahavi" - ich war tief berührt. „Ja, das habe ich vor vielen Jahren geschrieben. Es ist noch ein weiter Weg, bis man von diesem Bewußtsein des Seins vollständig durchdrungen sein wird. Erst dann wird man sich selber so lieben und achten, so vollkommen in der Liebe sein, daß man den anderen vollends lieben und achten kann. Ich habe das Gefühl, daß ich diesem Ziel so fern und ihm kaum näher gekommen bin, " gestand ich beschämt.

„Aber du ahnst doch wenigstens deinen Weg – das darfst du nicht unterschätzen. Du machst auch nicht mehr so oft den Fehler zu meinen, in der Liebe sein bedeutet, alles, was einem Menschen böswillig oder wohlmeinend so antun, in stummer Duldung über dich ergehen lassen zu müssen. Das verbietet die Liebe zu dir selbst, denn es kann deinen eingeschlagenen

Weg empfindlich stören. Du versuchst inzwischen, die dir begegnenden Situationen zu durchleuchten, dann zu ändern oder aber zu akzeptieren oder - wenn beides nicht geht - sie zu verlassen. Nietzsche hat dich gelehrt:
        * Wo man nicht mehr lieben kann, da soll man vorübergehen*.
Keine zwischenmenschliche Beziehung ist für die Ewigkeit gemacht, sondern existiert in der Zeit. Langfristige Versprechen sind fast immer zum Scheitern verurteilt - wie die berühmte Eheformel ''... bis daß der Tod euch scheidet..'' Wenn das gemeinsame Stück des Weges in diesem Erdenleben zu Ende geht, dann sagst du ''danke und adiós''. Lebe auch weiterhin so, daß du immer gehen kannst. ''Freiheit ist die Möglichkeit zum Wechseln von Abhängigkeiten'' hat dich dein Lehrer Wolfgang Döbereiner gelehrt.

        Es ist absurd zu glauben, daß ein normaler alltäglicher Erdenmensch fähig ist, ausnahmslos alle Menschen zu lieben, seine Feinde inbegriffen. Wer sich als eine solche liebende Person sieht, lebt in einer gefährlichen Illusion. Er lebt nicht seine Wirklichkeit, sondern eine Vorstellung von sich, die er sich selbst zurecht gebastelt hat, oder aber er lebt in der Wahnvorstellung eines Übermenschen, von denen allerdings etliche auf dieser Erde herumlaufen und - bei Auftreten einer exzessiven Form - sogar die psychiatrischen Anstalten bevölkern. Vorstellungen und Illusionen haben jedoch ein sehr labiles Gleichgewicht. Die Kompensation folgt immer irgendwann – wenn es sein muß – mit tödlicher Konsequenz in sehr wörtlichem Sinne.“
„Manchmal muß man sich wirklich wundern", entgegnete ich.
„Niemand kann wirklich Liebe lehren, weil ja jeder – wie wir schon festgestellt haben – einen anderen relativen Ausschnitt aus dem Absolutum ''Liebe'' wahrnimmt und für seinen individuellen Lebensweg auch wahrnehmen muß. Deshalb finde ich es auch so anmaßend, sich selbst für dieses Thema zum Spezialisten zu ernennen. Da gibt es auch ''Experten'', die mit ihrer tollen Entdeckung Seminare für Manager abhalten. Natürlich kann man mit rhetorischer Gewandtheit und einem gewissen Charisma Führungskräfte, die bisher nur Ellenbogendynamik praktizierten, in Erstaunen versetzen - wirklich erfolgreich auf eine andere Schiene schieben wohl sicher nicht. Liebe predigen in solchen Wochenendkursen ohne – außer ein paar wenig hilfreichen Beispielen – eine wirkliche Anleitung zu geben, ist doch nur Effekthascherei, an der man mit der entsprechenden Ausstrahlung allerdings ganz gut Geld verdienen kann. Das Alltagsleben dieser Chefs mündet dann auch meist in den ''altbewährten'' Bahnen, weil diese ganze schöne Theorie nicht praktikabel ist. Es kann ja sein, daß solche Chefs sich daraufhin vorgenommen haben, ihre Sekretärinnen wie auch alle anderen Angestellten ein bißchen freundlicher zu behandeln, aber sollten sie da etwas mißverstanden haben in diesem Seminar, werden sie auch von ihren Ange-

stellten mißverstanden werden, die dann nur Kopfschütteln für sie übrig haben werden."

„Ich weiß schon, du hast das Buch eines bestimmten Schweizer Autors vor Augen, der eine ''Formel'' kreiert hat, um sich interessant zu machen ", antwortete Ishtuahavi. „ Die Vermarktung des Themas Liebe sollte man auf einem höheren bis hohen Niveau gänzlich unterlassen. Es reicht ja, wenn die Yellow Press auf unterstem Niveau inflationistisch damit umgeht. Auch dieser Autor ist nur einer von vielen. Aber sieh mal: sie müssen fast zwanghaft davon reden, wonach sie selbst verzweifelt suchen. Sie hoffen, beim Lehren zu lernen. Ein Stück weit gelingt das vielleicht sogar.

Es gibt derzeit ein einziges, wissenschaftlich zu nennendes Buch über Liebe, nach dem eigentlich kein weiteres mehr notwendig ist: '' Die Kunst des Liebens'' von Erich Fromm. Er untersucht sachlich, emotionslos und fern jeder Schwärmerei, die sehr vielen Schriften spirituellen Anspruchs eigen ist, dieses Thema, über das sich sicher mehr als über jedes andere nachzudenken lohnt.

Daß man Liebe nicht verordnen und erst recht nicht anordnen kann, geht sehr deutlich aus Martin Bubers prägnantem Satz hervor, den wir eben schon erwähnt haben. Das verweist zugleich auf den Ansatz, in welche Richtung wir arbeiten müssen: nämlich sich der Gefühle bewußt zu werden und sie in den Griff zu bekommen.

Daher ist es viel verständlicher, eingängiger und leichter erlernbar, wenn man den überstrapazierten Begriff ''Liebe'' ein klein wenig beiseite läßt oder zumindest etwas sparsamer damit umgeht, ohne ihn dabei aus den Augen zu verlieren. Jeder Schüler lernt das Alphabet, indem er bei A beginnt und nicht bei Z.

Und so empfehle ich dir, folgende Richtung einzuschlagen, indem du für dich diese Regeln systematisch aktivierst:

1. Ich respektiere alle Menschen als Mitmenschen in ihrem Charakter und ihrer Mentalität, auch wenn ich sie nicht verstehe oder ihr Betragen als befremdlich empfinde, d.h. auch:

2. ich respektiere ihr Recht, ihre eigenen Fehler zu machen. Ich mische mich niemals ein.

3. ich leiste mir keine negativen, aber auch keine überzogen euphorischen Emotionen gegen irgend jemanden, weil sie mein Urteilsvermögen trüben – das hast du bereits so ähnlich selbst formuliert.

4. ich versuche, ausnahmslos allen Menschen vorurteilsfrei zu begegnen und all mein Wohlwollen entgegen zu bringen, dessen ich fähig bin.

5. Alle Menschen, die mir begegnen oder meinen Lebensweg kreuzen, sind Erfüllungsgehilfen für mein Schicksal. Wenn ich glaube, daß mir von jemandem ein Unrecht zugefügt wird, dann will und muß ich meinen Anteil

an dem Vorgang erkennen lernen. Schuldzuweisungen gibt es nicht mehr in meinem Leben.

6. ich versuche, nach all meinen Kräften liebevolle Hinwendung zu geben: ohne Erwartung von Gegenliebe, ohne Erwartung von Gegengaben. Meiner Hilfe geht immer ein Angebot voraus, das der Empfänger völlig frei annehmen oder auch ablehnen kann.

Du mußt dich nicht auf Menschen einlassen, die negative Energie verbreiten, aber du kannst ihnen Licht und Liebe senden, wenn sie deinen Dunstkreis tangieren. Du hast inzwischen gelernt, daß Menschen Vampire sein können. Du hast das Recht, sie in aller Liebe wegzuschicken, wenn sie sich psychische wie auch physische Übergriffe herausnehmen. Davon sprechen wir ein andermal.

Du bist immer in der göttlichen Liebe, da sie überall ist, also kannst du niemals einsam und ohne Liebe sein. Wenn man wie du das Alleinsein gelernt hat, wird man erst fähig zur Gemeinsamkeit. Erinnerst du dich an die erste Übung, die das Schicksal dir abverlangte?"

„Oh, ja. Ishtuahavi. Es war wie eine Feuertaufe. Fünf Tage vor dem Weihnachtsfest, das ich mit meinem damaligen Freund in Spanien verbringen wollte – die Koffer waren im Geiste schon gepackt – kam es zur Trennung zwischen uns. Nicht eben der schönste Augenblick dafür! Ich sah diesem Weihnachten, das ich nun so plötzlich, so vollkommen unerwartet und zum ersten Mal in meinem Leben allein begehen würde, etwas beklommen entgegen.

Ja, ich hatte Angst vor den sentimentalen Tränen, die mir vielleicht unausweichlich am Heiligen Abend aus den Augen tropfen würden.

Aber es wurde ein weihevoller Abend. Ein kleines Tannenbäumchen war im Handumdrehen liebevoll mit Strohsternen und kleinen Holzfigürchen im altdeutschen Stil geschmückt. Mit Weihrauch, Myrrhe und Gold schritt ich durch das ganze Haus und segnete jeden Winkel mit positiven Affirmationen. Ich zündete darauf die Baumkerzen und noch eine Reihe anderer Lichter an und auch den Kamin, der für wohlig warme Gemütlichkeit in all dem Lichterglanz sorgte. Dann packte ich ein paar eingetroffene Weihnachtsgaben aus und auch ein kleines Päckchen, mit dem ich mich selbst beschenkt hatte: mein Lieblingsparfum.

Für mein leibliches Wohl ließ ich mir zum Butter-Toastbrot geräucherten Lachs, roten Kaviar und Champagner munden. Und dann wackelten die Wände: feierliche klassische Musik in Konzertlautstärke, u. a. Mozarts Krönungsmesse und die Ouvertüre der Zauberflöte. Ich stand mitten im Raum mit leicht gegrätschten Beinen und ausgebreiteten Armen, um das Pentagramm, das ja das Symbol des Menschen ist, darzustellen. Ich ließ die Musik seine Linien nachzeichnen und so durch meinen Körper wandern. Es durchströmte mich, gab mir Kraft: ich fühlte mich glücklich, ja ich hätte das ganze Weltall umarmen können. Von Einsamkeitsgefühlen nicht die geringste Spur, geschweige denn von Tränen. Ich habe dieses spezielle Weihnachtsfest nie mehr vergessen und auch später noch in Gedanken hervorgeholt, wenn ich unter einem Anflug von Einsamkeit zu leiden drohte. Man kann sich in einer Menge von Menschen und auch zu zweit verdammt einsam fühlen, aber man sollte sich darin üben, daß das niemals passieren kann, wenn man mit sich allein ist. Das ist sehr wichtig."

„Laß das heute unser Schlußplädoyer sein", sagte Ishtuahavi.
„Willst du dich schon verabschieden?" fragte ich „Ja, ich denke, daß wir unser Gespräch damit für heute sehr harmonisch ausklingen lassen können. Adiós, Alexa", sagte sie und wurde unsichtbar.

Die Grotte war wieder in den wellenumspielten, unnahbaren Felsen verwandelt. Inzwischen war die Zeit vorgerückt und die Sonne dem Horizont schon sehr nahe. So blieb ich noch in Gedanken versunken sitzen, um den letzten Strahlen des heutigen Tages zu huldigen und die malerischen Formen und Farben der Abendwolken zu genießen. Der Sonnengesang von Franz von Assisi, dessen erste Strophe ich so gern habe, fiel mir ein, und ich sprach sie laut und in tiefer Andacht, bevor ich den Heimweg antrat:

> * Herr Gott, ich preise Dich im Stillen
> um Deiner Werke Pracht:
> in Sonderheit der goldenen Sonnen willen,
> die Du gemacht!
>
> Denn schön ist meine königliche Schwester,
> gibt Morgenrot und Mittagshelligkeit,
> den Abendhimmel als der Künstler Bester
> malt sie mit glühenden Farben allezeit.
>
> Des Frühlings Blumen und des Sommers Ähren,
> des Herbstes Trauben nur verdank ich ihr.
> Kein anderes Geschöpf zu Deinen Ehren
> spricht lauter mir.*

8.

Es vergingen ein paar Tage und ich war wieder ´mal im Städtchen. Ich mußte ein bißchen einkaufen und ein paar Rechnungen bezahlen. Überwei-
sungsmöglichkeiten oder gar Daueraufträge wie in Europa gibt es hierzulande noch nicht. Man muß all dies persönlich erledigen. So blieb es nicht aus,
diesen oder jenen zu treffen und für einen ´´small talk´´ stehenzubleiben.
Schließlich konnte ich mich einer Einladung zum Kaffee an der nächsten Ek-
ke nicht entziehen, ohne unhöflich zu sein, und so ließen wir uns zu einem
kleinen - wie ich hoffte - gemütlichen Schwätzchen nieder: Anna-Eva und
ich.

Nachdem sie mit ihrem forschen Mundwerk die neuesten, bissig kommen-
tierten Klatschgeschichten losgeworden war, bereute ich, nicht doch noch
unter einem Vorwand meiner Wege gegangen zu sein. Jedoch, was sie da
wieder einmal verzapfte, konnte man nicht einfach widerspruchslos stehen
lassen, denn dies wäre einer Billigung gleich gekommen. So gab ich in angemessener Kürze ein paar Bemerkungen von mir und sah zu, bald zu entkommen, bezahlte schnell und ging.

Ich war mit Gedanken wichtigen und gewichtigen Inhalts bis zum Bersten
erfüllt - und dann dieses Bla-Bla als unliebsames Kontrastprogramm.

Zu Hause angekommen, legte ich mich auf der Terrasse in meinen Liege-
stuhl. Ich mußte mich selbst rügen, daß mich Menschen in meiner Seelenruhe immer wieder so stören können, und daß das ärgerlicherweise immer
wieder zu nah an mich herankommen konnte. Der Mensch ist des Menschen
Wolf... wie wahr. Sofort auf Distanz gehen – war das aber immer die richtige
Lösung?

„Ishtuahavi, warum sind denn Menschen so: mischen sich ein, reden bösartig von einander, sind lieblos, vorteilsbedacht, rechthaberisch und immer sofort dabei, zu verurteilen und sogar vorzuverurteilen?" Es war fast nur eine
rhetorische Frage, aber ich hatte sie beim Namen genannt und so war sie
auch sofort da.

„Das hast du auch gemacht. Du hast sogar mit-verurteilt, obwohl du den
Menschen, um den es ging, nicht einmal kanntest, also nicht den geringsten
Anlaß hattest, dich in dieser Weise zu äußern. " Ihre Stimme klang vorwurfs-
voll.

„Ishtuahavi, wo bist du?"

„Ich bin heute nicht sichtbar für dich, sondern nur im inneren Dialog mit dir
tätig, wenn du erlaubst."

„Ich akzeptiere", sagte ich. „So werde ich meine Augen geschlossen halten
und mich innen drin mit dir unterhalten. Ja, du hast vollkommen recht. Ich

habe das auch gemacht. Der Vorwurf besteht zu Recht. Aber ich habe mich später sehr geschämt und mich dann persönlich entschuldigt."

„Das ehrt dich durchaus. Doch jetzt steht es dir frei, jederzeit andere zu besänftigen und ihnen liebevoll klar zu machen, was sie da gerade wieder generieren, oder aber dich strikt zu weigern, an solchen Gesprächen teilzunehmen und einfach wegzugehen.

Aber heute hast du dieser Frau, die sich gern einmischt und immer etwas bösartig alle Dinge kommentiert, die sich ihrer Einsicht verschließen und sie außerdem gar nichts angehen, doch sehr gut die Kurzsichtigkeit ihrer Vorgehensweise deutlich gemacht. Das war auch deine Aufgabe."

„… wenn sie denn über den Tag hinaus darüber nachdenken könnte! Sie kritisierte, daß eine Nachbarin – nach deren eigener Aussage wegen unvorhersehbarer Notwendigkeiten gerade etwas knapp bei Kasse – trotzdem einen teuren Sattel für ihre Tochter erstanden hatte.

Ich fragte sie, ob sie denn darunter zu leiden hätte, ihr die Nachbarin vielleicht Geld schuldete. ''Natürlich nicht'', antwortet sie empört, ''ich verleihe doch kein Geld''. ''Na, weil es dich doch dann gar nichts angeht, was sie mit ihrem Geld macht,'' insistierte ich.

''Na, ja, ich meine ja bloß.'' ''Hörst du mir bitte einen Augenblick zu?'' fragte ich. Sie nickte. ''Ich erfinde jetzt mal ein Drehbuch: die Tochter freut sich unbändig über den seit langem heißersehnten Sattel und reitet stolz auf ihm in ihrem Reitclub. Ein anderes Mädchen möchte ihn auch gern mal ausprobieren, und die Tochter erlaubt es ihr großzügig. Sie werden nach und nach Freundinnen. Die Freundinnen besuchen sich, und weil sich wie rein zufällig auch die Eltern gegenseitig sympathisch sind, ist die Freude um so größer. Später gründen die beiden Väter eine Firma und werden Geschäftspartner, die sich gegenseitig hervorragend in ihrem Know-how ergänzen und sehr erfolgreich zusammenarbeiten. Wer fragt dann noch, ob diese Nachbarin es sich damals denn hätte leisten sollen oder nicht, der Tochter ein so aufwendiges Geschenk zu machen wie den besagten Sattel?'' Sie zuckte mit den Schultern… ''Siehst du! Ferner scheint diese Nachbarin ein unbewußtes Gespür für Symbolik zu haben. Ein Sattel ist ein Gerät für einen Reiter, um ein Pferd in eine kultivierte Bewegung zu führen, wo Trieb und Willkür beherrschbar sind. Kannst du erkennen, was ich damit sagen will?''

Ishtuahavi kommentierte:

„Es hat ihr ein bißchen die Sprache verschlagen, und ihr fielen keine passenden Widerworte ein. Das Symbol konnte sie nicht verstehen. Du bist ja auch gegangen, ohne ihr dafür Zeit zu geben. Zu Recht natürlich!

Sieh mal: du weißt ja, daß Anna-Eva etwas sparsam ist, um das harte Wort Geiz zu umgehen. Sie ist noch niemals in ihrem Leben auf die Idee gekommen, jemandem ein so wertvolles Geschenk außer der Reihe zu machen. Das müßte dann schon mindestens ein sogenannter runder Geburtstag oder ein entsprechend bedeutsamer Anlaß sein – mit applaudierendem

Publikum während der Familienfeier entsprechend inszeniert - damit sie sich in ihrer ''Großzügigkeit'' auch sonnen kann. Aber nun ist es an ihr, deinen Hinweis zu reflektieren und daraus zu lernen.

Aber sei nicht traurig. Obwohl sie derzeit viele solche versteckten wie auch offenen Hinweise bekommt, kann sie sie nicht umsetzen. Dazu müßte sie wenigstens ein klein wenig schweigsamer werden und auch mal nach innen lauschen. Doch in ihr sind zu viele verkrustete Verhaltensmuster ineinander verschränkt, die nach und nach entwirrt und ins Bewußtsein gehoben werden müssen. Dieses ihr Leben reicht dafür kaum mehr aus.

Du mußt dir nicht an solchen Menschen die Zähne ausbeißen. *An Unheilbaren soll man nicht Arzt sein wollen *, wie du aus dem *Zarathustra* weißt. Reagiere entsprechend deiner inneren Stimme und wahre immer ein wenig Distanz, die nichts mit Lieblosigkeit oder gar Hochmut zu tun hat, sondern dir lediglich zu einer besseren Übersicht verhilft.

Sie schützt dich vor Abwegen, Umwegen und geschäftigem Unterwegssein in vergänglichen Belanglosigkeiten. Es sollte nicht mehr deine Straße sein, falls sie es denn je war. Dann siehst du förmlich den selbst erbauten Käfig aus bösen Gedanken, in dem solche Menschen ihre eigenen verängstigten Gefangenen sind. Merkwürdiger Weise sind oftmals gerade sie es, die von Freiheit singen gleich flügelgestutzten Vögeln, die gar nicht wissen, was frei sein wirklich bedeutet. Freie Vögel fliegen, und je höher sie fliegen, desto weniger singen sie. Wie können solche Käfig-Vögel eine freie, in hohen Höhen fliegende Möwe Jonathan (Richard Bach) begreifen, wenn sie selbstgefällig auf der Stange in ihrem zwangsneurotischen Käfig hocken bleiben?

Habe ich dir ein wenig geholfen, deinen Gleichmut wiederzufinden?"

„Ja, das hast du. Und wie immer hast du vollkommen recht: ich muß das alles gelassener nehmen. Laß uns das Thema für heute abhaken."

„Ich habe noch eine sehr schöne Geschichte für dich, die dir gefallen wird. Sie betrifft das Thema Vorurteil. Willst du sie hören?"

„O, ja, ich liebe schöne Geschichten." Ich legte mich zurück, schloß die Augen wieder und lauschte.

„Die Geschichte stammt aus dem 18. Kapitel des Korans.

Moses begegnet in der Wüste Chidr, ''dem Grünen'', auch erster Engel Gottes genannt. Chidr bietet Moses hilfreiche Taten an, warnt ihn aber zugleich, sich vorzeitig gegen sie zu empören. Denn in diesem Fall müßte Chidr ihn nach der dritten Tat bereits wieder verlassen.

Als erstes versenkt Chidr die Boote armer Fischersleute in einem kleinen Hafen. Moses grollt innerlich. Dann erschlägt Chidr einen bildschönen jungen Mann. Moses ist fassungslos und ballt die Faust in der Tasche. Als nächstes läßt Chidr eine Stadtmauer einstürzen. Moses ist außer sich und schreit seine Empörung offen hinaus. Chidr verläßt ihn, wie vorher angekündigt, erklärt ihm aber zuvor noch die wahren Beweggründe seines Tuns:

Die Boote hatte er vor herannahenden Räubern gerettet. Man konnte sie nach deren Abzug leicht wieder heben. Der Jüngling wiederum war auf dem Weg, seine Eltern zu ermorden. So rettete Chidr die Eltern vor dem Tod und das Seelenheil des jungen Mannes. Unter der eingestürzten Mauer würde man in Kürze einen großen, noch unbekannten Schatz bergen. Dazu mußte die Mauer abgebrochen werden.

Moses mußte beschämt einsehen, daß er - zu früh empört - ein Urteil gefällt hatte, bevor er in der Lage war, die wahren Hintergründe zu erkennen. So mußte er Chidr ziehen lassen und auf seine weiteren hilfreichen Taten verzichten.

Merkst du, Alexa, da geht es noch um einiges mehr: wir können oft nicht durchschauen, warum etwas passiert, ganz gleich, ob es nun etwas Furchtbares oder etwas sehr Schönes ist. Aber immer passiert es mit dem Einverständnis des Göttlichen. Das Göttliche ist allmächtig und allgegenwärtig. Nichts i s t jemals außerhalb des Göttlichen.

Was nicht göttlich ist, das i s t nicht. In diesem Bewußtsein gelingt es, eine wunderbar gelassene Akzeptanz zu entwickeln, mit der eine innere Freiheit erst möglich wird.

Alexa, bist du eingeschlafen?"

„O, nein, nein, ich habe alles gehört. Auch deine abschließenden Bemerkungen. Es hat mir sehr gefallen. Eine sehr gute und bemerkenswerte Geschichte. Ich werde sie mir merken."

„...und bei passender Gelegenheit wiedererzählen", ergänzte Ishtuahavi.

„...bestimmt", versprach ich noch, und dann war ich tatsächlich eingeschlafen.

9.

Ich erwachte nach einem ausgedehnten Nickerchen, war erfrischt und befand mich in einem Zustand heiterer Nachdenklichkeit.

''Nichts geschieht, ohne daß es das omnipotente und omnipräsente Göttliche zuläßt'' Die Faszination dessen, was Ishtuahavi noch am Ende der Geschichte von Moses und Chidr ergänzend hinzugefügt hatte, war in mir noch ganz und gar lebendig.

Ich blickte in die schirmartig ausgebreiteten Wipfel der Almendras, sah dem Windtanz der grünen und roten Blätter zu, für deren Kulisse der Himmel sein schönstes seidiges Blau schenkte.

Mein Unterbewußtsein muß wohl während des Schlafes fleißig weiter gearbeitet haben. Unwillkürlich nahm ich den Faden wieder auf:

Eigentlich ist es doch vollkommen klar: das Göttliche wäre ja nicht allmächtig, wenn irgend etwas gegen das heiliges Gesetz seines göttlichen Willens geschehen könnte.

Folglich haben auch alle, für unser Empfinden ''böse'' Taten ihren tiefen Sinn, werden in der Akzeptanz des Göttlichen begangen, müssen vielleicht sogar – weil so vorherbestimmt – begangen werden, sind unumgänglich, sind Schicksal?

Wenn es denn mein Schicksal ist, ermordet zu werden, dann brauche ich einen Mörder, der die Rolle des Erfüllungsgehilfen für mein Schicksal übernimmt. Dessen Schicksal morden zu müssen, braucht wiederum ein entsprechendes Mordopfer.

Was könnte dem vorangegangen sein und solche Schicksale auf diese Schiene geschoben haben, daß sie nicht anders können, als dieser Spur folgen?

Wenn du denkst '' ich möchte diese Person am liebsten umbringen'' - dieser Gedanke ist bereits ein Einstieg, ein Mörder zu werden. Auch wenn der Gemeinte nicht gleich tot umfällt: du hast dir selbst in jedem Fall geschadet, indem du dich auf die Gedankenschwingung ''Mord'' eingelassen hast. Wenn du einen zornigen Charakter hast und diesen Gedanken oft genug denkst, unbewußt besetzt bist von diesem Gedanken, wirst du dich wohl vor einer deiner nächsten Inkarnationen entscheiden, nun endlich einmal dieses Thema abzuhaken, d.h. tatsächlich zum Mörder zu werden und alle Konsequenzen auf dich zu nehmen. Dann ist dieses Thema für dich endlich ein für allemal gelöst und damit auch e r -löst.

Wenn du immerzu denkst ''dies oder jenes bringt mich um'', dann wirst du sicher irgendwann ein ''Umgebrachter'' werden. Das führt Mörder und ''Opfer'' schließlich schicksalhaft zusammen.

Es hat etwas ausgesprochen Gespenstisches an sich, wenn man das alles bis in die letzte Konsequenz durchdenkt und auch noch das ganze betroffene Umfeld dieser beiden Menschen in die Überlegung miteinbezieht.
Gedanken sind Kräfte. Oft genug gedacht und mit entsprechender Energie versorgt und aufgeladen können sie ein kaum noch kontrollierbares Eigenleben entwickeln. Sie sind gleichsam wie erschaffene Wesen. Die Geister werden gerufen, bevor der Rufer den Zauberspruch zu ihrer Bannung gelernt hat - wie im ''Zauberlehrling '' von Goethe.

… ausgesprochen ungemütliche Gedanken… wie ich fand. Eine leichte Gänsehaut lief mir über den Rücken.
Ich stand auf und bereitete mir einen Cappuccino. Doch das spannende Thema ließ mich einfach nicht los.
… dann sind also die Drehbücher unserer Schicksalsfilme schon vorgeburtlich fertig geschrieben, und wir übernehmen die für uns vorgesehenen Rollen – in freier Willensentscheidung. Es gibt keinen anderen Weg, als den zu unserer Weiterentwicklung selbst erwählten, auch wenn uns die Intuition dafür oftmals verloren gegangen ist. Nachdem wir angetreten sind, haben wir keine Wahl mehr, außer unsere Rollen so gut wie möglich zu spielen. Eine Gestaltungsfreiheit für unsere Rolle ist immer noch vorhanden - wenn auch in engerem Rahmen. Mit Regisseur oder Mitspielern zu streiten und sie anzugreifen, weil wir in unserer Engstirnigkeit meinen, daß alles anders laufen müßte, sie an allem Schuld wären, daß alles so ist, wie es ist, macht uns nur zu herumspringenden Affen, die nichts kapiert haben. Wir können unsere Rollen auch abbrechen und hinwerfen. Aber dann stellen wir uns selber kalt. Denn es gibt keine neue Rolle, bis diese hier vollends ausgespielt und beendet ist.
Manche wiederum sind derartig verliebt in ihr eigenes Lebensdrama, daß sie fast masochistisch in ihrer Tragik zu versinken scheinen. Sie ''proben'' wieder und wieder zwanghaft mitleidheischend bis zum psychischen Zusammenbruch die Szene ihres ''Tals der Tränen'' und wundern sich dann, daß bald kein Mensch sich persönlich mehr dafür interessiert, sondern daß man sie als Kranke behandelt. Es gibt viele Menschen, die in diesem Hang zum Tragischen steckenbleiben anstatt den nächsten Akt ihrer ''Tragikomödie'' vorzubereiten. Sie laufen im Kreis wie Maulesel mit verbundenen Augen, die eine Maschine bewegen, ohne darin einen Sinn zu erblicken, verpassen den Augenblick, wo sie ausscheren könnten und dürften aus dieser Mauleselei.
        Ich ging in den Garten, setzte mich in einen Stuhl nah dem Meer und blickte nachdenklich in die auslaufenden Strandwellen.
Ich war noch immer nicht fertig mit diesem Thema. Mir fielen Szenen aus dem Neuen Testament ein: Jesus weissagte, daß Judas ihn verraten und Petrus ihn verleumden würde. Beide konnten gar nicht anders, als diese Prophezeiungen erfüllen. Es war ihr Schicksal.

Andernfalls müßte man Jesu Worte als prophetisch getarnte Suggestion ansehen. Jesus als suggerierender Initiator von Verrat und Verleumdung, der doch selbst gelehrt hat: ''... und führe uns nicht in Versuchung...''? Allen Ernstes: darüber braucht man wohl nicht nachzudenken! Es war für Petrus und Judas bitter genug, diese ihre Taten wie zwanghaft begangen haben zu müssen. Es war ihre Lektion, die sie in diesem Leben lernen und erfahren mußten.

So wenig sich ein freiheitsliebender Mensch mit dem Gedanken der Vorherbestimmung oder fremdbestimmten Fernsteuerung anzufreunden vermag, er enthält auch einen sehr tiefen und starken Trost. Jesus nämlich hat weder Petrus noch Judas verflucht, noch ihnen Strafe prophezeit oder gar Feg- und Höllenfeuer angedroht. Alles war im Vorhinein bereits verziehen und vergeben.

... und... was f o l g t daraus? Meine innere Stimme ließ nicht locker, bohrte unnachgiebig weiter...

Es kann nur eine einzige Schlußfolgerung geben:

Die Tat war die Sühne.

Ach, du meine Güte! Ich sehe schon im Geiste die Ethikapostel und Moraltheologen die Köpfe schütteln, höre sie lauthals protestieren... und sie würden mich am liebsten... ich weiß nicht was... vielleicht... auf dem Scheiterhaufen verbrennen?

Gut, daß diese irdischen Höllenfeuer inzwischen endlich erloschen sind, und daß ich auch keine Muslimin bin: sonst würde ich wohl bei Salman Rushdie anfragen müssen, ob er noch ein kleines Zimmerchen für mich frei hat, um mich zu verstecken.

Die Tat als Sühne! Wofür? Wir können und wir müssen es nicht wissen.

Eben! Wir können das alles nicht durchschauen.

Mach doch wenigstens einen klitzekleinen Versuch....in mir stach es wie eine Nadel... und es hörte einfach nicht auf zu brodeln. Nun denn... ich probiere es, aber garantiere für nichts.... Es könnte... verdammt noch mal diese Konjunktive... also gut... es könnte ein über alles Böse und Schlechte sich erhaben dünkender Mensch erfahren und lernen müssen, daß er eben doch nicht so ein guter Mensch ist, wie er immer geglaubt hat, daß er durchaus zu so schändlichen Taten wie Verrat und Verleumdung fähig ist: gleichsam als Kompensation seines Hochmuts, seines Überlegenheitsdünkels. Das ist ein unvollkommener Versuch einer Erklärung – ich bin mir dessen bewußt. Aber er könnte immerhin helfen, an unseren ''Rechtsvorstellungen'' zu kratzen, weil wir die übergeordnete Fügung nicht begreifen können, nicht die wirkende Macht hinter allem, was geschieht.

Aber wie Moses angesichts der Taten von Chidr aufschrie, weil er sie nicht verstand, so bäumt sich noch immer unser anerzogenes Rechtsempfinden auf und schreit nach Verurteilung, Vergeltung und Rache. Immer noch sitzen sie unausrottbar tief: diese archaische Verrohung und diese philisterhafte Selbstgerechtigkeit - obwohl ein Jesus von Nazareth vor 2000 Jahren lehrte: *Richtet nicht, auf daß ihr nicht gerichtet werdet*.

Da sitzen Angehörige eines Ermordeten hinter der Glasscheibe und schauen mit Genugtuung zu, wie der Mörder mit einer Giftinjektion oder auf dem elektrischen Stuhl umgebracht wird und zuckend verendet.

Sie sind mentale Mörder, die sich rächen und nicht vergeben wollen. Sie sind nicht ein Deut besser als der physische Mörder. Sie würden ihn in ihrem Haß eigenhändig töten - und zwar möglichst qualvoll - ließe man ihnen freie Hand. Lange, furchtbare Jahre sitzt der Mörder in der Todeszelle. Die Angehörigen der Mordopfer haben die Wahl, zu vergeben, und ebenfalls lange Jahre Zeit für diese Entscheidung.

Bevor du in den Tempel gehst, vergib, sagte Jesus. Verzeihen ist niemals ein Verbrechen, aber jemanden verfluchen ist immer eine schlimme und gefährliche Tat, die die Seele durch und durch vergiftet. Welche Scheinheiligkeit! Wie können sie sich Christen nennen oder gottgläubig?! Sie sind niederträchtige Mörder und Lügner – bösartiger vielleicht als jemand, der im Affekt einen Menschen umgebracht und in einer Jahrzehnte langen Haft alles abgebüßt hat, in seiner täglichen Angst mehr als 1000 Tode gestorben ist, bevor endlich der Tag der fast ''erlösenden'' Hinrichtung kam. Niederträchtigkeit jedoch trägt viele Masken, aber keine ist so gefährlich wie die der Tugend.

Schon vor ein paar hundert Jahren betrachtete der große Paracelsus ein Verbrechen als Wahnsinnshandlung und wünschte, daß man Missetäter als Kranke behandle, anstatt sie unter dem nutzlosen und anmaßenden Gesichtspunkt der Bestrafung zur Verzweiflung zu treiben und dadurch unheilbar zu machen. Dieser alte Meister verkörperte schon damals vorbildlich moderne Menschlichkeit.

Der Gouverneur, der nicht begnadigt, ist ein weiterer Mörder. Staaten, die noch immer die Todesstrafe anwenden, dürften nicht mehr Mitglied der heutigen Völkergemeinschaft sein, weil sie die Menschenrechte mit Füßen treten und sich anmaßen, ein Leben zu vernichten, bevor die göttliche Vorsehung entscheidet, dieses Leben zu beenden.

Ein Mörder wurde in Kalifornien ein paar Tage vor Weihnachten 2005 hingerichtet. Da es sich nach wie vor um ein Urteil auf Grund von Indizien handelte, muß man wohl korrekter Weise ''mutmaßlicher Mörder'' sagen. Er hatte einige Gewalttaten zugegeben, aber nach wie vor zurückgewiesen, einen oder sogar mehrere Morde begangen zu haben. Sein Betragen ließ zudem alle Anzeichen einer tiefgreifenden Wandlung erkennen, denn er hatte sich mit dem Thema ''Gewalt'' auseinandergesetzt und während seines Gefängnisaufenthaltes ein Buch über gewaltvermeidende Kindererziehung geschrieben. Trotzdem hat der Gouverneur österreichischer Abstammung

Schwarzenegger ihn nicht begnadigt – aus reiner Feigheit vor der Mißbilligung seiner Bürger. Die Österreicher haben sich empört und waren sehr enttäuscht von ihrem ''Helden''. Man sollte ein Zeichen setzen: ihn tatsächlich in Österreich zu einer Persona non grata (34) erklären und ihn nicht mehr einreisen lassen. Soweit wird man aber nicht gehen – auch aus Feigheit.

Jeder Mensch ist ausnahmslos zu a l l e m Bösen fähig und hat daher auch allen Grund, jedem wie auch sich selbst zu vergeben. Man ist nicht deswegen schon ein edler und guter Mensch, nur weil einem die Gelegenheit zur Schandtat fehlt, oder weil man aus Furcht vor Strafe dieses oder jenes nicht tut – sei es aus Angst vor der Strafe durch Gott oder durch die weltliche Justiz. Wer sich für einen guten, tugendhaften Menschen hält und all die potentielle Schlechtigkeit in sich selbst leugnet, ist ein Lügner und Heuchler. Man sollte sie einsperren und testen. Die Ergebnisse wären grauenerregend.

Man hat schon Versuche dieser Art gestartet: eine Gruppe in ''Wärter'' und eine Gruppe in ''Gefangene'' für einen solchen Test eingeteilt. Die ''Wärter'' entarteten ziemlich schnell zu sadistischen Peinigern, die ihre Macht über die ihnen unterstellten Gefangenen genossen und sich an deren Schmerzen und Erniedrigungen weideten. Vorher waren sie charakterlich ''unauffällig'' und deshalb für diesen Test ausgesucht worden.

Die jüngsten Vorkommnisse innerhalb der US-amerikanischen Truppe im Nachkriegs-Irak sprechen für sich. Angehörige der unteren militärischen Ränge wurden wegen der Praxis menschenverachtender Folter und Erniedrigung degradiert, mit Gefängnisstrafen belegt und ''unehrenhaft'' aus dem Militärdienst entlassen, nachdem Amnesty International einschritt und die internationale Presse informiert wurde. ''Die Kleinen hängt man, die Großen läßt man laufen'' – den Spruch kennt jedes Kind bereits im Vorschulalter. Die frommen Heuchler treten wohl immer am eifrigsten an und tun sich hervor in ihrer Selbstgefälligkeit und Selbstgerechtigkeit und merken gar nicht, daß sie die eigentlichen Gotteslästerer sind.

Der Karmagedanke, der aus den östlichen Weisheitslehren zu uns herübergekommen ist und vielfach an Einfluß gewonnen hat, bietet einerseits die tröstlichen Perspektive, vieles in einer kommenden Inkarnation wieder gut machen zu können, wozu dieses Erdenleben hier und jetzt nicht oder nicht ausgereichend genutzt wurde. Andererseits ängstigt er aber auch, weil sich ja wieder so etwas wie eine Strafe ankündigt, die als Entgelt oder Ausgleich für begangene Missetaten in einem künftigen Erdenleben ertragen werden muß. So sehr viel tröstlicher ist der Karmagedanke zunächst einmal gar nicht. Daß jedoch nach vielen Erdenleben dann irgendwann einmal eine wie immer geartete Befreiung winkt anstelle der ''ewigen Verdammnis in der Hölle'', ist schon eine sehr viel angenehmere Vorstellung.

Aber der Karmaglauben ist fest in der Zeit und in der Zukunft der wiederkehrenden Zeit verankert: in eben jener Vorstellung von Zeit gefangen und befangen, die gar nicht existiert. Das hatten Ishtuahavi und ich ja schon gemeinsam festgestellt.

Dessen ungeachtet hat der Karmaglaube manchmal eine nicht eben wünschenswerte Nebenwirkung: das Schicksal anderer Menschen geht kaum noch zu Herzen.

Was unseren Mitmenschen widerfährt, ist eben deren Karma – wie eine Suppe, die sie sich selbst eingebrockt haben und nun auch selbst auslöffeln müssen. Daraus folgt, daß die wertvolle Tugend der Barmherzigkeit und der Hilfsbereitschaft gar nicht erst entwickelt wird, d.h. daß man überhaupt keine Gedanken an eine evtl. Hilfestellung für andere Menschen verschwenden muß. Es schleicht sich ein erschreckend liebloser Zug ein, der in einer ohnehin liebearmen oder gar liebeleeren Welt zusätzlich auf einer ´´religiösen ´´Basis propagiert und sogar kultiviert wird.

Mir schlugen schon einige Male solche eisig kalten Äußerungen von Menschen dieser als ´´religiös´´ begründeten Denkungsart entgegen, daß ich fröstelte.

Das Kastenwesen ist ja offiziell in Indien abgeschafft worden, dennoch leider noch immer im Volk lebendig. Ein Freund erzählte mir einen Vorfall aus Kalkutta, wie ein Arbeiter auf den Bahngleisen beim Rangieren zwischen zwei Waggons geriet, schwer verwundet wurde und heftig aus einer offenen Arterie blutete. Ringsherum war keiner der indischen Landsleute bereit, diesem Mann zu helfen, weil er ein Paria (Unberührbarer) war. Mein Freund holte Verbandszeug aus seinem Auto, band die Arterie ab und schaffte ihn ins nächste Krankenhaus. Auch dort mußte er entsprechend viel Druck machen, daß man den Verwundeten überhaupt aufnahm und behandelte, obwohl mein Freund bereit war, zu bezahlen. Die Inder hätten ihn - völlig gefühllos - einfach verbluten lassen, ohne auch nur einen Gedanken an ihn zu verschwenden.

Ich war ziemlich aufgewühlt. Deshalb sprang ich in den Pool, um zu schwimmen und um mich abzukühlen - auch von meinen hitzigen Gedanken. Wasser kann so herrlich beruhigend und ausgleichend wirken – so auch jetzt. Diesen ganzen Themenkreis hatte heute Vormittag Anna-Eva mit ihrem dummen Geschwätz in Rotation versetzt. Das zeigt einmal mehr, daß alles scheinbar Sinnlose und Überflüssige doch seinen versteckten Sinn hat und zu irgend etwas gut ist. Es widerstrebte mir, doch ich überwand mich und sagte halblaut vor mich hin: danke, Anna-Eva!

10.

Es gibt einen Wanderweg, den ich sehr liebe: er beginnt nah vor meiner Haustür und läuft parallel dem Strand entlang im Schatten alter stämmiger Almendras. Man kann ihn in einem flotten, doch noch komfortablen Fußmarsch in 1 ½ bis 2 Stunden bis zum nächst größeren Ort gehen. Man kann auch nach ca. 1 km eine kurze bis lange bis sehr lange Pause einlegen - bei José an seiner Coco-Bar:
nichts Exklusives mit *, aber ein malerisches Plätzchen am Strand und ein beliebter Treff. Zwei Holzbänke – denen in den Münchner Biergärten kaum ähnlich, sondern viel uriger, weil wegen des wenig bearbeiteten Materials das Holz seine Herkunft von einem kräftigen Baum nicht leugnet, eher geheimnisvoll zur Geltung bringt – geradeso als hätte der Wirt es schnell einmal improvisierend zurecht geschnitten - für eher zufällig vorbeikommende Gäste. Ebenso Barhocker und Theke. Das Ganze nach allen Seiten offen, einfach in den Sand gebaut und mit einem fest geflochtenen Cana - Dach (35) geschützt.
José serviert simples Kokos-Wasser: die Frucht direkt von der Palme mit Strohhalm in einem aufgeschlagenes Loch. Puro oder loco – das ist die Frage. Letzteres heißt ´´verrückt´´ und meint mit einem großzügigen Schuß Rum. Der alten tropischen Regel ´´never before sunset´´ für alle alkoholischen Getränke zufolge, entscheide ich dann von Fall zu Fall - je nach früher oder vorgerückter Stunde. Natürlich gibt es auch das hiesige wirklich gute Pilsener neben weiteren Rum-Varianten. Die Gäste sind neben Einheimischen meist Residenten aus aller Herren Länder – seltener Touristen. Sie müßten diesen Geheimtip schon anderswoher erhalten haben und nicht von ihrer Reiseagentur.
Auch heute Abend hatte sich einmal wieder ein buntes Völkchen eingestellt. Ein Mischmasch von spanischen, englischen und deutschen Sätzen wechselten hinüber und herüber. Seitwärts im Sand spielten zwei Kinder mit einem bunten Ball und sangen eine einfache Melodie.
Was für ein Lied war denn das? Woher kannte ich das? Ich summte es ein paar Mal vor mich hin – aha, ja, da war er, der Text:

> * Die Gedanken sind frei -
> wer kann sie erraten?
> Sie fliegen vorbei,
> wie nächtliche Schatten.
> Kein Mensch kann sie wissen,
> kein Jäger erschießen.
> Es bleibet dabei:
> Die Gedanken sind frei.*

Ich trank mein Kokos-Wasser – heute wie meistens puro - und schaute auf das Meer hinaus. Ein günstiger Wind gab ein paar Kite-Surfern die Möglichkeit, uns ein bewegtes Schauspiel zu bieten: die bunten Schirme dekorierten tanzend den Spätnachmittagshimmel. Eine kräftige Brise forderte sportliches Können und wendige Eleganz von den Windreitern: es waren Experten unterwegs - soviel konnte man sehen - und sie blieben uns nichts schuldig.

Was denken die da draußen? Auch: die Gedanken sind frei? Wahrscheinlich nicht, denn sie fühlen sich frei, auch wenn ihre ganze Konzentration der nächsten hohen Welle gilt, die sie meistern wollen.

Aha – also disziplinierte Gedanken! Aufmerksamkeit! Kein Herumträumen! Sonst erwischt es sie! Das ist schon etwas total anderes, als das simple Liedchen meint.

Ich ging heim – diesmal nicht den Parallel-Weg, sondern durch den nassen Sand am Wellensaum - barfuß, meine Sandalen in der Hand. Unterwegs fand ich einen Baumstamm im trockenen Sand, einladend zu einer kurzen Rast. Ich zog ihn nah an die Wasserlinie, so daß die sanft auslaufenden Wellen gerade noch meine Füße umspülen konnten, während ich mich auf ihm niedergelassen hatte.

Die Gedanken sind frei. Aber sie sind nicht folgenlos, wie wir schon festgestellt haben: im konstruktiven wie im destruktiven Sinne. Ein unerkanntes, schleichendes Gift oder ein Heilmittel. Keine Macht von dieser Welt könnte sie verhindern, aber sie können verstärkt werden, sich breit machen in den manipulierten Köpfen der braven oder weniger braven Bürger. Die Medizin schürt Gedanken der Angst vor Krankheiten hier auf Erden, die diversen Religionen die Angst vor dem Jenseits. Angst schafft Zwanghaftigkeit bis hin zur Zwangsneurose. Das bedeutet Unfreiheit. Sie ist die eigentliche Krankheit: physisch – psychisch –geistig.

´´Die Gedanken sind frei´´ - wie es im Lied heißt? Sie sind Vagabunden! Und oft genug sind sie lästige und chaotisch herumspringende Affen. Frei sind sie nur, insoweit du ´´Mistkerl`` denken kannst, ohne es auszusprechen und eine Beleidigungsklage zu provozieren oder dir eine Ohrfeige einzuhandeln. Gedanken aber sind Kräfte. Sie verlangen nach Kraftnahrung, d.h. nach immer neuer ´´Mistkerl´´-Nahrung, um bei diesem Beispiel zu bleiben. Wenn sie erst einmal so richtig dick und rund gefüttert sind, werden sich ganze Kolonien von diesen Gedanken zusammenrotten samt ihren okkupierten Menschen, die sich ebenfalls gegenseitig anziehen. So kann die Atmosphäre eines Hauses, einer Siedlung, eines Dorfes vergiftet werden und kriminelle Elemente – eben jene Mistkerle – etablieren sich mit dem größten Vergnügen. Du fühlst dich unschuldig, daß diese ehemals so friedliche Gegend, in der du vielleicht seit 20 Jahren wohnst, nun ´´plötzlich´´ so schlimm und verrufen ist? Hast du nicht immer wieder ´´Mistkerl´´ gedacht, als dich da jemand ärgerte? Na, also!

Wenn du dich nicht änderst, dann nützt es auch nichts, wenn du umziehst.

Zieh immerhin um, aber bereite innerlich einen guten Umzug vor: mit allem psychischen Kehraus, der nötig ist, um nicht in die alten Fehler zu verfallen. Die Mistkerl-Gedanken dürfen auf keinen Fall mitumziehen, sondern ihnen wird strikt eine Absage erteilt. Dann - und nur dann - kannst du auch die äußere Veränderung mit Freude und Erfolg angehen. Aber Vorsicht – die Mistkerl-Gedanken sitzen lauernd an der Peripherie. So leicht geben diese gut genährten Burschen sich nämlich nicht geschlagen. Es hilft nur eins - wie Ishtuahavi schon sagte: alle Gedanken, die nicht in der Liebe sind, sofort durch den Rost fallen lassen – ganz konsequent – und durch freundliche Affirmationen ersetzen, bis diese so stark sind, daß sie durch die alten Miesmacher nicht mehr angegriffen werden können.

Warum gibt es denn Kriege, wenn angeblich kein Mensch sie will, alle Menschen nur für Frieden sind? Solange noch ein einziger feindlicher Gedanke auf dieser Erde existiert, gibt es auch Krieg. Das wird noch sehr lange so bleiben, leider!

Es gibt auch keine Soldaten für den Frieden wie die *Blauhelme* sich gern verstehen. Das kann nicht funktionieren, weil Soldaten zum Krieg gehören und nicht zum Frieden. Sie können einen Krieg vorübergehend unter dem Deckel halten, aber keinen tatsächlichen Frieden herbeiführen. Soldaten haben immer etwas mit Krieg und Besetzung zu tun. Aber jeder für sich kann daran arbeiten, feindliche Gedanken umzuwandeln.

Es gilt auch, nicht g e g e n etwas zu kämpfen, denn die Angst vor einer Sache macht sie zunehmend unausweichlich. Man muß f ü r etwas arbeiten und Kräfte mobilisieren.

Wem hatte diese innerliche Ansprache gegolten? Ishtuahavi war ja nicht da!

„Und ob ich da war", konterte sie, als ihr Name fiel.

„Du hast wohl schon auf dein Stichwort gewartet?" fragte ich sie.

„Sicher. Ich wußte ja, daß es kommen würde. Rück mal ein Stück – ich möchte mich neben dich setzen."

„Oh, ja, natürlich… entschuldige…. Bitte sehr…"

„Ich wollte dich nur nicht in deinem Gedankenfluß unterbrechen", sagte sie, während sie neben mir auf dem Baumstamm Platz nahm. Sie war halb zusammengeringelt und halb aufgerichtet. Es fehlte nur noch die Flöte für mich, und wir hätten die perfekte indische Schlangebeschwörung inszeniert.

„Aber dafür brauchst du eine Kobra", sagte sie, denn sie hatte mich schmunzeln sehen und meine Gedanken wieder einmal erraten.

„Ja, so eine, wie ich sie als ausgestopftes Tier durch halb Asien transportiert habe. Ich bekam sie in Bangkok geschenkt. Was sollte ich machen?! Ich brachte es nicht übers Herz, sie im nächst besten Hotel einfach stehen zu lassen. Ich glaube aber, daß sie erfolgreich meinen Koffer verteidigt hat. In Singapur nämlich saß sie auf meinem Gepäck im Schrank, und ich denke, sie hat einen Eindringling gründlich erschreckt.

So begleitete sie mich in einer Plastiktüte, aus der ihr Kopf hervorlugte – zum Schrecken der Stewardessen und einiger Passagiere, die sie zunächst für ein lebendiges Exemplar hielten. Ja, damals war so etwas noch möglich: eine ausgestopfte Schlange mit in den Flieger zu nehmen. Glücklich und ohne Schaden genommen zu haben, bezog sie dann ihren Platz in meinem Haus und durfte hin und wieder auch Leute erschrecken.

Aber sag mal, für wen und zu wem habe ich nun diese innerliche Ansprache gehalten?"

„Es war ein Stück weit für dich selber, aber hauptsächlich hast du für Eddy gesprochen."

„Ja, aber... Eddy ist nicht hier. Außerdem habe ich schon sehr lange keinen Kontakt mehr mit ihm".

„Du nicht. Das macht aber nichts. Er denkt noch oft an dich, und wie schön es in der kleinen ländlichen Idylle damals war, aus der er eher heute als morgen verschwinden möchte. Ich habe ihm deine Gedanken zukommen lassen, als er halblaut seufzte: ″… ach, Alexa, wo bist du nur?′″"

„Aber du hast ihm doch hoffentlich nicht eingeflüstert, wo er mich finden kann?"

„Aber nein! Ich weiß doch ganz genau, daß du das niemals akzeptieren würdest. Es ist ja Vergangenheit für dich. Und die soll es auch bleiben. Es wird ihm schwer werden, woanders Fuß zu fassen. Er hängt an allem viel zu lange, so daß neue Erfahrungen ihn immer wie ein Blitz aus heiterem Himmel treffen, weil er alle Anzeichen für Veränderungen nicht verstehen kann. Der Dachboden ist voll von Souvenirs – auch von dir. Das Sichten und Aufräumen schiebt er nun schon Wochen lang vor sich her."

„Er lebt noch immer auf dem Friedhof der Erinnerungen? Hat sich nicht ein bißchen geändert?"

„Nein, im Großen und Ganzen nicht. Nach der freundschaftlichen Partnerschaft - oder partnerschaftlichen Freundschaft, wenn man so will - mit dir hat er tatsächlich doch noch geheiratet. Diese Frau ist ihm leider auch davon gelaufen, weil sie gegenwarts- bzw. zukunftsorientiert war. Sie wollte das ganze alte Geraffel - wie man in Bayern sagt - wegwerfen, renovieren und ein hübsch eingerichtetes, wohnliches Haus entstehen lassen. Obwohl seine Mutter lang schon tot war, meinte er immer, daß sie dies oder jenes sicherlich nicht gebilligt hätte. Klar, daß seine Frau das nicht lange ertragen hat. Sie wohnt jetzt in einem hübschen Haus – zusammen mit einem erfrischend aufgeschlossenen Partner. Er ist wieder allein. Doch sein Schicksal erzwingt jetzt eine Veränderung aus zweierlei Gründen: einmal hat er einen, für ihn unerträglichen Nachbarn bekommen, mit dem er ständig im Clinch ist und den er innerlich als ″Mistkerl″ beschimpft. Das war dein Thema heute. Zum Zweiten versetzt ihn der Chef seiner Firma demnächst in die Filiale einer anderen Stadt – Gott sei Dank weit genug weg, so daß er sich auch tatsächlich von dem alten Haus und dessen Altertumssammlung trennen muß. Ablehnen kann er diesen Job nicht. Soviel weiß sogar er, daß das in der heutigen Zeit nicht geht, wenn man nicht arbeitslos werden will."

„Ja, das kann tragische Formen annehmen, wenn man sich nicht von der Vergangenheit lösen kann. Ich kannte einen besonders schweren Fall: ein Mann war so traumatisiert von seiner zehnjährigen russischen Kriegsgefangenschaft, daß er von nichts anderem reden konnte. Er hatte etwas gespenstisch Mumienhaftes an sich, lebte und sprach wie ein Toter, als sei er ein Geister- Besuch aus der Welt der Verstorbenen."

„Aber Eddy ist ja noch nicht zu alt für einen kräftigen Entwicklungsschub. Er wird ihm gut tun. Später wird er dann auch eine passende Frau finden und nicht mehr oder nur noch sehr selten in die alten Fehler verfallen."

„Das freut mich für ihn, denn er ist ja im Grunde immer ein liebenswerter Mensch gewesen, du, Ishtuahavi, mir wird etwas kühl. Ich wollte eigentlich schon lange daheim sein", sagte ich, „aber begleite mich doch noch ein Stück des Weges."

„Ich lege mich um deinen Hals, denn den erkältest du dir immer so leicht, einverstanden?"

„Oh, ja, das ist ein völlig ungewohntes Gefühl. Ich denke, ich werde es mögen."

„Und dann schweigen wir. Ich wünsche dir schon jetzt eine gute Nacht mit einem wundervollen Traum. Ich werde am Ende des Weges mich wortlos von dir verabschieden."

„Danke, Ishtuahavi, und gute Nacht."

Sie legte sich um meinen Hals. Ich fühlte eine angenehm milde Wärme. Ishtuahavi war federleicht und weich, als wäre sie nur ein Seidenschal. Es fühlte sich sehr liebevoll an.

Erst vor meinem Haus bemerkte ich, wie sie sich zum Erdboden gleiten ließ und verschwand.

11.

Ein Buchpäckchen aus Europa schneite heute unerwartet ins Haus. Das ist schon komisch: ich mußte über das Wort ''schneite '' lachen! Schnee in der Karibik! Das paßt wohl nicht hierher. Gut, wenn man wenigstens (noch) merkt, daß man Unsinn denkt und redet. Am Datum des Poststempels war zu erkennen, daß der dicke Brief wieder einmal 8 Wochen unterwegs gewesen ist. Zum Glück war der Inhalt des beiliegenden Schreibens nicht total überholt und damit kein europäischer Schnee von gestern. Tamara, die Tochter einer alten Schulfreundin, hatte beim Aufräumen ein Buch gefunden, das eine Widmung meines Stiefvaters für mich enthielt. Jahrzehnte mußte das her sein, daß sie sich das Buch bei mir ausgeliehen hatte. Unter dem Titel:'' Die Kraft zu leben'' war eine Essay-Sammlung 1963 herausgegeben worden. Berühmte Namen wie Martin Buber, Karl Jaspers, Theodor Heuss, Golo Mann, Luise Rinser, Graf Dürckheim u. a. hatten mit ihren Beiträgen zu diesem Thema mitgewirkt. Sie sind wohl meistenteils inzwischen gestorben. Tamara wollte von mir wissen, ob und was ich zu diesem Thema zu sagen hätte. Sie ließ mich wissen, daß sie noch immer überzeugte Atheistin sei, und daß ich - bei all ihrer Wertschätzung für mich - daran auch nichts ändern könne und – das war die Botschaft, die ich zwischen den Zeilen las – bitte auch jeglichen Versuch zu missionieren besser unterlassen sollte. Jeder fürchtet sich vor seinem eigenen Teufel: für manche sogenannten Atheisten scheint er die Gestalt des Missionars zu haben. Ich bestätigte ihr per E-Mail den Eingang der Sendung und bat sie um etwas Geduld für eine ausführliche Antwort zu einem späteren Zeitpunkt. Ich wollte zuvor wenigstens noch einmal ausschnittsweise in dem Buch lesen, meine eigenen Randbemerkungen von damals sondieren, denn es war ja viele Jahre her, daß ich das Buch in der Hand gehalten hatte. Nach zwei – drei Wochen war ich dann soweit, daß ich ihr antworten konnte.

Liebe Tamara! Nochmals vielen Dank, daß du mir das Buch mit deinem begleitenden Brief übersandt hast. Sei unbesorgt: ich will und werde weder dich noch irgend jemanden missionieren oder indoktrinieren oder manipulieren, aber doch zum Nachdenken anregen – soviel mußt du aushalten, sonst brauche ich dir gar nicht erst zu schreiben. Du kennst mich, und ich habe mich in dieser Hinsicht nicht verändert. Sonst allerdings schon, und es wäre ja traurig, wenn nicht. Schließlich muß sich etwas rühren, und Entwicklung muß stattfinden und im Fluß bleiben.

Jeder Beitrag in diesem Buch ist interessant: nicht wegen wesentlich verschiedener Sichtweise zu diesem Thema – denn die geistigen Wurzeln europäischer und indischer Herkunft bleiben durchweg erkennbar – wohl aber
wegen der unterschiedlichen Betonung von Schwerpunkten. Am besten, weil
- wie ich glaube - umfassender als die anderen, hat mir Graf Dürckheim´s
Essay gefallen. Fragte man mich – und ich glaube du tust es in deinem Brief
- würde ich etwas hinzufügen, was in den Ohren dieser hochgeschätzten Autoren sicherlich zu simpel oder gar banal klänge.

Der Lebensweg des Menschen ist mit Freud und Leid gepflastert. Der
Mensch unterscheidet sich vom Tier u. a. durch seine Fähigkeit zu lachen
und zu weinen. In den Freudentränen mischen sich oftmals beide Elemente
auf wundersame Art und Weise. Ich möchte auch noch unterscheiden zwischen Lachen und Lächeln. Sie ähneln sich, sind aber doch sehr unterschiedlich und ersetzen sich gegenseitig ganz und gar nicht. Da gibt es auch
noch das hämische, teuflische Grinsen, das wir aber ganz bewußt beiseite
lassen wollen.
Lächeln hat etwas Feines, Philosophisches an sich – Lachen ist die explo-
dierende Lebenslust. Wie großartig ist doch die Ehrwürdigkeit, die ein un-
auslöschliches, weises Lächeln in einem fein gegliederten, reifen Gesicht
ausstrahlt. Man findet es im europäischen Alltag kaum mehr.
Aber achte mal darauf, vielleicht begegnet es dir dennoch.

Da kommt mir eine Szene wieder in den Sinn: ich folgte einem ungewohnten
Klang auf einem nächtlichen Spaziergang in Katmandu. Ich fand etwas nie
Erlebtes, sah Gesichter, die ich nie wieder vergessen habe: alte tibetische
Weise im Exil in Nepal bei einer gemeinsamen Lesung heiliger Texte. Ein
wissendes Lächeln hatte über Jahrzehnte die feinen Linien in diese Gesichter gezeichnet. Ein Leuchten ging von ihnen aus, daß ich vor Ergriffenheit
wie angewurzelt stehen blieb und die Zeit wie alles um mich her ganz und
gar vergaß – die halbe Nacht lang.
Warum nur blicken die christlichen Heiligen auf allen Bildern immer so lei-
dend und so tieftraurig? Mit ihren himmelwärts gerichteten Augen sehen sie
aus wie getretene Hunde, die besser hätten zubeißen sollen, anstatt sich
jaulend zu ducken. Den Buddhastatuen indessen ist dieses feine Lächeln
eigen – wie diesen Gesichtern der alten tibetischen Weisen.
Für alles ein Lächeln bereit zu halten, scheint mir eine wichtige Kunst zu
sein, die mich diese Weisen zu lehren schienen: weil diese Kunst mit ihrem
subtilen Energiestrom die Kraft zu leben tatsächlich zu beeinflussen und zu
stützen vermag.
An einem anderen Tag in Nepal blickte mich ein kleiner Bub neugierig an.
Ich holte aus meiner Tasche einen roten, glänzenden Apfel, beugte mich
hinunter und zeigte ihn dem Kind. Es lächelte und betrachtete den Apfel in

meiner Hand andächtig von allen Seiten. Es kam gar nicht auf die Idee, danach zu greifen. Dann gab ich dem kleinen Jungen die Frucht: ein so glückliches, von tiefer Freude erstrahlendes Kindergesicht habe ich nie mehr wieder gesehen in meinem Leben.

Das herzerfrischende, befreiende Lachen – wie anders und doch kein Gegensatz: Ausdruck unbändiger Freude, wenn das positive Ende einer beengenden Situation oder einer gespannten Erwartung eintritt. Ein Lachen, das sich wie ein Naturereignis entlädt und alles vergessen läßt, was bis eben noch ausweglos schwierig erschien. Die erlösenden Freudentränen! Aber man kann sich auch in stillen, weniger aufwühlenden und trotzdem so beglückenden Momenten freuen.

Freude setzt Bewußtsein voraus. Je mehr das Bewußtsein expandiert, je mehr Freude ist möglich. Wer sich freut, der dankt auch: Gott sei Dank! Das sagst selbst du als ´´bekennende´´ Atheistin. Wer dankbar ist, kann nicht unzufrieden sein. Dankbarkeit und Unzufriedenheit schließen sich aus, können nicht im gleichen Moment nebeneinander existieren.

Wenn du Atheistin sein willst, dann bleib es! Aber die höhere Fügungsmacht wird dich nicht erst fragen, sondern dir einfach zur vorgesehenen Zeit begegnen. Leugne sie, bitte sehr! Das stört sie nicht im Geringsten. Aber sei nicht erstaunt, verständnislos oder gar zornig, wenn sie dir sehr einprägsam gegenüber tritt und dich unter Umständen gefügig macht. Du kommst mit Sicherheit einmal in die Situation, wo du dich ganz unten fühlst und dann wimmerst: ´´… lieber Gott, falls es dich gibt…´´

Ich sagte dir schon früher einmal: es nützt dir nichts! Das Kabel ist nicht verlegt, das Telefon ist tot. Vielleicht bekommst du das ja alles noch rechtzeitig in die Reihe, bevor der Notfall eintritt und dein ängstliches Geplapper nichts als sinnloses Selbstgespräch bleibt. Dein Handy lädst du auf, damit du immer im richtigen und wichtigen Augenblick sende- und empfangsbereit bist. Und wie steht es um die Kommunikation mit deinen Helfern und Beschützern, die man in der Märchen– und Symbolsprache ``Schutzengel`` nennt? Man könnte sie auch als die eigene innere Stimme oder den inneren Meister bezeichnen. Man muß durchaus nicht Engel, Geister oder Götter bemühen, wenn das nicht ins eigene Verständnis paßt.

Wenn du mit dem noch immer allgemein verbreiteten anthropomorphen Gottvater-Bild nicht zurecht kommst, dann hast du recht, bist auf dem richtigen Weg, hast die infantile Phase, in der noch ein großer Teil der Menschheit steckt, bereits verlassen. Gut so, sehr gut!! Das spricht für dich. Denn aus den alten Schriften der Tora wissen wir, daß es seit jeher ein heiliges Gesetz des Bilderverbots von und über Gott gab. ´´Du sollst dir kein Bild machen... u.s.w..´´ Trotzdem werden immer wieder anthropomorphe Bilder von Gott in Wort und Malerei entworfen – ganz besonders im Christentum, während sich die Juden und Muslime darin zurückhalten. Doch das Auge

und das Ohr Gottes werden immer wieder erwähnt, und es scheint, als könne man einfach nicht davon lassen.

Das Göttliche *Ich bin wer Ich bin* (Ex 3,14) - nach Pinchas Lapide übrigens
s o und nicht anders zu übersetzen - ist keine Person, hat keinen Namen.
Personen und Namen sind begrenzende Etikettierungen mit Verfallsdatum.
Das Göttliche kennt keine Zeit, hat keine Eigenschaften – oder alle.
Das klingt unlogisch, ist aber dennoch durch und durch logisch. Denn alle
Eigenschaften zusammen genommen enthalten auch ihre jeweiligen Ge-
gensätzlichkeiten und heben sich somit wieder auf. Folglich bedeuten alle
Eigenschaften zusammen: keine Eigenschaften.
Kannst du das gedanklich nachvollziehen? Das wird meist erst Schritt für
Schritt klar.
Es ist wie eine Rechnung mit identischen Plus- und Minus-Posten: am Ende
kommt unter dem Strich eine Null heraus.
Das ist die Vereinigung von Mathematik und Philosophie und Religion
schlechthin! Die Null ist geheimnisumwoben: ein Etwas, das sich nicht einfach nur mit ''Nichts'' definieren läßt, wie wir gerade sehen. Sie ist göttlich,
denn sie vereinigt alle Gegensätze: sie ist die coniunctio oppositorum. Ihr
Gegenteil ist nicht ''Alles'' oder ''Unendlich'', sondern sie ist auch ''Alles''
und ''Unendlich'', denn es gibt kein Gegenteil von ihr. *Zwilling der Unendlichkeit* nennt sie Charles Seife in seinem Buchtitel und dennoch ist sie jenseits aller Dualität, sie ist die Einheit, sie ist absolut, sie ist göttlich, und sie
ist gleichzeitig unendlich – zeitlos ewig.
Alles Negative hat somit zwangsläufig als seine zweite Hälfte das Positive:
wie eine Medaille und ihre Kehrseite.
Du siehst, daß man hin und wieder auch den Verstand gebrauchen soll und
darf, um sich etwas klar zu machen. Verstand – das heißt Verstehen: Intelligenz und Intellekt in einem sinnvollen, sich ergänzenden Zusammenspiel.
Es ist in Mode gekommen, den Verstand wie auch das Ego - aus einer
falsch verstandenen spirituellen Sichtweise des fernen Ostens heraus - zu
verdrängen, um nicht zu sagen – zu verleugnen.
Wenn da jemand den Verstand so gern beiseite läßt, muß es schon erlaubt
sein zu fragen: ist denn überhaupt Verstand da, den dieser Jemand beiseite
lassen k a n n ?
Ich bin da immer ein wenig skeptisch, weil sich meine Vermutung einige Male bestätigt hat, daß gerade die in dieser Hinsicht weniger Gesegneten gern
solche Monstranzen vor sich her tragen - tun sich doch besonders leicht, die
an Intelligenz wie auch an Intellekt etwas unterbelichtet und / oder sowieso
zu faul zum Denken sind.
Logisches Denken strengt nämlich hin und wieder ein bißchen an! Doch
welcher wache Forschergeist könnte und wollte darauf verzichten?

Der Wissenschaft ablehnend den Rücken zu kehren, ist ebenso einseitig wie ihr einen über allem stehenden Rang einzuräumen:
* Wissenschaft ist zwar kein vollkommenes, aber doch ein unschätzbares, überlegenes Instrument, das nur dann Übles bewirkt, wenn es Selbstzweck beansprucht. Wissenschaft muß dienen; sie irrt, wenn sie einen Thron usurpiert. Sie muß sogar anderen beigeordneten Wissenschaften dienen, denn jede bedarf – eben wegen ihrer Unzulänglichkeit – der Unterstützung anderer. Wissenschaft ist das Werkzeug des westlichen Geistes, und man kann mit ihr mehr Türen öffnen als mit bloßen Händen. Sie gehört zu unserem Verstehen und verdunkelt die Einsicht nur dann, wenn sie das durch sie vermittelte Begreifen für Begreifen schlechthin hält, * sagt C.G. Jung in seinem erläuternden Text in *Das Geheimnis der goldenen Blüte*.
Skepsis ist angesagt, wenn da vollmundig erklärt wird, man handele lieber aus dem Bauch heraus. Mal ganz ehrlich: oftmals kommen doch dabei nichts anderes heraus als... Exkremente!
Das muß man einfach mal offen so aussprechen! Aus dem Herzen heraus handeln – ja, das ist etwas ganz Anderes. Das heißt nämlich: die verstandesmäßige Verarbeitung von oben aus dem Hirnbereich in das Herzchakra herabholen. Dort wird das, was der Verstand mit kühler Nüchternheit produziert hat, in Liebe erwärmt. Was sich nicht erwärmen läßt, wird weggefiltert, fällt durch den Rost. So handelt man mit Liebe aus dem Herzen heraus. Genau das meinte Saint-Exupéry, als er den *Kleinen Prinzen* sagen läßt: *Man sieht nur mit dem Herzen gut – das Wesentliche ist für die Augen unsichtbar.* Zuerst aber war die oben im Hirn installierte Instanz – nämlich der Verstand - im Einsatz. Er unterscheidet uns vom Tier und ist ein Gottes-Geschenk, damit wir ihn entwickeln und benutzen. Oder will da jemand diese Gabe der Gottheit vor die Füße werfen und sagen: behalte dein unnützes Spielzeug – ich will es nicht?
Dann hätte das Göttliche die Schöpfung doch lieber bei Stein, Pflanze und Tier bewenden lassen sollen. Denn dieses Tier mit aufrechtem Gang – Mensch genannt - macht alles nur kaputt. Ohne diese Bestie sähe es doch viel besser, weil natürlicher, schöner und wahrscheinlich auch harmonischer aus auf Erden.
Verstand und Vernunft aber öffnen den Zugang zum Geistigen – wenn du so willst – zum spirituellen Leben. Wenn ich eine Weinflasche öffnen will, dann brauche ich einen Korkenzieher und muß gelernt haben, wie man ihn benutzt. Wenn sie dann offen ist, kann ich den Wein einschenken und genießen und den Öffner beiseite legen. Um mir geistige Erkenntnis zu erschließen, brauche ich zunächst einmal den Verstand. Wenn sie sich mir dann öffnet, kann und soll ich den Verstand beiseite lassen, weil er dann tatsächlich die Inspiration und die Intuition nur stört. Ich denke besonders an Archimedes und Pythagoras unter vielen anderen genialen Menschen, die das sofort bestätigen könnten.

Denn erst n a c h d e m man die hohe Kunst des Denkens gelernt hat - und nicht schon vorher - wird man feststellen, daß Nichtdenken die höhere Kunst und weitaus schwieriger zu erlernen ist: das Schweigen der Gedanken, das so wichtig ist, um die Seele auf Empfang zu schalten. Denn wie will man Eingebungen lauschen, wenn da immerzu das Gedankenkarussell als Störsender dazwischen funkt?

Noch einmal zurück zum namenlosen Göttlichen:
ES war nicht Vergangenheit oder wird jemals Zukunft sein, sondern ES i s t j e t z t. ES ist nicht *Entweder-Oder*, sondern *Sowohl-als-Auch*, schließt alle Gegensätze ein, ist weiblich wie auch männlich, gut wie auch böse, Licht wie auch Finsternis.
    ES ist das für den Menschen nur relativ erfahrbare Absolutum.
Spätestens seit die Streitfrage ''Ist das Licht Korpuskel oder Schwingung'' beendet ist und in der Antwort des ''Sowohl-als-Auch'' gipfelt, ist das ''Entweder-Oder'' schlechthin widerlegt. Der bis dato geltende Lehrsatz des Aristoteles ''Tertium non datur'' (7) ist nur noch Geschichte. Das muß allerdings noch in die Köpfe hinein, in die dieser Satz unausrottbar eingemeißelt zu sein scheint.
''Ach, hör auf, Alexa``, höre ich dich sagen. O.K. – einverstanden. Heb es einfach mal für später auf, ja? Gut, danke! Beim Schreiben habe ich nicht durchweg nur an dich gedacht. Nimm mir das bitte nicht übel! Wenn ich etwas artikulieren und schriftlich zu Papier bringen will, muß ich diszipliniert und präzise denken. So ist mir selbst beim Schreiben manches klarer geworden, d.h. es hat fester umrissene Konturen bekommen. Verzeih mir das bitte! Aber Folgendes wird dir zusagen. Entscheide dich in allen Situationen deines Lebens:
Willst du u n t e r etwas leiden oder willst du ü b e r etwas lächeln. Ich weiß nicht mehr, wer das einmal zu mir gesagt hat. Die Wörtchen ''über'' und ''unter'' deuten schon sehr feinsinnig auf die entsprechende Ebene hin: darüber stehen oder sich unterkriegen lassen. Gefällt dir, stimmt´s?

Du schreibst, daß du manchmal von unerklärlicher Traurigkeit erfaßt wirst.
Nein – keine Angst – es kommt keine pastorale Ansprache, sondern ein praktikables Rezept:
Musik – Musik – Musik   und   Tanzen – Tanzen – Tanzen!
Aber nicht in der Disco, sondern zu Hause und unbedingt a l l e i n . Mit allen Verrenkungen, derer du fähig bist: tanzen! Südamerikanische, italienische, spanische Musik, Dixie, aber auch der ''Bolero'' von Ravel als dramatischer Ausdruckstanz in deiner eigenen möglichst verrückten Choreographie, bis du vollkommen erschöpft und außer Atem in einen Sessel sinkst.
... trägt doch der Tänzer sein Ohr in seinen Zehen..., läßt Nietzsche seinen Zarathrustra sagen. Die Füße stehen auf der Erde und nehmen ihre Schwin-

gungen auf. Achte dabei auch darauf, deinen Kopf nach allen Seiten zu drehen und möglichst viel Ausdruck in deine Hände zu legen - bis in die Fingerspitzen hinein. Den besten Anschauungsunterricht hierfür bieten die indonesischen wie auch die thailändischen Tempeltänzerinnen.

Nur nicht trinken, kein unmäßiges Essen und keine Tabletten oder sonstigen Tranquilizer – Baldrian und Bachblüten wie z.B. *Star von Bethlehem* und andere ausgenommen. Schreib alles auf, aber heul dich nicht aus bei Leuten, die dich allesamt nur ´´problemlos´´ mögen.

Sie lassen dich in ein tiefes psychisches Loch fallen – glaube mir. Diese ´´Hihow-are-you-Typen´´, die gar keine Antwort wollen, und denen dein tatsächliches Befinden unglaublich und furchtbar egal ist. Sie erzählen höchstens herum, daß du gerade ´´nicht gut drauf´´ bist, so daß sich der Abstand zu allen noch vergrößert und die negativen Strahlungen verstärkt werden. Deine evtl. spektakuläre Story von heute hat längstens morgen schon ihren Unterhaltungswert verloren.

Wenn du wirklich Rat und Hilfe brauchst, sprich nur mit Menschen, denen du voll vertrauen kannst, oder suche eine gute professionelle Unterstützung. Alles andere bedeutet nur, sich in blinden Spiegeln betrachten, und bringt nichts, wirklich rein gar nichts.

Nachfolgendes Rezept ist nicht für jeden geeignet, und ich kann es dir nicht ausdrücklich empfehlen.

Ich war einmal psychisch total am Boden. Ich war vollkommen allein und auf mich gestellt in einer auf das Schwerste meine Existenz bedrohenden Situation, die keinen Ausweg erkennen ließ. Ich dramatisiere nicht, wenn ich behaupte, daß sich ein hoher Prozentsatz von Menschen in meiner damaligen Lage das Leben genommen hätte.

Ich beschloß, in Klausur zu gehen. Ich kaufte alle notwendigen Lebensmittel ein und organisierte die Termine so, daß ich für eine Woche verschwinden konnte. Zu Hause schloß ich mich einfach weg: Telefon ausgesteckt, Jalousien herunter, Post, Zeitung und Putzfrau abbestellt.

Dann heulte ich mich 3 Tage lang gründlich aus. Es war, als flössen alle aufgestauten, ungeweinten Tränen meines Lebens aus mir, bis ich mich restlos leer geweint hatte. Dann 3 Tage Wiederaufbau. Das half mir besser als mich in einem Urlaub oder irgendwelchen anderen Ablenkungsmanövern selbst hinter das Licht zu führen.

Nach 2 Tagen etwa schwinden das Selbstmitleid und die Weltuntergangsstimmung. Man gefällt sich darin nicht mehr. Man tritt in die Phase der Selbstbesinnung und guckt zaghaft das wenig schmeichelhafte Spiegelbild an. Klar, daß man 2 Tage lang die verschwollenen Augen mit Eis kühlen muß. Das gehört mit ins Programm.

Es kommen mehr und mehr Gedanken, die alles in einem klareren Licht erscheinen lassen. Das sind die ersten Schritte aus der Krise. Die Krise läßt sich nicht verdrängen, will angesprochen werden: ´´Hey, Krise! Du bist da, also was willst du? Wohin willst du mir den Weg weisen? Was soll ich tun als ersten Schritt?´´ Die Hilfe kommt von innen, wenn man bereit ist, sie anzunehmen. Aber man gebe sich keiner falschen Hoffnung hin: so überraschend wie sie kommt, so unnachgiebig und total anders als erwartet kann sie sein!

Zum Schluß noch den Rat von Thomas von Aquino: *Baden und Schlafen wider die Traurigkeit der Seele*. Doch das ist nur ein Rezept für ein momentanes Stimmungstief. Zuviel Schlafen gilt inzwischen nicht mehr als erfolgreiche Therapie bei anhaltenden Depressionen. Die Psychiatrie arbeitet heutzutage sogar mit zeitweiligem Schlafentzug, ferner - besonders in den lichtarmen nördlichen Ländern - während des Winters mit UV-Bestrahlung. Also gönne dir vielleicht mal ein bißchen, aber maßvoll die Sonnenbank mit Entspannungsmusik. Wichtig ist auch eine gleichmäßig tiefe natürliche Atmung, für die du deinen eigenen wohltuenden Rhythmus herausfinden wirst.

Noch etwas möchte ich dir sagen: verliebe dich nicht in deine Traurigkeit à la ´´Bon Jour, Tristesse´´, sondern reiß ihr die Maske vom Gesicht. Dazu eins meiner früheren Gedichte:

> * Mir träumte...
> mich umarmte eine verhüllte Gestalt
> mit festem, klammernden Griff,
> ließ mich kaum atmen,
> stach mir ins Herz
> mit blankem, scharfem Stahl:
> blutend, betäubt, gelähmt
> sollte ich – mir selbst überlassen –
> zu Boden gehen.
> Sie wollte unerkannt
> hinter schwarzen Schleiern entschwinden.
> Ich stellte sie,
> riß ihr die Maske vom Gesicht
> und erkannte:
> meine Traurigkeit.
> Sie war verführerisch schön,
> lächelnd in vernichtender Grausamkeit.
> Sie öffnete den Mund,
> und schaudernd sah ich
> ihre blutigen Zähne...*   A.R.

Leb wohl, Tamara! Such dir heraus, was du möchtest! Was dir (noch?) nicht gefällt, laß beiseite aus dieser kleinen Auswahl von Vorschlägen.

Ich ahne zwischen deinen Zeilen, daß du innerlich im Aufbruch bist und nur noch nicht genau weißt, wohin die Reise gehen wird. Das macht dir Angst und verunsichert dich. Dein Traum deutet auch daraufhin, aber ich werde ihn dir nicht deuten. Es ist absolut unprofessionell, eine Traumdeutung auf Entfernung und auf dem schriftlichen Wege auch nur anzudeuten. Wann immer jemand das wagt und zu können glaubt, ist Mißtrauen angesagt. Ein Traum muß in einem persönlichen Gespräch schrittweise regelrecht erarbeitet werden, bis der Träumer schon fast selbst zur Deutung gelangt. Manchmal lehnt der Träumer auch eine Deutung vehement ab. Das ist wiederum ist ein Zeichen dafür, daß sie stimmt. Denn was trifft, macht betroffen und löst Abwehrreaktionen aus.

Träume sind so voller Symbolik, daß man immer erst einmal herausfinden muß, wie die individuelle Bedeutung sein könnte. Schreib deine Träume auf, die du für wichtig hältst. Nicht alle sind es. Es ist viel Seelenmüll dabei, dem man besser keinen allzu großen Wert beimißt – genausowenig wie man sich selbst immer ernst nehmen muß.

Vergiß nicht, öfter mal über dich selbst zu lachen. Probe das vor dem Spiegel, als hättest du in den nächsten Minuten einen Bühnenauftritt, in dem du eine lachende Person spielen mußt. Es wirkt Wunder, glaub mir!

Sonnige Grüße, eine frische salzige Meeresbrise und ein paar Körnchen goldenen Sandes aus Übersee – mit allen guten Wünschen für ein heiteres Gemüt sendet dir
Alexa

12.

Tamara hatte ihren Traum wie folgt geschildert:
sie lag im Ehebett zwischen einem verheirateten Paar, das zu ihren näheren Freunden zählte. Plötzlich krachte von der Zimmerdecke herab ein schwarzer Stier und landete mit aller Wucht auf ihr. Sie war erstaunlicherweise nicht erschlagen worden, aber es kostete sie einige Mühe und sehr viel Kraft, sich zu befreien.

Sie kommentierte ihr Gefühl nach dem Traum, daß sie auch stärkere Angriffe werde gut überstehen können, wenn sie nur entsprechend furchtlos sei. Zu den beiden anderen Personen machte sie keine Bemerkungen. Auch die Situation ließ sie unkommentiert.

„Ishtuahavi, bist du mit Tamaras Kommentar zu ihrem Traum einverstanden?" fragte ich und setzte mich in einen Gartenstuhl nahe zum Strand. Links neben mir hatte sie sich elegant um den Stamm der Palme gewunden und streckte mir kokett ihren Kopf entgegen.

„Wohl eher nicht", antwortete sie, „aber was meint du?"

„Du zuerst", sagte ich.

„Nein, du fängst an", beharrte sie.

„Also gut! Ich glaube, daß sie wahrscheinlich dabei ist, die Beziehung des befreundeten Ehepaares zu stören. Denn was hat sie in dessen Bett und noch dazu zwischen den beiden zu suchen? Ferner scheint es um mehr zu gehen als nur um ein harmloses erotisches Geplänkel, nämlich eher um eine heftige sexuelle Dynamik. Der Stier ist ein Symbol der Libido, hierbei im erweiterten Sinne der sexuellen Leidenschaft. Schwarz ist symbolisch nicht eben die Farbe der Liebe oder der Reinheit, enthält vielleicht etwas Finsteres - um nicht zu sagen - etwas Bösartiges. Die Einbeziehung der anderen beiden Personen in ihre Überlegungen findet vorerst nicht statt, wird verdrängt.

Möglich wäre auch ein Dreiecksverhältnis, durchaus auch bisexuell, wenn es denn in Tamara angelegt sein sollte. Ich sehe eine Aufforderung an sie, sich zu bewegen, sich von dem Stier als von ihren dunklen Leidenschaften zu befreien und wegzugehen, wenn denn noch möglich, bevor der Stier auf sie niederstürzt. So... und jetzt du!"

„Du siehst das ziemlich richtig, Alexa. Sie hat mit dem Mann eine Affäre angefangen. Die Unwissenheit und leichte Beeindruckbarkeit der Frau nutzt sie aus, indem sie sich als ihre scheinbare Verbündete gegen diesen Mann ausgibt. Sie hat sogar schon verstanden, sich ihr mit deutlich lesbischen Avancen zu nähern. Das macht sie sehr vorsichtig und unverschämt berechnend. Da der Mann auf Grund der Affäre mit ihr derzeit seine Frau etwas vernachlässigt, hat sie ein leichtes Spiel und wird der Frau zu zeigen versuchen, wieviel besser sie von einer erfahrenen Partnerin sexuell befriedigt werden kann, als von ihrem Ehemann.

So tappen beide am Ende in ihre Falle, und sie könnte es sich zwischen beiden gemütlich machen..., wenn da der Stier nicht wäre, der unsichtbar schon wie ein Damokles-Schwert über ihr schwebt. Den verharmlost sie nach ihrem Traum: eine typische Verdrängung. Es endet nämlich durchaus nicht harmlos. Sie fühlt sich als erfolgreiche Jägerin, die aber bald die Gejagte sein wird. Um die Frau noch mehr auf ihre Seite zu ziehen, ist sie so frech wie auch unvorsichtig, der Frau von einer Geliebten ihres Mannes zu berichten. Womit sie nicht gerechnet hat: die Frau - anstatt sich bemitleiden zu lassen und in ihren Armen auszuweinen - ist plötzlich hellwach und unternimmt heimlich alles, um zu erfahren, wer diese Nebenbuhlerin ist."

„Ja, und dann donnert es, und der Stier knallt auf sie herunter", ergänzte ich, „und es gibt böse Streitigkeiten, wie man sich leicht denken kann. Wie konnte die niedliche Tamara, als die ich sie noch aus ihrer Kinderzeit kenne, ein so gerissenes Biest werden?" fragte ich kopfschüttelnd. „Zu sehr behütet, zu lieb, zu brav?"

„Von allem etwas und noch einiges mehr", antwortete Ishtuahavi. „Aber keine Sorge: sie lernt daraus, und sie wird auch ihre Träume nicht mehr verharmlosen. Sie wird einen ziemlich schmerzhaften Prozeß durchmachen, und sie wird sich deiner Worte in dem Brief erinnern, daß die höhere Fügungsmacht ihr einprägsam begegnen und sie gefügig machen wird. Später wird sie sich deinen Brief nochmals vornehmen und ihre stolze atheistische Einstellung ein wenig überdenken. Sofort kann sie das nicht an sich heranlassen. Ganz aus ''Versehen'' kommen ihr dann die Schriften in die Hand, die sie zu ihrer beginnenden neuen Einsichtigkeit braucht."

„Es war schon richtig, daß ich die Traumdeutung abgelehnt habe?" fragte ich.

„Natürlich, vollkommen richtig und gut begründet. Du selbst hast doch einmal eine eindrucksvolle Lektion lernen müssen, als du nur helfen wolltest, aber deine damit verbundene Einmischung anfangs nicht durchschaut hast."

„Du meinst die Geschichte mit meiner Freundin Ilona?"

„Genau diese Geschichte meine ich, Alexa."

„Meine Freundin Ilona war eine wunderbare Malerin, mußte aber leider von der Sozialhilfe leben, wie viele Künstler ohne Promotion und entsprechende Lobby. Sie war 25 Jahre älter als ich und lebte allein seit dem Tod ihres Mannes in ihrer kleinen Atelierwohnung in einer Mansarde in München-Schwabing. Wie sie eines Tages zu dem 30 Jahre jüngeren Freund kam, hat sie nie so ganz schlüssig berichtet. Ich durfte ihn auch nie kennenlernen, aber es gab ihn tatsächlich - entgegen meiner Anfangsvermutung, daß sie nur eine interessante Story kreieren wollte.

An einem Sonntagnachmittag besuchte ich sie wieder einmal. Der ''Schatz'' war ausgeflogen. Sie weinte und erzählte mir, er habe all ihre Barersparnisse, die sie sorgfältig versteckt hatte, gefunden und gestohlen. Sie verneinte auf Befragen entschieden, das Versteck gewechselt zu haben. Ich glaubte ihr auch, denn ich kannte sie all die Jahre hindurch eigentlich nicht als eine vergeßliche Frau.

″Der kommt mir nicht mehr über die Schwelle″, schrie sie wütend. Ich wand ein, daß er doch wohl einen Zweitschlüssel von ihrer Wohnung besitze. Kurz und gut: sie dramatisierte weinend und jammernd die ganze Geschichte mehr und mehr, so daß ich sie schon als wehrloses Opfer einer kriminellen Handlung dieses Geliebten sah. Sie war mit meinem Vorschlag, einen Notdienst zu rufen, der das Türschloß auswechseln sollte, sofort einverstanden. Ich bezahlte für sie, denn mit ihrem Budget hätte sie sich diese nicht ganz billige Zusatzausgabe gar nicht leisten können. Gemeinsames Warten auf diesen Freund, um ihn zur Rede zu stellen, lehnte sie ab, denn es könne sein, daß er erst in 1-2 Tagen wiederkäme. Natürlich war dies eine eifersüchtige Schutzbehauptung, um mich auch weiterhin von ihm fernzuhalten. In den nächsten Tagen hörte ich nichts von ihr, und sie ging auch nicht ans Telefon. Als sie eines Abends endlich das Telefonat entgegennahm, sagte sie nur kurz und bissig: es ist alles in Ordnung, es hat sich alles geklärt, misch dich nicht ein. Aufgelegt, batsch! Ich war einigermaßen verdaddert.

Nach 4 Wochen kam dann ein Päckchen mit dem neuen, wieder ausgebauten Türschloß und einem Zettel mit ein paar harschen Bemerkungen. Ich ließ das sehr lange auf sich beruhen. Ich wußte, daß sie sich nach diesem Vorfall nie getrauen würde, wieder Kontakt mit mir aufzunehmen. So wollte ich es tun. Es war doch nur eine Dummheit von ihr, unter dem Einfluß dieses Geliebten einen solchen von ihm mit Schreibmaschine geschriebenen Zettel zu unterschreiben. Ich war schließlich seit zehn Jahren mit ihr befreundet und kannte sie wirklich gut genug: so war sie doch gar nicht, und es war normalerweise auch nicht ihr Stil. Ihr Geliebter mußte sie wohl ordentlich unter Druck gesetzt haben.

So stand ich eines Tages vor ihrer Tür, und sie war nach anfänglichem Zögern sehr glücklich, daß ich gekommen war. Beim Tee habe ich ihr dann noch ein bißchen freundschaftlich ″den Kopf gewaschen″, und dann war das Thema erledigt.

Ihr Freund war inzwischen ins Krankenhaus eingeliefert worden - mit der Diagnose ″Metastasierender Lungen-Krebs im fortgeschrittenen Stadium″. Er hatte nicht mehr lange zu leben. Sie brauchte nun meinen Trost mehr denn je.″

„Du hast daraus gelernt, daß man auch bei Hilfeleistungen sehr genau unterscheiden muß, was für eine Musik da gerade gespielt wird, und daß man sich nicht mißbrauchen lassen darf, um dann auch noch zum Sündenbock gemacht zu werden. Das Schlüssel-Schloß-Symbol war i h r Thema. Du durftest ihr das nicht abnehmen. Zum Glück warst du aber nur verdutzt und nicht wirklich gekränkt, weil du ihre mangelnde Urteilsfähigkeit und eine gewisse Hörigkeit diesem Mann gegenüber ganz gut einordnen konntest. Für dich war es auch ein ''Schlüsselerlebnis'' im wahrsten Sinne des Wortes, insofern hast du daraus gelernt."

„Und ob, Ishtuahavi. Das sind solche Symbole, die uns Tag für Tag begegnen, dem Menschen manchmal allerdings nicht bewußt werden, weil sie - noch bevor sie zur Bewußtheit gelangen können - mit einer Handbewegung einfach abgetan und weggewischt werden, anstatt sich auf sie einzulassen und sie zu betrachten.

Alles spricht zu uns, wenn wir es nur bewußt aufnehmen können: Stein, Pflanze, Tier und Mensch. Aus dem seelisch-geistigen Bereich tritt uns ein Zeichen entgegen, das sinnliche Gestalt annimmt, um uns eine Botschaft zu überbringen: το συμβολον (das Symbol) - das Zeichen."

„Ohne sich die Sprache der Symbole zu erschließen, kann kein Künstler ein wahres Kunstwerk schaffen, Alexa. Es bleibt oberflächlich und hohl, irritiert allenfalls ein bißchen, aber kann nicht eindringen, nicht haften, nicht lehren, ist kurzatmig und kurzlebig. Um in unserem Metier zu bleiben und nur vom gesprochenen und geschriebenen Wort zu reden: der aufmerksame Leser spürt in der Prosa wie auch in der Lyrik das blecherne Wortgeklingel, das nichts als schief hängende und inhaltslose Bilder beschreibt. Er braucht dazu nicht unbedingt Sprachexperte zu sein."

„Das ist vollkommen richtig, Ishtuahavi. Um das unalltäglich Besondere im Alltäglichen zu erleben, bedarf es einer dafür entwickelten Bewußtheit. Es sichtbar und erfahrbar zu machen, ist die wichtige Mission begnadeter Künstler und Dichter. Scheinbar unbedeutende Kleinigkeiten in ihrem tieferen Sinn zu erhellen, ist eine tägliche Bemühung wert, weil sie zu einer großartigen Bereicherung des Lebens führen:

immer wieder kleine Chancen, die es zu nutzen gilt. Ich freue mich jedesmal, wenn ich eine, wenn auch noch so kleine Möglichkeit erkennen kann, etwas Wesentliches zu erfahren, an dem man oftmals unachtsam vorüber geht.

Mir fällt hierzu ein Kindheitserlebnis aus der Schule ein. In der Sexta gab uns unser Lateinlehrer auf, Kalenderblätter mit vorgegebenen lateinischen Sprichwörtern zu gestalten. Jeder von uns sollte später dann zu Beginn der Lateinstunde den aktuellen Tagesspruch des Steckkalenders wissen, den der Lehrer abfragen würde.

Wir zogen aus dem verdeckt ausgebreiteten Kartenhaufen unsere Sprüche, die wir dann künstlerisch dekorieren sollten. Auf meinen beiden Kalenderblättern war folgender Inhalt zu lesen: ''Suae quisque fortunae faber (8)'' und ''Festina lente (9)''. Beide Sprüche hätten für mich nicht passender sein können. Besonders der Zweite: ''Eile mit Weile'' erinnerte mich immer wieder daran, meine Voreiligkeit zu meistern. Der erste Spruch hingegen war die ständige Lebensregel für mich, selbst anzupacken und nicht auf einen deus ex machina (10) zu warten."

„Ja, Alexa. Leider aber merken die Menschen manchmal die simpelsten Dinge nicht. Erinnerst du dich noch an das Haus mit dem Namen *LA PAZ* (der Frieden, span.)?"

„Oh, ja! Und ob! Der Name stand schräg über der Eingangstür. Die erste Assoziation, die mir sofort einfiel war: oh, je, da hängt aber der Hausfrieden schief. … prompt kam es so: 2 Freundinnen aus Nordamerika hatten zusammen einträchtig dieses Haus in Venezuela gekauft, um darin vergnügt und fröhlich gemeinsam zu wohnen. Es dauerte aber nicht lange, bis es Streit gab und die eine Freundin auszog und zurück in die USA ging. Die andere blieb, wurde aber später überfallen und ausgeraubt. Das Haus wurde daraufhin zum Verkauf ausgeschrieben und stand lange Jahre leer".

„Die Eheleute, die es schließlich für ein Spottgeld erworben haben, sind ebenfalls inzwischen zerstritten und leben in Scheidung", ergänzte Ishtuahavi, „außerdem bereitet das Grundstück merkwürdige Schwierigkeiten durch eindringendes Wasser. Nach einem mittelstarken Regen sind Küche und Teile des Gartens regelmäßig überschwemmt, ohne daß ein Fachmann wüßte, wie und wo man ansetzen könnte, um einigermaßen effektiv und vor allem auch kostengünstig Abhilfe zu schaffen. Es herrscht bis heute eine merkwürdig unangenehme Atmosphäre in diesem Haus. Es ist im wahrsten Sinne von allen guten Geistern verlassen…"

„Mir fällt da noch eine Geschichte ein: Stichwort falsch verstandene Symbolik, die zum Mißerfolg führen mußte. Sie passierte einer Frau, die ein Seminar über das Glück und dessen Verwirklichung abhalten wollte. Für den Flyer mit ihrem Programm hatte sie als Glückssymbol ein Hufeisen gewählt. Das Hufeisen war falsch herum dargestellt: mit der Öffnung nach unten. Die Reiter wissen, daß das Unglück bedeutet, da das Glück nach unten ˝ausläuft˝. Ferner hatte ihr Hufeisen 9 Löcher für die Hufnägel. Ein Eisen hat aber immer nur 8 Löcher – und dies nicht rein zufällig. Wir wissen ja, daß es keine Zufälle gibt. Das hat unter anderem auch etwas mit dem 8. Haus in der Astrologie zu tun, das dem Schmied und dem Eisen - alles in allem dem Planeten Pluto wie auch Mars - zugeordnet ist, u. a. mehr, was hier zu weit führen würde. So konnte es kein Erfolg werden, und es mißlang auch."

„Alexa, die Tagessymbolik - das ist so ein großes, weitreichendes und auch unerschöpfliches Thema, daß man fortwährend neue Bücher darüber schreiben könnte. Laß uns morgen noch einmal darüber sprechen. Ich habe nämlich vernommen, daß dein Magen knurrt und du jetzt etwas essen solltest. Adiós, bis morgen…" … und weg war sie.

So macht sie das immer. Ich bin es ja schon gewohnt.

13.

Anderntags wollte ich mich gern mit Ishtuahavi, wie sie angeregt und versprochen hatte, über weitere Symbole unterhalten, die während des ganz normalen Lebens am Tage passieren, und denen man sich bewußt nähern sollte, um sie erkennen und nutzen zu können.

„Guten Morgen, Alexa", begrüßte sie mich, „welch wunderschöner Tag! Setz dich in dein Auto und fahre nach Osten. Ich werde dich lotsen und dich dann an einem bestimmten Ort treffen, den ich heute für uns ausgesucht habe. Er wird dir gefallen."

Sie hatte sich nicht blicken lassen, sondern nur zu mir gesprochen.

„Gut, mach ich, aber meinen Kaffee darf ich doch noch austrinken?"

„Na, aber sicher! …und iß noch wenigstens eine Früchtemahlzeit, damit wir unser Gespräch nicht vorzeitig beenden müssen, weil dein Magen knurrt."

„Du bist ganz schön spöttisch heute", erwiderte ich.

„Tröste dich, Alexa. Zum Mittagessen bekommst du dann einen fangfrischen gegrillten Fisch", schloß sie versöhnlich. Das klang gut. Nach dem Kaffee fuhr ich die Küstenstraße nach Osten, wie Ishtuahavi gesagt hatte.

„Jetzt links zu dem kleinen Fischerdorf. Stell dein Auto kurz vor dem Strand unter eine Palme in den Schatten. Aber nicht unter die Kokospalme, sonst hast du vielleicht später Dellen in deinem Auto, sollten ein paar dieser riesigen, harten Früchte in der Zwischenzeit herabfallen. Dort, ja, gut so! Nun gehst du nach rechts den Strand entlang."

Ich wanderte eine Weile ostwärts. Keine Menschenseele weit und breit, reinster urtümlicher Naturstrand, wild wie eine unbewohnte Insel in der Südsee. Wohltuender Weise nirgends für Touristen hergerichtet. Robinson Crusoe fiel mir dazu ein. Ich hatte wie alle Kinder damals diese Abenteuer-Geschichte sehr gemocht, und es hätte mich überhaupt nicht gewundert, wenn er samt seinem Gefährten Freitag hinter dem nächsten Baum hervorgekommen wäre. Ishtuahavi war für solche Überraschungsinszenierungen immer gut. Aber das hatte sie offenbar nicht geplant, denn die Landschaft blieb weiterhin menschenleer. Ich stieg über bizarre Baumstämme, skurril gewundene Wurzeln, farbige Steine mit selten schöner Maserung und metallischem Glitzern, sah große Muscheln in den verschiedensten Formen. Selbst wenn sie nur zum Teil erhalten waren, zeigten sie sich in interessanten Figuren: jedes ein Unikat, das in Gestalt und Farbe kein zweites Mal zu finden war.

Schließlich kam ich an eine Lagune mit grünem Wasser, gesäumt von knorrigen Mangroven. Ihre Luftwurzeln bilden märchenhafte Höhlen, die von allerlei Getier als Unterschlupf besucht werden. Eine kleine verwunschene Welt für sich. Die Vögel lieben diese Landschaft, besonders weil sie sich gut verstecken können und auch reichlich Fischnahrung vorfinden. Auf dem

Sand lag ein alter, ausrangierter Kahn mit dem Kiel nach oben. Er war nicht erst seit gestern dort abgelegt worden. Sein letzter Einsatz schien Jahre zurückzuliegen.

„Das wäre doch ein bequemes und schattiges Plätzchen, dieser Kahn", schlug Ishtuahavi vor, und ich setzte mich. Sie zog es vor, noch ein bißchen zu meinen Füßen im Wasser zu planschen. Dann legte sie den Kopf auf einen Stein und schaute mich fragend an.

„Ich sehe schon, du bestehst wieder darauf, daß ich den Anfang mache", sagte ich, und sie nickte nur.

„Hm, also, was zuerst?"

„Die Hummel am Fenster, Alexa."

„Also, gut. Es war das erste Mal in meinem Leben, daß ich so ein Erlebnis in mein Bewußtsein einlassen und deuten konnte. Ich saß in einem stillen Raum in einem Sessel. Meine Stimmung war entsetzlich: sie schwankte zwischen rasender Wut und tiefer Verzweiflung. Alles andere als eine wohltuende Mischung! Ich hatte viel Energie und eine ganze Menge Arbeit in die Vorbereitung zur Realisation eines Projektes gesteckt. Ich war stecken geblieben. Alle Möglichkeiten schienen ausgeschöpft, nichts ging mehr, keiner unterstützte mich, trotz des gut ausgearbeiteten und schlüssigen Konzeptes. Ich trat auf der Stelle. Es war, als wollte ich Vollgas geben bei angezogener Handbremse, die ich nicht lösen konnte, und die keiner zu lösen half.

Da hörte ich ein Summen am Fenster. Eine Hummel brummte gegen die Scheibe: auf und nieder... immerzu. ''Dummes Insekt'', dachte ich. Das Fenster war geschlossen, es war ein sinnloses Unterfangen. Die Hummel würde sich zu Tode brummen, anstatt sich ruhig hinzusetzen und zu warten, bis einer das Fenster öffnet und sie hinausfliegen läßt. Gut für die Hummel, daß es mich gab Ich entließ sie schließlich nach draußen.

Laut geben mußte sie aber schon, überlegte ich. Wie hätte man sie sonst bemerken können?! Aber keine energievergeudenden Auf– und Niederflüge, die sie so sehr erschöpfen können, daß sie im geeigneten Moment dann keine Kraft mehr hat, nach draußen zu fliegen, wenn das Fenster endlich geöffnet wird. Es war exakt meine Situation, die mir von der Hummel deutlich vor Augen geführt wurde. Ich reflektierte danach zunehmend alles, was mir passierte, mit etwas mehr Bewußtheit und mit offenerem Blick."

„Ja, Alexa, es gibt eben Zeiten im Menschenleben, die sich nicht für extravertierte Aktivitäten eignen. Sie können nicht glücken, weil alle Zeichen auf eine introvertierte Einstellung hinweisen, die gelebt werden will. Zu einem anderen Zeitpunkt können sich diese Blockaden wieder lösen, und es regelt sich plötzlich alles wie von allein.

Spirituell bewußtes Leben beginnt ja erst da, wo man gewahr wird, was um einen herum passiert, und es reflektierend einordnen kann. Es ist nichts für untüchtige Träumernaturen."

„Dazu haben wir jeden Tag mehr als eine Gelegenheit", fuhr ich fort. „Man muß aber wach und aufmerksam sein, um die vielen kleinen Hinweise zu erkennen.

Ein Beispiel, wie es nicht sein sollte, lieferte eine weitläufig Bekannte. Nennen wir sie Gisela. Ich reduziere seit einiger Zeit ein wenig den Kontakt mit ihr, weil ich das ganze Getue und ihren Aktionismus nicht auf mich herüberschwappen lassen will. Meine innere Einstellung zu ihr konnte ich inzwischen weitestgehend neutralisieren. Sie redet gern und oft von ihren Meditationen - ein viel mißbrauchter, weil zum Modewort verkommener Begriff. Meditieren heißt ''in etwas hineingehen''. Bevor man in das Objekt oder in die Situation hineingehen, d.h. sie verinnerlichen und dann meditieren kann, muß man seine volle Aufmerksamkeit darauf richten. Das bedeutet zu allererst einmal Konzentration. Diese Phase wird vielfach gar nicht erreicht, geschweige denn, daß man über sie hinaus gelangt. Die meisten können sich nicht konzentrieren, werden sofort durch jede Kleinigkeit abgelenkt, und eine Flut von nebensächlichen Gedanken läßt sie abdriften.

Auch Gisela wußte eigentlich nicht so recht, was man unter ''Meditation'' tatsächlich zu verstehen hat. Sie fand einfach das Wort chic und zeitgemäß. Als es wirklich darauf ankam, etwas innerlich zu begreifen, konnte sie das, was ihr begegnete, nicht zuordnen. ''Ach, ich bin zwei Wochen lang überhaupt nicht zum Meditieren gekommen, weil ich Familienbesuch hatte'', klagte sie selbstmitleidig und Verständnis suchend.

Was soll denn das? Sie hat ein schlechtes Gewissen und sucht eine Entschuldigung zu ihrer eigenen Entlastung. Ferner versucht sie eine Schuldzuweisung an die Familie, die sie angeblich aufgehalten hat. Sein ganz privates Viertelstündchen kann man sich doch immer und überall abzweigen, wenn man das wirklich will. Das ist Kampf und Krampf und weit weg vom Verständnis, was bewußtes spirituelles Leben wirklich bedeutet. Dieses zwanghaftes Einhalten von selbst kreierten Ritualen: Zeiteinteilungen kommen in jedem Leben immer wieder ins Wanken. Andere sind aber nicht daran schuld. In jeder Minute mit dem hellwachen Beobachten am täglichen Leben teilnehmen und verstehen, was sich gerade jetzt in diesem Augenblick ereignet – das führt zum richtigen Verständnis. Was zeigt mir der Besuch? Hat er mir Kräfte geraubt, hat er mich beglückt, war es eine langweilige Pflichtübung? Was haben meine Besucher hinterlassen: nur Arbeit oder eine Bereicherung, andere Standpunkte zu erfahren? Habe ich zugehört? Haben die Besucher einander zugehört oder alle durcheinander gequasselt? Wenn eher Minuszeichen übrig bleiben: welches Fazit ziehe ich daraus? Was habe ich gelernt? Habe ich es verstanden, mein Bewußtsein entsprechend auf Empfang zu schalten oder auch - falls das nötig war - einfach auszuklinken? Warum nicht? Es wäre eine hervorragende Übungsmöglichkeit gewesen! Also leider eine Chance vertan?! Eigentlich schade…! "

„Ja, Alexa. Das ist der typische Krampf, den diverse Religionen und Sekten mit ihren Meditationsregeln zu festgesetzten Zeiten und in einer festgelegten Form ihren Anhängern gern aufpfropfen. Man stülpt ihnen Regeln über, wie einen unpassenden, viel zu engen Hut, und impft ihnen auch noch Schuldgefühle ein, sollten sie die Vorschriften nicht einhalten oder gar gegen diese Einengung aufbegehren. Dabei spielt doch ihre Seelenmusik davon völlig frei und möglicherweise auch ganz woanders: nämlich – wie du gerade sagtest - in all den vielen täglichen Begebenheiten, denen der Mensch offenes Auges und fröhlichen Herzens begegnen kann, weil ihm das Göttliche darin entgegenkommt. Der Alltag i s t Meditation, i s t Geheimnis – sollte es zunehmend sein. Ein Zustand, der den ganzen Tag über zur dauerhaften Erfahrung geraten sollte, und nicht mal mehr mal weniger wie ein exotisches Hobby gepflegt wird.

Die mühevollen Rituale einer Pseudomeditation in einem Kreis erlauchter ´´Eingeweihter´´ sind meistenteils kontraproduktiv, erzeugen sie doch nicht selten Gefühle des eigenen Ungenügens, die ganz und gar nicht förderlich sind. Thomas von Aquino hat dazu etwas Bedeutsames gesagt:

So sehr die Beschauung höheren Ranges ist als das tätige Leben, so sehr scheint der mehr für Gott zu wirken, der eine Einbuße seiner geliebten Beschauung in Kauf nimmt, auf daß er dem Heil der Nächsten diene um Gottes willen.

Ich will das noch ergänzen, was du gerade geschildert hast. Was allen spirituell Suchenden schwer fällt, ist das aktive Suchen aufzugeben und zum Findenden zu werden. Die hingebungsvolle Absichtslosigkeit ist dazu notwendig. Finden und Suchen sind Gegensatzpaare. Solange man sucht, kann man nicht finden. Suche kann außerdem zur Sucht werden – die Sprache lehrt uns hier wieder einmal die Zusammenhänge. Teleologisches, d.h. auf ein Endziel gerichtetes Denken ist sinnlos, weil es d a s Endziel nicht gibt, niemals geben kann, weil wir ständig in der Ausdehnung unseres Bewußtseins begriffen sind. *Unser Werden ist Gottes Sein*, sagte der großartige Meister Eckehart. Ein wunderbarer und zudem ein sehr, sehr wichtiger und wahrer Satz, findest du nicht? Die ewige Schöpfung ohne Anfang und ohne Ende - symbolisiert durch den Kreis, den Uroboros. Wir sprachen schon einmal darüber, erinnerst du dich? Das ist ebenfalls ein Irrtum der alttestamentarischen Genesis, die Schöpfung Gottes sei bereits am 7.Tage vollendet gewesen. Sie ist voll im Gange. Wir befinden uns - um bei diesem Symbol zu bleiben - noch immer am 6.Tag, und an Ausruhen ist gar nicht zu denken.

Nun erzähl doch mal von dem Schmetterling am Spiegel. Das gefällt mir so.“

„Der Hintergrund der Geschichte ist eine Hochzeitsfeier in einem Hotel. In die Damentoilette hatte sich ein großer, besonders schöner Falter verirrt, wie es so viele hier in den Tropen gibt. Er versuchte auf der senkrechten glatten Spiegelwand zu landen, wo er wohl sein Spiegelbild erkannte. Er probierte es wieder und wieder – natürlich ohne Erfolg. Elena, eine junge Frau, deren Lebensweg ich freundschaftlich eine zeitlang begleitete, fragte mich, was das wohl zu bedeuten hätte, gewöhnt an meine Auslegung von Symbolen. Ich würde darüber nachdenken, versicherte ich, obwohl ich die Antwort längst wußte. Doch sie war zu diesem Zeitpunkt unangebracht.

Es muß wohl so sein, daß der Schmetterling sein Bild im Spiegel visuell wahrnehmen kann. Er möchte mit diesem Spiegelbild, das er für einen anderen Schmetterling hält, immer wieder Kontakt herstellen. Er kann aber nicht auf dem Spiegel landen und sein Gegenüber besuchen. Jede hartnäckige Verfolgung eines solchen Zieles muß scheitern und endet in Erschöpfung. Die Möglichkeit einer Partnerschaft zwischen dem virtuellen und dem lebenden Schmetterling ist eine Illusion."

„Ja, Alexa. Und wenn das Gegenüber nicht wirklich, sondern nur eine Illusion, nur Spiegelung meiner selbst ist, im Partner z.B., den ich mir als Spiegel erwählte, kommt keine wirkliche Ich-Du-Kommunikation zustande, weil es Selbstgespräche bleiben. Ich spreche in den Spiegel hinein, in dem ich mich erblicke, ebenso der Partner, der mich als seinen Spiegel erwählte. Eine starke Symbolik für eine mißverstandene Partnerschaft."

„Ja, Ishtuahavi. In jungen Jahren ist es mir auch einmal passiert: ich stellte plötzlich erschreckt fest, daß ich den Mann, mit dem ich damals seit kurzem zusammen lebte, gar nicht liebte, sondern mich nur in die Tatsache verliebt hatte, daß er in mich verliebt war. Daß ausgerechnet Elena den Schmetterling wahrnahm und nach der Bedeutung fragte, hatte wiederum einen Grund: es war i h r e Illusion, die da zur Aufführung kam. Zu ihrem Glück kehrte bei aller Verliebtheit ihr realistisches Denken rechtzeitig zurück, und sie hat ihre damalige Partnerschaft beendet, bevor - symbolisch gesprochen – ihre Flügel beschädigt wurden und sie erschöpft zu Boden fallen mußte."

„Du weißt inzwischen, daß man wach genug sein, eine schon etwas aufmerksamere Bewußtheit entwickelt haben muß, um eine Situation sofort zu erfassen und zu reagieren. Denk an die Vater-Tochter-Geschichte, die Barbara dir erzählt hat", sagte Ishtuahavi.

„Ja, ich erinnere mich. Aber ich will zuvor noch ein trauriges Schicksal schildern, das leider kein Happy End erwarten ließ - im Gegensatz zu Barbaras Geschichte.

Britta, die Frau eines despotischen Ehemanns, wurde gegen ihren Willen dazu gedrängt, mit ihm zusammen alle Katzen, die ihren Garten passierten, in einer eigens präparierten Falle zu fangen und anschließend zu ertränken. Die Katze ist ein Muttersymbol. Britta hat das Mütterliche in sich vergewaltigt und getötet. Es war eine unausweichliche Folge, daß sie ziemlich bald an Gebärmutterkrebs erkranken würde. Darauf machte mich damals zu meinem großen Erstaunen ein befreundeter Psychoanalytiker aufmerksam, als ich ihm diesen Vorfall schilderte. Die Prognose dieses Fachmanns traf auch tatsächlich innerhalb eines Jahres ein. Wäre sie denn nachträglich noch in der

Lage gewesen, dies zu erkennen, und hätte nun bewußt mit viel Liebe eine Katze aufgezogen, weitere Folgen wie Brustkrebs und /oder andere Krebsleiden wären unter Umständen vermeidbar gewesen. Bei diesem Ehemann konnte man ein derartiges Ansinnen vergessen. Sie käme auch niemals auf die Idee, in Eigeninitiative eine Therapie zu beginnen oder sich gar von diesem Mann scheiden zu lassen, waren doch beide - jeder für sich – unter berechnenden Voraussetzungen diese Ehe eingegangen. Nichts von all dem hätte man vermitteln können. Jeder, der den leisesten Versuch unternommen hätte, wäre als Störenfried dieser ''glücklichen'' Ehe gebrandmarkt worden. Es könnte durchaus passiert sein, daß sie krank und kränker geworden ist, und dieser lieblose Ehemann sie obendrein auch noch eines Tages im Stich gelassen hat, weil sie nun nicht mehr attraktiv genug für ihn war. Die Beziehung war von vornherein nur ein Deal. Sie hatte leider überhaupt nichts mit Liebe zu tun."

„Es kam, wie vorhergesehen, Alexa. Sie war sehr krank und alterte frühzeitig. Ihr ''liebenswerter'' Ehemann wußte sich anderweitig zu vergnügen. Sie hatte mit kaltem Herzen die vermeintliche finanzielle Sicherheit gewählt. Einsamkeit und eisige Kälte waren ihr bitteres Los.

Bevor du die Geschichte von Barbara erzählst: wie war das wichtige Erlebnis deines Freundes Sebastian?"

„Eine kleine erfreuliche, aber schicksalsträchtige Begebenheit: Sebastian wollte mit seiner Freundin einen gemeinsamen Haushalt gründen und in eine große Berliner Altbauwohnung im 5. Stock übersiedeln. Weil es sich so ergab, sollte sein Klavier schon vorab dorthin transportiert werden. So wurde das Instrument an einem Samstagmittag angeliefert. Als die Möbelträger feststellten, daß es in diesem Haus keinen Fahrstuhl gab, setzten sie kurzerhand das gute Stück ohne größeren Kommentar auf halber Höhe zum ersten Stock ab, quittierten ihren Dienst und verschwanden sang- und klanglos. Sebastian setzte sich konsterniert auf die Stufen und blickte auf sein Klavier: was nun? Er blieb ganz ruhig und ließ das Geschehen auf sich wirken. Nach einigen Augenblicken der Besinnung signalisierte ihm seine innere Stimme: ''Was tust du hier eigentlich? Deine Musik spielt doch nicht hier, sondern ganz woanders!'' Aus einer Telefonzelle erreichte er schließlich nach vielen vergeblichen Versuchen eine Spedition, die bereit war, das Klavier noch am gleichen Tag abzuholen und am Wochenanfang zurück in seine niedersächsische Heimat zu expedieren. Daß damit eine ganz entscheidende Veränderung in seinem privaten Leben verbunden war, läßt sich denken. Er hat sie nie bereut."

„Die Geschichte gefällt mir sehr, denn nicht jeder Mensch ist in der Lage, diese wunderbare Symbolik sogleich zu deuten", sagte Ishtuahavi, „aber nun erzähle von Barbara!"

„Dies ist die Geschichte einer verpaßten Gelegenheit in einer gestörten Vater-Tochter-Beziehung. Barbara fühlte sich ungeliebt, war ihr ganzes Leben lang in abwartender Haltung, ob ihr Vater ihr wohl gelegentlich einen kleinen Zuspruch, eine winzig kleine Gunst erweisen, ihr ein kleines Geschenk bereiten würde.

Eines Tages ein frecher Auftritt der Tochter seiner 2. Frau, die eben diesen Vater unverschämt und ungerechtfertigt beschimpfte und beleidigte – in Anwesenheit von Barbara, seiner leiblichen Tochter. Der Vater war außer sich und lief davon in den Garten. Später machte er seinem Ärger Luft, den er auch auf Barbara ausdehnte. Als sie ihm die Hand zum Abschied geben wollte, weigerte er sich und wollte ihre Hand nicht.

Sie hatte doch gar nichts gemacht! Wie ungerecht, fand sie. Das war es ja eben: sie hatte nichts, aber auch gar nichts gemacht. Insgeheim – wenn auch unbewußt – hatte der Vater erwartet oder erhofft, daß Barbara ihm beistehen würde. Sie aber fühlte sich ungerechter Weise mit hineingezogen in diesen Streit. Warum fragte sie nicht einfach dieses unverschämte Mädchen, was ihr denn einfiele, sich so zu benehmen, und wies sie in ihre Schranken, die diese – sicherlich auch unbewußt – gern gesetzt sehen wollte. Der Vater wäre zufrieden gewesen über den Beistand seiner leiblichen Tochter. Statt dessen gab er ihr nicht die Hand, weil sie nicht gehandelt hatte. Die Symbolik der Hand für Handlung und Handeln wird hier deutlich. Selbstverständlich kann Barbara es ablehnen, die Erwartungen ihres Vaters zu erfüllen. Aber dann darf sie selbst auch keine Erwartungen haben".

„Natürlich ist es nicht so leicht, im richtigen Moment die passende Reaktion parat zu haben, Alexa. Man muß von Haus aus ein wenig Talent dazu mitbringen. Es ist zu erlernen, wenn es auch schwierig ist, weil man unbedingt über der Situation stehen muß, d.h. weder eine Reaktionssperre haben - wie Barbara in dem Fall - noch überreagieren sollte. Man muß emotionslos in sich ruhen. Das gibt die Kraft, zum richtigen Zeitpunkt das Adäquate zu sagen und zu tun."

„Vollkommen klar, Ishtuahavi. Und nicht immer darauf warten, daß der andere etwas tut. Einfach um etwas bitten und diejenigen erziehen, die nicht daran denken, mal etwas zu geben. Man kann diese Menschen einfach mal um eine Belanglosigkeit bitten, die sie nicht verweigern können: um ein Glas Wasser beispielsweise oder um ein Papiertaschentuch, o. ä.. Sie merken dann, daß sie etwas aufmerksamer sein sollten, und lernen - so sie nicht allzu dickfällig sind - sich auch nach den Bedürfnissen anderer zu erkundigen, ihnen etwas zu essen oder zu trinken anzubieten.

Nachdem Barbara diese Geschichte erzählt hatte, konnte ich ihr das Geschehen deutlich machen. Sie verstand alles, was ich ihr sagte, erstaunlicher Weise sofort. Es bedurfte nur eines ganz kleinen Anstoßes. Die erfreuliche Folge war, daß sie sich nach gründlicher mentaler Vorbereitung auch dazu bewegen ließ, ihren Vater zu seinem 75. Geburtstag zu besuchen – nach einer 10-jährigen Sendepause zwischen beiden. Es wurde ein großartiger Erfolg: Vater und Tochter lagen sich unter Freudentränen in den Armen.

Ich wünschte, ich hätte die Beziehung zu meiner Mutter auf ähnliche Weise noch kurz vor ihrem Tod bereinigen können."

„Alexa, sei nicht mehr traurig darüber! Ihr wart beide Teil der Beziehung – deine Mutter und du – beide schicksalhaft darin verflochten. Denn von Schuld sprechen wir ja schon lange nicht mehr, sondern höchstens von Ursachen. Hast du einmal darüber nachgedacht, warum du dir diese Mutter ausgesucht hast?"

„Ja, Ishtuahavi, das habe ich."

„Und, deine Antwort?"

„Es waren die beiden Väter, die ich erwählt hatte: die Gene meines leiblichen Vaters und nach seinem Tod die geistige Förderung durch Ewel, wie wir meinen Stiefvater nannten. Dazu mußte ich ja zwangsläufig auch diese Mutter akzeptieren. Aber ein paar gute Eigenschaften von ihr fallen mir auch trotz allem ein: sie ließ sich nie unterkriegen, ihr Herz hieß ´´Dennoch´´ in all der schweren Zeit, die sie in den Kriegen mitmachen mußte. Sie konnte schuften bis zum Umfallen, wenn es denn sein mußte. Aber leider hat sie ständig versucht, andere zu manipulieren und auf die Mitleidstour tränenreich ihre Ziele durchzusetzen".

„Die Tränen, die sie geweint hat, waren immer nur i h r e Tränen um sich selbst, Alexa: Tränen ihres Egoismus, ihres Machtanspruchs und letztlich ihrer Machtlosigkeit, ihres Mangels an Liebe und Wahrhaftigkeit - nur i h r e Tränen. Du konntest dich ihr – deiner unbeschadeten und gesunden Entwicklung wegen – nicht aussetzen. Das hast du genau gefühlt. Es gab für sie ja überhaupt keinen Grund, um dich zu weinen. Du warst doch eine Tochter, auf die sie, ohne es dir jemals auch nur ein einziges Mal einzugestehen, sehr stolz war.

Auf dem Sterbebett verlangte sie von dir, daß du deine Schwester belügen solltest. Du hast richtig reagiert, indem du dies verweigert und mit sehr deutlichen Worten feierlich gesagt hast: ´´Liebe Mutter, angesichts des Todes wollen wir keine Lügen mehr zulassen, nicht wahr?´´ Daraufhin machte sie innerlich zu und hat bis zu ihrem Tod ein paar Tage später demonstrativ nur noch das Nötigste und nur noch Belangsloses mit dir gesprochen. Alle deine Versuche, an sie heranzukommen, hat sie blockiert und unterlaufen, indem sie sofort Müdigkeit oder einen Schwächeanfall vorschützte, wenn es unangenehm für sie zu werden drohte.

Was solltest du denn noch für sie, für euch beide tun?

Ihre letzten Worte, die sie sprach, waren: ´´... ich bin ja so verzweifelt.´´ Ausgerechnet sie, die sich selbst als weise Ratgeberin und alle um sich herum nur immer als ihre Schüler betrachtete und mit ihren spirituellen Erkenntnissen beglückte und belehrte! Sie selbst fühlte sich so erhaben, so vollkommen und wäre nie auf die Idee gekommen, daß es auch für sie noch etwas zu lernen und an sich zu arbeiten geben könnte in ihrem Leben.

Sie hat die hochgeschraubte Vorstellung von dem, was sie sein wollte und zu sein glaubte, gelebt. Diese Vorstellung deckte sich jedoch nicht im entferntesten mit ihrer Realität. Klar, daß ein Mensch mit einer so ausgewachsenen Profilneurose unbewußt wie auch bewußt ständig ängstlich darauf bedacht ist, nicht durchschaut zu werden. Da sie euch beiden Töchtern längst nichts mehr vormachen konnte, hat sie so oft wie möglich einen Keil zwischen euch getrieben. Vereint hättet ihr ja eine doppelte Gefahr für sie bedeutet.

Die Lüge, die du ihr zuliebe deiner Schwester sagen solltest, hätte sie umgehend richtig gestellt und in die wahre Aussage gewandelt, um dich - und das nicht zum ersten Mal - gegenüber deiner Schwester als Lügnerin zu denunzieren. Das mißglückte ihr Gott sei Dank zu guter Letzt doch noch gründlich. Auch angesichts ihres Todes hörte sie nicht auf zu intrigieren.

Klar, daß verzweifelt aus diesem Leben scheidet, wer soviel Unerledigtes im Gepäck mitschleppen muß.

Du hieltest ihre Hand die halbe Nacht lang, während ihr Körper sich in schwerer Agonie drehte, hin und her warf und heftig geschüttelt wurde, aus der sie nicht mehr zu Bewußtsein kam. Ausgerechnet sie, die nie schweigen konnte, nie einen ihr anvertrauten Gesprächsinhalt für sich behielt, übte sich im Schweigen, wo es höchste Zeit zum Reden gewesen wäre. Mach dir keine Vorwürfe, Alexa. Du siehst: Schweigen ist nicht immer das Allheilmittel. Es ist nicht immer Gold, wie das Sprichwort sagt.

Es gibt Situationen, wo man die Gelegenheit zu reden nicht verpassen sollte, weil sie ein zweites Mal nicht wiederkehren wird. Deine Mutter hat diese Chance vertan.

Ein Schweigen, das als unausgesprochenes Einverständnis bewertet werden muß, ist in bestimmten Situationen ebenso fehl am Platz und nichts anderes als Feigheit.

Das Schweigen aber im Sinne von reduzierter Mitteilungsfreudigkeit, der etwas für sich behaltenden Ruhe im Sinne einer Kraftansammlung für ein künftiges Vorhaben und im ganz besonderen Sinne der Gedankenbeherrschung und -ausschaltung: ja!

In solchen Fällen ist Schweigen wirklich Gold. Der Unterschied ist doch klar? Es gibt auch eine Indiskretion gegen sich selbst. Wer sich selbst gegenüber nicht diskret sein kann, der ist auch indiskret anderen gegenüber.

Du kennst doch die vier Säulen, auf denen man alle großen Vorhaben gründen kann und soll – auf der materiellen, wie auf der seelischen und der geistigen Ebene?"

„Ja, sicher! Die vier Säulen sind:
WISSEN - WOLLEN – WAGEN – SCHWEIGEN!"

„Weißt du noch, wie dir dieses Geheimnis der Kabbala zum ersten Mal offenbar wurde, Alexa?"

„Ja! Ich weiß es. Es war in einem Traum: eine Menorah - der siebenarmige Leuchter, das jüdische Symbol für das ewige Licht Gottes im Weltall und die sieben im Altertum bekannten Planeten – stand vor mir auf einem Tisch. Sie war mit weißen Kerzen bestückt. In der Mitte wandelten vier der Kerzen ihre Farbe und wurden rot. Plötzlich waren sie angezündet und – wie von unsichtbarer Hand bewegt – drehten sie sich auf mich zu.

Ich erwachte sehr nachdenklich und spürte den Ansporn in mir, mich damit intensiv auseinanderzusetzen. Die Kerzen symbolisierten den Auftrag:

Wissen – Wollen – Wagen – Schweigen.

Ich war damals noch vollkommen ahnungslos, hatte einen solchen Leuchter nie zuvor gesehen. Ich wußte nicht einmal, daß dieser Leuchter als Kultgegenstand in keinem jüdischen Haushalt fehlen durfte, ja daß er überhaupt zum jüdischen Kulturgut gehörte.

Zum ersten Mal habe ich eine Menorah dann in Israel gesehen – ein Jahr später. Ich stand vollkommen gebannt und in ihren Anblick versunken, bis mich jemand aus der Reisegruppe in die Wirklichkeit zurückrief, weil der Bus auf uns wartete."

Wir machten beide für ein paar Augenblicke die Augen zu, ließen das Gesagte wirken.

„Ich möchte jetzt im Meer schwimmen. Kommst du mit mir?" fragte ich.

„Mit dem größten Vergnügen! Laß uns ein bißchen spielen, ja?" Ishtuahavi war schon im Wasser untergetaucht und machte Sprünge wie ein Delphin, bevor ich mich vollends ausgezogen hatte.

Wir schwammen, umtanzten einander in verschiedenen Figuren. Ishtuahavi schaukelte mich sanft auf und ab. „ Wie schön, weiter so, nicht aufhören"…., bat ich. Dann wand sie sich um mich herum und sprang mit mir einen kraftvollen Salto durch die Luft, tauchte mit mir tief ein, entließ mich dann, um unvermutet mit ihrem Kopf genau vor meiner Nase wieder aufzutauchen. Wir spielten und freuten uns wie die Kinder.

„Und jetzt gehe ich ins Dorf zum Fischessen. Das war doch dein Vorschlag heute morgen, oder? Du kannst ja noch ein bißchen planschen, wenn du magst", sagte ich, stieg aus dem Wasser und trocknete mich ab.

„Ich tauche in die Tiefen des Ozeans – mal gucken, was sich so tut im Reiche Neptuns. Adiós, Alexa!"

14.

Zurück im Fischerdorf suchte ich mir einen frisch gefangenen, nicht zu großen Fisch aus, den die rundliche, aus freundlichen Kulleraugen lächelnde
Wirtin für mich grillte – mit reichlich Knoblauch natürlich - und mit Platanos
fritos (fritierten Bananenscheiben) servierte. Salat aß ich lieber nicht hier
draußen bei den Bauern, um ´´Montezumas Rache´´(11) zu vermeiden. Um
die Kosten mußte ich allerdings schon vorher feilschen, indem ich ihr klar
machte, daß ich keine Touristen- oder Gringo- (36) Preise akzeptieren würde, da ich schließlich Residentin sei. Nachdem ich das glaubhaft mit meinem
etwas holprigem Spanisch unterlegt hatte, lachte sie, freute sich und gab mir
einen deutlich besseren Preis. Sicherlich lag der immer noch weitaus höher
als ein dunkelhäutiger Einheimischer bezahlt hätte, aber das war ja immer
so.... nun gut!
Es dauerte nicht lange, als sich ein paar andere Gäste dazu gesellten und
am Nachbartisch Platz nahmen. Ein Deutscher natürlich und zwei Österreicher. Man trifft sie ausnahmslos überall.
Wenn du mit einem kleinen Flieger über den Urwald am Amazonas fliegst,
mitten über der undurchdringlichen Wildnis der Motor streikt und du abstürzt,
dann laß deinen Flieger in den Baumwipfeln hängen und klettere nach unten. Setz dich auf einen der unteren Äste und warte. Mach dir keine Sorgen!
Spätestens in 5 Minuten kommt ein Deutscher um die Ecke oder - in Ermangelung einer solchen - um den nächsten Baum herum. So auch hier wieder.
Ich sprach jetzt vorerst lieber englisch, weil ich mich nicht zu intensiv auf
diese Leute einlassen wollte. Außerdem macht es mir immer diebischen
Spaß zuzuhören, was die so sagen, wenn sie glauben, daß man kein Wort
versteht. Sie machten auch prompt ein paar Bemerkungen über mich, sagten aber nichts wirklich Unangenehmes, so daß ich vorerst keinen Grund
sah, meine Taktik zu ändern. Ihre Meinung über Land und Leute waren sehr
pauschal, und die Unterhaltung triefte nur so vor Allgemeinplätzen – typische Touristen eben. Ich trank noch einen wirklich gut zubereiteten Kaffee,
der mit Muskatnuß und Zimt gewürzt war, zahlte und wollte gehen, als es zu
Verständigungsproblemen zwischen der Wirtin und den deutsch sprechen-
den Gästen kam. Ich half noch ein wenig aus und machte mich dann auf den
Weg zu meinem Auto. Ich hatte mich kaum ein paar Meter entfernt, da hörte
ich folgenden liebreizenden Satz:
„Das sind doch Arschlöcher hier. Die verstehen überhaupt nichts." Ich drehte
auf dem Absatz um, kam zurück und sagte – diesmal auf deutsch und nicht
sehr leise:
„Die Arschlöcher hier, das sind S i e doch! Sie fahren auf das Land hinaus,
abseits von jeglichem Tourismus, und können noch nicht einmal in der Landessprache ein Essen und ein Getränk bestellen! Einen schönen Tag noch

und hoffentlich auf nie mehr Wiedersehen! Que se vayan al diablo! (Gehen Sie doch zum Teufel!)"

Schweigen, verdutzte Gesichter. Die Wirtin grinste, wußte sie doch sofort, daß nur s i e den letzten Satz verstehen konnte und dies in meiner vollen Absicht lag. Wir wechselten einen Blick, und ich glaube, wir waren uns ohne Worte einig: die würden einen höheren Preis bezahlen, diese A..., die überhaupt nichts verstanden haben.

Dieses deutsche Schimpfwort gehört eigentlich eher zu meinem passiven Wortschatz, so daß ich über mich selber staunen mußte, wie es da so herausgepurzelt war. Aber hier war es einfach mal angebracht, wie ich fand. So richtig befriedigt war ich dennoch nicht. Aber hätte ich nichts gesagt und wäre einfach nur davon gegangen, wohl erst recht nicht. So beschloß ich, meinen Anflug von misanthropischen Gefühlen im nächsten Dorf unter einer riesigen Portion Eiscreme zu begraben und dann zu vertilgen. Ich kannte dort ein Café, wo man hervorragendes Eis in allen tropischen Fruchtvarianten serviert.

Hinter dem Haus befindet sich ein kleines Gärtchen, wo es beträchtlich ruhiger zugeht als nahe der Straße. Ich hatte mich kaum gesetzt und begonnen, mein Eis zu essen, als mir ein kleiner schwarzer Schuhputz-Junge seine Dienste anbot. Er mußte aber schnell einsehen, daß es an meinen Badelatschen nichts zu putzen gab. Dann fiel sein Blick auf den fruchtigen Eisbecher, und seine Augen gingen über. Ich blickte ihn ernst und durchdringend an, so daß er sich schämte und sich scheu zurückziehen wollte.

„Komm her. Setz dich auf diesen Stuhl da", sagte ich. Er war verunsichert, aber folgte der Aufforderung. Dann bestellte ich ihm ebenfalls einen Eisbecher mit Früchten. Er strahlte und schaufelte das Eis hastig in sich hinein.

„Iß langsam, sonst tut dir der Bauch nachher weh. Es nimmt dir keiner etwas weg. Es ist dein Eisbecher." Seine schwarzen Knopfaugen glänzten, und er lachte. Sein Gesicht hatte inzwischen vollends am Verzehr all der Früchte samt dem Eis teilgenommen. Ihm war das noch nie passiert – das sah man ihm an – und ich hatte so etwas auch noch nie gemacht. In der Nähe meines Hauses würde ich das auch tunlichst unterlassen: ich müßte sonst befürchten, keinen Schritt mehr gehen zu können, ohne von einer Schar Kinder umringt zu sein, die lauthals nach Eiscreme schreien.

Nachdem wir beide ausgelöffelt hatten, verließen wir die Eisdiele, und ich machte mich auf den Heimweg.

Mein psychisches Gleichgewicht war wieder hergestellt, und ich hatte wieder heitere Gedanken... ... ...

Einige Tage später zeigte sich der Ozean von seiner sanftesten Seite: eine unmißverständliche Einladung zum Baden. Ich zögerte denn auch nicht lange und schwamm ein wenig hinaus. Was wohl Ishtuahavi aus Neptuns Reich zu berichten wußte? Da spürte ich, wie sie mich in den großen Zeh zwickte. „He, du! Laß das! Komm lieber her und erzähl mir etwas aus dem Reich der Tiefe." Ihr Kopf tauchte neben meiner Schulter auf, und sie kicherte.

„War wohl sehr lustig dort, wie? War denn Neptun freundlich zu dir?"

„Neptun habe ich nicht angetroffen. Das war auch kaum zu erwarten. Er befindet sich mal wieder auf Reisen durch die entlegensten Gebiete seines Reiches. Es heißt, er besucht gerade die Ägäis und schaut nach, ob seine Heiligtümer auch ordentlich gepflegt werden. Die Griechen nennen ihn ja Poseidon, wie du weißt. Keiner kann so genau sagen, wo er gerade ist. Er macht immer ein Geheimnis um sich herum. Daß er da war, weiß man immer erst, wenn er schon wieder weg ist. Aber einige seiner Nichten, die Nereiden, waren zu Hause. Sie saßen im Korallengarten und luden mich freundlich zu einem Algencocktail ein.

Oh, der hatte es aber in sich! Dann haben sie Witze über die Menschen erzählt. Wir waren ziemlich albern und haben viel gelacht. Das sind richtig nette Mädchen, diese Wassernymphen. Später unternahmen wir einen Ausflug zu einem Wrack. Es befindet sich ziemlich weit weg und in sehr großer, dunkler Tiefe. Wir mußten Leuchtfische mitnehmen. Das alte Schiff liegt dort seit Kolumbus´ Zeiten. Es gehörte zu seiner Flotte, bevor es von Piraten gekapert, ausgeraubt und versenkt wurde. Wirklich Wertvolles haben die Seeräuber bestimmt nicht darin liegen lassen.

Das Wrack ist total von der Meeresflora überwuchert. Viel zu sehen gibt es nicht. Man darf nicht durch die Öffnungen nach innen eindringen. Es wäre schon interessant, ob man da vielleicht altes spanisches Gebein oder einige Schädel entdecken könnte. Dazu würden mir sicher ein paar spannende Gruselgeschichten einfallen.

Aber Neptun hat es verboten, und selbst die frechste und neugierigste der Nereiden hält sich strikt daran. Mehr gibt es eigentlich nicht zu erzählen."

„Willst du mir wirklich einreden, daß du dich nicht in das Wrackinnere hineingeschlängelt hast, wo du nun schon mal da warst? Auch und gerade weil es verboten ist? Daß die neugierigen Nereiden brav bleiben, glaub ich schon eher, aber auch nur ein bißchen!"

„Alexa, es sind Neptuns Geheimnisse", sagte sie und nahm einen sehr ernsten Tonfall an. „In dem Augenblick, wo sich ein Schiff ganz und gar und unwiderruflich unter Wasser befindet und zum Meeresboden sinkt, ist es in seinem Reich, in seiner Macht. Solange ich Gast bin in Neptuns Reich, kann ich freizügig kommen und gehen, wann ich will, und genieße seine Gastfreundschaft. Wenn ich seine Verbote in seinem Reich mißachte, werde ich seine Gefangene. Er würde mich in diesem Wrack bei den Schädeln der Conquistadores (43) wohnen lassen, aber von nun an bis in alle Ewigkeit:

ich wäre zur Wasserschlange degradiert, die nirgend woanders mehr leben darf. Meine bisher erreichte Entwicklungsstufe wäre für immer dahin - nur aus einer dummen Neugierde heraus und aus Respektlosigkeit vor Neptuns Verboten. Der Preis wäre wirklich zu hoch, denn ich liebe meine Freizügigkeit im Wasser, auf der Erde, in der Luft und im gesamten kosmischen Raum."

„Ich verstehe. Verzeih mir meine Zweifel", antwortete ich etwas beschämt.

Ishtuahavi fuhr fort:

„Es ist nicht einfach, daß neptunische Wesen zu verstehen. Den von Neptun dominierten Menschen geht Bewußtsein verloren. Sie werden hinabgezogen in das Unbewußte, aus dem es nur unter äußerst schwierigen Bedingungen und sehr selten ein Zurück gibt. Es sind unter anderen die Alkoholiker, die Drogensüchtigen, die Geistesgestörten, die Schizophrenen, die Selbstmörder und die gesamte Gilde der realitätsflüchtigen Pseudo-Esoteriker, die seine Gefangenen sind. Auch die in einer falsch verstandenen Religiosität vom irdischen, sprich exoterischen Leben und seinen Aufgaben total abgedrifteten Menschen muß man zu diesem Kreis zählen. Sie meinen oftmals fälschlicher Weise, d a s wahre Leben oder d e n Weg gefunden zu haben. Das w a h r e Leben aber braucht das innere u n d das äußere Leben als Gesamtheit, um vollständig und vollkommen zu sein. Wird eines von beiden vernachlässigt, so lebt der Mensch nur in seinem halben Königreich, anstatt Herrscher seines menschlichen Gesamtreiches zu sein, wie es ein Weiser der Kabbala kürzlich treffend beschrieb.

Neptun ist eine gewaltige Symbolfigur, vielleicht sogar die mächtigste überhaupt: er steht für Genie und Wahnsinn – mit all deren Konsequenzen. Man sollte immer nur sein Gast sein, und es auch bleiben: als Künstler, als kreativ Schaffender. Nur nie, nie, nie sein Gefangener werden! Sein Gast zu sein ist allerdings unverzichtbar für Inspiration, wegweisende Träume, Intuition und damit für Maler, Dichter, für alle Künstler und natürlich auch für geniale Wissenschaftler und Erfinder."

„Ich begreife den Ernst deiner Worte", sagte ich nachdenklich. Ishtuahavi fuhr fort:

„Wer nicht nur sein Gast bleibt, sondern seinen Willen aufgibt und total eintaucht in die Tiefen des Unbewußten, hat verloren. Sein eigener Selbstvernichtungswille hat den Sieg davon getragen, und damit den totalen Sieg für Neptun - in aller Unwiderruflichkeit."

Wir schwiegen sehr lange miteinander: ein sehr nachdenkliches, aber auch ein einverstandenes Schweigen. Ich dachte darüber nach, was ich über die Psychologie der Neptunkonstellationen in der Astrologie gelernt hatte. Astrologie ist eine Wissenschaft der Symbole, die für den einzelnen Menschen individuell und spezifisch bedeutsam sind, und deren Wirkungen verstanden werden wollen. Alles andere ist trivialer Unsinn, Zukunftsdeutung ein charakterloser Mißbrauch. Verstünden denn Psychoanalytiker etwas mehr von der hohen Kunst dieser Symbolik, kämen sie sicher schneller hinter manches Rätsel, das ihnen ihre Patienten zuweilen aufgeben.

„Wann unterhalten wir uns über die Träume und ihre Symbole", fragte ich nach langem Schweigen.
„Auf diese Anregung habe ich jetzt gewartet, Alexa. Ich bin bereit, wann immer du dazu bereit bist.
Geh jetzt ins Haus und zieh dir trockene Sachen an. Du bekommst gleich zwei Kaffeegäste, die sich schon auf deinen Cappuccino freuen. Bis bald! Adiós, Alexa".
Ich zog mich um und richtete den Tisch schon ein wenig her. Meine beiden Gäste wunderten sich, als sie eintrafen, daß ich sie schon erwartete. Denn sie hatten sich nicht angekündigt, und wir waren auch nicht verabredet. Ich lächelte nur und goß ihnen den Kaffee ein.

15.

An welchem Traumort kann man sich denn traumhaft träumend über Träume unterhalten? Ich wollte dafür einen besonders geeigneten Platz finden. Ishtuahavi überließ es mir diesmal wieder, einen solchen Treffpunkt ausfindig zu machen.

Es gibt in der Nähe einen geheimnisvollen Baum. Er ist sicherlich schon einige hundert Jahre alt - man spricht sogar von 1000 Jahren. Als Columbus seinen Fuß erstmals auf diese Insel setzte und sie begeistert *Hispaniola* nannte, hat es ihn schon gegeben. Mehrere starke Wurzeln bilden verschiedene, schon ziemliche umfangreiche Stämme, die sich zu einem mächtigen, majestätischen Hauptstamm vereinigen, der hoch aufragt und seinen weit in alle Richtungen verzweigten Wipfel in dem üppigen Laubwerk nur vage ahnen läßt. In einiger Höhe entdeckte ich ein verschwiegenes Plätzchen auf einem kräftigen Ast, geeignet sich ungesehen und bequem zu unterhalten. Ich probierte es selbst erst einmal aus, denn ich wollte mich nicht von Ishtuahavi auslachen lassen. Sie kann sich in weniger als einer Minute nach oben winden, während mir dieser Kletterakt unter Umständen mißlingt, und ich das Vorhaben aufgeben muß. Ich klomm Stück für Stück meinem erwählten Ast entgegen und erreichte ihn schließlich, wenn auch nicht in rekordverdächtiger Zeit. Ich saß bequem und konnte den Rücken gegen den Stamm lehnen.

„Na, Ishtuahavi, wie findest du das?" fragte ich.

„Ich bin über dir, gleich hinter dir, dann neben dir und bald vor dir", antwortete sie in scherzhafter Stimmung. Und da war sie: spiralförmig um meinen Sitz-Ast gewickelt, ihren Kopf mir gegenüber in Gesichtshöhe.

„Es ist ein Traumbaum in des Wortes vielfältiger Bedeutung. Ich liebe ihn schon all die vielen Jahrhunderte hindurch. Es gibt keinen schöneren Platz, um über Träume zu sprechen", sagte sie.

„Ishtuahavi, du hast ja ganz verträumte, ich möchte fast sagen, traumfarbene Augen! Opalisierender Amethyst – falls es so etwas überhaupt gibt."

„Das gibt es spätestens seit eben, Alexa. Du kannst deine eigenen Augen ja nicht sehen: die Farbe leuchtet und changiert in einem goldenen Rehbraun. Bevor du fragst: sie steht dir gut und sieht ungewöhnlich sanft aus."

„Wie gut, daß ich auch hin und wieder sanft gucken kann. Das baut mich jetzt richtig auf.

Weil du mir wieder den Anfang überlassen willst, wie ich vermute, möchte ich mit einem Gedicht beginnen, das ich irgendwann einmal geschrieben habe, und das als Einleitung für unser Thema ganz gut paßt, wie ich meine:

* Auf den Spuren der Träume …

Könnten doch meiner Seele Flügel wachsen,
schneller zu fliegen als die Träume im Morgengrauen!
Sie erreichte vor ihnen den wundersamen Ort,
wohin jene heimlich entschwinden,
könnte sie auffangen, ihre Schleier lüften,
festhalten die strahlenden Farben
und Formen plastischer Bilder,
die sonst in flächenhafte Schatten
im Tagesanbruch zurückweichen
ins vernebelnde Ungewisse,
ohne Abschiedsgruß dich zurücklassen
wie ein mutterloses Kind:
ein bißchen wie ein mißlungener Tod
ist wohl jeder Abschied, der traurig stimmt.
Wir haben den Umgang noch immer nicht erlernt -
wie auch, wenn keiner ihn lehrt?*   A.R.

Ich überließ es Ishtuahavi fortzufahren:
„Ratlos, wie ein mutterloses Kind: so können die Träume dich zurücklassen.
Sie zwingen dich nicht, sie zu deuten. Aber sie kommen dann in anderer
Gestalt und manchmal sogar sehr eindringlich wieder. Meistens hat man
aber gleich das Gefühl, daß es da etwas gibt, womit man sich beschäftigen
muß, weil die Traumbilder einen sehr nachdenklichen Eindruck hinterlassen
haben. Das wichtigste ist deshalb, die Traumsymbole zu verstehen. Daran
hat man mitunter etwas zu knabbern. Ehrlichkeit zu sich selbst ist geboten.
Zunächst erst einmal eine allgemeine Definition:
ein Symbol ist ein bildhaftes Zeichen, das den Zusammenhang nicht sofort
erkennen läßt. *Die blaue Blume* z.B. ist ein Symbol der Zeitepoche der
Romantik. Die alten Symbole sind in der Mythologie zu finden, aber es
kommen auch inzwischen immer wieder neue dazu: die Eisenbahn, das
Flugzeug, das Telefon und andere aus unserem technischen Zeitalter.
         Eine bildhafte Darstellung eines Begriffes, die man sofort einordnen
kann, ist eine Allegorie: Justitia – die Gerechtigkeit – z.B. als Frauengestalt
mit verbundenen Augen und einer Waage in der Hand. Sie ist eine allegorische Gestalt.
Eine Metapher hingegen ist ein bildhafter, poetischer Ausdruck, den man
auch sofort versteht, z.B. wenn du die Wolken als ˝Segler der Lüfte˝ be-
zeichnest.
„Danke, daß du mir das noch einmal in Erinnerung gerufen hast.“
Sie fuhr fort:

„Im Traum steigen Bilder aus dem Unbewußten auf, die bewußt werden und sich mitteilen wollen. Das Träumen - es geschieht in der sogenannten REM-Phase (12) des Schlafes – darf nicht fortwährend und nachhaltig gestört werden, sonst erkrankt die Psyche des Menschen. Die Träume sind wichtig für die Psychohygiene. Das weiß auch die materialistisch experimentierende Wissenschaft inzwischen. Psychohygiene bedeutet aber auch, daß Ausscheidungen und Abfall produziert werden, um deren Entsorgung man sich von Fall zu Fall kümmern soll.

Damit ist aber nicht gemeint, daß man sich - wie es teilweise in der psychoanalytischen Therapie geschieht – über Gebühr lange damit aufhält. Das Wesentliche - nämlich die ''gereinigte`` Seele, die doch im Mittelpunkt des Interesses stehen will und auch soll, kommt oftmals zu kurz, weil zu lange und zu intensiv im Seelen-Müll gewühlt wird. Man kann zügig aufräumen oder sich im Krimskram verlieren. Letzteres passiert gelegentlich. zu oft. Sich in Nebensächlichkeiten zu ergehen und sie in den Mittelpunkt einer täglich geübten Nabelschau zu rücken, ist kontraproduktiv und führt dazu, daß der Träumer sich in sein persönliches Lebensdrama hineinsteigert und sich darin wie in einem Labyrinth verrennt. Oft kommt es dann zu einer Sintflut von Träumen – man kann es auch ''die reinste Inflation`` nennen. Nicht alle Träume enthalten wichtige Botschaften aus den Tiefen oder auch aus den Höhen – wenn man so will. Manche zeigen einfach nur ein paar wertlose Scherben, die die Mühe und den Versuch nicht lohnen, sie irgendwie bruchstückhaft zusammenzusetzen. Die gesunde Seele hat ein ziemlich untrügliches Gespür dafür und kann gut unterscheiden, ob es sich um einen Traum handelt, der ihr etwas Wichtiges sagen will und sie deshalb zu einer Deutung drängt, oder ob es sich um Seelenabfall handelt - auch wenn sie manchmal den tieferen Sinn nicht gleich erfassen kann.

In früheren Zeiten war der Traum mehr vor dem Hintergrund religiösen Erlebens und Empfindens gesehen worden. Alle heiligen Schriften enthalten Traumschilderungen. Träume enthalten Botschaften an die Seele. Sie als vergessene Botschaft Gottes zu bezeichnen, ist ein bißchen theatralisch formuliert. Die moderne psychologische Forschung hat sie ein wenig entzaubern können, muß aber noch immer die Rätsel lösen, die sie ihr aufgeben.

Träume sind jedenfalls Teil der Seele.

Unsere Seelen sind wie eine Musik, deren Instrumente unsere Körper sind; die Musik bleibt auch ohne die Instrumente, kann aber nicht gehört werden. Ohne einen materiellen Mittler ist das Immaterielle unbegreiflich und unfaßbar.(Eliphas Levi)"

… und ich fuhr fort:

„Es gibt viel wissenschaftliche und weniger wissenschaftliche Literatur über Träume. Wir wollen uns gar nicht in fachlich konkurrierende Diskussionen einlassen, sondern uns nur ein wenig über das unterhalten, was uns selbst begegnet ist. Die Symbolbedeutungen oder vielmehr – Zuordnungen findet man in Lexika über Symbole, wo die Mythologien der verschiedensten Kulturen berücksichtigt werden. Nur keine Trivialliteratur, die das Niveau der täglichen Zeitungshoroskope noch unterbietet!"

„Das ist richtig, Alexa. Die Deutung von Tamaras Traumsymbolik hatten wir aus aktuellem Anlaß schon vorweg genommen, uns dann aber zunächst auf die Tagessymbolik konzentriert. Wichtig ist, bei der Traumdeutung systematisch vorzugehen, sie in folgende Fragen aufzugliedern:

1. Wie waren die Stimmungen oder Emotionen beim Erwachen?
2. Wo wird undeutlich erzählt, so daß man nachfragen muß?
3. Was weiß der Träumer zur aktuellen Lebenssituation bzw. -problematik zu berichten?
4. Sind die Traumgestalten bekannt oder unbekannt, und welche Bedeutung haben sie für den Träumer, welche Gefühle lösen sie aus (Mensch, Tier, Pflanze etc.)
5. Wie sah der Traumort aus: ein Haus, eine Stadt, eine besondere Landschaft, etc. und wie wurde er erlebt?
6. Wie wird die eigene Gestalt - evtl. in bemerkenswerter Kleidung - im Kontext des Traumes empfunden?

Jede Frage löst natürlich noch eine Anzahl von Unterfragen aus, und dieser Fragenkatalog erhebt keineswegs den Anspruch auf Vollständigkeit oder stellt gar eine Lehrmeinung dar.

Die Symbole sind meistens nicht so eindeutig wie in Tamaras Traum. Aber wie auch in diesem Fall geschieht es häufig, daß du das Traumgeschehen als Hinterfragender objektiver und somit auch manchmal besser deuten kannst als der Träumer selbst, besonders wenn da etwas verdrängt und unter den Teppich gekehrt werden soll. Voraussetzung ist, daß du den Träumer etwas kennst und in den Grundzügen der Mythologie zu Hause bist. Ferner solltest du etwas über Archetypenlehre und Anima-Animus-Projektionen wissen, wie sie C.G. Jung beschrieben hat. Das ist unverzichtbar!"

„Ja, Ishtuahavi, ich habe mich in jahrelanger privater, aber dennoch professioneller Schulung eingehend damit auseinander gesetzt, wie du weißt. Übrigens habe ich vor sehr vielen Jahren eine bemerkenswerte Vorlesung gehört. Eine Psychologie-Dozentin berichtete von sich, daß sie zwar kein Latein gelernt habe, aber immer wieder einmal lateinische Wörter und Begriffe träume, die sie dann nachschlagen müsse. Der tiefere Sinn hätte sich ihr dann meistens erstaunlich schnell erschlossen. In einem Traum hieß sie Cordula. Sie folgerte, daß sie die Cordel, d.h. die Schnur war, die das Problem verschnürt hielt. Sie hatte verstanden und erfolgreich ihre Konsequenzen daraus gezogen. Ich erzähle das alles deshalb, weil ein Träumer, von dem ich berichten will, eine solche Deutung, wie sie die eben genannte Psychologin vornahm, vehement ablehnte, obwohl sie immerhin von einer erfahrenen Dozentin einer Universität stammte und nicht nur von einem inkompetenten Laien.

Dieser Mann – nennen wir ihn Detlef - hatte immer wieder Depressionen. Die Diagnose war mit Nachdruck auf ''depressive Verstimmungen'' festgelegt worden, um seinen Job nicht zu gefährden. Das allein war schon ein ziemlich anstrengender Balanceakt für ihn, denn es waren zweifelsfrei ausgewachsene Depressionen, die vermutlich daher stammten, daß er sich selbst als Homosexuellen nicht akzeptieren konnte, lieber heterosexuell sein wollte. Es gelang ihm jedoch nicht, eine tragfähige Beziehung zu einer Frau aufzubauen, die über die ersten Anfänge hinweg Bestand haben konnte. Zudem war er fixiert auf seine Psychoanalytikerin, eine Freudianerin, bei der er schon über 800 Analysestunden absolviert hatte. Deren fachpsychologisches Vokabular hatte er schon wie ein Vollprofi in seine Alltagssprache übernommen.

Es waren natürlich alle äußeren Unstände und auch alle möglichen anderen Menschen schuld an seiner Misere. Seine Homosexualität wurde einem heterosexuellen Jugendfreund zur Last gelegt, der ihn in jungen Jahren einmal in eine Szene-Kneipe mitgenommen hatte, wo Schwule verkehrten. Daß viele junge Männer einmal aus reiner Neugierde in solchen Kneipen vorbeischauen, ohne daß sie gleich schwul werden, ließ er als Einwand nicht gelten. Er haßte außerdem seine inzwischen schon seit langer Zeit verstorbenen Eltern so abgrundtief, daß er sämtliche Fotos und Erinnerungsgegenstände verbrannt hatte. Kam die Sprache auf diese Eltern, sprang er wütend auf und schrie: ''... sie haben mich zerstört, meine Psyche total kaputt gemacht!''

Im Verlauf vieler Gespräche konnte ich nicht herausfinden, was an diesen Eltern so unendlich abgrundtief Hassenswertes gewesen ist. Er wiederhole jedoch nur stereotyp folgende Vorwürfe:

a. sein Vater habe ihn einmal geschlagen - wie er zugab: ein einziges Mal! Er war körperlich nicht verletzt worden oder dgl., sondern es handelte sich um eine sicher nicht begrüßenswerte, aber dennoch in normalen Grenzen erfolgte Tracht Prügel, wie sie fast jeder kleine Junge mal erhält, ohne gleich für den Rest seines Lebens auf so heftige Weise traumatisiert zu sein. Konnte er das nicht längst mit Hilfe der Psychoanalytikerin ad acta gelegt haben?

b. Seine Mutter hatte ihn gezwungen, das Abitur zu machen. Na, und? Auf Befragen bejahte er seinen Beruf zu lieben und - vor eine erneute Wahl gestellt – ihn wieder ergreifen zu wollen. Zu diesem Job jedoch war das Abitur eine unabdingbare Voraussetzung. Also was war denn nun so

verkehrt an dieser Mutter, daß er ihr nicht dankbar dafür sein konnte, sondern sie sogar haßte?
Andere Vorwürfe kamen nicht, auch nicht über einen längeren Zeitraum hinweg. Er beteuerte außerdem, auch der Psychoanalytikerin keine anderen Vorkommnisse erzählt zu haben.
Eines Tages schilderte er mir seinen Traum der vergangenen Nacht:
Er stand auf einem Berggipfel. Gegenüber in weiter Ferne und durch ein Tal getrennt befand sich das Karwendelgebirge. Da kam zu seinen Füßen aus der Erde ein Murmeltier hervor, das ein schönes, kuscheliges Fell hatte, hübsch anzusehen war und sich ihm zutraulich näherte. Trotzdem habe er einen Spaten genommen und das Tierchen erschlagen. Dann stellte er fest, daß das Karwendelgebirge zu weit entfernt lag, um dahin aufzubrechen.

Für mich – leider nicht für ihn – war dieser Traum so vollkommen klar, wie ein Traum nur sein kann, oder was meinst du?"
„Vollkommen klar, wenn man die Vorgeschichte von Detlef kennt, wie du sie geschildert hast. Fahre nur fort, Alexa."
„Der weibliche Aspekt - in diesem Traum symbolisiert durch das Murmeltier - hat bis jetzt geschlafen und traut sich jetzt gerade ein bißchen aus dem Versteck, der schützenden Urmutter Erde, um sich ihm zutraulich zu nähern, ist kuschelig, weich und freundlich. Er erschlägt es brutal und gefühllos mit einem martialischen, eisernen Gerät. Danach ist es sinnlos für ihn, und er wollte es auch gar nicht erst versuchen, das Karwendelgebirge zu erreichen. Caro ist lateinisch = das Fleisch, in einem erweiterten Begriff auch in Inkarnation = Fleischwerdung zu finden. Es bedeutet in dem Traum seine Sexualität. Wendel steht für Wandel, das Gebirge bedeutet eine ferne, schwer zu erklimmende Höhe.
Das heißt, daß ihm die Wandlung von der Homosexualität zur Heterosexualität nicht glücken kann. Er müßte dazu erst einmal wieder in das Tal, nachdem er den falschen Berg erklommen hat, und dann von unten einen erneuten Aufstieg beginnen. Der von ihm verursachte Tod des Murmeltiers macht es unmöglich. Er trifft noch im Traum die unwiderrufliche Entscheidung, nicht zum Karwendelgebirge aufzubrechen. Er spricht gar nicht erst von Aufschub für eine andere oder spätere Exkursion, läßt sich diese Option überhaupt nicht offen."
„Du sahst dich nach diesem Traum, dessen liebevolle und sehr vorsichtige Deutung du gewagt hast, einem heftigen Wutanfall ausgesetzt, so daß du dich baldigst vom ihm zurückgezogen hast."
„Ja, sicher! Ishtuahavi. Wir sagten es ja schon einmal: was trifft, macht betroffen. Es zeigte mir einmal mehr, daß ich richtig lag mit meiner Deutung. Ich zog mich sehr schnell zurück. Ich wollte ja nicht wie das Murmeltier – und sei es auch nur symbolisch – martialisch erschlagen werden. Außerdem nahmen seine depressiven Anwandlungen zunehmend tyrannische Ausma-

ße an, so daß er immer öfter sich das Recht herausnahm, Termine platzen zu lassen wie auch andere Planungen zu durchkreuzen. So etwas stößt nur auf ein begrenztes Verständnis anderer Menschen, so daß eine zunehmende Vereinsamung folgen mußte. Als Ausweg aus diesen von heftigen Weinkrämpfen begleiteten Phasen blieb ihm immer nur das sofortige Telefonat mit seiner Psychoanalytikerin – ganz gleich zu welcher Uhrzeit. Er blieb ein unmündiges Kind, das auf seinen Schuldzuweisungen beharrte und keine Eigenverantwortung übernehmen wollte."

„Ja, Alexa, allerdings ist die Rolle der Psychoanalytikerin ebenfalls als sehr problematisch einzustufen. Sie gefiel sich wohl in unverantwortlicher Weise darin, in der Übertragung ungebührlich lange die Rolle der Ersatzmutter zu spielen, wie auch sonstige Projektionen über ein gesundes Maß hinaus zuzulassen. Sie hätte bei Detlefs aggressivem Potential schon beizeiten ein gezieltes Wutbewältigungsprogramm mit ihm erarbeiten müssen. Eine jahrelange Analyse mit diesem Ergebnis gereicht ihr wirklich nicht zum Ruhm. Man kann es schon fast ein Verbrechen nennen."

„Ich habe ihn aus den Augen verloren", sagte ich, „und weiß nicht, ob er seine ´´letzte Medizin´´, wie er es nannte, eines Tages aus seinem Wäschefach hervorgeholt hat: eine als Weihnachtspäckchen verpackte Pistole."

Wir schwiegen für einige Minuten.
Dann nahm Ishtuahavi das Gespräch wieder auf:
„Du hattest oftmals sehr schöne, tröstende Träume, Alexa. Davon solltest du erzählen."

„Oh, ja, das ist wahr. Um sich überhaupt an einen Traum beim Aufwachen zu erinnern, muß man möglichst in der Aufwachstellung des Körpers verharren. Dreht man sich um oder bewegt sich zu sehr, ist er meist unwiderruflich verschwunden.

Ich erinnere mich an einen Traum während einer recht schwierigen Lebensphase. Ich fuhr mit meinem Auto auf einer etwas höher gelegenen, von schönen, alten Bäumen gesäumten Allee. Plötzlich war es stockfinster: keine Straßenbeleuchtung und auch die Lampen meines Autos ohne Licht. Nichts als schwarze Nacht. Ich fuhr mein Auto vorsichtig an den linken Bordstein - jedenfalls dorthin, wo ich ihn vermutete - hielt an und stieg aus. Gegenverkehr hatte es bisher nicht gegeben, und jetzt in der Finsternis würde er auch nicht kommen können. Auf der geraden Straße würde man bei Licht mein Auto sofort sehen und ihm ausweichen können. Ich begab mich sozusagen auf alle Viere, um nicht über irgendein Hindernis zu stürzen, und krabbelte voran: nach unten auf den tiefer liegenden Bürgersteig, dann zu dem Zaun des nächstgelegenen Hauses und dessen Gartentür. Ich richtete mich auf und spürte mit der Hand verschiedene Klingelknöpfe – wohl verschiedenen Wohneinheiten zugehörig – und wollte läuten. Wir haben keinen Strom, fiel mir ein. Das geht also nicht, und ich muß mich anders bemerkbar machen.

Plötzlich erstrahlte alles taghell. Ich brauchte gar nicht mehr zu läuten. Dann schaute ich zu meinem Auto. Ich hatte genau am Rinnstein sehr ordentlich eingeparkt. Alles war in bester Ordnung, und ich erwachte zufrieden."

„Du brauchtest keine Hilfe, Alexa, sondern du hattest bis dahin alles richtig gemacht. Du hattest dein Auto, das Fortbewegung und Fortschritt symbolisiert, auf der linken Seite – der Herzens- und Gefühlsseite – korrekt eingeparkt. Du hättest aber gar nicht aus dem Auto auszusteigen brauchen, sondern warten können, bis das Licht von allein wieder kam. Doch das konntest du nicht wissen. Die Energie bzw. das Licht kam rechtzeitig, damit du fortfahren konntest. Anstatt dich im Dunkeln zu fürchten, warst du aktiv – es war nicht dein Schade, wenn auch überflüssig, denn alle die Klingelknöpfe der Menschen konnten nicht hilfreich sein. Die schöne, höher liegende Allee mit den Bäumen symbolisiert den natürlichen, höheren Weg, den du bereits eingeschlagen hattest und nun fortsetzen durftest."

„Ja, der Traum nahm mir die Unsicherheit und Unruhe, die sich meiner bemächtigen wollten. Ich hatte wieder mehr Vertrauen, und die Problemlösung kam auch – nicht gleich, aber dann überraschend plötzlich."

„Erzähl doch noch einen neueren Traum."

„Na, ja, überaus spannend ist der ja nicht, der mir da gerade einfällt, aber ganz nett und wenigstens kurz und bündig und sofort zu deuten: ich kam vom Strand und brachte zwei ca. 30 cm lange gerade Stöckchen mit nach Hause. Jemand – ein Mann, aber ich weiß nicht, wer er war – sagte zu mir: ''Ach die sind aber nicht besonders. Es gibt doch viel interessantere, vielfältig gewundene und viel dekorativere Wurzel- und Astteile, wie du sie schon öfter gefunden und mitgebracht hast.'' Das stimmte schon, aber ich sagte nichts und stellte die beiden Stöckchen in eine Glasvase. Sie fielen auseinander und bildeten die Form eines V.

''Sieh mal'', sagte ich, ''sie sind ganz und gar nicht langweilig, sondern doch etwas Besonderes. Sie machen das Victory-Zeichen.'' Ich erwachte und war in vergnügter Stimmung."

„Eine Aufforderung an dich, dich nicht mit verschnörkeltem und umständlichem Denken zu befassen, daß dir dein männlicher Aspekt oktroyieren will, sondern ''unumwunden``, gerade und direkt eine Sache anzugehen. Dann ist der Sieg sicher.

Doch da ist noch ein Traum von den Computerprogrammen, der mir so sehr gefällt. Erzähl ihn doch bitte."

„Es war mit mir eine Gruppe von Menschen um einen Computer versammelt. Wir diskutierten in englisch, welche Programme aus der verwirrenden Vielfalt denn nun wirklich wichtig wären und welche entbehrlich oder gar überflüssig. Man kam schließlich zu dem Ergebnis, daß man alle Programme löschen könne – mit einer Ausnahme: eine einzige Taste wäre wichtig, nämlich die Taste mit dem Zugang zu ''Consciousness'' (Bewußtsein). Wenn alle anderen Programme gelöscht sind, kann man sehr leicht neue installieren auf der

Basis von ´´Consciousness´´. ´´The Basis of all is Consciousness´´ lautete das Ergebnis der Diskussion."

„Was für ein großartiger Traum, der überhaupt keiner Interpretation bedarf."

„Ja, ich war sehr glücklich, als ich erwachte. Was für ein Traum nach einer langen Phase unverwertbarer Traumfetzen! ´´Der Traum klingt irgendwie zu klar, als daß er wirklich so geträumt sein könnte. Er klingt erfunden und konstruiert ´´ – so oder so ähnlich jedenfalls ließ eine Bekannte ihre Meinung durchblicken. Besser man behält also so einen Traum für sich. Denn im Gegensatz zu manchen dichterischen Träumen, die wachträumend mir in die Feder flossen, habe ich diesen Traum tatsächlich genau so geträumt, auch wenn er zu klar erscheinen mag."

„Ich weiß, daß du diese Frau für würdig genug hieltest, ihr diesen Traum zu erzählen, aber deine Traumerzählung war bei ihr ganz einfach fehl am Platz, weil sie auf Unverständnis stieß. Das wird nicht das letzte Mal sein, daß du dich einer Fehleinschätzung gegenüber sehen wirst. Es ist immer ein großes Risiko, wenn ein Mensch sich einem anderen Menschen öffnet, aber es ist auch des Menschen große Chance, die er nicht aus überängstlicher Vermeidungshaltung versäumen, sondern ergreifen sollte - vollkommen unabhängig davon, ob da vielleicht eine Verletzung lauert, die er sich zuziehen könnte", gab Ishtuahavi zu bedenken.

„Ich war nicht wirklich verletzt, sondern nur ein wenig über meine eigene falsche Einschätzung verwundert, ja ein bißchen ärgerlich über mich selbst, wie du ja weißt - nun gut!

Sag mal, Ishtuahavi, zum Schluß wollen wir doch noch über die Schlange als Traumsymbol sprechen. Ich kann mich nicht erinnern, je von einer Schlange geträumt zu haben, außer von dir das eine Mal."

„Während der Zeit, wo deine Schlangenkraft noch dunkel und zusammengerollt in deinem Wurzelchakra schlief, hätte sie dir im Traum erscheinen können, um auf sich aufmerksam zu machen. Aber wozu dich beunruhigen? Wir wußten ja, daß ihre Zeit kommen würde, und daß sie besonders intensive Erlebnisse bereit hielt. So konnte sie geduldig warten und hat dich nicht vorzeitig und unnötig erschreckt und gestört. Und jetzt, wo wir uns ständig miteinander austauschen, brauchst du erst recht keine Schlangenträume. Warum sollte ich dir - in welcher Situation und in welcher Farbe auch immer - im Traum erscheinen, wenn du mich wach und bewußt jederzeit rufen kannst? Das war etwas ganz anderes in jener Nacht nach unserem ersten Treffen. Da mußte ich dir unbedingt die absichtslose Heiterkeit unserer Begegnung vor Augen führen und dich zum Lachen bringen, damit du erkennen konntest, daß es sich zwischen uns beiden um Lîla – das Spiel des Göttlichen – handelt. Denn du warst im Begriff, dir viel zu viele, viel zu ernste und auch zu abwegige Gedanken machen."

„Ja, das ist wahr. Das stimmt." Sie fuhr fort:

„Das vielfältige Schlangensymbol habe ich dir schon in unserer ersten Begegnung nahezu lückenlos geschildert. Erinnerst du dich?"
„Ja, ich habe keines deiner Worte vergessen in unserer für mich so bedeutsamen ersten Begegnung. Du weißt auch, daß ich sofort ein paar Bücher gewälzt habe, aber sie konnten nur vertiefen, was du mir bereits gesagt hattest."
„Wenn also die Schlange im Traum auftaucht, kann es unendlich viele Ursachen dafür geben, " fuhr sie fort. „ Unendlichkeit wie auch die ewige Rotation sind ja neben vielen anderen ihre hauptsächlichen symbolischen Bedeutungen – dargestellt im Uroboros, wie du weißt. Aber dazu kommen noch unzählige Unterbedeutungen von der sexuellen bis hin zur spirituellen Kraft. Die Farbe spielt dabei eine entscheidende Rolle, wie auch die Richtung und die Art ihrer Bewegung. Wir haben das ja schon besprochen. Immer aber ist das Auftauchen einer Schlange im Traum ein wichtiges Signal, daß da etwas ganz Bedeutsames, etwas ungeheuer Dynamisches aus dem Unbewußten in das Bewußtsein gehoben werden will. Bewegung ist gefordert wie auch sich zu häuten, etwas Veraltetes, Stagnierendes hinter sich zu lassen. Dies muß unbedingt Beachtung finden, sonst kann diese starke Energie sich auf unkontrollierte und schädliche Weise ihren Weg bahnen."
„Danke dir, Ishtuahavi, ich verstehe."
Wir schwiegen eine Weile und genossen die laue Nacht. Die Sterne schienen heute vollzählig am Himmel versammelt. Allerlei seltsame Schatten huschten wie geheimnisvolle Märchenfiguren durch einen verzauberten Wald. Das Mondlicht streunte durch die windbewegten Wipfel, über zitternde Gräser, glitzerte auf taunassen Blättern und Halmen. Ein großer Vogel flog zeternd auf, entschwand in die schützende Dunkelheit, die seine Schreie verschluckte. Denn der vielstimmige Nachtwind duldete krächzende Mißtöne nicht in seinem ehrwürdigen Gesang – nicht in dieser Nacht.... aber das Meer.... der Wind liebt es, wenn es mit ihm singt und schwingt... und wenn er sich heimlich zur Ruh begibt, dann singt es weiter, lange noch....es ist ein Wiegenlied, das alle träumen läßt, die ihm lauschen....
Ishtuahavi holte mich aus meinen Gedanken zurück:
„Ich werde jetzt hinabgleiten, und du folgst mir, denn ich werde den bequemsten Weg für dich aussuchen".
Sie erglühte und verbreitete ein warmes, gelbliches Licht. Ich erreichte ungewöhnlich schnell und in sanfter Landung wieder den Erdboden. Auch auf meinem Heimweg durch die dunkle, geheimnisvoll raunende Wildnis blieb sie mir zur Seite. Wir schwiegen - wie immer wenn wir gemeinsam des Weges gingen. Das vielstimmige Orchester der Grillen begleitete uns und unterstrich die romantische Stimmung der tropischen Nacht.
Vor meinem Haus angekommen sagte Ishtuahavi nur kurz und knapp wie immer, aber doch in einem ganz samtweichen Tonfall: „Gute Nacht, Alexa"
... und war verschwunden.

16.

Es konnte kaum ausbleiben, daß sich in den kommenden Nächten einige Träume einstellten - so meinte ich wenigstens.
Ich erinnere mich aber nicht an irgendeine Traumhandlung. Vielmehr waren es Bilder und Stimmungen, die einander ablösten, als würden Dias auf eine riesige dreidimensionale Leinwand projiziert. Aber ich war nicht Zuschauer v o r der Leinwand, sondern Teil der Bilder, ging mit ihnen, durch sie hindurch, war mittendrin: intensive, beherrschende Farben lösten sich auf in zart leuchtende Wolken. Sie ließen sich greifen, wurden zu seidigem Chiffon, umspielten mich wie ein fließendes Gewand, dessen Schleier im Winde wehten, nahmen mich mit in ihre rhythmische Bewegung: ich drehte mich.... fühlte mich lebendig... blieb nicht auf der Stelle... schwebte tanzend davon... dann erwachte ich mitten in der Nacht und schrieb im Dunkeln etwas auf, das ich erst am Morgen las:

> * Du bist erstaunt, daß ich tanze,
> wo andere weinen?
> Hat es je etwas genutzt, mit Tränen
> anderer Trauer zu verstärken?
> Laß in wirbelndem Drehen
> des Lebens Spirale fortführen,
> was eben in Regionen von Starrheit
> und Stillstand zu sinken droht,
> wo kalte Finsternis fesselt und tötet!
> Es ist ein ernster Tanz –
> fern jeder leichtlebigen Tändelei.
> Bewegung ist Leben – glaub mir:
> ein heiliger Tanz....*   A.R.

Ich sprang aus dem Bett – ja wirklich, obwohl ich sonst ohne Spezialkompaß nie den Ausgang finde - legte eine CD mit einer erfrischenden Musik auf, sang und tanzte - zwar keinen heiligen Tanz, dafür war es einfach zu früh am Morgen - und man soll´s ja auch nicht übertreiben - aber fröhliche Bewegung zum Aufwachen und zum Lockern der schlaffaulen Muskeln. Der Tag sollte insgesamt der Bewegung in der Natur vorbehalten sein, beschloß ich. Nicht nur gesagt – auch getan!

Nach einer ausgiebigen Wanderung auf dem Parallelweg am Strand entlang – meistenteils vor der Sonne geschützt unter schattenspendenden Bäumen - hatte ich mir dann am Mittag einen kleinen Lunch im Nachbarort redlich verdient. Während ich in einem Bistro am Strand ein gedünstetes Fischfilet in

Kokossoße auf safran-gelbem Reis aß, hörte ich hinter mir eine bekannte Stimme:
„Hallo, Alexa, stör ich? ... darf ich...?"
„Hallo, Robert! Bitte! Komm setz dich!" Robert gesellte sich zu mir, da er zufällig vorbeikam und mich dort sitzen sah. Er ist ein jüngerer Mann, der gern über Gott und die Welt diskutiert und dabei besonders die Gedanken und Ideen anderer erforschen möchte – aus Wissensdurst, und um daran zu lernen. So wollte er auch gleich allerlei Fragen los werden, die er auf dem Herzen hatte.
„Wenn du Zeit hast, können wir gern in die Liegestühle dort drüben hinüberwechseln und dort ein bißchen reden", schlug ich vor. „Laß mich nur eben meine letzten Happen essen, dann zahle ich, und wir gehen".
„Einverstanden, wenn ich dich dann zum Kaffee einladen darf, Alexa"
        So saßen wir in wenigen Minuten dort – die Füße hochgelegt und ausgestreckt, eine angenehme Brise im Gesicht und einen wohlschmeckenden Cappuccino neben uns auf dem Beistelltischchen.

Robert begann zu erzählen, daß er sich geschäftlich wieder einmal ärgern mußte über diesen oder jenen Kunden oder Mitarbeiter.
„Wenn man immer durchschauen könnte, was in den Köpfen und Herzen anderer so vorgeht", seufzte er. „Dann könnte man sie richtig beurteilen und würde nicht erst später und zuweilen zu spät dahinter kommen, daß man sie falsch eingeschätzt hat."
„Bist d u denn so transparent, wie sich das andere wünschen würden?" fragte ich. „Nein, Gott sei Dank nicht", antwortete er lachend.
„Na, siehst du! Wir alle spielen doch immer ein wenig Komödie, verstecken uns hie und da hinter liebenswürdigen Masken. Warum denn sonst wäre gerade der Beruf des Schauspielers so beliebt und bewundert? Wußtest du übrigens, daß das lateinische Wort ''persona'', von dem unser gebräuchliches Wort ''Person'' kommt, übersetzt ursprünglich tatsächlich ''Maske'' bedeutet?"
„Nein, das wußte ich nicht", antwortete Robert und fuhr fort: „Schauspieler haben ja die beneidenswerte Möglichkeit, zeitweilig ihrer Lebensrolle zu entfliehen und eine andere Rolle im Film oder auf der Bühne zu spielen. Ich denke, wenn sie sich beispielsweise in den beliebten Rollen eines kriminellen Bösewichts austoben konnten, daß sie dann nach Hause zurückkehren und die liebenswürdigsten Menschen sein können. Ich kann mir das jedenfalls lebhaft vorstellen". Und ich fuhr fort:
„Ja, einen Bösewicht spielen, ohne die harten Konsequenzen tatsächlich in Kauf nehmen zu müssen, das kann Spaß machen, denn wenn die Handschellen klicken, er festgenommen wird, ''lebenslänglich'' bekommt oder gar zum Tode verurteilt wird, ist der Film zu Ende, und der Schauspieler kann frisch und fröhlich nach Hause gehen. Ungesund wird für ihn das Gan-

ze erst, wenn er als Star des Rampenlichts permanent in der Scheinwelt des Glamours bleibt, darin aufgeht und das mit seinem richtigen Leben verwechselt.

´´Ihre größte Schwierigkeit besteht oftmals darin, sich selbst zu Hause anzutreffen´´, wie es der alte römische Weise Seneca genannt hat. Sie finden dann nicht mehr zu sich zurück, wissen gar nicht mehr, wer sie wirklich sind, versäumen das Wichtigste in ihrem Leben: das Rendezvous mit sich selbst.“

„Na, und dann werden sie älter und leider nicht schöner, die Publicity verblaßt, das Publikum ignoriert sie zunehmend, und so kommen sie in Identitätsprobleme, weil sie nicht mehr sind, wer sie glaubten zu sein”, ergänzte Robert. „Sei immer du selbst! Das willst du doch damit sagen, Alexa?“

„Richtig, genau das, Robert! Aber wir sprachen von den Ärgernissen, die dir deine Kunden und deine Mitarbeiter zuweilen bereiten. Ob du es nun wahr haben willst oder nicht: du hast sie angezogen. Sie sind dir begegnet, weil sie dir begegnen mußten und du ihnen. Beide Seiten haben die Resonanz dafür geliefert. Vielleicht kannst du dich selbst anders einstimmen und beobachten lernen, damit du die gleichen Fehler vermeidest, aber dafür wirst du andere Erfahrungen machen, die dich zwar wiederum ärgern, aber dich trotzdem weiter bringen. *Jede Situation unseres Lebens ist nur um unserer Vollendung willen da*, sagt Herbert Fritsche, dem wir viele Einsichten aus seinem kleinen Heftchen *Iatrosophia* verdanken. Und mein weiser Stiefvater hätte an dieser Stelle bemerkt: *Wir lernen doch nur durch die Widerstände, an denen unsere Bewußtheit wächst.*

Trotzdem kannst du dich natürlich im Zuhören üben und auf die vielen Kleinigkeiten achten, die dir dann auffallen. Ob und wie z.B. ein Mensch über sich selbst spricht. Wo liegen seine Betonungen? Benutzt er sehr oft irgendwelche Lieblingswörter und in welchem Zusammenhang? Sagt er beispielsweise bei relativ normalem Anlaß öfters: das ist ja Wahnsinn... oder... das ist ja irre? Dann wird wohl ein bißchen Wahnsinn oder Irresein in ihm sein, das sich da mitteilen will. Vielleicht ist es aber auch mit seiner realistischen Einstellung nicht so weit her. Gleitet jemand in eine deftige Fäkaliensprache der untersten Schublade ab, wenn er sich ärgert? Wie spricht er von anderen Menschen, von Männern bzw. von Frauen? Betont er immer wieder, wie außerordentlich wichtig und unverzichtbar für ihn Sauberkeit, Ordnung, Pünktlichkeit, Korrektheit, Professionalität, Zuverlässigkeit und Wahrheitsliebe etc. sind? Dann besteht für dich erhöhte Alarmbereitschaft, daß daran etwas ´´faul´´ sein könnte. Denn gehörten diese Eigenschaften ganz selbstverständlich zum Charakter seiner Person, müßten sie nicht ausdrücklich und ohne besondere Nachfrage so stark hervorgehoben werden. Auch die ständige Verwendung von Superlativen läßt auf ein aufgeblähtes Ego schließen, das sich in Szene setzen möchte. Ebenso verraten die kleinen geschwindelten Ausreden einiges. Ich habe nie verstanden, warum man z.B. bei Unpünktlichkeit immer die kranke Großmutter oder einen nicht stattge-

fundenen Verkehrsstau bemühen muß, um berechtigten Vorwürfen zu begegnen.
Ich habe meinem Team immer entgegnet, wenn so etwas vorkam: ''Eure Ausreden sind weitaus ärgerlicher als eure Fehler''. Oder ich stellte ihnen immer wieder die berühmte Frage: ''Weißt du, warum der Teufel seine Großmutter erschlagen hat?''... und sie antworteten: ''...ja, ich weiß schon, weil sie keine Ausreden mehr wußte''. So haben sie das Spielchen bald sein lassen. Es reicht doch, wenn man ohne weitere Erklärungen sich entschuldigt und sagt, daß es da einige widrige Umstände gab. So kann man andere dazu bringen, nicht ohne Not die Unwahrheit zu sagen. Ich frage auch nicht, wenn ich weiß, daß die Antwort eine Lüge sein wird, deren Inhalt ich ohnehin schon kenne. Möchte ich wirklich dem Versucher mit dem Pferdefuß ähnlich sein? Wohl eher nicht, oder?"

„Am schlimmsten bin ich immer auf den Menschentypus hereingefallen, der sich spirituell geläutert gab und damit nonverbal in Mimik und Gestik kund tun wollte, daß er alle menschlichen Schwächen hinter sich gelassen habe und nun ein über all die Niederungen der menschlichen Existenz erhabenes Leben führe", erzählte Robert.
„Oh, ja. Ich kann es dir nachfühlen, weil ich da auch einiges von meinen Irrtümern und Fehleinschätzungen berichten könnte, wo Anspruch und Realität extrem auseinanderklafften", entgegnete ich. „Laß mich ein freches Zitat einflechten, das ich bei Immanuel Kant gelesen habe, und das dir sicher Spaß machen wird: * Wenn ein hypochondrischer Wind in den Eingeweiden tobt, kommt es darauf an, welche Richtung er nimmt: geht er abwärts, so wird daraus ein Furz, steigt er aufwärts, so ist er eine Erscheinung oder eine heilige Eingebung*. Robert lachte:
„Oh, ja, das gefällt mir. Ich wußte gar nicht, daß Kant solche sarkastischen Bemerkungen im Köcher hatte", und fuhr fort: „Auf zwei solcher schon ''höher Klassifizierten'' einer religiösen Vereinigung, die von ihrem erhabenen Meister bereits seit längerem als Lehrer und Vortragende eingesetzt worden sind, paßt das wie maßgeschneidert. Sie bescherten mir denn auch unvergeßlich unangenehme Erlebnisse: der Erste schnauzte an der Hotelrezeption coram publico die dort tätige junge Dame lautstark an, warf ihr allerlei böse Worte an den Kopf, bezeichnete sie als für diesen Job total ungeeignet, weil sie angeblich seinen Zimmerschlüssel nicht an den dafür vorgesehenen Platz gehängt hatte und auch sonst nirgends auffinden konnte. Der Auftritt als solcher entbehrte schon all dessen, was man normalerweise von einem wohlerzogenen Menschen erwarten darf und muß – geschweige denn von einem angeblich spirituell ''höher klassifizierten Lehrer''. Dessenungeachtet kam erschwerend für ihn hinzu, daß er selbst den Zimmerschlüssel im Zimmer vergessen hatte, und sein Wutausbruch wie auch die Beleidigungen an die Adresse der jungen Dame somit auch von der Sache her völlig unge-

rechtfertigt waren. Entschuldigt hat er sich selbstverständlich auch nicht!"
Ich ergänzte:
„Du sprichst sehr richtig von hausgemachten ''Klassifizierten''. Sie selbst nennen sich manchmal sogar ''Initiierte'', auch wenn ihre selbst erfundene Aufwertung tatsächlich gar nichts mit Initiation zu tun hat. Als ''Eingeweihte'' geben sie sich einen geheimen spirituellen Namen, mit dem sie - selten berechtigter Weise - ihr eitles Selbstwertgefühl aufpolieren." Robert fuhr fort:
„Merkwürdigerweise wimmelt es nur so auf dieser Insel von allen möglichen Sekten und Religionen, obwohl oder auch vielleicht gerade weil die Inselbewohner fast ausschließlich unter dem Zepter der römisch-katholischen Kirche regiert zu werden scheinen.
Ich war einmal mit einem Sektenmitglied hoch in den Kordilleren unterwegs. In einem Bergdorf, das fast nie Touristen zu Gesicht bekommt, machten wir Rast in einem Colmado (13), um uns eine kleine Erfrischung zu bestellen. Selbiger Herr orderte einen Tee mit Milch. Das kennen die Campesinos (14) dort nicht und servierten eine Tasse heiße Milch mit einem beigelegten Teebeutel. Auch dieser ''Adept'' führte sich auf, als sei ihm etwas unzumutbar Widerwärtiges und Abscheuliches widerfahren. ''Was aber kann der Kellner dafür, daß du nicht weißt, wie man in diesen Bergen Tee trinkt und daß du dich nicht in der Landessprache verständlich ausdrücken kannst?'' fragte ich ihn. ''Wo bleibt denn deine so viel gepriesene spirituelle Einstellung zum Leben, wenn du deine Emotionen nicht einmal bei einer so alltäglichen Lappalie unter Kontrolle hast. Und du willst andere lehren?''
        Ich war in Fahrt. Dann ging ich zu dem gescholtenen Kellner an die Theke und erklärte ihm, was der Señor wünsche und daß der ein bißchen loco (verrückt) sei. Das zauberte blitzschnell ein verschmitztes Lächeln in sein Gesicht und sein Tag war wieder in Ordnung. Dann lachten wir ein bißchen, el Señor bekam seinen schwarzen Tee mit einem Extra-Kännchen warmer Milch, und der Kellner von mir ein paar Pesos mehr Trinkgeld, weil der ''Adept'' ihm natürlich nichts geben wollte wegen dessen vermeintlicher Dummheit." Ich nickte zustimmend und ergänzte:
„Mir scheint, daß besonders bei solchen ach so ''begnadeten'' Menschen hundert grinsende Teufelchen in der Ecke sitzen und auf ihren Auftritt lauern."
„Das ist ein treffender Vergleich, Alexa. Gelegentlich handelt es sich sogar um recht ausgewachsene Exemplare, will mir scheinen. Das Wort ''Adept'' war übrigens nur ironisch gemeint."
„Genau das wollte ich gerade sagen, Robert. Es ist ein viel zu wertvoller Begriff für diese narzißtischen Sonntagseiferer, die sich gegenseitig ihr spirituelles Jägerlatein auftischen, wie sie Satprem – ein Schüler und Vertrauter Shri Aurobindos - treffend beschrieben hat. Ein erfrischendes Buch übrigens. Sie haben die herrlichsten und wunderbarsten ''Erlebnisse'' wie außersinnliche Wahrnehmungen, Farben-, Ton- und Lichterscheinungen wie auch

Seelentrips, aber nur auf ihrem selbst gezimmerten Hochsitz und durch ihr eigenes Fernglas betrachtet. Diese Hochsitze stehen jedoch auf wackligen Beinen – wie mit diesen beiden eben genannten Beispielen gerade vorgeführt - und werden von dem erstbesten Wildschwein, das sich an ihnen schabt, zum Einsturz gebracht.

Daß diese ''Kompensations-Wildschweine'' immer kommen, ist so sicher wie das Amen in der Kirche. Doch was soll's? Sie müssen ja ohnehin wieder zurück auf den Boden irdischer Tatsachen: essen, trinken, ausscheiden und auch mal krank werden, wie alles andere ''unerleuchtete Fußvolk'' auch.

Man fragt sich natürlich zu Recht, ob die sich gelegentlich doch mal Gedanken darüber machen, daß man auf diese Weise des permanenten Egotrips keinen Beitrag für die Entwicklung dieser Erde oder gar für die geistige Evolution des Menschen leisten kann.

Aber versuche nur nicht - sei es auch nur andeutungsweise - dich und deine Erfahrungen einzubringen. Sie werden höflich sagen: ''oh, welch ein interessanter Gesichtspunkt'', um ihre totale Interesselosigkeit an deinem Beitrag zu bekunden und jedes Gespräch sofort abzuwürgen."

„Du hast vollkommen Recht, Alexa. Anfangs fällt man leicht herein auf diesen spezifisch milden, leicht verklärten Gesichtsausdruck dieser Pseudo-Spirituellen. Meist verstehen sie weder sich selbst noch das Leben, noch andere Menschen. Sie stolpern manchmal schon über die kleinsten Hindernisse des Lebens, wie eben beschrieben. Im Dunkeln suchen sie nach Licht, das sie – fänden sie es denn – gar nicht ertrügen, zünden im Wind Kerzen an, die gleich wieder erlöschen. In diesem kurzen Aufflackern haben sie Ausgeburten ihrer Fantasie vorbeihuschen sehen, die sie dann für großartige Visionen halten. Natürlich müssen sie sich sofort mitteilen und womöglich andere unterweisen. Genau wie in das Glühwürmchen in deiner Geschichte, die du mir unlängst erzählt hast."

„Reflexe werden eben leicht mit dem Licht selbst verwechselt", fuhr ich fort. „Reflexe aber finden am Gegenständlichen statt, das auch immer zugleich innerhalb seiner Konturen seine eigene Beschaffenheit mitteilt. Daher handelt es sich meist um Irrlichter oder zumindest um subjektiv verfälschte Wiedergabe von Licht. Man muß schon zu fortgeschrittener Bewußtheit gelangt sein, um die unmittelbaren Strahlen des Lichts vom Reflex unterscheiden zu können. All die religiösen Gruppierungen erheben ihre Idole zu ihren obersten Führern, die meist so außerordentlicher Verehrung gar nicht würdig sind, wie sie ihnen entgegen gebracht wird. Das ist der heutige Aberglauben, der um sich gegriffen hat und der gelegentlich einer vorsintflutlichen Götzenverehrung in nichts nachsteht.

Sie glauben von sich, den ''Königsweg zu Gott'' gefunden zu haben.

Dieses erhabene Gefühl, einer höheren, erleuchteten Spezies anzugehören, mündet automatisch in einen Gruppennarzißmus, der unausweichlich jede individuelle Entwicklung behindert. Die ohnehin meist noch recht kümmerlich entwickelte Individualität wird zugunsten der Herde eliminiert und schrittweise und unmerklich Gefühle, Gedanken und Gewohnheiten der Herde angenommen. Dies erzeugt ein Gefühl, vor der *angsterregenden Erfahrung des Alleinseins* gerettet zu sein, wie es Erich Fromm treffend beschreibt.

Nonkonformistisch zu sein, scheint in demokratisch geführten Gruppierungen erlaubt. Dies scheint aber nur so, weil demjenigen nicht gleich der Kopf abgerissen oder er ins Gefängnis gesperrt wird. In Wirklichkeit kann der nach außen hin passive Nonkonformist aber nicht ruhig und komfortabel in der Herde leben, weil er sich mit seinem ''Anderssein'' von der Herde separiert und sich seine ''Karriere'' vermasselt. Auch in religiösen Gruppen kommt er nicht ''nach oben'', erntet nur ein mitleidiges Lächeln, das man ''Unterbelichteten'' zu teil werden läßt.

Diese ''Auserwählten'' bemerken gar nicht mehr, wie konform und fixiert sie das Gedankengut dieser Gruppe in sich integriert haben, ja integrieren mußten, um die Chance nicht zu verpassen, innerhalb der hierarchischen Ordnung aufzusteigen. So tun sie alles, um in die Gruppe der ''hoch und höher Klassifizierten'' aufgenommen zu werden. Fixierungen können durchaus zufrieden machen, wie man in der Psychologie weiß, aber sie täuschen nur darüber hinweg, daß sie ausnahmslos und immer Unfreiheit bedeuten: der Vogel im goldenen Käfig, der ernährt wird, aber nicht mehr fliegen kann. Das einzig Erstrebenswerte aber ist doch die Freiheit: die freie Entwicklung als Mensch, um zu werden, wer man ist, wie das Pindar schon im griechischen Altertum ca. 500 v.Chr. formulierte."

„Der wahre Adept zeichnet sich doch dadurch aus, daß er emotionslos ist", ergänzte Robert. „Ja, vollkommen richtig", sagte ich. „Aber natürlich nicht im Sinne einer Gleichgültigkeit oder Abgestumpftheit, sondern er hat Überblick und ist überlegen in jeder Situation. * Die äußeren Anzeichen des Eingeweihten sind bescheidenes Wissen, stille Menschenfreundlichkeit, Gleichmäßigkeit des Charakter und unveränderliche Güte,* sagte Eliphas Levi. Generell unauffälliges Benehmen kann man wohl als einen unverzichtbaren Charakterzug eines Adepten ansehen.

Der nach Erleuchtung oder ähnlich sensationellen Erlebnissen Lüsterne wird leicht zum Spielball, mit dem die Wesen ihr Unwesen treiben. Wenn aber ein Nonkonformist aktiv wird, neue Erkenntnisse diskutieren und einbringen möchte, vielleicht auch noch auf dem Sektor der Heilung andere und wirksamere Wege geht, dann lebt er wirklich gefährlich. Er stellt eine Bedrohung für die Herde dar - mit gnadenlosen Folgen für ihn."

„Du würdest allgemein nicht empfehlen, einer religiösen Vereinigung beizutreten?" fragte Robert.

„So generell kann man das nicht sagen. Wer das braucht, für den ist es sicher erst einmal richtig. Aber nur temporär – falls dann der Absprung noch gelingt. Es besteht eben die Gefahr, dort hängen zu bleiben. Immer wenn ein neu aufzunehmendes Mitglied die Intimsphäre verletzende Fragen beantworten, Schwüre leisten, festgelegte Mitgliedsbeiträge zahlen, Pflichtlektüre lesen muß, gehen die Warnlampen an. Natürlich brauchen auch religiöse Gemeinschaften Geld, das aber nur auf freiwilliger Spendenbasis erbeten werden sollte.

Es gibt große, schon sehr alte Geheimgesellschaften wie die Jesuiten, die Freimaurer, diverse Ritterorden, verschiedene Bruderschaften wie auch eine Vielzahl neuerer freidenkender Sekten, die sich gern tibetischer oder sonstiger fernöstlicher Herkunft rühmen und sehr elitär aufzutreten pflegen. In deren Basisgruppen findet man gebildete, ethisch denkende Menschen, die bewundernswert edle soziale Ziele verfolgen. Ist man auf religiösem Gebiet heimatlos, weil einem die etablierten Religionen nicht zusagen und auch geistig wenig zu bieten haben, gerät man in die Gefahr, in ähnlichen Gruppierungen eine vermeintliche Heimat zu suchen.

Die neueren Sekten, Geheimgesellschaften, Religionsgruppen - oder wie immer sie sich einordnen wollen - haben jedoch immer Hierarchien: die liebenswürdige, freundliche, willfährige Basis weiß oft überhaupt nicht, wer das Steuer tatsächlich in der Hand hält, wessen Marionette das milde lächelnde, gottgesandte, wenn nicht gar gottgleiche Idol in Wirklichkeit ist, und wohin die Mitgliedsgelder hauptsächlich fließen. Sie wissen es nicht - und sie können es aus wohl organisierten Geheimhaltungsgründen heraus auch gar nicht wissen – welche teuflischen Pläne sie teilweise ahnungslos unterstützen.

Daß einige wenige geheime ''Clubs'' mit ihren globalen Vernetzungen weltweit überall operieren und unvorstellbare Machtstrukturen errichtet haben, hat sich ein wenig - wenn auch bei weitem noch nicht genug - herumgesprochen. Alle Gruppierungen, die eine gewisse Größe und damit Öffentlichkeit erreicht haben oder sogar international bekannt geworden sind, werden von ihnen ernsthaft und sorgfältig beobachtet, um sie zu einem bestimmten Zeitpunkt zu unterwandern, bevor sie zu einer Gefahr werden können. So werden Intellektuelle, Politiker, Wissenschaftler und Künstler angeworben, manipuliert und vereinnahmt. Wenn ihnen endlich eines Tages ein Licht aufgeht, können sie meist nur noch unter Lebensgefahr diese Zirkel verlassen. Aus Selbsterhaltungstrieb für sich und ihre Familien lassen sie sich eher noch kaufen, d.h. geben jeglichen Nonkonformismus auf und verhalten sich möglichst unauffällig oder in der Öffentlichkeit sogar konform. Dann ist der ''Teufelspakt'' quasi unterzeichnet. Inzwischen hat man mit ihrem guten Namen neue Mitglieder in die Falle gelockt.

Man gebe sich keinen Illusionen hin: es gibt keine großen internationalen religiösen Gruppierungen mit öffentlichen Auftritten in Tempeln, Kirchen und Vereinshäusern, die nicht unterwandert sind: ganz einfach, weil sich die wahren Machthaber hinter diesen frommen, philanthropischen Fassaden keine unkontrollierten Schwachstellen erlauben wollen und auch können.

Vorsicht auch vor Unterschriftenaktionen für eine gut klingende Kampagne, deren Mißbrauch meist vorprogrammiert ist."

„Ist das nicht ein zu düsteres und überzeichnetes Szenario?" fragte Robert.

„Eher noch verharmlost! Die Wirklichkeit mit ihren Details sieht weitaus grausamer aus - nachzulesen in diversen Ernst zu nehmenden Veröffentlichungen aus Verlagen, deren Eigentümer und Verantwortliche nicht selten mit täglichen Morddrohungen leben müssen.

Daß die katholische Kirche auch hierin wieder einmal die unschlagbare Nummer Eins darstellt, erstaunt vor dem Hintergrund ihrer Geschichte nicht allzu sehr, wenn es auch immer wieder außerordentlich traurig stimmt. Man denke nur einmal an zwei der bedeutendsten der vielen geheimen Organisationen der katholischen Kirche:

´´Opus Dei´´ und die freimaurerisch orientierte ´´P2´´, die im Vatikan ihr unangefochtenes Machtzentrum installiert haben und von dort mit unglaublicher, weltumspannender Einflußnahme alles andere als christlich zu bezeichnende Geldgeschäfte in den weltweit etablierten vatikaneigenen Banken unbehelligt tätigen können. Der Vatikan ist ein souveräner Staat, und daher können die verbrecherischen Banker der Kirche dort sehr komfortablen Unterschlupf genießen, da sie nicht ausgeliefert werden. Einige unbestechliche italienische Richter und auch Zeitungsherausgeber, die den Machenschaften dieser kirchlichen Mafia auf die Schliche gekommen sind und gegen sie vorgehen wollten, wurden ziemlich bald Opfer einer sogenannten schnellen ´´italienischen Lösung´´.

Papst Johannes Paul I., der nur 33 Tage das Pontifikat inne hatte, fiel einer solchen ´´Lösung´´ ebenfalls zum Opfer, da er vorhatte, im Bankenwesen der Kirche aufzuräumen und außerdem einige Kardinäle und Bischöfe aus ihren allzu machtvollen Ämtern zu entfernen und unschädlichere Posten mit ihnen zu besetzen. Sein Fortschritt in der Recherche ging einem gewissen Personenkreis gefährlich schnell, und so vergiftete man ihn."

„Glaubst du, daß es sich wirklich so zugetragen hat?" fragte Robert ungläubig.

„Glaub mir, Robert. Ich stelle hier keine aus der Luft gegriffenen Behauptungen auf", antwortete ich. „Ich denke, du kennst mich in dieser Hinsicht ein bißchen. David A. Yallop hat dies alles sehr akribisch recherchiert, bevor er sein Buch ´´Im Namen Gottes?´´ veröffentlicht hat. Dort sind schwerwiegende Belastungsbeweise verschiedenster Delikte - wie u. a. auch Geldwäsche im großen Stil - aufgeführt, die unter anderem auch eine lange Zeit geheim gehaltene, außerordentlich ´´großzügige´´ Unterstützung der polnischen ´´Solidarnosc´´ durch Papst Wojtyla beinhalten. Hätte er nicht gründlich nachgeforscht, nur Vermutungen und keine handfesten Beweise wie auch Namen liefern können, wäre man sicherlich auf das Härteste gegen ihn vorgegangen. Yallop hat keinerlei vagen Second-Hand-Report zu Papier ge-

bracht, sondern fast 3 Jahre lang sorgfältig recherchiert und zudem Zeitzeugen in der nächsten Umgebung des jeweiligen Geschehens immer persönlich befragt.
Lassen wir es dabei bewenden.

Dich schätze ich als ''Einzelkämpfer'' ein, der höchstens mal vorbeischauen sollte, wenn derlei Vorträge und Veranstaltungen abgehalten werden. Ich glaube nicht, daß du so schnell eingefangen werden kannst. Dazu bist du zu klug - wohlbemerkt Klugheit ist hier gefragt, nicht Intellekt. Gelassen betrachten und vorurteilsfrei an dich heranlassen, was dir begegnet, aber nie ungefilterter Konsum, weil es schön aussieht oder gut klingt. Intuition wie auch Verstand sollten nicht außer Funktion gesetzt werden. Wozu sonst sind sie uns Menschen gegeben?!"

„Wie kann ich das Göttliche wiederfinden?" fragte Robert in einer plötzlichen Kehrtwendung.
„Genau diese Frage treibt dich in die Arme solcher Vereinigungen, wie ich sie gerade beschrieben habe. Es gibt kein Wiederfinden von Gott – das ist Unsinn. Wir können Gott oder das Göttliche nicht verlieren oder außerhalb von ihm sein. Wir können nur unsere Bewußtheit wieder auf das Göttliche richten. Es erscheint bequem - viel zu bequem – um voranzukommen, auf religiöse Führer, Gurus, Mahatmas, Mönche oder sonstige ''Erleuchtete'' zu hören. Anhören macht nicht dümmer, kann aber auch ein bißchen oder sogar sehr reichlich wie ein Narcoticum wirken. Es ist immer Wachsamkeit empfohlen, denn du allein, du – und sonst niemand für dich - mußt mit dem Göttlichen Verbindung aufnehmen, auf dem ''Draht'', deiner persönlichen Frequenz, die du erhältst. Wenn da erst einmal keine Verbindung zustande kommt, dann bitte darum und warte.
Habe Geduld mit dir selbst. Verliere dich niemals in die verzweiflungsvolle Sucht, in die manche Gottsuchende geraten. Auch dieses nach Gott Süchtig - Sein bedeutet Unfreiheit, weil dabei Fixierungen unvermeidlich sind.
Am besten: du vergißt weitestgehend, was du über Gott oder das Göttliche gelernt hast, dir einbildest zu wissen, was an dich herangetragen und von dir unmerklich akzeptiert oder integriert wurde. Stell dir ein weites, schneeweißes Gewand vor, auf dem es keine Muster, keine Farben o.ä. gibt. Auf diesem Gewand kann die Seele schöpferisch tätig sein und genau das ihr Gemäße an Farbe und Muster kreieren – ja ganze Landschaften malen. Das ist dann d e i n Seelenkleid.
Auf einem Stoff mit festgelegtem Muster geht das nicht mehr, ohne daß dadurch ein chaotisches Simmelsammelsurium entsteht, das verwirrt und von dem man nicht mehr weiß, wo hinten und wo vorn sein soll. Das ursprüngliche, reine Weiß aber enthält alle Farben: vielleicht geschieht ja schon sehr bald der wundervolle Augenblick, daß sich dir plötzlich der Regenbogen

zeigt." Robert schaute mich nachdenklich an. Das Beispiel des Seelenklei-des konnte ihn offenbar nicht so recht überzeugen.

„Ein anderer Vergleich, der dir vielleicht besser gefällt", fuhr ich fort. „Wenn du in einen Laden gehst, um ein Tagebuch für deine Aufzeichnungen zu er-werben, dann suchst du dir doch auch nicht eines aus, das ein anderer schon voll geschrieben hat, sondern ein neues mit unbeschriebenen Seiten. Es ist dein Leben, das du darin beschreiben willst, und du wirst dir von nie-mandem sagen lassen wollen, wie das auszusehen hat. Aber wie dein Got-tesverständnis aussehen soll – das willst du dir oktroyieren lassen? Du mußt doch d e i n e Richtung mit d e i n e m inneren Kompaß selber finden und gehen. Das ist es, was Jesus meint, wenn ER uns auffordert, wie die Kinder zu werden: nämlich nicht klein, dumm und unbedarft, sondern frei und un-vorbelastet wie unbeschriebene Blätter, offen und vorurteilsfrei für all die In-halte, die sich noch ereignen werden."

„Hast du denn für dich den Weg gefunden?" fragte Robert noch einmal nach. „Aber nein... dreimal Nein! D e n Weg gibt es doch gar nicht! Man kann Gott nicht auf irgendeinem Weg erreichen, weder zu Fuß noch mit irgendeinem wie immer gearteten Vehikel, sprich mit Schriften, die gelegentlich von so-genannten weisen Führern oder Gurus dargeboten werden. Das würde ja heißen, daß Gott ein Jemand oder ein Etwas ist, den oder das man zielstre-big erreichen könnte und womöglich müßte. Das wiederum bedingt, das Göttliche notwendiger Weise zeitlich und räumlich zu sehen. Das Göttliche ist aber weder räumlich noch zeitlich, da dies begrenzende Eigenschaften voraussetzt, auf die sich das grenzenlose und allgegenwärtige Göttliche nun einmal nicht festlegen läßt.
Das Streben, Gott zu suchen und zu erreichen, ist absoluter Nonsens. Ein voller Teller steht vor dir, und du schreist ''Hunger'', anstatt zu essen. Wie ich schon sagte: die Gegenwart des Göttlichen spüren, heißt seine Bewußt-heit auf Gott lenken. Es ist gleichgültig, ob beim Betrachten eines Vogelzugs oder dem tiefen Erlebnis einer wundervollen Musik - nur das Bewußtsein zählt. Gott ist nicht außerhalb von dir zu finden. Das sagte schon der wun-derbare Angelus Silesius:

* Mensch, halte an! Wo willst du hin?
Der Himmel ist in dir!
Suchst du Gott anderswo,
du fehlst ihn für und für. *"

„Da möchte ich gleich noch ein Zitat des weisen Meister Eckehart hinzufü-gen, das mir gerade einfällt", sagte Robert:

˝Zeit ist das, was das Licht von uns fernhält. Es gibt kein größeres Hindernis auf dem Weg zu Gott als Zeit.˝ Das hatte er – wohlbemerkt - erkannt, lange bevor wissenschaftlich bewiesen wurde, daß es d i e Zeit nicht gibt."

„Meister Eckhart ist einer der ganz Großen, Robert! An dieser Stelle muß man auch noch Augustinus erwähnen, der lange vorher schon im 5.Jahrhundert n. Chr. über die eigentlich nicht existierende Zeit philosophierte. In dieser, wenn auch nur angedeuteten Erkenntnis lag etwas für die damalige Zeit Geniales, das man sonst leider oftmals in seinen übermäßig christlicher Moraltheologie verpflichteten Schriften vermißt.

Aufscheinende Visionen, die gern einem sogenannten ˝kosmischen Bewußtsein˝ zugeordnet werden, sind zeitlich begrenzt und damit ein Teil der Zeit, also – wie auch die Zeit – nicht existent.

Was kommt, geht auch wieder, wie alles Zeitliche, wie auch der Film auf der Leinwand nur eine Erscheinung ist.

Es macht ja vielleicht Freude, so einen Film zu sehen. Dann möchte man ihn noch einmal sehen oder wieder einen anderen. Es stellt sich Suchen und Verlangen ein, das nicht auf Knopfdruck zu befriedigen ist. Man fällt mangels ˝Erfolgserlebnis˝ in Traurigkeit und evtl. in anhaltende Depressionen. Resignation in Trägheit und unruhiges Beschäftigt-Sein lösen einander ab, voll von schwächenden Wünschen.

Das teilweise selbst hervorgerufene psychische Martyrium in den Lebensgeschichten der christlichen Mystiker sind weniger bewunderns- als eher bedauernswert extreme Auffassungen von gottgefälligem Leben – von ihren physischen Geißelungen und sonstigem Asketentum gar nicht erst zu reden. Mit selbstquälerischen Kasteiungen wollen sie den Körper zugunsten des Seelisch-Geistigen beherrschen und landen nur wieder in einer Körperfixierung, nämlich in einer negativen. Selbst Buddha hatte dies ziemlich bald festgestellt und all diese Bemühungen beendet.

Neben der Sucht der Suchenden gibt es auch die Sucht, immerzu und dauernd alles erklären zu wollen. Natürlich ist diese Sucht auch der Motor des wissenschaftlichen Forschergeistes – zumindest in materieller Hinsicht - aber auf geistigem Gebiet verhüllt sich und entflieht oftmals, was sich dieser Erklärungssucht nicht beugen, sich nicht offenbaren möchte. Man muß ein Geheimnis auch mal ein Geheimnis sein lassen können, nicht immerzu deuten, analysieren, sezieren und damit zerstören wollen.

Aller Forscherdrang stößt früher oder später an die Grenzen seiner Leistungsfähigkeit. Je eher sich diese Einsichtigkeit einstellt, desto eher kann der Korkenzieher des Verstandes beiseite gelegt werden, weil sich die Pforte wie von selbst zur Ebene der geistigen Schau, der schöpferischen Genialität öffnet:

der schöpferische Mensch wechselt scheinbar ohne sein Zutun auf diese so ganz andere, ganz neue Ebene. Dies geht immer mit Entfremdung zu allem bisherigen Leben einher – oftmals neben aller empfundenen Beglückung auch von einigen Trennungsschmerzen begleitet. In dieser Metamorphose hat es der Schmetterling leichter: er fliegt und schaut nicht zurück auf den Kokon, den er gerade zurückgelassen hat.

In allen extremen Praktiken zeigt sich - wie gerade erwähnt - daß diese Menschen ''gottessüchtig'' sind und damit Gefangene ihrer Sucht. Welchen Unterschied macht es, in goldenen oder in eisernen Ketten gefesselt zu sein! Frei ist man in beiden nicht. So rufen sie nach ''spiritueller Befreiung'', wo es gar keine Unfreiheit gibt, nur selbst angelegte Fesseln und selbst geschmiedete Gefängnisgitter, hinter denen sie klagen und jammern. Die Türen sind gar nicht verriegelt, haben kein Schloß und lassen sich so leicht öffnen! Sie müssen es nur wagen zu gehen, und sie sind frei vom Gebundensein an falsche und irreführende Vorstellungen von dem Göttlichen.

Noch einmal und in aller Deutlichkeit: Gott k a n n nicht personal sein, weil eine Person eine Gestalt hat und e i n e Gestalt alle anderen Gestalten ausschließt. Eine Form oder Gestalt ist immer durch ihre Konturen definiert und auch begrenzt.

ES oder *Ich bin wer Ich bin*, kann sich temporär in Gestalten offenbaren oder durch Gestalten wirken, die dann – wenn auch selten berechtigter Weise - als eine Art ''Stellvertreter Gottes '' verehrt werden. Darin liegt zwar meist ein Irrtum, aber er entspricht eben einer gewissen Bewußtseinstufe, die ohne bildhafte Vorstellungen, ohne Bewußtheit von Körperlichem nicht oder noch nicht auszukommen vermag. Stützen sind doch erlaubt, wenn man glaubt, ohne sie (noch) nicht gehen zu können. Sie werden von allein beiseite getan, wenn die Erkenntnis gereift ist, daß sie unnötig, überflüssig und sogar hinderlich sind.

Viele Menschen brauchen noch immer Bilder und Tempel. So lassen wir selbstverständlich auch den Materialisten ihren Gourmet-Tempel und ihren Koch ''himmlischer'' Gerichte, wie Kindern ihr Spielzeug: warum sollte man ihnen denn das alles wegnehmen, solange sie dessen bedürfen.

Diese Ersatzhandlungen sind ja grundsätzlich noch nicht weiter schlimm. Verwerflich ist ja nur, wenn religiöse Vereinigungen und Kirchen samt deren Führer für ihre Anhänger Krücken kreieren und sie dann an diese Krücken binden und ihnen oktroyieren wollen, daß sie ohne diese ''verloren'' wären - was immer das auch heißen mag.“

„Die Gruppendynamik tut ihr Übriges dazu, sich einlullen zu lassen”, ergänzte Robert.

„Und ob, da hast du recht, Robert. Was Gruppendynamik zu bewirken vermag, können wir in den allerorts standfindenden Pop-Konzerten oder in den Fußballstadien erleben”, ergänzte ich und fuhr fort:

„Wer jemanden anweist, dies oder jenes zu tun, ist kein wahrer Meister. Er verstärkt nur die Bindung an sich und seine Thesen, was eine unzulässige Einmischung darstellt, und außerdem anmaßend und eitel ist. Noch einmal: es kommt nicht darauf an, mit geschlossenen Augen im Lotossitz zu verharren und Visionen zu haben, oder den Körper zu verlassen und einen Seelentrip in den Himalaja vorzunehmen - das sind nichts als verbrämte Ego-Trips - sondern wie du mit den Herausforderungen umgehst, die Tag für Tag um dich herum an dich herangetragen werden.

Das ist der Test für deine Bewußtheit und zeigt dir, wo du stehst. Wie kläglich dann manche versagen, haben deine beiden Beispiele uns gelehrt. Wer ''Exteriorisation'' als das Gipfelerlebnis ansieht, hat immer noch einen Rest von Sensationshunger in sich und muß einst begreifen, daß das nur eine Vorstufe und kein tatsächliches Ziel ist. (Satprem) Es ist absolut unnötig und frustrierende Zeitvergeudung – um den Zeitbegriff doch noch einmal zu bemühen – die Wahrheit irgendwo anders zu suchen.

Die scheinbar unbedeutenden Begebenheiten an deinem täglichen Wege halten eine Fülle von kleinen und größeren Lernschritten für dich bereit, wenn du nur aufmerksam hinschaust.

''Deine Lebenssituation existiert in der Zeit - aber dein Leben i s t   j e t z t !'' (Eckart Tolle) Ein wunderbarer und einleuchtender Satz.

Suchen und Finden ist ein Gegensatzpaar – ich sagte es schon.

Du findest Gott in dem Moment, wo du einsiehst, daß du ihn nicht zu suchen brauchst. ER oder ES ging ja nicht verloren oder hat sich gar versteckt.“

„… und was sagst du dazu, daß alle Materie um uns herum nur Illusion ist oder Maya, wie es die Inder nennen?“ fragte Robert.

„*Gott muß man sich in all seinen Aspekten und jenseits aller Aspekte zu eigen machen*, lehrt der Inder Shri Aurobindo in seinen Schriften über Integralen Yoga“ fuhr ich fort. „Warum ist das Göttliche mit uns in die Materie eingetreten, wenn es nur darum geht, sie zu verleugnen, sie zu fliehen, sie für Illusion zu halten. Warum diese Erde, wenn es doch nur darum geht, aus diesem Irrtum ''Erde'' zu erwachen? Das Göttliche hätte es doch niemals nötig gehabt, sich in die Materie zu versenken, wenn es nur darauf ankäme, ihr zu entkommen.

Diese Thesen sind eine klare Gotteslästerung durch Mißachtung des Göttlichen in der Schöpfung, durch die Verachtung des Lebens schlechthin. Alles Körperliche ist auch und besonders ein Instrument, über das sich die Göttlichkeit mitteilen kann.

Demzufolge ist der Begriff ''Maya'' auch wieder ein so übernommener Terminus aus der indischen Philosophie, der völlig mißverstanden und demzufolge auch falsch gedeutet worden ist. Das passiert ja immer, wenn bei der Übersetzung alter Texte die kongruenten Wörter zur Wiedergabe fehlen. Maya bedeutet ''Form des Formlosen. Die Welt ist i h r e Form, und darum sind diese Formen Wirklichkeit.'' (Avalon)

Die Illusion besteht dann darin – vereinfacht gesagt - die Formen subjektiv wahrzunehmen und als das Sein an sich zu werten. Eigentlich ganz einfach und kaum mißzuverstehen, sollte man meinen... und trotzdem...."

„Kennst du das Buch ''Kurs in Wundern''? fragte Robert. „Ja, ich kenne es." „Und? Was sagst du dazu?"
„Das ist nicht mit einem Satz beantwortet, Robert. Wenn du willst und noch Zeit hast, nehme ich ausführlich dazu Stellung, Willst du?"
„Oh, ja, bitte", antwortete Robert. Und ich begann:
„Ein Buch, das der alten Kirchendoktrin der sogenannten ''Christenheit'' noch verhaftete Anhänger weiter bringen kann, weil sie u. a. lernen können, klerikales Machtgebaren zu durchschauen, sich davon zu distanzieren und zu freierem Umgang mit der traditionellen Lehre Jesu zu finden. Es ist ein guter Schritt heraus aus der verstaubten, 5000 Jahre alten christlich-jüdischen Ausgangsbasis von Schuld und Sühne. Man möchte dieses Buch jedem Priester empfehlen, sei es dem kath. oder ev. Landpfarrer oder den Bischöfen und Klöstern. Papst- und Rom-nahe Kardinäle könnten die Verbreitung dieses Buches als Bedrohung empfinden, denn eigenes, von Dogmen freieres Denken war im Vatikan von jeher unbeliebt und wurde ver-folgt.
Dennoch:
Wirklich Neues ist in diesem Buch nicht zu entdecken, sondern all das ist den meisten mit weltweiter spiritueller Lektüre befaßten Lesern seit langem hinlänglich bekannt.
Zudem bleibt das Buch dem traditionellen personalen Vater-Gott verhaftet.
Gott - und das wortwörtlich - einen bestimmten Willen, Gedanken, Sehn-sucht, Einsamkeit, Ausdehnung etc. zu unterstellen, ist entweder sehr naiv oder sehr anmaßend, in keinem Fall aber zutreffend.
Das Göttliche hat keine Bedürfnisse, braucht keine Unterwürfigkeit, keine Anbetung, keinen Gehorsam, kein Nachplappern vorgegebener Gebete, weil ES Alles in Allem ist.
Wozu sollte ES irgendsoetwas verordnen und verlangen? Es gibt auch keine Tabus vor und in und mit dem Göttlichen. Verhaltenskodexe sind von Men-schen erfunden und aufgestellt zum Zwecke ihrer Regierbarkeit. Hierarchien ebenfalls.
Aus solchen Fehlinterpretationen entsteht in unausbleiblicher Konsequenz ein ''Entweder-oder'' - ''Alles-oder-Nichts'' - anstatt das ''Sowohl-als-auch'' – Denken, das eben nicht ausschließt, eingrenzt, ''verteufelt''. Somit können zwangsläufig Begriffsbestimmungen nicht exakt sein, und die Folge-rungen müssen der Logik entbehren, so daß widersprüchliche Aussagen zu-stande kommen – oft bereits von einer Seite bis nächsten.

      Das Ego wird im wahrsten Sinne in jedem 2. Satz verteufelt als der schlimmste Feind des Menschen. Auch das ist hinlänglich bekannt aus vie-

len spirituellen Büchern. Viel später erst – nach ca. 150 Seiten - liest man endlich, daß das Ego transzendiert werden muß, um so schnell wie möglich die begonnene Contra-Schelte weiter auszuwalzen. Leider!
''Getretener Quark wird breit, nicht stark'', möchte man mit Goethe sagen.
Die Meditationssätze des Übungsteils erklären die Bedeutungslosigkeit von Dingen, Gedanken, Wahrnehmungen, um sie später als von Gott gemacht oder gesandt zu deklarieren. Wenn das gewollte Methode ist: wozu etwas einimpfen, wofür man später das Gegengift injizieren muß?
Grundsätzlich ist das Göttliche omnipotent und omnipräsent (16), und nichts ist in Gott bedeutungslos, wobei es keine Rolle spielt, ob sich uns das Mysterium erschließt oder nicht. Mit dem Begriff ''Erkenntnis'' wird sehr locker jongliert, ohne auch nur den Versuch zu wagen, ihr Wesen zu durchdringen.
Dazu an anderer Stelle mehr.
Jesus Worte in den Mund legen zu wollen, die ER nirgends nachweisbar gesagt hat, sie als seine Interpretationen darzustellen, die weitab vom überlieferten Text gesehen werden müssen, ist mutig, vielleicht teilweise zu mutig.
Der Bedarf an zusätzlichen Bibelfälschern läßt sich kaum verteidigen.
Es sind Auslegungen der Autoren und sollten als solche auch erkenntlich bleiben, selbst wenn sie für manchen verführerisch eingängig und einleuchtend erscheinen mögen. Im Ganzen könnte das Buch auf weniger als die Hälfte gestrafft werden, ohne an Inhalt einzubüßen.
Permanente Leugnung dessen, was hier auf Erden stattfindet, alles Irdische als nicht vorhanden und somit als bedeutungslose Illusion zu erklären, ist übernommenes, inzwischen schon weitgehend überholtes indisches Gedankengut. Zudem stammt es nicht aus den älteren Upanishaden, wie der Sanskrit-Forscher Paul Thieme nachgewiesen hat, sondern ist die Lehre des Philosophen Sankara (um 900 n. Chr.). Gerade weil diese Ansichten Sankaras so konträr zum materiellen Denken des Westens sind, wurden sie schwammartig aufgesogen.
Realitätsfernen Menschen paßt sie ungemein gut ins Konzept, um sich ihren Träumen hinzugeben, weitere illusionistische Vorstellungen zu kreieren und ihnen nachzuhängen. Schon klar, daß solche Leute dazu neigen, ihre Alltagspflichten nicht besonders aktiv anzugehen, um es vorsichtig zu umschreiben. Ferner führt Thieme aus, daß westliche Philosophen in der Beschäftigung und Übersetzung mit den alten Texten selten ihre subjektiven Einschätzungen außen vor lassen konnten, so daß sich ein Epigonentum heranbildete, das von der ursprünglichen Lehre Sankaras als weit entfernt angesehen werden muß.
Diese Lehren sind für den westlichen Menschen ungeeignet, führen zu Verdrängungen, die zwangsläufig wie Gespenster auf ihren nächsten Auftritt warten.
Um einen Imperativ zu formulieren:
Nicht verdrängen, sondern durchdringen und bewußt werden:

Den Schleier der Maja lüften heißt, über die Welt der Formen zu deren Inhalt gelangen, denn ''alles in der Welt ist versiegelte Botschaft'' (Fritsche), deren Wunder wir uns erobern können. Sonst werden nur Neurosen und Psychosen gezüchtet.

Endlich, endlich – ganz am Schluß – wird von der ''ewigen Formlosigkeit Gottes'' gesprochen! Warum nicht eher?

Doch daraus zu schließen, daß die Welt gar nicht von Gott erschaffen sei, wird in einer überraschenden Kehrtwendung präsentiert und befremdet zumindest in diesem Zusammenhang. Und es nimmt dem traditionell- christlichen Leser – so er sich denn darauf einlassen sollte –die Freude an dieser wundervollen Erde, die - wörtlich zu nehmen – voll der Wunder ist, die das Buch nirgendwo vermitteln kann und darum auch seinem anspruchsvollen Titel nicht gerecht wird.

Das Eingeständnis, exakten Begriffsbestimmungen, logischen Konsequenzen nicht nachgekommen zu sein - dem halbwegs aufmerksamen Leser ohnehin nicht entgangen - kommt spät und mit kaum akzeptabler Begründung, so daß sich ein bißchen an der Nase herumgeführt fühlen muß, wer selbige zu tief in dieses Buch gesteckt hat.

Auch die praktischen Übungen sind als Mantras wenig geeignet. Die Herausgeber sollten zugeben, daß es weitaus bessere und wirksamere gibt, und nicht zu stolz sein, einige zu zitieren, wenn sie sich ohnehin schon an östliches Gedankengut anlehnen.

Die Kreuzigung Jesu wird nonchalant in ihrer Bedeutung übergangen bzw. zur Bedeutungslosigkeit herabgewürdigt. Keine Frage, daß das ''Steckenbleiben im Karfreitag'' mit Verharren im Leiden nicht erstrebenwert sein kann, weil das Ziel schließlich die jubelnde Auferstehung sein muß. Aber Augen zu und durch?

Wir werden uns zur Kreuzsymbolik an anderer Stelle unterhalten.

Der ''brüderliche'' Umgang mit jedem Menschen in totaler Hingabe und Liebe ist ein uraltes Axiom aus der Bibel für die Kanzel – bis zum Erbrechen wiederholt. Die Gefahr ist immer, wenn solche hehren Axiome in schwindelerregend hohem Niveau angesetzt werden, daß sie mißverstanden werden und nicht praktikabel erscheinen. Wege, an deren Ziele man - zumindest zunächst einmal - nicht so recht glauben kann und als idealisiertes Wunschdenken empfinden muß, laufen Gefahr, gar nicht erst beschritten zu werden.

Kein ABC-Schüler lernt das Z zuerst, um dieses Beispiel noch einmal zu wiederholen. Ich kann und muß viel einfacher und damit effektiver lernen und auch lehren, um wirklich Fortschritte in einem Schritt für Schritt sich entwickelnden Bewußtsein zu machen.

Darum und nur darum geht es in der geistigen Evolution des Menschen.

Auch darüber mehr an anderer Stelle.

Lehrbücher und Lehrer können dir nichts beibringen, wenn es nicht in dir ist.

Sie können in dir Vorhandenes wecken, mehr nicht. Das wußte schon der weise Sokrates. Wenn aber ein Lehrer spürt, daß du Honig in dir hast, dessen du dir noch nicht bewußt geworden bis, kann er dir helfen, ihn aufzuspüren. Wenn er dir aber ungeschickter Weise gleich am Anfang einen Eimer voll Honig über den Kopf gießt, wirst du nie mehr (oder für eine Weile keinen) Honig mögen.

Trotz allem wünsche ich diesem Buch - besonders wie erwähnt - in klerikalen Kreisen weitreichende Verbreitung, um überfälliges Aufbrechen von hemmenden Verkrustungen der erstarrten konventionellen Lehre der sogenannten ´´Christenheit´´ zu fördern, erweiterte Sichtweisen zuzulassen, auf denen die gemeinschaftliche wie die individuelle menschliche Entwicklung aufbauen und voranschreiten kann.

Du, Robert, bist schon darüber hinaus. Dieses Buch kann dir nichts Wichtiges und Neues geben, das du noch benötigen würdest.

Damit möchte ich dieses Thema abschließen, jedoch nicht ohne dir die Lektüre folgenden Buches zu empfehlen:

Das Buch vom lebendigen Gott von BO YIN RA

Ein Buch für jeden, der überlebten Doktrinen bereits entwachsen ist. Ich sage es deshalb noch einmal: Vorsicht vor denen, die sich als ´´Erleuchtete´´ verstehen! Denn wer schon am Ende angekommen zu sein glaubt, der ist tatsächlich im wahrsten Sinne des Wortes am Ende, und zwar an seinem persönlichen Ende angelangt. Was könnte so jemand uns zu sagen – geschweige denn zu lehren haben angesichts seiner eingetretenen und festgeschriebenen Begrenztheit.

Es gibt keine Weisheit ohne Wissen, aber eine Menge Wissen ohne Weisheit. Vergiß Religion, wähle Spiritualität bzw. finde zu ihr in dir zurück. Spüre in dir den Pfad auf, auf dem dir das Göttliche entgegenkommen kann. *Suche dann alles in dir zu bereiten, damit sich dein Gott mit dir vereinen kann, * sagte BO YIN RA. Was brauchst du noch anderes als das?"

„Danke Alexa. Ich habe das alles verstanden."

Robert schaute versonnen in die sich wiegenden Wipfel der Palmen, die sich von einem angenehmen und sanften Wind liebkosen ließen. Mein Blick folgte indessen einigen Kite-Surfern in der Bucht, deren bunte Segel Schmetterlingen gleich auf und nieder tanzten und heitere Farbtupfer in den dunstigen Nachmittags-Himmel sprühten. Robert hatte aber noch etwas auf dem Herzen - das spürte ich. Ich sah ihn an und sein Blick kam aus den hohen Bäumen zurück.

„Du hast noch eine Frage auf dem Herzen, glaube ich, Robert. Laß uns dabei ein Stück den Strand entlang gehen."

„Gern, Alexa." Wir standen auf, steckten das Geld für die Serviererin unter das Windlicht und gingen Richtung Westen.

Dann fuhr Robert fort:

„Da kommt noch eine andere wichtige Frage in mir hoch:

Wie durchschaust und entschärfst du eine Alltagssituation, wenn Emotionen aufkommen, Alexa?"

„Das kommt natürlich auf die Situation an. Aber laß es mich anhand von Beispielen erzählen:

Ich ging mit einem Freund im herrlich angelegten Rhododendron-Park in Bremen spazieren. Dort gibt es in einem abgelegenen Teil auch einen japanischen Garten mit einem Teich, einem Teehaus und was sonst noch zu einem typisch fernöstlichen Ambiente gehört. Es war später Nachmittag und die Sonne warf schon lange Schatten.

Wir kehrten schweigend aus der wohltuenden Ruhe dieser wunderschön gestalteten Idylle zurück. Uns kamen in einiger Entfernung drei laut lachende und wild gestikulierende Frauen entgegen. Wir hatten gerade die anmutige Stille genossen, und mein Freund war ärgerlich über diese Störung.

´´ Wie kann man nur so ungehörig laut sein! Denen werde ich aber bescheid geben´´, sagte er. ´´ Bitte laß mich das machen, einverstanden? ´´erwiderte ich. Er nickte. Als die Frauen näher kamen - noch immer mit voller Lautstärke zugange – sagte ich zu ihnen flüsternd, während ich meinen Finger an die Lippen legte:

´´Pst, ganz leise… die Enten schlafen schon am Ufer des Teichs…´´

Sie antworteten ebenfalls flüsternd: ´´… oh, ja vielen Dank…´´ und gingen leise und schweigend weiter."

„Ja, das gefällt mir, das hat was…" stimmte Robert mir zu. „Diese Frauen hätten sich von deinem Freund angegriffen gefühlt und wären erst recht zornig und laut schimpfend davon gegangen."

„Bei Kindern läßt sich übrigens mit Herumbrüllen auch nichts erreichen. Wenn du willst, daß sie dir zuhören, mußt du leise sprechen, vielleicht sogar direkt in ihr Ohr flüstern.

Nun eine zweite Geschichte:

ganz in der Nähe meines ehemaligen Hauses in Deutschland beginnt ein wunderschöner, einsamer Wald. Er öffnet sich nach einigen Gehminuten einem Wiesental, in dessen Mittelpunkt eine bezaubernde kleine Kapelle steht. Sie hat keine Türen, sondern wird durch einen nach allen Seiten offenen, aber überdachten Rundgang geschützt. In dem kleinen Türmchen läutet schon lange keine Glocke mehr, denn es gehört inzwischen den Fledermäusen, die dort drinnen während des Tages schlafen. Am Abend lassen sie sich dann eine nach der anderen aus den Fensterchen fallen, um Schwung für ihren Weiterflug zu holen. Ich liebte diesen Ort und hielt des öfteren dort eine besinnliche Einkehr. So auch an diesem warmen Sommertag.

Mein Hund kam mit hinein und legte sich zwischen die Bänke auf den kühlen Fußboden. Als wir die Kapelle wieder verließen, sah ich eine alte Dame mit Krückstock sich der Kapelle nähern. Ich merkte ihrem Gang an, daß sie begann, sich emotional aufzuladen, weil es ihr augenscheinlich nicht paßte,

daß mein Hund mit mir in der Kapelle gewesen war. Ich grüßte sie freundlich und kam ihr zuvor:
˝Mein Hund hat heute mit mir ein Gebet in der Kapelle gesprochen. Er ist ja schließlich auch ein Geschöpf Gottes, gelt?˝ Ein Lächeln ging über ihr vorher so mürrisches Gesicht, der Anflug von Ärger war verflogen, und sie wiederholte: ˝Ja freilich, ist der Hund auch ein Geschöpf Gottes...˝ Wir verabschiedeten uns in friedlicher Stimmung und wünschten uns gegenseitig Gottes Segen.

Aber glaub nur nicht, daß mir das immer gelingt! Manchmal sage ich mir einfach im Stillen: ˝pst... die Enten...˝ - das verhilft mir zu einem Augenblick der Besinnung, und ich kann darüber nachdenken, was mir im Anderen entgegenkommt."

„Zum Beispiel Leute, die dir einmal einen Gefallen getan haben und nun aufrechnen wollen für jede Kleinigkeit", sagte Robert.

„Oh, ja. Die sind immer unberechenbar. Laß dir nur helfen von Menschen, die du dafür bezahlst, oder von Menschen, denen es eine Freude und Ehre ist, dir zu helfen. Meide Krämerseelen und Erbsenzähler. Wer mit an sich einfachen und selbstverständlichen Hilfeleistungen oder gar mit Informationen geizt, ist von Haus aus nicht liebevoll und großzügig. An ihren Ausreden sollt ihr sie erkennen, möchte ich in Abwandlung des Bibeltextes sagen. Deinerseits hilf spontan, ohne Umschweife und ohne Erwartung einer Gegenleistung. Aber hilf nur Menschen, in denen du deshalb kein schlechtes Gewissen erzeugst, weil sie dir deine Zuwendung und Hilfe nicht irgendwie entgelten können. Glaube nicht, daß sie dich lieben werden für deine gut gemeinte Unterstützung. Sie werden dich hassen! Das ist die bittere Wahrheit, die mich mein Freund Nick seinerzeit in Bangkok gelehrt hat, indem er Nietzsche zitierte:
˝Gewissensbisse erziehen zum Beißen˝ (Zarathustra) Man mag es zunächst gar nicht glauben, aber es ist leider nur allzu wahr. Aber mit ein bißchen Menschenkenntnis und die Beachtung feiner Anzeichen erfaßt man diese Charaktereigenschaften in seinen Mitmenschen ziemlich schnell.

Im Zweifel kann man ja mal einen kleineren Test machen, bevor man sich in größerem Stil auf jemanden einläßt – besonders im geschäftlichen Bereich.

   An dieser Stelle muß ich dir noch eine kleine Geschichte erzählen, die mich wegen der uneigennützigen Hilfsbereitschaft sehr beeindruckt hat: ein Freund und ich hielten uns an einem sonnigen, aber schon recht kühlen Herbsttag am Blockhaus eines Wandervereins auf, das auf einer kleinen Halbinsel in einem bayerischen Flüßchen liegt. Mein Mittelschnauzer apportierte begeistert ins Wasser geworfene Stöckchen.

Dann war ich unvorsichtig und machte einen großen Fehler: ich warf das Stöckchen nicht weit genug in die entgegenkommende Strömung, so daß der Hund bereits schon ein Stück weit abgetrieben worden war, als er das Holzteil aufgreifen konnte. Er biß sich an dem Hölzchen fest und strampelte wie wild, aber ohne Chance, gegen die Strömung anzukommen. Er wurde weiter und weiter flußabwärts abgetrieben. Ich wäre hineingesprungen, ihn zu retten, war aber zu der Zeit gerade frisch an der Schulter operiert und hätte ebenfalls keine Chance auf Erfolg gehabt. Mein Freund tat nichts – absolut gar nichts, außer zu erklären, daß ihm das Wasser zu kalt sei (es hatte 19°C.) und der Hund schon irgendwie aufgefangen werden würde.

Das war natürlich kompletter Unsinn. Dann kamen zwei Vereinsmitglieder, hörten von dem Vorfall und liefen sofort los, ein Schlauch-Boot zu organisieren. Bevor diese freundlichen Helfer wiederkamen, hörte ich in der Ferne einen lauten Ruf: '' Ist das euer Hund?'' `` Ja, mein schwarzer Mittelschnauzer,`` rief ich zurück.

Ich sah, wie ein Mann in Windeseile sein Hemd über den Kopf abstreifte, ins Wasser sprang und den mittlerweile schon recht erschöpften Hund an Land beförderte. Danach schwang er sich auf sein Fahrrad und verschwand genau so schnell, wie er aufgetaucht war. Ich suchte nach ihm, um ihm zu danken, aber er war nicht mehr auffindbar: er hatte sich wohl schnellstens nach Hause begeben, die nasse Kleidung zu wechseln, um sich nicht zu erkälten oder gar eine Lungenentzündung zu holen.

Ich rief einen Radiosender an, der um die Nachmittagszeit immer persönliche Musikwünsche mit Grußbotschaften annahm und übermittelte. Ich bestellte für den unbekannten Retter Dankesgrüße und Giovanna Naninis Lied ''Bello imposibile'', das damals gerade in den Charts war und gut hierzu paßte. Vielleicht hat er es ja gehört – ich habe es nie erfahren."

Robert antwortete: „ Das gibt doch immer wieder Mut, wenn es solche uneigennützigen Menschen gibt. Er hätte ja auch die Augen zumachen und sagen können: was geht mich dieser fremde Hund an! Dein Freund hat sich aber nicht gerade ehrenhaft verhalten."

„Ganz und gar nicht, leider, zumal er ein recht guter Schwimmer war. Bei diesem Vorfall hat er charakterlich leider versagt. Das muß man wohl so beim Namen nennen. Ich muß gestehen, daß mir das einen Stich ins Herz versetzt hat. Ich lernte ihn von einer vorher nicht erkannten Seite kennen und habe daraus wiederum gelernt.

Auf jeden Fall ist immer eine Botschaft von Mensch zu Mensch unterwegs, die dich etwas lehren will. Jeder Mensch kann dem anderen eine Brücke sein oder eine Lehre geben.

Ich will noch eine Geschichte anfügen, deren Problematik ich nicht ganz so leicht in den Griff bekam und nicht sofort meistern konnte.

Die beiden Hauptfiguren dieser Geschichte sind ein Ehemann – nennen wir ihn August - und seine Ehefrau, der wir den Namen Pauline geben wollen. Pauline nannte sich meine Freundin – übrigens mit mehr Nachdruck, als ich es innerlich zulassen mochte. Ihr Mann August benahm sich mir wie auch anderen gegenüber oft ein wenig ungezogen, ja zuweilen rüpelhaft. Als er

wieder einmal allgemein ungehobelte Bemerkungen machte und mich un-
höflicher Weise und ungebührlich lange am Gartentor warten ließ, ging ich
meiner Wege, ohne abzuwarten, ob dieser Herr mich vielleicht nun endlich
einmal zu seiner Frau hereinbitten würde, die ich kurz besuchen wollte. Pauline rief mich wenig später an und fragte, warum ich nicht auf sie gewartet
hätte, da sie doch nur kurzfristig unabkömmlich gewesen sei und mich gern
empfangen hätte. Sie fügte hinzu, daß ich doch offen und vertrauensvoll zu
ihr sprechen könne, schließlich seien wir doch Freundinnen. Ich erklärte ihr
daher freimütig den Grund meines vorzeitigen Rückzugs, der wie schon sooft im Verhalten und in den degoutanten Äußerungen ihres Mannes zu suchen war.

Sie fand das alles aber nicht weiter schlimm und lachte darüber erheitert wie
über einen guten Witz. Um das Signal, das sich andeutete, vorwegzuneh-
men: wenn eine sogenannte Freundschaft von zunehmender Respektlosigkeit und unangebrachter Distanzlosigkeit überschattet wird, kann das vielleicht ein Warnzeichen sein, solche Verbindungen wenigstens zu überdenken.

Später rief Pauline mich ein zweites Mal an, um mir ziemlich aufgebracht
mitzuteilen, daß ihr Mann August nie im Leben solche Bemerkungen gemacht haben könne. Sie würde ihm glauben, schließlich sei sie seit 40 Jahren mit ihm verheiratet und kenne ihn gut genug… etc. etc. ''Gut, wenn ich
also nach deiner Meinung eine Lügnerin bin, dann ist es dir nicht zuzumuten, mich weiterhin deine Freundin zu nennen. Mir allerdings ist es auch
nicht zuzumuten, dich zur Freundin zu haben, wenn du von mir glaubst, daß
ich dich angelogen habe,'' antwortete ich ruhig und hängte ohne weiteren
Kommentar ein. Am nächsten Tag rief Pauline nochmals an, wollte um gutes
Wetter bitten und alles wieder in Ordnung zu bringen. Mir war vorerst einfach
nicht danach: ich ließ sie das mit freundlichen, aber knappen Worten wissen
und vertagte das Gespräch.

Benahm ich mich wie eine ''beleidigte Leberwurst'' – wie man so sagt? Das
konnte ich guten Gewissens verneinen: beleidigt fühlte ich mich nicht. Dazu
waren mir diese beiden Personen einfach nicht wichtig genug, wie ich feststellen mußte. In der folgenden Zeit nagte es in mir, weil ich es so absto-
ßend fand, was sich da abgespielt hatte:
einen anderen Menschen als Lügner hinstellen, nur um die eigenen ungehö-
rigen Bemerkungen nicht zugeben zu müssen und dann von der
Ehefrau dafür Schelte zu erhalten – in der Tat ein ''heldenhafter'' Charakter,
dieser August! Dazu diese Pauline, die glaubt, Stellung beziehen zu müssen
für eine Situation, die sie überhaupt nicht kennen konnte, weil sie gar nicht
anwesend gewesen ist.

Nach einigen Tagen des Nachdenkens nahm ich eine meditative Befragung
vor, wie ich mich verhalten solle. Ich war mir nämlich wirklich nicht sicher, ob

ich großzügig wieder auf diese Frau zugehen oder diese sogenannte Freundschaft lieber beenden sollte.

Ich erfuhr eine wunderbar klare Antwort:

Trenne dich von falschen Freunden, damit die richtigen kommen können.

Besser und klarer geht es nicht. Ich habe die unterbrochene Beziehung zu dieser Frau auch tatsächlich nicht wieder aufgenommen.

Tags darauf lag ich auf meiner Liege, um ein kurzes Mittagsschläfchen zu halten. Da drängte sich mir die Frage auf:

Welche Erfahrung sollte ich eigentlich an Hand dieses Vorfalls sammeln? Welche Lehre war für mich darin verborgen? Ich schlief ein und wachte später mit einer merkwürdigen Antwort auf:

Du sollst am Beispiel dieser Frau lernen, was Untertassenmentalität bedeutet.

Ich war verdutzt. Ich hatte dieses Wort noch nie gehört und war mir ziemlich sicher, daß es absolut neu war. Ich habe es auch nicht selbst kreiert. Es kam beim Aufwachen aus dem Unterbewußtsein herauf. Nach kurzem Nachdenken wußte ich, wie ich das zu deuten hatte. Diese Pauline projiziert ihre eigenen Schwächen fortwährend auf andere Menschen. Sie unterstellt anderen gern schlechte Eigenschaften. Sie ist wie eine Untertasse, die eigentlich die Tasse immer nur ausschnittsweise von unten und niemals ihre schöne Form zur Gänze sieht und erst recht nicht ihren wertvollen Inhalt. Aber sie maßt sich ein Urteil an und tut so, als wäre sie eine Tasse. Sie ist aber in Wirklichkeit eine Untertasse und sie hat die Untertassenmentalität."

Robert machte ein etwas erstauntes Gesicht und legte den Kopf ein wenig nachdenklich zur Seite.

„Untertassenmentalität! Was für ein Wort! Dieser Begriff ist es wert, in meinem persönlichen Wörterbuch aufgenommen zu werden. Wobei wir wieder zu unserem Ausgangspunkt zurückgekehrt sind: zu erforschen, was uns die Begegnung mit einem anderen Menschen lehren will, " fügte er noch hinzu.

„Du hast ein schönes rundes Schlußwort gefunden, Robert. Laß uns aufbrechen: es wird ja schon dunkel. Ich hoffe, du hast etwas von dem Gespräch gehabt, und daß es dir etwas geben konnte."

„Es war einmal wieder sehr inhaltsschwer: viel Stoff zum Nachdenken, Alexa", gestand er. „ Ich danke dir. Vielleicht darf ich dich ja auf die eine oder andere Frage nochmals ansprechen?"

„Ja, sicher, Robert! Ich habe mich gern mit dir unterhalten. Laß es dir gut gehen inzwischen… und… adiós!"

„Vielen Dank und adiós, Alexa!"

17.

Ich saß am Strand und genoß die abendliche Einsamkeit: kein Mensch weit und breit, nur das dunkel rollende Rauschen des Ozeans - über ihm heute die Abendwolken in ein faszinierend schwefel-gelbes Licht getaucht.

Vor meinen Füßen krabbelte sehr aufgeregt ein kleiner Einsiedler-Krebs im Sand.'' Warum er wohl so hektisch ist?'' fragte ich mich. Vielleicht ist ja sein Häuschen zu klein geworden, und er muß dringend umziehen. Aber nirgends ein leeres Schneckenhaus zu sehen, in das er wechseln könnte. Da fiel mir ein, daß ich ja vielleicht etwas Passendes in meiner Hosentasche für ihn haben könnte: ein schön gemasertes Schneckenhaus, das ich unterwegs gefunden und eingesteckt hatte. Die Größe müßte fast wie maßgeschneidert sein, dachte ich bei mir und legte es in einiger Entfernung für ihn in den Sand. Er untersuchte es sehr lange und äußerst gründlich, bevor er sich entschloß, tatsächlich in dieses neue Häuschen umzusiedeln. Ich war gerührt und zugleich zutiefst befriedigt.
Das war etwas Lebendiges, etwas Besonderes... ja, es war Leben... was ist das... das Leben?
Die wunderbare Bhagavad Gita beschreibt es unnachahmlich schlicht und wahr:

> * Siehe das Leben, das alles erfüllt,
> tief im Geheimnis ist Es verhüllt,
> wer kann Es fassen,
> wer Es ergründen
> welche Sprache Sein Wesen verkünden?
>
> Noch ist Es niemand(em) vor Augen gekommen,
> nie hat ein Ohr Seine Stimme vernommen,
> die Seele allein nur kann Es versteh´n,
> wenn Sehen und Hören stille steh´n.*

Ich war richtig glücklich, daß ich es nach Jahrzehnten noch auswendig zusammenbrachte. Es war für mich heute so wichtig wie eh und je.

„Wie gefällt dir das, Ishtuahavi?" Ich blickte versonnen in den inzwischen rot erglühenden Abendhimmel, als müßte sie dort erscheinen. Doch sie räusperte sich zu meinen Füßen neben mir im Sand, um mich aus den Wolken zurückzuholen.
„Es sind wunderbare Zeilen aus dieser alten ehrwürdigen Schrift, Alexa", antwortete sie und fuhr fort: „Leben ist Bewegung, möchte ich zusammenfassen."

„Ja, und Aristoteles sagte: ''Der Übergang von der Möglichkeit zur Wirklichkeit ist eine Bewegung''. Eigentlich ist damit schon der ganze Schöpfungsakt beschrieben. Die Möglichkeit ist immer ein Bild - ειδεα (eidea) - die Idee - wie Plato schon herausfand."

Wir schwiegen eine Weile. Ich mußte an das Gespräch mit Robert denken.

„Robert und ich haben uns gegenseitig ziemlich hochgeschaukelt in der Schelte gegen die ''Pseudos'', nicht wahr?" ergriff ich wieder das Wort.
„Das kann man wohl sagen. Es tat euch beiden offensichtlich gut, euch darüber ausführlich auszutauschen.
Du mußt natürlich in Betracht ziehen, und du weißt es auch:
das untrügerische Gefühl für echt und unecht stellt sich erst nach einiger Übung ein. Manchmal dauert es auch lange, sogar sehr lange. Die Newcomer können das nicht sogleich. Sie sind leicht zu beeindrucken und zu verführen. Sie können auch noch nicht unterscheiden und laufen Gefahr, sich als Blinde einen Blinden zum Führer auszuwählen - mit der Folge, daß gelegentlich alle Beide in eine Falle tappen oder sogar gemeinsam in den Abgrund fallen.
Ein Lehrling, der zum Goldschmied ausgebildet wird, kann auch anfangs echtes und unechtes Gold auf den ersten Blick nicht unterscheiden, muß erst lernen, die Schwere des spezifischen Gewichts in der Hand zu erspüren und dann danach zu beurteilen. Später erkennt er die Echtheit sofort an Glanz und Farbe der Oberfläche, weil sein Auge im täglichen Umgang mit diesem Edelmetall geschult ist. So erliegt man auch Täuschungen in einigen sogenannten spirituellen Lehren, wenn man keine längere Schulung hinter sich hat. Du hattest das Glück, von früher Kindheit an einen so begnadeten Lehrer wie deinen Stiefvater an deiner Seite zu wissen. Du hast leicht lachen, wenn es darum geht, einen selbst ernannten Guru als Rattenfänger oder einen raffiniert eingefädelten Hokuspokus als einen solchen zu entlarven oder vermeintliche Visionen als Irrlichter zu enttarnen.
Sei also etwas nachsichtiger mit denen, die sich da vereinnahmen lassen.
Und bedenke immer:
Wenn man dich nicht fragt, will man dich auch nicht hören. Keine ungebetene Hilfestellung!!! Selbst wenn man dich fragt, mußt du sehr genau abwägen, inwieweit du dazu bist, zu antworten oder zu helfen. Manchmal ist es gar nicht so leicht, dies ad hoc zu entscheiden, und du tappst prompt in eine Falle. Das hast du schon erleben müssen.
Vergiß jegliches Helfersyndrom, denn schließlich handelt es sich nicht um hilflose, körperlich verletzte Personen, denen deine Hilfe auch ohne vorherige Anfrage auf jeden Fall willkommen ist. Du hast also oftmals zu Recht geschwiegen, manchmal aber auch sind deine Pferde mit dir durchgegangen,

weil dir der ganze Esoterik-Zirkus zu bunt wurde, du es einfach nicht mehr mitanhören konntest.

Auch hier gilt: sich nicht einzumischen. Jeder hat das Recht, seine eigenen Fehler zu machen – auch wenn es dich hart ankommt, dabei zuzusehen. Weißt du denn, warum es geschieht und wozu es dient? Denk immer daran, daß du nicht Schicksal panschen willst und sollst, wie du es schon selbst an anderer Stelle gesagt hast. Schließlich kennst du doch das Drehbuch gar nicht, um dein eigenes Beispiel noch einmal passend zu verwenden."

„Ja, Ishtuahavi, ja, ja! Ich weiß. Ich mache oftmals noch diesen Fehler, obwohl ich jedesmal eins auf den Schlapphut kriege, indem ich völlig mißverstanden werde, ja mir sogar die unmöglichsten, völlig ungerechtfertigten Unterstellungen gemacht werden. Ich muß disziplinierter und zurückhaltender sein. Hilf mir bitte, mich zu bessern."

„Du mußt dich im Prinzip ja nicht bessern. Du mußt nichts weiter als innehalten und Luft holen. Ja, du hast richtig gehört. Atmen… im 5-er Rhythmus. Erinnere dich:

das Pentagramm ist das heilige Zeichen des Menschen. Stell dich mit leicht gegrätschten Beinen hin und breite deine Arme waagerecht aus. Dann laß entsprechend dieser Linie die Energie durch deinen Körper laufen. Diesen Rat hast du ja auch schon anderen gegeben. Du weißt also längst, wie das geht, und du kennst auch deine für dich passende Musik dazu oder du intonierst die Vokale A - E - I - O - U – oder wenn du willst auch in anderer Reihenfolge: I – E – O – U – A. Du weißt ja, daß die 5 Vokale einer der vielen Gottesnamen sind." Ich nickte. „Dann kommst du in Harmonie und deine Emotionen werden aufgesogen… oder wiederhole dein Stichwort, wie du es Robert erzählt hast:

´´…pst… die Enten…´´"

„Ja, Ishtuahavi. Jeder Mensch hat seinen Gordischen Knoten - meiner scheint mir zeitweilig ganz schön klotzig."

„Ja, sicherlich, Alexa", stimmte sie zu. „Wenn dieser Gordische Knoten eines Menschen aufgehen, d.h. sich lösen soll, dann vollzieht sich das – und zwar zum vorgesehenen Zeitpunkt - in seiner spirituellen Entwicklung. Wenn es ´´deine Hand´´ sein soll, die ihn lösen hilft, dann geschieht das wie von allein… also mach dir keine Sorgen – nicht über den Gordischen Knoten anderer, auch über den deinen nicht."

„Wo sind meine Blockaden?" fragte ich.

„Wer will das wissen?"

„Ich!"

„Wer ist ´´Ich´´?"

Ich schwieg, Ishtuahavi schwieg. Sie half mir nicht über die Hürde hinweg, die sich da aufbaute. Ich schloß die Augen und atmete gleichmäßig und tief. Nach einigen Minuten öffnete ich vorsichtig wieder die Augen.

„Du weißt jetzt die Antwort, Alexa?"

„Ich ahne sie - vielleicht... ja, ich weiß sie ". Es durchlief mich wie ein Ruck.

„Aha!... Und warum sprichst du sie nicht aus?"

„Weil... weil... weil mein Ich blockiert... die Blockade ist..., ja.... jetzt ist es heraus... die Blockade ist mein Ich.... Puh!"

Es war, als hätte man in einen Luftballon gestochen: Knall - Fall – Luft raus....

„Na, also! War das nun so schwer? Tröste dich! Du mußt dich deshalb nicht im geringsten schämen, denn du befindest dich in guter Gesellschaft mit fast allen Menschen – von wenigen Ausnahmen abgesehen. Das kleine Ego der Menschen ist immer noch in einer kindlichen Trotzphase, will sich ausprobieren, Geltung verschaffen, sich durchsetzen. Es muß doch erst einmal erwachsen werden.

Der allseits bekannte Ausspruch von Descartes *Ich denke, also bin ich* wird ja längst schon als das, was er ist, gewertet: nämlich als ein fehlgeschlagener Versuch einer philosophischen Definition. Dieser Satz war eine Zwischenstation auf dem verhängnisvollen Weg eines Zweiflers, der ihn vor der totalen Verzweiflung retten sollte. Du hast das bereits als Schülerin in deinem Gymnasium während des Philosophie-Seminars reklamiert. Obwohl du ganz schlicht und – wie ich bestätigen kann - ohne überhebliche Frechheit erklärt hast, daß dieser Satz ja etwas Rührendes an sich hätte, wäre er denn von einem Kind vorgetragen worden, das gerade das ''Ich – Sagen'' gelernt hat, haßte dich dein Lehrer dafür. Du warst natürlich entwaffnend in deiner Unschuld und Ahnungslosigkeit, weil du in diesem Moment noch gar nicht wußtest, daß dieser Satz von dem berühmten Descartes stammte. Aber du hattest ja vollkommen recht: Das Sein an sich ist nicht auf menschliches Denken angewiesen – soviel stand für dich damals schon fest. Zu dieser Feststellung hat die damalige Intelligenz ebenso wie heutige ausgereicht – möglicherweise jedoch noch nicht die allgemeine Bewußtheit. Aber man hat schon immer gern kritiklos nachgeplappert, was verehrungswürdige Gelehrte von sich gaben, bzw. trotz besserer Einsicht sich gescheut zu widersprechen.

Merkwürdigerweise hat Descartes trotzdem seinerzeit viel Staub aufgewirbelt und - ja man könnte fast sagen – eine neue Phase philosophischen Denkens eingeleitet, auf der Spinoza zunächst aufbaute, aber bald über ihn hinweg oder - besser gesagt - durch ihn hindurch ging. Spinoza sagt: Gott ist Natur und Natur ist Gott und die innere Ursache für alles, was geschieht. Dies führte zu seiner Ansicht, alles ``sub specie aeternitatis`` (17) zu betrachten und einfach einen anderen Blickwinkel zuzulassen. Auch dieser wunderbar freie Denker war unbequem und fristete ein einsames Leben als Ausgestoßener – selbst von seiner eigenen Familie geächtet - obwohl er als Jude vom ``Heiligen Stuhl`` keine direkten drakonischen Maßnahmen befürchten mußte."

Ich flocht ein:

„Da gibt es auch noch einige andere Aussprüche, die in die Geschichte der Religionsphilosophie eingegangen sind, wie z.B. der Satz von Tertullian: *credo, quia absurdum est* - ich glaube, weil es absurd ist. Ich komme mir bei diesem Satz ein wenig veräppelt vor. Da gefällt mir Anselm von Canterbury schon besser, wenn er sagt: *credo ut intelligam* – ich glaube, um zu verstehen. Dieser Satz bezeugt die Bereitschaft, erst einmal eine Hypothese zuzulassen, auf deren Basis man dann forschend weiterschreiten kann. Ich würde es noch deutlicher formulieren, wenn vielleicht auch nicht in dieser prägnanten Kürze: ich glaube erst einmal, um mich dann auf den Weg zu machen, es auch zu verstehen.

Die charismatischen Kirchenlehrer indessen - wie u. a. auch Augustinus - haben zu jeder Zeit offen oder versteckt versucht, die Philosophen an ihr theologisches Händchen zu nehmen und ihnen den ''rechten'' Weg zu weisen. Letztlich muß die Theologie aber vor dem logisch gebrauchten Verstand immer kapitulieren, weil sich die wahren Philosophen nicht vereinnahmen lassen. Denn ihr Weg führt immer weg von verkrusteten Kollektivüberzeugungen, von denen sie sich grundsätzlich erst einmal loslösen wollen."

„Richtig, Alexa. Dir fällt sicher auf, daß es hier wieder und wieder die Ich-Form ist, die sich da artikulieren will. Du weißt um die Ego-Fallen. Wir haben darüber wie selbstverständlich gesprochen. Jetzt hör mir gut zu:

du mußt dein Ego nicht aufgeben, wie oftmals in östlichen Lehren verbreitet wird. Wozu hast du es sonst bekommen?

Wieso Aufgabe der Individualität? Du mußt sie doch erst einmal voll und ganz besitzen! Wie kann man etwas aufgeben, was man gar nicht besitzt? Merkst du die Schwächen dieser Lehren? Sie besteht in der Forderung, etwas Halbes, etwas Unfertiges auf- oder hinzugeben. Meinst du wirklich, daß das Göttliche etwas Unvollkommenes, Unentwickeltes anzunehmen bereit sein könnte? Ein totales Mißverständnis, wie es schlimmer kaum geht! Jeder Lehrling wird wieder und wieder zurück in die Werkstatt geschickt, bis sein Werkstück endlich vollendet und vorzeigbar ist und der Meister es absegnen kann.

Wenn dein häufig vorlautes Ego unter der Kontrolle deines Bewußtseins lernt, sich zurückzunehmen, sich zu entwickeln, wird es irgendwann einmal soweit sein, daß es im göttlichen ICH BIN aufgeht. Individualität ist in voller Reife erst erreicht, wenn das letzte typische Herdenverhalten, die letzte Bedürftigkeit und die letzte geistige Abhängigkeit des Menschen verschwunden sind:

im Denken – Fühlen – Wollen.

Dem Buddhismus wird oftmals unterstellt, daß die Auflösung der Individualität Ziel all seines Strebens bedeutet. Das ist schlichtweg eine Fehlinterpretation!

Der große Buddhist Lama Govinda betont eindrucksvoll, daß es unmöglich ist zur Universalität zu gelangen, wenn die Individualität verachtet wird. Er stellt klar, daß man als Individuum nicht automatisch egoistisch oder egozentrisch ist, sondern daß man - dem individuellen Ich seinen Platz zuweisend - eine Bereicherung und Erweiterung des Bewußtseins zuläßt. Selbstsüchtig sein ist etwas ganz anderes als eine bewußte Entscheidung für sich zu treffen. Das kann durchaus gegen die (selbstsüchtigen) Interessen anderer verstoßen. Man kann es ihnen vielleicht erklären, aber wenn sie uneinsichtig sind, muß man sie um der eigenen Entwicklung willen mit diesem Problem allein lassen.

Bis zur göttlichen Individualität ist noch ein sehr weiter Weg in der Entwicklung - ja, in der geistigen Evolution des Menschen zurückzulegen. Dann erst hat der Mensch seine Phase als unvollkommenes Übergangswesen überwunden und beendet, das er bisher noch darstellt. Dann ist die göttliche Individualität - deine göttliche Individualität vollends erreicht:

Das ICH BIN im ES IST.

Alles, was man erreicht, d.h. vollendet hat, ist nicht mehr wichtig, weil es nichts mehr zu entwickeln, zu erreichen, zu vollenden gibt. Wie der Flaschenöffner nach dem Öffnen der Flasche überflüssig wird, so daß du ihn nun beiseite legen kannst, weil es nichts mehr zu öffnen gibt. Dieses Beispiel ist so treffend, daß wir es hier nochmals erwähnen."

Ich atmete wiederum mehrmals tief durch. Meine Anspannung hatte sich gelegt.

„Ishtuahavi, wie fange ich es an, mein Ego unter Kontrolle zu bekommen?"

„Beginne deinen Blickwinkel zu verändern. Auf den Blickwinkel kommt es an. Wenn du früher gesagt hast: ich mag dies oder das oder jenes oder ich mag es nicht, dann ist das wenig interessant. Du verhältst dich dann wie alle Menschen – überhaupt nicht ein bißchen anders, außer daß du andere Vorlieben für Personen und Sachen in anderer Reihenfolge aufzählst.

Darüber lohnt sich wirklich nicht zu sprechen oder mehr als nötig nachzudenken.

Wenn du aber sagst: ich liebe das Göttliche, das mir jetzt gerade in diesem Augenblick in dieser irdischen Gestalt oder Form mit den herrlichsten Farben entgegen leuchtet – das ist der andere Blickwinkel. Das ist Bewußtsein und nicht Ego. Den göttlichen Aspekt in allem sehen! Über die Form zum Inhalt gelangen! Tiefer blicken! Du tust das ja manchmal schon und sogar in zunehmenden Maße – Gott sei dank, denn sonst wärst du noch nicht reif genug gewesen für meine Begleitung an deiner Seite. Dein Ego soll nicht einfach abgeschafft werden: es verrichtet wichtige Aufgaben, aber es muß dir dienen, nicht dich beherrschen! Das ist die wichtige Botschaft an dich! Und wenn das Ego dir dienen soll, dann soll es auch ein starkes Ego sein. Wer kann schon einen untrainierten Bodyguard mit atrophischen Muskeln als seinen Diener und Beschützer brauchen?!"

„Du hast mir eine alte Last vom Herzen genommen. Ich konnte mich - bei aller Wertschätzung vieler östlicher Lehren - speziell mit diesem Gedankengut der Aufgabe der Individualität nie so recht anfreunden. Ich hatte immer das ungewisse Gefühl, daß da irgend etwas ist, das ich noch nicht verstehe, gegen das ich mich sträube, das sich mir noch erschließen muß."
„Du hast dich instinktiv zu Recht gesträubt, Alexa! Du hast eine Menge Weisheit aus östlichen Lehren kennenlernen können. Vieles ist dir wie fast selbstverständlich in Fleisch und Blut übergegangen, weil es von Anbeginn her deinem Wesen entsprochen hat. Aber alle die Lehren haben nicht bewirkt, daß du dir selber lästig oder gar überdrüssig geworden bist. Vielmehr fandest du es immer spannend, zuzuschauen, was in deinem Inneren mit dir passierte.
Selbstzweifel bis hin zum Selbstüberdruß tritt jedoch bei manchen ungefestigten Menschen durchaus als unangemessene, weil ungewollte Nebenerscheinung ein, die sich zu einem krankhaften Symptomenkomplex ausweiten kann. *Wenn ein verkehrter Mensch das rechte Mittel gebraucht, so wirkt das rechte Mittel verkehrt* – das ist die vornehme Aussage eines östlichen Weisen, und - um es westlich und wesentlich drastischer auszudrücken - die Rasierklinge in der Hand des Affen.

Zurück zu dir, Alexa. Dein Sträuben war eine heilige Scheu.
Du wolltest nie Verrat an dir selbst begehen und auf die für dich vorgesehene Entwicklung der Individualität verzichten. Du wolltest nie in Selbsttäuschung und Flucht vor dir selbst dich irgendwelchen dir nicht gemäßen östlichen Praktiken hingeben, dich nicht im Dunst einer verschleiernden Begriffswelt verlieren, die dich zu einem Abziehbild deiner selbst gemacht hätte. Du hast durchaus eine ehrerbietige Einstellung zu einigen weisen Lehrern des Ostens und Zugang zu ihren weisen Lehren finden können. Zu einem fragwürdigen, weil allzu gottähnlichen Idol erhoben hast du jedoch keinen von ihnen. Und, Alexa: du warst nie ein Imitat. Du warst Du – wie unvollkommen auch immer. Du warst immer nur Du. Unterschätze das nicht: denn es ist gar nicht so wenig – und durchaus nicht selbstverständlich!"
„Danke, Ishtuahavi! Mir ist das jetzt völlig klar, und es löst sich in mir … ja, so etwas wie ein Gordischer Knoten… zumindest ein kleiner, ganz kleiner. Es ist alles so einfach, wenn man es weiß. Nur man muß es dann auch praktisch umsetzen"
Wir schwiegen eine Weile. Ishtuahavi ließ mir Zeit, damit sich das Gesagte langsam setzen konnte. Sie hatte auch jetzt wieder ein untrügliches Gespür dafür, wann ich wieder ansprechbar sein würde.
Dann fuhr sie fort:

„… um auf Robert zurückzukommen: die für ihn wichtige Frage, die er dir eigentlich noch stellen wollte, war: ´´ Wie führt man ein spirituelles Leben´´? Aber das Gespräch wäre zu lang geworden, euer beider Konzentration hätte nicht mehr ausgereicht. Außerdem sollte dieses unser Gespräch zuerst stattfinden, damit du dir noch klarer bist in einigen Details.

Deshalb formuliere ich jetzt ganz konkret die Frage:

´´Was tust Du, um ein spirituelles Leben zu führen?´´ Es hat dich schon einmal jemand gefragt. Du hast eigentlich nie darauf zusammenhängend geantwortet.“

„Ich weiß, welche Situation du meinst. Nein, das konnte ich doch damals nicht in diesem Kreis von Menschen, die dabei waren, dauernd irgendwelche abenteuerlichen Rezepte für oder gegen irgendwelche Wehwehchen austauschen. Sie wären ja mit mir unzufrieden gewesen und hätten mich links liegen lassen. Deshalb habe ich mir so manches Kuriose angehört, in der Hoffnung doch noch irgend etwas zu lernen.“

„Und hast du?“

„Vielleicht liegt es ja an mir, aber wohl eher nicht. Oder anders ausgedrückt: das Positive an negativen Beispielen lernen – so gesehen: ja! Von der zweifellos heilsamen Wirkung verschiedener Naturpräparate wie auch verschiedener Kräutertees über Farb- und Edelsteintherapie, welche unedlen Schmuckmetalle man nicht tragen solle, über die sattsam bekannte Schädlichkeit von Amalgam-Füllungen in den Zähnen, auch von der durchaus anerkennenswerten Methode des Reiki u. a. mehr war die allgemeine, eher von Halbwissen durchzogene Rede.

Mich erinnerte das an eine Fahrstuhlfahrt in einem Hochhaus in Europa: was die Leute sich da über Krankheiten erzählt und sich gegenseitige Laienratschläge gegeben haben, wäre eine Comedy-Show für sich gewesen. Je weniger sie wissen, desto eindringlicher verkünden sie ihre ´´Weisheiten´´.

Bei besagtem Treffen äußerten sich natürlich einige männliche wie weibliche Hobby-Krankenschwestern und -Heilpraktiker – wie kann es anders sein - auch über Homöopathie, mit der man sehr wohl auch Unheil anrichten kann ohne entsprechende, durch längeres Studium erlangte Kenntnis. Dies wissen diese ´´Spezialisten´´ meist nicht, sonst wären sie zurückhaltender.

Da wird kräftig herumgedoktert, ohne überhaupt eine sichere Diagnose zu haben und die tatsächliche Wirkung der Medikamente zu kennen. Aber es kam noch schlimmer: sie ließen sich noch über irgendwelche Visionen vernehmen, die der eine oder andere vorgab, erlebt zu haben. Das kenne ich ja schon und schalte für gewöhnlich auf ´´Durchgang´´.

Am schlimmsten sind immer diejenigen, die genau zu wissen meinen, wer und was sie in einem vorigen Leben einmal waren. “

„Oh, ja. Die ´´Kinder von Atlantis´´, fuhr Ishtuahavi spöttisch fort. „Sie alle waren Pharaonentöchter, Königinnen, Feldherren, Ritter, Prinzen, Kaiser, immer tollkühn und verwegen, sind auch als Hexen oder Zauberer verbrannt worden, was sie mit wohligem Schauer und einem ein wenig maskenhaft diabolischen Gesichtsausdruck möglichst gruselig zu schildern pflegen. Keiner war eine kleine Putzfrau, die die Latrinen säuberte oder ein Sklave für erniedrigende, menschenunwürdige Schmutzarbeit.

Man müßte sie dann glatt einmal fragen, warum so hochgestellte Persönlichkeiten, wie sie doch im vorigen Leben waren, einen so totalen sozialen Abstieg in diesem jetzigen Leben in Kauf nehmen mußten.

Auch Fragen, welche Kleidung sie getragen, welche Sprache sie gesprochen haben, wie denn die genaue Situation gewesen ist, welche Arten von Folter, Strafe oder dgl. sie über sich ergehen lassen mußten.... u. a. m. - all die Fragen bringen sie meist schon ins Stammeln oder Stottern.... ihnen durchdringend in die Augen sehen und ihnen dann mit seherischem Blick noch einige unangenehme Details dazu präsentieren, dann dürften sie sich bald aus der Runde verabschieden, weil es zu ungemütlich für sie wird. Natürlich muß man aufpassen, daß man keinen dabei traumatisiert, was bei ungefestigten Naturen durchaus der Fall sein könnte."

„Du hast wohl den sarkastischen Part jetzt übernommen, wie ich mit Befriedigung feststelle", fügte ich schmunzelnd hinzu und fuhr fort:

„Ich war auch einmal drauf und dran, mich einer solchen ''Rückführung'' in vorige Leben zu unterziehen, aber meine innere Stimme warnte mich. Vielleicht warst du ja damals schon am Werk, Ishtuahavi?"

„Ja, das ist wahr: ich habe dich gewarnt. Was man erfahren soll und muß aus einem früheren Leben, das erfährt man auf normalem Wege über Intuition und die Träume. Alles andere bedeutet nur eine viel zu intensive Beschäftigung mit der Vergangenheit und ist nichts als ein Raubbau am Hier und Jetzt und seinen Aufgaben.

Psychische Krankheiten können in Gang gesetzt werden und stehlen Kraft und Mut für die Alltagsbewältigung – mit gelegentlich sehr schlimmen Folgen. Daß dies zudem wiederum eine Ego-Falle bedeutet, sich in solchen wenig sinnvollen Erforschungen der eigenen Vergangenheiten zu verlieren, brauche ich dir ja inzwischen nicht mehr zu sagen. Es sind kindische, lächerliche, deshalb aber nicht minder gefährliche Spielchen, sich die alten Kleider nochmals überzustreifen und sich darin womöglich auch noch selbstgefällig im Spiegel zu betrachten."

„Ja, Ishtuahavi. Das so oft erwähnte Karma kann man damit nicht aufarbeiten, und ein vermeintlich besseres Verständnis dessen ist eine Fixierung in einer Illusion. Das ''Rad der Wiedergeburt'' läßt sich nicht lenken, beschleunigen oder läßt es gar zu, sich davon befreien. Wer will ihm wirklich in die Speichen greifen und mit ihm in eine verwundende Rotation versetzt werden?

Ich weiß ohnehin nicht, wie das jemand bewerkstelligen will: die Befreiung von der Wiedergeburt. Ich weiß wirklich nicht, warum man danach streben soll, und ob man diese ganze aus den östlichen Religionen übernommene

Diskussion über Karma und Wiedergeburt überhaupt führen muß, weil ich keine praktische Orientierung darin erkennen kann. Ich habe – wie du weißt – sehr viele Bücher darüber gelesen. Meine Befreiung bestand darin, daß ich sie alle sorgfältig durchgearbeitet und hinter mich gebracht habe. Letztlich mündet das alles nämlich wieder nur in einer neuerlich erzeugten, unterschwelligen Furcht, irgend etwas falsch zu machen, etwas nicht zu erreichen, nicht zu erkennen, nicht ´´erleuchtet´´ zu werden, einen graduellen Aufstieg zu verpassen und dergleichen mehr."

„Ja, sicher, Alexa. Natürlich interessiert den wachen Geist alles, was sich ´´dahinter´´ verbirgt: das Unsichtbare, Unwägbare, das Namenlose, Grenzenlose. Die Menschen lesen - wie du auch - 1000 Bücher. Viele beschreiben Gleiches, Ähnliches, Gegensätzliches. Allerlei Plagiate werden entdeckt. Das Verblüffende daran ist, daß alle einigermaßen ernst zu nehmenden Schriften Recht haben: sogar in ihren Irrtümern haben sie recht, weil das Absolute alles Relative einschließt. Von ihrer eigenen relativen Sicht schreiben die Autoren und nur davon handeln diese Schriften, wenn dies die Autoren manchmal auch selbst gar nicht durchschauen, weil sie ihre kleinen Ausschnitte vom Ganzen selbstgefällig als die alles übergreifende ultima ratio (37) betrachten.

Laß dir ein eindrucksvolles Beispiel unterbreiten, das bildhaft genug ist, zum Verständnis beizutragen:

Denke dir einen großen Kreis mit dichten konzentrischen Kreisen gefüllt, mit 360° grober Gradeinteilung und deren feinerer Unterteilung in Minuten und Sekunden.

Eigentlich ist es doch völlig gleich, von welchem Punkt an der Peripherie du deinen Weg zum Mittelpunkt - will sagen - zu deiner Mitte fliegst, die wir auch gern das Göttliche nennen können. Wenn jemand meint, er müsse von 270°, wo er geboren wurde, auf 90° wechseln und dann erst seine Reise starten, kann er es tun, aber es ist natürlich ein Umweg. Die Gegend ist ihm dort nicht so vertraut, es ist ein anderer Kulturkreis, es herrschen andere Denkweisen, und er wird vieles falsch verstehen. Er ist ja nicht zufällig auf 270° geboren worden. Das Paradoxon dabei ist, daß er, um von 270° direkt die Mitte anzupeilen, einen Kurs von 90° fliegen muß, aber gar nicht bei 90° ankommen soll, denn dann wäre er über das Ziel = die Mitte hinausgeschossen. Wechselt er von 270° auf schlenkerndem Umweg den Ausgangspunkt und beginnt bei 90°, muß er wiederum den Kurs von 270° halten. Daraus wird ersichtlich, wie wenig Sinn solche Manöver machen.

Der direkte Weg ist nämlich schon schwierig genug für dich, als daß du ihn dir noch zusätzlich erschweren mußt. Dein Lebens-Wind bringt dich fortwährend vom Kurs ab, so daß laufend Kurskorrekturen notwendig werden. Ein Autopiloten-System gibt es nämlich in unserem Beispiel nun mal leider nicht, das dir deine Entscheidung und deine Arbeit als Pilotin abnimmt. Verschläft man die Kurskorrektur und hat somit den Kurs vermasselt, dann befindet man sich plötzlich ganz woanders, als man eigentlich geplant hat, und hat große Umwege in Kauf zu nehmen, um sein Ziel erneut anzupeilen. Zwischenlandung, Ausruhen, Neuorientierung, Fehlersuche, evtl. ist auch das Fluggerät kaputt – das sind dann die frustrierenden Zwischenergebnisse der Reise. Mitunter ist dann auch noch der Treibstoff ausgegangen, d.h. das Leben endet irgendwo, wo man sich gar nicht mehr auskennt, wo man gar nicht hinwollte, an einem Punkt auf einem der konzentrischen Kreise, bis die Odyssee ihre Fortsetzung findet - im nächsten Leben."

„Das ist ein eindrucksvoller Vergleich, Ishtuahavi. Richtig gut – und zudem auch viel bildhafter als dieses so viel zitierte ´´Rad der Wiedergeburt´´, unter dem sich kein Mensch wirklich etwas vorstellen kann. Du meinst auch sicher nicht, daß man sich nicht physisch in einem anderen Teil dieser unserer Erde niederlassen sollte. Es geht um die seelisch-geistige Ausrichtung. Damit ist ja nicht gesagt, daß wir uns nicht mit anderen Denkweisen und religiösen Philosophien auseinandersetzen sollen. Wir lernen doch ein Leben lang, und ich für meinen Teil lerne gern. Es wird vieles jedoch falsch verstanden, wie du gerade gesagt hast. Die Asiaten können wahrscheinlich nicht verstehen, wie die Christenheit einen am Kreuze leidenden Gottessohn, einen alten Vatergott im Himmel und eine Taube als einen drei-einigen Gott verehren kann. Die Parthenogenese der Gottesmutter muß ihnen als eine unverständliche Umgehung und damit Herabwürdigung der normalen Zeugung eines Menschen, ja der Sexualität schlechthin erscheinen. Die Christen können sich dies alles ja allermeist selbst nicht erklären, sondern folgen nur seltsam achselzuckend und widerspruchslos einer anerzogenen, traditionellen Lehre. Im Gegenzug finden die Christen im Buddhismus wie im Hinduismus und anderen östlichen religiösen Strömungen lauter vermeintliche Ungereimtheiten oder gar Absurditäten, die ihnen fremd bleiben müssen. Daher soll man diese ganzen Symboliken weder bejahen noch ablehnen.

Es ist das Verdienst einiger weniger bedeutender Forscher, östliches und westliches Gedankengut nicht nur sprachlich übersetzt, sondern auch in anschaulichen Kommentaren einander näher gebracht zu haben. Das bedeutet für alle Kulturen einen Austausch zum Zweck gegenseitigen, ständig wachsenden Verständnisses, dessen die heutige Welt so dringend bedarf. Wenn man einander Aufgeschlossenheit entgegen bringt, aus der nationalen Isoliertheit und Beschränktheit herauszutreten vermag, auf Menschen anderer Kulturen vorurteilsfrei zuzugehen bereit ist, kann aus dem nur formalen Respekt sogar Freundschaft werden, und die Gefahr nimmt ab, anders Denkende zu hassen oder gar umzubringen."

„Deshalb, Alexa, kann nur derjenige, der in voller Erkenntnis und auch Anerkennung seiner westlichen Prägung das spirituellen Angebot des Ostens durchdringt und in sich aufzunehmen bereit ist, die hohen Werte beider Kulturkreise für sich erschließen und dankbar das Geschenk annehmen, das

ihm gereicht wird. Denn Ost und West sind wie die beiden Pole eines Magneten, die sich ergänzen und nicht getrennt werden können. Wie aber könnte ein nur einpoliger Mensch ein vollkommener sein?
Was alle Menschen - ungeachtet dessen – brauchen, sind Bilder und Tempel. Sie fühlen sich sonst nicht geborgen. Ich wiederhole mich damit, muß es aber an dieser Stelle doch nochmals erwähnen. Wie immer aber diese Bilder und Tempel auch gestaltet sein mögen: sie nehmen den Menschen nicht die Angst vor dem Tod. Er wird immer wieder verdrängt, man spricht möglichst wenig von ihm, als könne man ihn dadurch fern halten. Dabei lohnt es sich, seinen Tod zu durchdenken und innerlich vorzubereiten: ernsthaft, aber nicht verkrampft."

„Das ist ein wichtiger Hinweis, Ishtuahavi. Mein Stiefvater gab ein unnachahmlich leuchtendes Beispiel dafür. Er hielt einen Vortrag bei Freunden über ein religionsphilosophisches Thema. Es waren mehr als 50 geladene Gäste anwesend in der Bibliothek dieses kultivierten, großen Hauses.
Nach dem Vortrag saß er auf einem Sofa. Er zitierte den Anfang des Johannes-Evangeliums: ´´ Im Anfang war das Wort...´´ als er diesen Abschnitt vollends gesprochen hatte, lächelte er, schaute alle Zuhörer in der Runde wie zum Abschied noch einmal an, lehnte sich sodann zurück, schloß die Augen und verließ seinen Körper.
   Ich war nicht dabei – leider. Bei seiner Beerdigung sagten mir zwei Ärzte, die seinem Tod beigewohnt hatten: was für ein heiliges Erlebnis es gewesen sei, einen solchen Menschen in dieser Weise aus dem irdischen Leben scheiden zu sehen."

   „Wie du schon sagtest: er hatte seinen Tod vorbereitet, Alexa. Er sagte immer: ´´Ich werde nicht krank und sterbe dann als bettlägeriger Patient. Ich gehe strahlend von dieser Erde.´´ Und er ging strahlend. Es war unglaublich ergreifend, als hielte die Erde für eine Sekunde den Atem an."
„Ja, Ishtuahavi. Wenn es gelingt, auf diese Weise eine Ebene zu verlassen, in eine andere Ebene zu wechseln, tun sich unermeßliche Weiten mit ungeahnten Möglichkeiten auf.
Der höchste Sinn des Seins ist ES IST und enthält das ICH BIN und nicht die Auflösung des Seins oder das Streben in eine andere als diese unsere Seins-Form.
Wenn sich diese unsere Seins-Form überlebt haben wird – individuell für uns selbst oder ganz allgemein für die Menschheit - dann gehen wir oder was von unserem Bewußtsein überdauert in diese andere Seins-Form über. Wir können das weder verzögern noch beschleunigen, aber wir können vorbereitet sein. Vorbereitet im Sinne von einverstandener Hingabe.
ES IST - ICH BIN ist Bewußtsein. Bewußtsein ist Schöpfung, folglich ist Bewußtwerdung der Schöpfungsakt. Als Geschöpfe mit Bewußtsein kann unsere Aufgabe also nur lauten, immer bewußter zu werden oder anders gesagt: unser Bewußtsein zu erweitern, um zunehmend Mitschöpfer zu sein. Das

bedeutet, schöpferisch tätig mehr und mehr aus dem kollektiven wie aus dem individuellen Unbewußten (siehe C.G. Jung) in unser Bewußtsein zu holen, wie man dem Meer Land abgewinnt und es urbar macht. Das ist der Weg der geistigen Evolution. Das wird uns nicht geschenkt, das will entwikkelt werden. Du hast das eben schon deutlich gemacht. Die Zeit existiert nicht, wie auch die Wissenschaft spätestens seit Einstein weiß, somit auch kein Karma. Wir haben das ja an anderer Stelle schon besprochen. Es steht uns jederzeit frei, einfach hinauszugehen aus der zeitbedingten Situation, sie einfach zu verlassen. Ob man es wirklich will, ob man es kann oder nicht kann, ob man nur angstvoll verdrängt oder wirklich fähig ist, das alles hinter sich lassen - das ist eine ganz andere, wenn auch zentrale Frage: Psychose und Neurose oder - Heilung!

Heil werden – heil sein... das hat ja auch etwas mit Heiligung zu tun, wie die Sprache uns wieder einmal lehrt. Wie du dich bis zu deiner nun erreichten hohen Reinheit viele Male gehäutet hast, Ishtuahavi, so stehen uns Menschen noch viele derartige Veränderungen an."

„Denn ohne Kokon gibt es den Schmetterling nicht, Alexa. Wir haben es schon öfter erwähnt, so daß dies fast schon ein abgedroschenes Beispiel ist, aber ein besseres muß einem erst einmal einfallen, um diese Metamorphose bildhaft zu beschreiben. Dieses Kokonstadium mag ja ein gemütliches, ruhiges und komfortables sein, aber, ohne in ihm sich zu entwickeln und zu reifen, sich dann aus ihm zu befreien, wird man nie erwachsen sein, nicht dem Kokon entwachsen und als ein schöner Falter in die Sonne fliegen können. Entwickeln – das bedeutet e n t -wickeln, Stufe für Stufe a u s -wickeln, bis der Inhalt zum Vorschein kommt. Währendessen kann es zu V e r - wicklungen – sprich Störungen kommen. Der Schmetterling ist nur ein Beispiel. Das gesamte Universum wie auch die ganze Erde verändern sich immerzu."

Ich fuhr fort:

„Wie Rilke sagt: *Was, Erde, wenn nicht Veränderung ist dein drängender Auftrag*. Entwicklungsstufen lassen sich weder im physischen noch im spirituellen Bereich überspringen. Du selbst sagtest mir, daß das Leben keine Olympiade ist, wo Rekorde aufgestellt werden müssen.

Für den physischen Bereich liefert uns die Entwicklung des Föten im Mutterleib einen eindrucksvollen Anschauungsunterricht. Jeder Körperteil entsteht in seiner dafür vorgesehenen Phase. Kommt es zu Störungen, die die Bildung bestimmter Körperteile nachhaltig verzögern, kann sie zu anderer Zeit nicht nachgeholt werden, und diese Körperteile bleiben unterentwickelt und damit mißgebildet. Die schaurige Geschichte des Medikamentenmißbrauchs von Contergan hat die Menschheit damals wach gerüttelt. Noch heute gibt es eine Reihe von Menschen mit fehlenden oder rudimentären Armen aus dieser Periode. Ein weiteres Beispiel möchte ich anfügen: ereignen sich beispielsweise während des 35. bis 42.Tages der Embryonalzeit gravierende entwicklungshemmende Störungen, kommt das Neugeborene später mit einer Lippen-Kiefer-Gaumenspalte - dem sogenannten Wolfsrachen - zur Welt, weil sich zu dieser Zeit normalerweise die beiden Oberkieferknochen einander annähern und zu einer Knochennaht verschmelzen."

„Das sind eindrucksvolle Beispiele, Alexa, die bei den Überlegungen weiterhelfen, wenn die Frage auftaucht:
''was muß ich tun, um ein spirituelles Leben zu führen... ''
TUN ist lediglich eine Entschuldigung an Stelle von SEIN. ''Tun'' im Sinne von Erreichen enthält immer ein ''Um-zu'' - d.h. dient einem Zweck. Zweckbedingtes Tun verursacht nie Freude und Erfüllung. Nur SEIN tut das. Aus spiritueller Sicht gibt es nichts, das erreicht werden muß. Solche Übungen – gleich welcher Art – sind nur Futter für das Ego.
Zu einem absoluten Horror für ihre Mitmenschen können die ach so ''guten'' Menschen werden, die dauernd und immerzu Gutes tun wollen. Gelingt dann tatsächlich mal ein positives Ergebnis, dann glauben sie natürlich, daß es ihrer unermüdlichen und meist krampfhaften Anstrengung zu verdanken ist. Was für ein Unsinn! Man ist nicht gut, weil man gut sein will. Das Gegenteil wird so ganz aus ''Versehen'' eintreten und sie erstaunen. Der Mensch kann nur in der Absichtslosigkeit gut sein – wie der Meister-Bogenschütze im Zen-Buddhismus: E S trifft – nicht er.
Geistige und damit spirituelle Entwicklung ist ein Werden - nicht werden, was die Menschen noch nicht sind, sondern dessen gewahr werden, was sie der Idee nach bereits sind. Werde, der du bist... du sagtest es an anderer Stelle schon. Das bedeutet: ein Gewahrwerden, das wie von selbst in ein Bewußtwerden mündet.
Ein sogenanntes spirituelles Leben - was soll denn das sein?
Das gibt es doch gar nicht, weil es das Gegenteil nicht gibt. Alles ist spirituell. Die Ebenen des Bewußtseins existieren allräumlich-allzeitlich oder ohne Raum und ohne Zeit. ''Tut immerhin, was ihr wollt, aber seid mir erst solche, die wollen können'', sagt Nietzsche."...
... und ich flocht ein:
„... oder wie die Bhagavad Gita sagt: ''tu was du willst, aber wolle, was du sollst.''"
„Das ist die gleiche Weisheit, aber noch kürzer, noch prägnanter ausgedrückt", fuhr Ishtuahavi fort. „Wenn ein Mensch danach strebt, mehr zu sein, ist es doch ein Eingeständnis, daß er weniger ist, d.h. sich nicht akzeptieren kann. Es wird das Gegenteil davon eintreten, was er erreichen will, weil dieses Ungleichgewicht des Wollens nach Balance strebt. Sich aus uneingestandener Untüchtigkeit und Weltfremdheit seelische Überlegenheitsgefühle antrainieren, bereitet schon den kompensatorischen Absturz vor: ich nenne es den ''Ikaruseffekt''– eine nicht mehr ganz unbekannte Art in die Neurose zu fallen. War es das Abenteuer wert? Neue Wege zu beschreiten, ist immer

ein Abenteuer, ja! Aber man kann sich gut vorbereitet oder naiv und unwissend auf die Reise begeben."

„Da erhebt sich die Frage, wieweit man aus den Erfahrungen anderer, insbesondere sogenannter weiser älterer Menschen wie auch unserer Lehrer lernen kann", gab ich zu bedenken.

„Das ist ein berechtigter Einwand, Alexa. Bei aller Liebe zur Tradition, auf der die Basis der Erziehung und der Bildung der Menschen fußt! Die Menschen müssen und werden in ihrer Fortentwicklung immer an den Punkt kommen, wo kritikloses und unreflektiertes Angaffen alter Lebensregeln, alter Denk- und Glaubensmuster nicht weiterhilft. Ohne Weiterentwicklung etablieren sich unfruchtbare Stagnation und mit ihr Verkrustungen im seelischen und geistigen Anteil des Menschen, die sich auch im körperlichen Bereich manifestieren und sogar in der Physiognomie sichtbar werden. Wann immer von Traditionalisten '' die guten, alten Zeiten'' durchgekaut werden, wird keine Weisheit zu Tage treten.

Die ''weisen'' Alten mit ihren ''Erfahrungen'': was sind sie denn wirklich wert? Oft sind diese doch nur subjektiv und passen in dieses Leben eben dieses Menschen und sonst nirgendwo hinein. Über diese individuellen und subjektiv gemachten Erfahrungen verbreiten sie sich dann, daß man vor lauter Langeweile das Gähnen nicht unterdrücken kann. Es stellt sich doch die Frage: haben sie daraus gelernt? Und: w a s haben sie daraus gelernt?

Das allein zählt und ist mitunter erzählenswert. Frag doch mal diese beiden Fragen ganz provokant. Sie werden dich unhöflich finden, aber immerhin möglicherweise aufhören mit dem Gequassel und den erhobenen Zeigefinger senken. Spannend mag es durchaus sein, welche Erfahrung jemand in einer Gefährdung machen konnte. Aber genauso wird der Ablauf ein zweites Mal nicht wieder vorkommen. Es bleibt keinem erspart, sich selbst intensiv auf die individuelle Situation vorzubereiten und einzustellen. Sich einer Sache, z.B. einer Maschine bedienen, ohne zu wissen, wie man sie handhaben muß, ist ein sträflicher Leichtsinn. Man muß schon die Bedienungsanleitung genauestens durchlesen und sich nicht nur auf eine Einweisung verlassen, bei der mitunter wichtige Punkte versehentlich nicht zur Sprache kamen. Mit einer solchen Unbekümmertheit macht man durchaus lebensgefährliche Fehler.

Ein Fehler ist, wenn etwas fehlt: Wissen nämlich. Wissen kann unter Umständen die Erfahrung ersetzen. Man braucht dann die Erfahrung nicht zuerst zu machen, um zu wissen. Das ist wichtig, denn die Menschen werden nicht alt genug, um alle Fehler selbst zu machen.

Du weißt beispielsweise, daß man von A nach B einen Weg von 5km Länge zurücklegen muß. Du weißt auch, daß du für diese 5 km weit länger als eine Stunde zu Fuß brauchen wirst, weil man dir gesagt hat, daß die Straße ziemlich beschwerlich und unwegsam ist. Du weißt, daß du sehr gutes

Schuhwerk benötigst. Du mußt diesen Weg nie selbst gegangen sein: du hast das alles ausgekundschaftet, weil erfahrene Wanderer dir viele wichtige Details vermittelt haben und du außerdem noch schriftliches Material dar- über durchlesen konntest. Du mußt also nicht erst unliebsame Erfahrungen machen, d.h. dich in ungeeigneten Schuhen 3 Stunden lang mit Blasen an den Füßen vorwärts quälen. Oder aber du sagst dir: ich will vorher gar nicht wissen, was mich erwartet. Ich glaube einfach nicht, was man mir so erzählt. Ich will das alles selbst erkunden. Dann allerdings mußt du dich besonders gründlich auf alle Eventualitäten vorbereiten:

1. Komfortable Kleidung – den Witterungs- und Temperaturbedingungen entsprechend
2. eine leichte Regenhaut, falls es in dieser Gegend Regen gibt
3. Festes bequemes Schuhwerk und gut sitzende Socken
4. Geld für alle evtl. Fälle
5. Pflaster für eine kleinere Verletzung oder Blase am Fuß
6. Armbanduhr, evtl. Kompaß
7. Landkarten
8. Ausweis oder besser - nur eine Kopie davon
9. evtl. – falls Netz möglich – ein Handy.
10. Proviant und Wasser

Diese Fragen sind zusätzlich zu durchdenken:
a. Wieviel Zeit könntest du schlimmstenfalls brauchen?
b. Wie sind die Wetteraussichten?
c. Kann man – so notwendig - irgendwo auf der Strecke übernachten?
d. Sollte man lieber zu zweit oder mehreren gehen, weil es eine einsame Gegend ist und man vor Überfällen nicht sicher sein kann.
e. Wie schützt man sich dagegen?

Alexa, guck nicht so gelangweilt. Ich bin ja schon fertig mit meiner Liste. Na- türlich kommen die Unverbesserlichen sofort mit der Frage, wo denn das Abenteuer dabei bleibt... usw.. Keine Bange: es wird trotzdem nicht ausblei- ben, aber ein höchst erfreuliches sein. Diese Aufzählung klingt in deinen Oh- ren wohl etwas banal, aber sie ist nur ein simples, aber praktisches Beispiel, und sie soll dir ein Gefühl für systematische Vorbereitung übermitteln, die nicht nur im physischen, sondern auch im geistig-seelischen Bereich not- wendig und wichtig ist.
„Das ist schon richtig, was du sagst, Ishtuahavi. Ich höre auch schon auf, ge- langweilt zu schauen. Daß du aber auch immer alles gleich bemerken mußt!! Fassen wir also zusammen: eine Selbstüberschätzung ist genau so wenig hilfreich wie eine Selbstunterschätzung." Ishtuahavi fuhr fort:

„Eine Selbstverurteilung oder eine mangelnde Selbstwertschätzung ist eine Art Gotteslästerung des ICH BIN. Denn wenn du vor der Gottheit Augen bestehst, das Göttliche dich liebt, so wie du bist, warum bist du dann anderer Meinung? Sich nicht widersetzen – nicht urteilen – einfach SEIN! ICH BIN in meinem inneren Heiligtum zentriert: nichts anderes ist zu tun, als das Bewußtsein immer wieder dorthin zu lenken. Dort gibt es keine religiösen Dogmen, keine Priester, keine Gurus, keinen Shri Soundso, die dir sagen, was du zu tun oder wie du zu sein hast. Du weißt alles, weil ICH BIN alles weiß.

Dan Brown hat es auf eine knappe und nüchterne Formel gebracht: *Göttliche Erleuchtung ist manchmal nichts weiter als ein Justieren des Verstandes auf etwas, das das Herz längst weiß.*

Die eingangs angesprochene Frage haben wir nun schon beantwortet. Aber sag doch jetzt etwas über das Gottesverständnis allgemein.

Hier stört und unterbricht dich keiner, und ich bin eine sehr gute Zuhörerin, wie du weißt."

„Oh, ja, das bist du in der Tat. D a s Gottesverständnis oder d a s Gottesbild gibt es in logischer Abfolge zu dem, was wir gerade erläutert haben, eben überhaupt nicht. *Absolute Feststellungen fallen in den Bereich des Glaubens – oder der Unbescheidenheit*, sagt C.G. Jung.

Von m e i n e m Gottesverständnis zu sprechen, wäre wiederum anmaßend, da ich mir nicht einbilde, das Göttliche zu verstehen. ES ist für den dual verhafteten Menschen nicht vorstellbar oder denkbar. Es fehlt uns das Vokabular. Alle Beschreibungen liefern doch nur Hinweise und Aufzählungen, was das Göttliche n i c h t ist.

Gottesverständnis würde zunächst einmal Gotteserkenntnis voraussetzen. Denn wie kann man etwas verstehen, das man gar nicht kennt. Spätestens hier müssen wir logisches Denken einfordern!

Doch Gotteserkenntnis gibt es nicht, kann es aus folgendem Grund nicht geben:

Die Erkenntnis setzt als Resultat erst einmal einen Erkennenden und ein Zu-Erkennendes voraus.

Da haben wir wieder die Dualität: der Erkenner - das Erkannte.

Erkenntnis ist also dual und schließt somit Wahrheit und Irrtum gleichermaßen ein.

Das Göttliche tritt uns nicht als ein zu erkennendes Objekt gegenüber, das wir unserer Erforschung unterziehen können. Das Göttliche ist nicht dual, sondern die von uns nicht zu erkennende Einheit. Uns können sich allenfalls Aspekte des Göttlichen offenbaren. Wir erreichen bestenfalls eine uns gemäße und nur relative Annäherung an diese Aspekte, die einen uns gemäßen Spielraum der Erfahrung öffnen.

So wenig wie wir das Leben oder das Sein schlechthin erkennen können.

´´Am farbigen Abglanz haben wir das Leben´´, sagte Goethe. Er meint damit diese Aspekte, von denen auch Shri Aurobindo spricht.

Aber in dem Wort ''Verständnis '' steckt auch das Wort ``Einverständnis''.
Das hilft uns entscheidend und wesentlich weiter: das Einverstandensein mit
allem, was ist - mit allem göttlichen Wirken, auch wenn es sich uns (noch)
nicht erschließt:

Fiat Voluntas Tua - Dein Wille geschehe - wie Jesus lehrte.

Tief in meinem Inneren, wo ich dieses göttliche Wirken empfinde, umfaßt ES
für mich ein riesiges Gebiet: mein ganz persönliches Terrain nämlich - mit
dem Schild:

''Baustelle – Unbefugten ist der Zutritt verboten'' "

Ishtuahavi lachte: „Bin ich befugt?"

„Du bist es - ja!" antwortete ich ebenfalls lächelnd. „ Es sind diese Aspekte
des Göttlichen, die man z. Z. lebt, bearbeitet, durchdenkt, durchwandert: für
einen – den nächsten – Lebensabschnitt – immer im Bau, Umbau, Neubau,
Teilzerstörung, Umstrukturierung. Es gibt dort keine Baukräne oder Bulldo-
zer, sondern umgepflügtes Ackerland, auf dem immer andere erstaunliche,
farbenprächtige Pflanzen keimen - Samen entwachsend, die eine höhere
Fügung säte:

eine höhere Fügung deshalb, weil dieser Vorgang so ganz und gar dem persönlichen Willen und Eingreifen entzogen scheint. Dieser wunderbaren Fü-
gungen wird man dann staunend gewahr. Man fängt an zu beobachten und
entdeckt, daß sie sich häufen, je mehr man die Seele mit heiterer Gelassenheit auf Empfang schaltet. Es kann richtig spannend werden, wenn man die
zwischenzeitlichen ''Leerzeiten'' nicht entmutigt als Mißerfolge wertet, sondern als schöpferisches Luftholen, dessen es immer wieder bedarf, und das
man ohne Ungeduld abwarten können sollte.

Die Gewißheit, daß man es auch ruhig und gefaßt abwarten kann, diese gelassene Hingabe zeitigt den Erfolg.

Der schöpferische Mensch muß einst vom dem tragischen Homo sapiens
zum magischen Menschen mutieren, der alles Tragische ins Magische verwandeln kann, weil er seine Bewußtheit für diesen Vorgang entwickelt hat:
die geistige Evolution vom Anthropos tragikos zum Anthropos magikos oder
– lateinisch ausgedrückt - vom Homo tragicus zum Homo magicus. Ein Zwi-
schenstadium könnte der komische Mensch sein, wenn er in seiner Tragik
nicht schon komisch genug wäre.

Einige wirkliche Philosophen, Künstler, Dichter, Musiker, genialen Wissen-
schaftler haben diese Phasen in ihrem Leben durchlebt. Einige unter ihnen
konnten diese Wandlung mit sich geschehen lassen in voller Hingabe und
Einverständnis gegenüber den sie wandelnden Kräften. Der Phönix, der der
Asche entsteigt, ist das Symbol für diesen schöpferischen Vorgang, der
auch alle Formen der Geburtswehen in Hingabe überdauert hat. Wer dieser
Hingabe und dem Erwarten-Können keinen Raum geben will und kann, läuft
Gefahr zu scheitern.

    * Ehe nicht die Frucht reift, schüttle nicht den Ast,
      was du zu früh erwirbst, du unvollkommen hast.*"

„Ja, Alexa. Der Καιρός (kairos) – der richtige Augenblick – wie ihn die alten
Griechen nannten - ist etwas selten beachtetes, sehr wichtiges in einem
Menschenleben."

        * Unser Krankheit schwer Geheimnis
          schwankt zwischen Übereilung und Versäumnis*,

sagte Goethe", flocht ich ein. ...und Ishtuahavi fuhr fort:
„Dieser Καιρός ist immer das JETZT. Über die Magie, den magischen Menschen, sprechen wir nochmals gesondert. Es hat fast nirgendwo mehr Mißverständnisse gegeben als zu diesem Themenbereich – und zugleich so
heftige Ablehnung, die einer panischen Furcht entspringt.
Ich möchte dich aber noch an die Zeilen erinnern– auch aus der Bhagavad
Gita - die das Göttliche so wunderbar schlicht umschreiben. Weißt du sie
noch?"
„Ich werde es versuchen:

        * Durch Waffen wird ES nicht verletzt,
          das Feuer verbrennt ES nicht,
          durch Wasser wird ES nicht ersäuft,
          noch bringt der Wind ES zum Vertrocknen,
          ES wird von nichts durchdrungen,
          unverbrennlich, unzerstörbar ist ES,
          doch durchdringt ES alle Dinge,
          unbeweglich selbst bewegt ES alles.*"

Wir schwiegen. Ganz versunken in die letzten Worte ließ ich meine Augen
zu meinen geliebten Kokospalmen am Ende der Bucht wandern, grüßte mit
einem liebevollen Blick ihre majestätischen, sich im Winde wiegenden Sil-
houetten, die sich in den Abendhimmel zeichneten. Ishtuahavi berührte mich
leicht am Fuß, was so etwas wie einen Gute-Nacht-Gruß bedeuten sollte,
und ich nickte ihr zu, bevor sie lautlos verschwand.

18.

Die tropische Natur hat immer viel Faszinierendes zu bieten: krabbelnde und fliegende Insekten und ähnliches Getier gibt es in Hülle und Fülle in diesem Klima. Von den weniger beliebten Mosquitos und Cucarachas (18) möchte ich allerdings nicht berichten. Auch die Riesenspinnen und die Taranteln sind nicht jedermanns Sache, mögen sie auch noch so nützlich sein gegen all die Insekten, die uns ab und an gern plagen.

Die Blattschneiderameisen zum Beispiel sind rührend anzuschauen, wenn sie ihre schweren Lasten alle schön in Reih und Glied transportieren. Auch die filigrane Gottesanbeterin hat etwas Lieblich-Zartes, auch wenn sie nach der Begattung ihren Ehemann aufzufressen pflegt. In nichts zu übertreffen sind die Farben und fabelhaften Muster, in denen sich die vielen Schmetterlinge zeigen - in ganz winzigen bis riesigen Größen. Ein Dorado für Biologen, Ornithologen, Botaniker. Erst kürzlich wurde eine noch nirgendwo beschriebene Echsenart entdeckt: sie ist ausgewachsen nur 1,6 cm lang. Scheue Aras im leuchtenden Federkleid lassen sich in kleinen Schwärmen beobachten, Kolibris und auch andere winzig kleine Vögel bevölkern die Gärten, in der Luft sieht man hin und wieder große Geier kreisen, woraus zu schließen ist, daß sich ein verendetes Tier irgendwo am Boden befinden muß. Eulen lassen des Nachts ihren Ruf auf waldigen Anhöhen vernehmen, neugierige Reiher kommen gern mal am Gartenpool zu Besuch.

Von meinen besonderen Lieblingen muß ich noch berichten: äußerlich eher unscheinbare Vögel mit grau-brauner Flügeldecke, weißlicher Brust, in Größe einer Bachstelze. Dies sind ihre Merkmale, die auf den ersten Blick nicht sonderlich interessant erscheinen. Aber diese Vögel haben eine faszinierende, ja geradezu betörende Stimme: ein Zwitscher- und Koloratur-Repertoire, das die europäische Nachtigall in jedem Wettbewerb auf die Plätze verweisen würde. Flugkünstler sind sie außerdem: sie suchen sich im Garten hoch in den Bäumen einen toten Ast mit gutem Überblick und Bewegungsfreiheit als Startplatz aus, von dem sie ungehindert im Sturzflug auf die Wasseroberfläche des Pools zusteuern können, streifen mit dem Bauch das Wasser, starten durch und landen auf einem anderen gegenüberliegenden Ast. Dort plustern sie ihre Federn auf und schütteln sich kräftig, um dann ihre besondere Art der Körperpflege noch einige Male zu wiederholen. Eigentlich üben sie diesen Kunstflug nur, wenn es ringsherum ruhig ist und gerade keiner im Pool planscht. Deshalb bin ich besonders stolz darauf, es einmal erlebt zu haben, wie zwei Vögel ohne jede Scheu diese Platzrunde wagten, während ich im Wasser gerade so vor mich hin schwamm.

Meine Sympathie gilt natürlich auch den Geckos, die uns öfter im Hause besuchen - stets willkommen als Insektenvertilger. Ich entdecke immer mal wieder ein Geckobaby in meinem Wohnzimmer und muß aufpassen, daß ihm nichts geschieht, es nicht versehentlich zertreten wird.

Wer sich für Mineralien interessiert, findet wundervolle Exemplare von Bernstein vor, der ganz anders ist, als der von der deutschen Ostsee, und in allen gelblichen, bräunlichen und - als Besonderheit - auch in blauen Farbtönen glänzt.

Etwas ganz Spezielles ist der hellblaue Halbedelstein mit Namen „Larimar", den es nur hier auf der Insel gibt und sonst nirgendwo auf der Welt.

Natürlich muß man das Zuckerrohr erwähnen: liefert es doch das Nationalgetränk Rum in vielen Variationen: dorado (golden = dunkel) oder blanco, den weißen. Anejo oder Extra viejo – gealtert oder extra alt. Ein Tragito (Schlückchen) ist unverzichtbar, um in das Lokalkolorit einzutauchen. Das soll natürlich dem Alkoholkonsum nicht das Wort reden, daß ich da ja nicht mißverstanden werde… aber in Stimmung versetzen kann so ein Zaubertrank denn doch, wenn er als Zutat fruchtiger Cocktails serviert wird.

> * Der Wind spielt in den gefiederten
> Zweigen schlanker Palmen,
> über den weiten, weißen Strand
> kommen braune Gestalten
> auf leichten Füßen,
> Bachata -Rhythmus in den schwingenden Hüften:
> Sie bringen karibischen Zaubertrank
> von dunklem Rum und exotischen Früchten.
> Laß dich ein auf ihre bunte, heitere Welt,
> und für Augenblicke wird dein Leben
> gelassen und so wundervoll leicht sein....*   A.R.

Der Kreativität beim Cocktail-Mixen setzt der Rum keine Grenzen.

In der ''Cuba libre'' (Cola auf Eis mit Rum) verschwindet er ganz brav und harmlos, aber in Gesellschaft vom Koffein der Cola hat er es in sich.

Schon vor Jahrzehnten habe ich in Afrika gelernt, daß man gut daran tut, alkoholische Getränke nie vor Sonnenuntergang zu genießen: eine bestens erprobte tropische Regel, die ich schon einmal erwähnt habe. Denn in der Sonne wird aus einem kleinen Schwips schnell ein Sonnenstich, der alles andere als harmlose Folgen, ja sogar einen bedrohlichen Kreislaufkollaps zeitigen kann. Es gibt natürlich eine Reihe von schmackhaften Sundowners (19), die man gern zur Abendzeit vor dem Dinner mit Freunden genießt. Piñacolada - wie schon erwähnt - ist ein stilvolles und wohlschmeckendes Happy Hour (20) Getränk aus Ananas, Kokosmilch und Rum auf zerstoßenem Eis – auch ohne Rum sehr schmackhaft.

''Quaipirinha'' besteht aus weißem Rum mit viel Limonensaft - auf frischen Limonen serviert ein Geheimtip. Aber diese Getränke kennt man auch auf den anderen Inseln, während der von mir so geschätzte fruchtige Planter´s Punch hier merkwürdiger Weise auf keiner Getränkekarte steht: eigentlich ein durch und durch tropischer Cocktail.

Typisch für die DOM - manchmal in kleinen Gläschen als Zugabe im Restaurant serviert - ist der Likör ''Mamajuana''. Er gilt als Libido-Stimulans, aber eher um ihn interessanter zu machen.

Man kann und sollte ausprobieren, ihn selbst herzustellen. Von einem typischen Rezept will ich aber nicht berichten, denn das riefe sofort 100 unterschiedliche Meinungen der ''Experten'' auf den Plan. In den Supermercados gibt es mit verschiedenen Holzstückchen gefüllte Flaschen zu kaufen. Kurz gesagt werden diese von vielerlei Pflanzen stammenden Holz-Teilchen zunächst mit Rotwein angesetzt, der nach einer bestimmten Zeit weggegossen wird, um Rum und reichlich Honig Platz zu machen.

Ich habe auch mal herumprobiert, doch das erste Ergebnis war ziemlich bitter und ließ sich mit noch mehr Zucker und Honig auch nicht kaschieren. Ich habe den Likör dann für eine Zeit im Schrank vergessen, da die nachfolgenden Versuche erfolgreicher ausfielen.

Gestern fiel er mir wieder ein und - siehe da - jetzt schmeckte er. Er war aber ungewöhnlich dunkel und stark.

Genug der Theorie. So ging ich jetzt mit einer Piñacolada in den Garten und setzte mich in einen gemütlichen Stuhl, den Strand zu meinen Füßen, die auslaufende Brandung nur wenige Meter entfernt. Es war schon etwas kühl geworden im Wind dieses Januarabends, so daß ich mir etwas Wollenes um die Schultern gelegt hatte. Der Januar ist der kälteste Monat hier – wenn man von Kälte überhaupt reden kann bei Nacht-Temperaturen um 20°C. Dieses Jahr rutschte das Thermometer allerdings auch schon eins um andere Mal etwas tiefer. Die lebhaften Lüfte hatten alle anderen Strandbesucher wohl vertrieben, so daß ich wieder einmal die beschauliche Einsamkeit mit mir allein verbringen und genießen konnte - oder vielleicht mit Ishtuahavi?

Kaum gedacht, da war sie auch schon präsent. Ich sagte nichts und drehte mich nicht um, fühlte sie aber hinter mir irgendwo schon auftauchen.

Wir ließen uns gegenseitig Zeit, und so konnte ich schweigend und in Gedanken versunken mein Getränk genießen, bis mein Glas vollends geleert war.

„Ishtuahavi, das ist kein sehr geeigneter Platz um über Magie zu reden, oder?" begann ich schließlich das Gespräch und stellte mein Glas beiseite. Sie erschien auf einem Baumstumpf dicht neben mir.

„Nein, Alexa, nicht unbedingt. Aber ich schlage vor, wir sprechen heute über all das, was Magie n i c h t ist. Was sie ist – das behalten wir einem späteren Zeitpunkt vor, einverstanden?"

„Du hast wie immer recht, denke ich. Heute eröffnest du, Ishtuahavi. Also, was ist Magie nicht?"

„Der Mensch will - seit er auf Erden wandelt - schon immer gern in die Zukunft schauen: in seine eigene und – unerlaubt neugierig - auch in die anderer Menschen. Wenn er dafür allerlei Mittel, Methoden und Rituale bemüht, so hat das nichts mit Magie zu tun."

„Genau, Ishtuahavi. Astrologie, Kartenlegen, Tarot, Orakelbefragung jeglicher Art, Handlesen und Wahrsagerei, auch verschiedene Tricks der Illusionisten – dem allen haftet zwar etwas faszinierend Mysteriöses an, aber unter Magie muß man etwas ganz anderes verstehen. Die Ausübenden sind - wenn auch durchaus zuweilen seriös und keine Scharlatane – dennoch keine Magier. Manche geben sich allerdings gern ein solches Flair - in entsprechendem Ambiente und dazu gehöriger Kleidung - und ratsuchende Menschen verstärken diesen Nimbus."

„Du weißt ja, Alexa, daß all diese Methoden eine Aktivierung des Unterbewußtseins, das sich aus dem Unbewußten speist, hervorrufen. Diese Aktivierung ist Übungssache. Jeder kann sie lernen und dann seine eigenen Befragungen und Deutungen vornehmen.
Die innere Stimme über die gewählte Methode sprechen lassen – mehr ist es eigentlich gar nicht, aber auch nicht weniger. Kleine Kinder haben bisweilen noch diese Hellsichtigkeit, die dann später verloren geht. Oftmals sind auch die Erzieher daran schuld, weil sie dem Kind verbieten, ``Lügenmärchen`` zu erzählen. Das ist sehr verwirrend für ein Kind, wenn es etwas berichtet, das es tatsächlich gesehen hat.

Du warst 2 Jahre alt, als folgende kleine Geschichte passierte:
deine Eltern besichtigten mit dem Eigentümer zusammen eine leere Wohnung, die sie eventuell anmieten wollten. Während die Erwachsenen an einem Tisch saßen und sich unterhielten, begabst du dich in eine Ecke und spieltest mit einem unsichtbaren Hund, streicheltest ihn und sprachst mit ihm - daran erkenntlich, weil du immer alle Hunde ´´Wawi´´ nanntest.
Der Vermieter bemerkte es, unterbrach erstaunt das Gespräch und sagte: ´´Ich kann das nicht glauben! Ihr Kind spielt mit meinem Jagdhund, der dort in dieser Ecke seinen Platz hatte. Ich habe ihn gestern einschläfern lassen müssen.``
Du hast ihn tatsächlich gesehen. Die Erwachsenen hat dieser Vorfall eine Weile beschäftigt, und der ehemalige Hundebesitzer war von diesem Tag an nicht mehr derselbe, denn diese Geschichte hatte prägenden Einfluß auf ihn."

„Ich kann mich natürlich nicht erinnern, aber mir wurde diese Begebenheit später von meiner Mutter erzählt. Zurück zur Aktivierung des Unterbewußtseins: so hoppla-hopp mal eben zwischen Tür und Angel ein paar Karten ziehen oder Münzen werfen – das funktioniert doch sicher nicht?"

„Natürlich nicht, Alexa. Dem verschließt sich – schon zum Eigenschutz – das innere Wesen." Ich fuhr fort:
„Eine gesunde Skepsis ist sicher auch geboten vor allen möglichen merkwürdigen ''Wunder-Leuten'': Hexen und Zauberern – wie sie sich heutzutage ungestraft nennen können, ohne auf den Scheiterhaufen der Inquisition verbrannt zu werden. Auch Wahrsagerinnen, die es auf jedem Jahrmarkt gibt und sich meist regen Zuspruchs erfreuen, sollte man nicht ohne kritische Vorsicht für sich tätig werden lassen."
„Eigentlich gefährlich sind sie ja nicht, Alexa. Aber es kann zu einer Beeinflussung kommen, die einer Manipulation gleichkommt. Das gilt auch für Prognosen mit Hilfe der Astrologie. Erzähl doch mal die Geschichte von der kleinen Zigeunerin."

„An einem kalten Regentag im März kam ich aus der Praxis meines soeben von mir konsultierten Orthopäden in München. Es schüttete wie aus Eimern, aber ich gelangte nur wenig durchnäßt in mein Auto, da ich glücklicherweise direkt vor der Tür einen Parkplatz erwischt hatte.
Am Beifahrerfenster erschien das Gesicht einer kleinen Zigeunerin, aus deren langen schwarzen Locken das Wasser in schmalen Rinnsalen herunter lief. Sie sah so niedlich aus - wie ein kleines verregnetes Kätzchen – und sie tat mir leid. Mit einem Griff hatte ich meine Handtasche zwischen meine Füße gestellt und mich in Sekundenschnelle vergewissert, daß nichts Interessantes für evtl. kleine Langfinger in Reichweite lag. Dann ließ ich sie auf dem Beifahrersitz Platz nehmen. Mir war im Vorhinein vollkommen klar, daß sie den üblichen Hokuspokus mit der Handleserei etc. machen würde, und sagte zu ihr:
''o. k. du bekommst DM 10,-, aber nicht mehr. Ich bin selbst eine berühmte Astrologin, mußt du wissen. Das mit dem ''berühmt '' war natürlich aufgebauscht, um sie zu beeindrucken. Tatsächlich habe ich jedoch drei Jahre lang bei Wolfgang Döbereiner gelernt und seine philosophische, psychologische wie auch homöopathische Sichtweise im Umgang mit der Astrologie studiert.
Das kleine Mädchen erzählte allerlei aus meiner Hand und schließlich, daß ich noch in diesem Jahr operiert werden würde. Ich schüttelte den Kopf: sicherlich nicht! Sie blieb hartnäckig bei ihrer Deutung. Dann entnahm sie ihrer Tasche ein paar Kräuter und einen kleinen ''Glücksstein''. Dafür wollte sie ungeachtet unserer Abmachung dann nochmals DM 50,- kassieren. Ich dürfe das nicht ausschlagen, sonst würde ein Unglück passieren. Ich blieb dabei: hier sind die DM 10,- und keine Mark mehr... und sie solle jetzt gehen. Sie überließ mir dann doch unentgeltlich ihre Kräuter und das Steinchen, da sie es nicht über das Herz brächte, mich im Unglück zu wissen. Sodann stieg sie aus und rannte durch den Regen zu ihrer an der nächsten Straßenecke aufgetauchten Mutter, die schon gespannt auf sie wartete.

Ich wurde tatsächlich ½ Jahr später operiert. Mir fiel danach die kleine Zigeunerin wieder ein. Trotzdem hat sie keine echte Weissagung gemacht, sondern sehr schlau beobachtet, daß in der orthopädische Praxis viele Patienten ein- und ausgehen, die sicher auch zu einem hohen Prozentsatz operiert werden. Unter diese Patienten reihte sie mich ohne viel zu überlegen ein, in der Hoffnung, meine Neugierde zu reizen und damit weitere Befragungen zu provozieren - natürlich gegen Aufpreis.

Sie las nämlich gar nicht wirklich in den Handlinien, was jeder andere auch sofort erkannt hätte. Man kann leichtere bis schwerere Gesundheitsstörungen in den Handlinien durchaus erkennen, wenn man sich darin auskennt. Ob das letztlich aber zu einer OP führt, ist eher nicht erkennbar. Ohnehin hätte ich sie ja auch - mit oder ohne diese OP - kaum jemals zur Rechenschaft ziehen können. Das wußte das kleine Hexlein doch ganz genau und konnte deshalb felsenfest auf seiner Behauptung bestehen.
Aber Vorsicht! So eine Aussage hat nicht selten Suggestiv-Kraft. In manch anderem Fall, wo die Diskussion entsteht: OP – ja oder nein – könnte eine solche ins Blaue hinein erfolgte ´´Zigeuner-Weissagung´´ die Entscheidungen des Klienten beeinflussen. Die ausgeschlagenen ´´Glücksbringer´´ könnten später dann plötzlich an irgendeinem Unglück für schuldig befunden werden…´´…hätte man doch damals nicht…´´..etc., etc.
         Da gibt es auch diese erpresserischen ´´Glücksbriefe´´ per Email, die man sofort an jemanden weiterschicken muß, um Glück zu haben, andernfalls ein Unglück vorausgesagt wird. Die meisten schicken diese Emails weiter – man weiß ja nie…Dabei handelt man sich nicht selten einen sogenannten Internet-Virus ein, weil die Emails sich häufen und das eigene Postfach überschwemmen, daß man sich nur noch retten kann, wenn man die eigene Email-Adresse wechselt und die alte nicht mehr öffnet. Das verlangt aber, daß man alle, von denen man weiterhin Emails empfangen will und auch geschäftlich empfangen sollte, benachrichtigen muß.“
„Bis wieder ein neuer Glücksbrief eintrifft und da capo…
Was es den Wahrsagerinnen so einfach macht, ist der eng umgrenzte Themenbereich, um den sich immer wieder alles im Leben dreht, “ fuhr Ishtuahavi fort. „Bei der Weissagung geht es doch immer um diese fünf Dinge: Liebe – Beruf – Finanzen – Familie – Gesundheit. Die Reihenfolge habe ich jetzt ganz willkürlich gewählt. Die Prioritäten wechseln je nach individuellem Spannungscharakter der Thematik.
Wie du schon sagtest: meist kann die Wahrsagerin – es handelt sich ja überwiegend um Frauen, die diesen Job machen - schon einige Anhaltspunkte im Vorhinein finden oder aber sie trickreich erkunden. ´´ Fühlen Sie sich nicht wohl? Ich sehe Störungen in Ihrer Aura´´… oder… ´´Sie tragen ein rotes Kleid. Ist das Ihre Lieblingsfarbe?´´ …Erkundigungen von Vorlieben und Ablehnungen sind schnell erhoben und tragen einiges zur charakterliche

Zuordnung des Klienten bei. Neuerdings bezeichnen sich ja sogar mit Stolz wieder einige Frauen als Hexen und schreiben Bücher über Magie, in denen allerlei Rezepte und Beschwörungsrituale empfohlen werden. Das gehört aber nicht in unser heutiges Gespräch.

Natürlich gibt es Begabungen unter den Kartenlegerinnen – ganz ohne Zweifel. Aber sie können meist nur immer so gut sein, wie ihre Klienten es zulassen. Wer nur einer augenblicklichen Laune folgt und sich eher zum Zeitvertreib weissagen läßt, wird in den seltensten Fällen tatsächlich eine zukunftsweisende Deutung erfahren. Der ernsthafte Klient jedoch bereitet sich schon einige Tage vor dem Besuch einer renommierten Kartenlegerin auf seine ihm wichtigen Fragen vor. Es sollten nie mehr als drei sein. Er sollte dann versuchen, sich zu neutralisieren – besser noch loszulassen. Letzteres ist meist zuviel verlangt in den mit Spannung besetzten aktuellen Themen. Dann kann das Unterbewußtsein mitarbeiten, und es kommen brauchbare und gute Antworten zustande." Ich fuhr fort:

„Meine Mutter ließ sich einmal von meiner Großmutter verführen, eine vielfach empfohlene Kartenlegerin aufzusuchen. Mein Vater war nicht mehr am Leben. Dies aber verschwiegen die beiden Frauen der Wahrsagerin. Überhaupt achteten sie streng darauf, ausweichend oder nichtssagend zu antworten, um keinerlei Brücken zu bauen, die diese Frau hätte nutzen können. Sie schaute sich die Karten an, dann meine Mutter und sagte:

´´Was sind Sie denn für eine merkwürdige Person! Sie sind Witwe, aber doch auch wieder nicht! Was soll man dazu sagen?! Weihnachten noch nicht, aber gleich dann... spätestens Neujahr geht es los... dann ist er da... da geht´s los... ja... gucken Sie nicht so.... Sie werden´s ja sehen!´´" Ishtuahavi fuhr fort:

„Deine Mutter verließ kopfschüttelnd das Haus. Sie war Witwe. Dein Vater war tot und würde auch nicht wiederkommen.

Am Neujahrstag kam dann eine Meldung im Radio: eine Liste von Namen einiger Spät-Heimkehrer aus der russischen Kriegsgefangenschaft wurde verlesen. Der Name eines langjährigen, nahestehenden Freundes deiner Eltern war darunter. Deine Mutter kannte ihn schon, bevor die Liaison mit deinem Vater ihren Anfang nahm. Sie mußte ihn also nicht erst kennenlernen, so daß es gar keine Frage war, daß sie noch im gleichen Jahr heiraten würden. Es gab deinen Stiefvater schon in ihrem Unterbewußtsein. Was für eine überwältigende Freude... und du hattest bald einen neuen Vater, der bis zu seinem Tod dein weiser Ratgeber werden sollte."

„Das war eine wundervolle Schicksalswende für uns, o ja! Die Wahrsagerin, die eigentlich ihre eigene Aussage selbst nicht so richtig begreifen konnte, weil sie allzu paradox anmutete, hatte vollkommen recht.

Ewel, wie wir meinen Stiefvater nannten, war es übrigens, der mir Respekt vor seriös gehandhabter Astrologie einflößte. Er sagte nie viel, aber die wenigen Sätze, die er zum Geburtshoroskop eines mir gut bekannten, ihm

aber völlig fremden Menschen äußerte, trafen vollends ins Schwarze. Das hat mich fasziniert, besonders wie er mir mit wenigen Worten erklärt hat, was Astrologie ist, und was sie bedeutet:
''Sieh mal, Alexa'', sagte er, ''nichts geschieht zufällig. Das Universum kann sich in seiner Gesetzmäßigkeit keine Zufälle leisten. Was in einem bestimmten Zeitmoment an einem bestimmten Ort geboren oder geschaffen wird, hat die Qualität dieses Zeitmoments und dieses Ortes. Wir müssen dann nur noch die darin enthaltenen Symbole und ihre Signale deuten und verstehen lernen.''"
„Trotzdem hat dieser Respekt dich lange nach seinem Tod erst bewogen, das ''Handwerk'' der Astrologie von der Pieke auf zu lernen", sagte Ishtuahavi.
„Ich war zunächst zu abgeschreckt durch den laienhaften Mißbrauch, wie ihn eine Verwandte – nennen wir sie Pia - tagaus- tagein ''praktizierte''. Den unseriösen, manipulativen Umgang empfand ich als ausgesprochenen Psychoterror, so daß ich Reißaus nahm und mir jegliche Einmischung, als die ich diese aufdringlichen und unerwünschten Prognosen werten mußte, ausdrücklich verbat. Zudem trafen sie noch nicht einmal im Ansatz ein. Da hätte ich ja gleich die täglichen trivialen Sprüche der Zeitungshoroskope lesen können. Diese Pia und ihre Praktiken waren auch der Grund, warum ich sehr viel später erst zur Naturheilkunde und insbesondere zur Homöopathie gefunden habe."
„Ja, Alexa. Diese Frau hat viel Unheil angerichtet, wie wir beide wissen. Sie war eine Dilettantin mit ein bißchen angelesener Kenntnis, ohne ein tieferes Wissen", ergänzte Ishtuahavi. Und ich fuhr fort:
„… und gerade diejenigen sind es, die sich professionell geben, sich anmaßen, unqualifizierte Beratungen durchzuführen, sich sogar dafür bezahlen lassen. Du weißt ja, Ishtuahavi, wie viele selbsternannte Psychotherapeuten und Heilpraktiker ohne jegliche Ausbildung oder gar Examina unkontrolliert ihr Unwesen treiben dürfen, weil diese Berufsbezeichnungen per Gesetz nicht ausreichend oder gar nicht geschützt sind. Besagte Pia maßte sich auch diese Berufsausübung an. Sie hat eine Reihe von Ehen auseinander gebracht und war auch noch stolz darauf."
„Schwache Menschen kann man leicht manipulieren, Alexa. Das hat sie ausgenutzt. Sie hat niemals Menschen in Versöhnung zusammengeführt, immer nur getrennt. Diese Ebene der Trennung, der Eifersucht, des Intrigantentums konnte sie bis zu ihrem Lebensende nicht verlassen. Aus ihrem eigenen inneren Un-Heilsein hat sie Unheil nach draußen transportiert. Anstatt aber dann ihre Neurose, die aus der übersteigerten, ja schon zwanghaft zu nennenden Beschäftigung mit prognostizierender Astrologie, Traumdeutungen und ähnlichen Aktivitäten ständig neue Nahrung bekam, einer Heilung zuzuführen, hat sie auf geradezu teuflische Weise dieses ihr Kranksein Schwachen und Hilfesuchenden aufgepfropft und damit viel Unheil angerich-

tet. Natürlich kann man auf diese Weise nicht zur Befreiung aus der eigenen Neurose gelangen oder von ihr geheilt werden, sondern wird geradezu zum Sammelbecken für derartige unheilvolle psycho-traumatische Verstrickungen.

Diese Verstrickungen kann man sich bildhaft als ein unübersehbares Wirrwarr von Fäden vorstellen, die unaufhörlich v e r -wirrender und damit in zunehmendem Maße immer schwieriger zu e n t -wirren sein werden. Es ist schier unglaublich, wie ein Mensch sich so etwas antun kann. Sie wird sich selbst so viel zu verzeihen haben – und das ist tatsächlich in solchen Fällen meist weitaus schwieriger, als anderen zu verzeihen. Auf dieser Ebene wird sie neu ansetzen müssen im nächsten Leben, weil sie in dieser Inkarnation noch nicht die Wende zur verzeihenden und vereinigenden Liebe beginnen konnte. Es fehlte ihr ein dafür entwickeltes Bewußtsein. Man kann annehmen, daß eine große, tiefe, angstvolle Einsamkeit durchlebt werden muß: die gnadenlos erscheinende, innere Wüste – bis zur Läuterung, d.h. Bewußtwerdung. Aber danach wartet auch auf sie die erlösende, grüne, erfrischende Oase."

„Diese Erfahrungen lehren eigentlich, daß man sich gar nicht auf fragwürdige Ratgeber und deren Methoden einlassen sollte, Ishtuahavi..."

„Hast du ja auch nie, Alexa. Du hast es dann immer lieber selbst erlernt, als dich derlei Praktiken auf niedrigem Niveau auszuliefern. Deine wissenschaftliche Art zu denken, von der ich - wie du weißt - nicht immer etwas halte, kommt dir dabei zu Hilfe. Dein psychologisch und philosophisch trainierter Verstand läßt dich die Schwachstellen recht schnell erkennen. Man macht dir nicht so leicht etwas vor. Aber du weißt doch: jeder Mensch bekommt den Arzt, den Rechtsanwalt, den Lehrer und Berater, den er gerade in dieser seiner Lebensphase und auf seinem Niveau ''verdient''. Das gilt ebenso für die von Pia ''therapierten'' Patienten, was aber wiederum für Pia nicht als Alibi herhalten kann. Auch du hast das am eigenen Leibe mehrfach spüren müssen: den ''falschen'' Anwalt, den ''falschen'' Arzt. Diese Erfahrungen mußtest du auch machen. Sie waren Erfüllungsgehilfen für deine jeweilige Schicksalsphase. Du hast das längst begriffen und machst keine Schuldzuweisungen mehr."

„Ja, das ist wahr, Ishtuahavi. Aber wie du schon sagtest: Astrologie und I Ging wie auch Tarot habe ich selbst erlernt und mir nicht irgendwelche Prognosen von anderen ''Experten'' oktroyieren lassen. Mit Ausnahme der Astrologie lassen sich die Methoden leicht lernen. Es gibt einschlägige Literatur darüber. Den charaktervollen Umgang damit bekommt man allerdings nicht mitgeliefert. Astrologie kann man eigentlich nur in den technischen Grundzügen erlernen. Früher war es eine schwierige Rechnerei, ein Horoskop zu erstellen und dann zu zeichnen. Das war sehr hinderlich und verschlang viel Zeit. Heutzutage im Computerzeitalter gibt es verschiedene Softwares, mit denen man in Minutenschnelle ein Horoskop fertig ausgedruckt vor sich liegen hat. Natürlich war ich weiterhin neugierig und habe die eine oder andere ´´Beratung´´ getestet: von einigen Ausnahmen abgesehen - meist mit dem Aha-Effekt eines Mißerfolgs. Zukunftsdeuterei ist absolut unseriös. Die Konstellationen in der Astrologie können nur momentane Phasen umschreiben. Was dann tatsächlich eintrifft oder sich ereignet, das kommt auf den Augenblick und seine Umstände an. Ich stelle das auch meist erst hinterher fest."

„Einmal hast du einem Freund und damaligen Lebensgefährten geraten, in der nächsten Woche vorsichtig Auto zu fahren, weil du zufällig eine akute Uranus-Mars-Auslösung gesehen hast."

„Er war ein umsichtiger und guter Autofahrer, dem man normalerweise solche Ratschläge nicht zu geben brauchte. Tatsächlich hatte er in der folgenden Woche einen ziemlich schwerwiegenden Autounfall, war selbst allerdings so gut wie kaum verletzt", fuhr ich fort. „Aber er stand lange als Hauptschuldiger im Visier der Justiz, die ihn für eine Massenkarambolage mit einer Todesfolge verantwortlich machen wollte. Dieses Damoklesschwert schwebte während der langen Voruntersuchungen ein Jahr lang über ihm, bis sein Anwalt seine Unschuld überzeugend unter Beweis stellen konnte. Er beschwor mich, nie wieder für ihn eine Prognose abzugeben, obgleich er zu intelligent und auch unvoreingenommen genug war, um hierin einen suggestiven Zusammenhang in Form einer sich selbst erfüllenden Prophezeiung zu sehen.

Es war ja mehr so nebenbei passiert, daß ich diese Konstellation gesehen habe. Im Allgemeinen sehe ich das auch gar nicht als hilfreich an und betreibe keine systematischen Voraussagen – weder für mich noch für andere. Wer will denn auch sein tägliches Leben total von solchen Prognosen beeinflussen oder gar dominieren lassen. Die fröhliche Unbefangenheit geht verloren, und der Mensch fühlt sich den Klauen der Zukunft ausgesetzt - verängstigt und zwanghaft immer den Blick auf irgendwelche Vorher- und Voraussagen geheftet. Dann werden sie leicht zu Menschen wie diese Pia oder zu deren Klienten." Ishtuahavi fuhr fort:

"… genau wie in dieser indischen Legende:

ein indischer König empfing bei der Geburt seines Sohnes die Weissagung, daß sein Sohn an seinem 15. Geburtstag von einem Bären erschlagen werde. Als die Zeit fast um war, und der 15. Geburtstag des Kronprinzen näher rückte, ergriff der Vater alle erdenklichen Vorsichtsmaßnahmen, die schließlich darin gipfelten, daß der junge Prinz schon einige Wochen vor seinem Geburtstag sein Zimmer im obersten Stock des Palastes nicht mehr verlassen durfte und sogar von den besten Jägern des Landes Tag und Nacht bewacht wurde. Im gesamten umliegenden Land war seit längerer Zeit weit und breit kein Bär gesichtet worden. Der Geburtstag kam heran. Draußen hatte sich das Volk versammelt, das dem jungen Thronfolger zujubeln wollte. So trat er auf den Balkon, um die Glückwünsche der Untertanen entgegenzunehmen. In diesem Augenblick löste sich unter dem Dach eine von den Skulpturen, die schon seit dem Bau des Palastes zum Schmuck dort angebracht waren, fiel tosend herunter und erschlug den Prinzen: die Skulptur hatte die Gestalt eines Bären.

Das soll zeigen, daß sich das Schicksal nicht austricksen läßt. Doch jeder kann sich seine eigene Hölle erschaffen. In der gelassenen Hingabe und dem Einverstanden-Sein mit allem, was geschieht, ereignet sich alles, was sich ereignen muß. Was also hat der Mensch von seinem neugierigen Herumstochern in der Zukunft?" Ich antwortete:

„Das einzige, was man davon hat, ist, Phasen deutlicher zu erkennen, die man gerade durchlebt, und sie damit auch besser einordnen und akzeptieren zu können."

„Das allerdings ist richtig, Alexa. Nehmen wir z.B. eine Saturnphase. Sie ist sicherlich nicht geeignet, um – auf welchen Gebiet auch immer – zu expandieren, neue Aktivitäten zu beginnen. Sie ist eine Phase der Zusammenziehung, der Konzentration, der Verinnerlichung und auch durchaus der vorbereitenden Planung. So gelebt, erweist sich diese Phase als fruchtbar, während extravertierte Unternehmungen Mißerfolge einfahren würden. Für Expansion – wie für alle extravertierten Aktivitäten – verheißt dann eher die Jupiterphase den Erfolg." Ich fuhr fort:

„Auch einer Partnerschaft abzuraten, wenn man astrologisch stark konträre Veranlagungen sieht, ist unerlaubte Einmischung, die ich immer zurückgewiesen habe. War ich doch selbst gebranntes Kind durch diese vorhin genannte Pia. Wenn diese Menschen ein Stück oder auch den ganzen Weg des Lebens gemeinsam gehen wollen und wohl auch sollen, dann sind in diesem Ablauf Erfahrungen enthalten, die diese beiden dann wohl machen müssen – wie glücklich oder unglücklich sie dabei auch sein mögen. Wie komme ich dazu mich einzumischen? Es ist und bleibt auch dann eine Einmischung, wenn ich ausdrücklich gefragt werde. Bitten und Anfragen sind kein Alibi, dieses Gesetz der Nichteinmischung zu umgehen oder zu mißachten."

„Du selbst hast schon manches Mal entscheidende Einsichten aus deinem Horoskop gewinnen können, Alexa."

„Ja, Ishtuahavi. Das mag folgendes Ereignis erläutern: ich habe einmal für ein ¾ Jahr unfreiwillig meinen Führerschein abgeben müssen. Ich war nicht schuld an dem Autounfall, dessen Verursachung mir ungerechtfertigter Weise angelastet wurde. Ich habe weder irgendeinen Unfall gesehen, noch durch ein angeblich rücksichtsloses Fahrverhalten provoziert, geschweige denn demzufolge Fahrerflucht begangen.

Da ich auf der morgendlichen Nebenstrecke mit meinem flotten Sportwagen nicht zu übersehen und somit wohl allseits bekannt war wie ein bunter Hund - wie man zu sagen pflegt - konnten mich zwei Autofahrer, die absichtlich ineinander gefahren waren, leicht verleumden, um davon mit einem gut getarnten Versicherungsbetrug zu profitieren. Meine Unschuld wurde erst sehr viel später bewiesen. Mich vertrat zunächst ein für Verkehrsdelikte total unfähiger Anwalt. Zudem sah ich mich einem gegen mich voreingenommenen Amtsrichter gegenüber, der die hinterhältige Gemeinheit dieser beiden Verleumder nicht erfaßte und wohl auch gar nicht durchschauen wollte. Alles, was er sagte, war himmelschreiend ungerecht.

Aber ich sah in meinem Horoskop Konstellationen, die die folgenschwersten Deutungen zuließen: Unfall, schwere Verletzungen, Krankenhaus und vieles mehr. So verstand ich augenblicklich, daß es mir doch vergleichsweise recht gut ging. Ich folgerte, daß eine gütige Vorsehung – oder wie immer man das nennen mag - mich wohl aus dem Verkehr gezogen und in ''Schutzhaft'' genommen haben mußte. Sogleich hörte ich auf, die Faust in der Tasche zu ballen, und begann dankbar zu sein. Alle anderen Probleme lösten sich dann überraschend schnell. Glücklicherweise stand ein Frührentner sofort zur Verfügung, um mich täglich in meine Praxis zu fahren. Der flotte Flitzer wurde abgemeldet und in der Garage erst einmal eingemottet.

Als ich – wie gesagt - drei Monate später die 1. Gerichtsverhandlung unter Vorsitz des eben erwähnten Amtsrichters verlor, kam ich nicht sonderlich enttäuscht aus dem Gerichtssaal. Das Ergebnis hatte sich ja astrologisch schon abgezeichnet: diese gesamte Phase war noch nicht um. ½ Jahr später wurde in 2. Instanz vom Landgericht zu meinen Gunsten entschieden. Den zwei Verleumdern wiesen die Richter mittels eines Sachverständigen-Gutachtens ihr eigenes provozierendes Verschulden des Unfalls nebst ihrer Falschaussage nach und belegten sie mit empfindlich hohen Geldstrafen. Ich hätte sie ja außerdem noch auf Schadensersatz verklagen können. Ich wollte aber mit dem ganzen Vorgang abschließen, mich mental damit nicht weiterhin blockieren und den ganzen Fall frisch und fröhlich ad acta legen."

„Ja, Alexa. So konnte die Astrologie zu deiner Einsicht und zu deiner Beruhigung beitragen und dir die Gelassenheit geben, die du für deine tägliche Arbeit auch dringend brauchtest. Du hättest noch weitere Beispiele zu berichten, aber dieses hier ist wohl eindrucksvoll genug."

„Zur Erkenntnis dessen, was die derzeitige Lebensphase von einem fordert, ist die Astrologie wirklich hilfreich. Wie man ganz konkret handeln soll, welche Alternative die wirklich bessere ist zum Beispiel - das ist meist nicht herauszulesen.", ergänzte ich.

„Dazu hast du dann den I Ging – das sogenannte Buch der Wandlungen – dir ergänzend zu eigen gemacht: das mehr als 3000 Jahre alte Orakel der Chinesen, Alexa."

„Der großartige und verehrungswürdige Sinologe Richard Wilhelm hat nach mehr als 20-jährigem Aufenthalt in China und fast eben so langer Erforschung und Übersetzung dieser alten Texte den I Ging nach Europa gebracht. C.G. Jung hat sich erfreut - ja geradezu beglückt geäußert, Richard Wilhelm wie auch den I Ging noch kennengelernt haben zu dürfen in seinem hohen Alter. Das hat mir den Anstoß gegeben, mich mit diesen übersetzten altehrwürdigen Texten zu beschäftigen. Es sind schon einige Jahrzehnte inzwischen, die ich mit dem I Ging arbeite.

Zu eigen gemacht – das zu behaupten wäre allerdings mehr als unbescheiden. Er erschloß sich mir sehr langsam, ja fast zäh. Das Sich-Erschließen ist eigentlich immer noch nicht abgeschlossen – wird es wohl auch nie sein. Der I Ging gibt einem immer wieder neue Rätsel auf, fordert sich zu öffnen, sich zu besinnen, sich vorzubereiten, richtungsweisend und intensiv zu arbeiten. Ich habe aber trotzdem nicht den leichteren Weg eingeschlagen, nur noch mit späteren Kommentatoren und Herausgebern zu arbeiten, die flüssiger zu lesen und scheinbar müheloser zu verstehen sind. An erster Stelle stehen für mich trotz aller Schwierigkeiten die Texte von Richard Wilhelm und von Meister Yüan-Kuang – beide auf ihre Art in einer unnachgiebig strengen, ja fordernden Sprache. Natürlich habe ich auch noch einige Bücher anderer Kommentatoren dazu erworben, in die ich immer wieder gern ergänzend hineinschaue. Aber auch hier gilt, die vermeintlichen ''Gefahrenzeichen'' ähnlich wie in der Astrologie den Saturn, den Uranus oder den Neptun zu interpretieren – eben oftmals den übertragenen Sinn der Symbolik zu erkennen.“

„Ja, Alexa. Die Handhabung der Stäbchen für den I Ging zu erlernen, ist kinderleicht. Aber dann wird es wirklich ernst. Und nur wer ernsthaft daran arbeitet, wird sich des I Ging erfolgreich bedienen können. Dazu muß das Schwarz-Weiß-Denken ausgeschaltet werden. Es muß erkannt werden, daß das Licht immer siegt. Licht ist ja nicht das Gegenteil von Finsternis, sondern Finsternis ist die Abwesenheit von Licht. Mach das Fenster auf und laß in den dunklen Raum das Licht hinein: draußen wird es deshalb nicht dunkler. Die Finsternis weicht dem Licht, wo immer man es an Einfluß und Ausbreitung gewinnen läßt. Die Orakelbefragung des I Ging will Licht in dein Unterbewußtsein bringen, hervorholen, was du im tiefsten Grunde deines Wesens schon weißt... die qualitas occulta – die verborgene Bedeutung lesbar machen, wie C.G. Jung es nennt.

Aber sehr ernst ist die Mahnung: es ist kein Spiel zum Zeitvertreib!

Das Fernsehen wie auch das Internet bieten schon entsprechende Programme und Sendungen an, d.h. sie hätten sich wohl gern seiner bemächtigt. Das wird natürlich nicht gelingen.“

„Zum Glück!“ rief ich aus und fuhr fort: „Diese unseriösen Menschen und ihre Methoden machen auch vor dem Heiligsten nicht halt! Per Mausklick jeden Tag Astrologie, Tarot, I Ging – na toll!! Das kann wie das Glücksspiel im Casino zur Sucht werden. Nichts geht mehr ohne '' Absicherung'' durch irgendwelche vorherigen Befragungsspielchen. Sie haben auch stets eine Lösung im Programm, wie trivial und dümmlich auch immer... auch wenn es gar keine Antwort gibt, weil die Frage derzeit nicht relevant ist oder falsch formuliert wurde. Es gibt nur ''Treffer'' - das ist das Teuflische daran."

„... das ist in der Tat teuflisch zu nennen, Alexa. Du weißt ja selbst, wie lange du mit einer Frage umgehst, sie von allen Seiten beleuchtest und betrachtest, sie umformulierst, bis sie dann endlich zu Papier gebracht ist und du die Befragung vorbereiten kannst."

„Ja, und dann fängt die eigentliche Arbeit erst an: ich ziehe mich zurück und sorge dafür, daß ich nicht gestört werden kann. Ich beginne, mich zu konzentrieren, dann Affirmationen zu sprechen, meinen inneren Meister um Beistand gegen unliebsame, nicht gewollte Einflüsse zu bitten, bevor ich anfange. Du kennst meine sonstigen dazugehörigen Rituale. Ich will mich nicht weiter dazu äußern. Jeder muß seine eigene Zeremonie – wozu auch Räucherungen mit Weihrauch oder Räucherstäbchen u. a. sehr gern gebraucht werden – selbst kreieren. Die Anweisungen aus alten Büchern über Rituale bei magischen Anrufungen sollte man ganz bewußt aus dem Spiel lassen. Wir sagten ja schon, daß wir es hierbei nicht mit Magie zu tun haben und auch nicht zu tun haben wollen. Aber wie schon gesagt: eine ungestörte, konzentrierte, ernsthafte und durchaus weihevolle Stimmung soll entstehen, dem fast heilig zu nennenden Ernst der Fragen angemessen: eine meditative Haltung und Hingabe an die göttliche Vorsehung. Wenn es sich um Fragen handelt, die sich in Kürze von allein erledigen, also nur von vorübergehendem Interesse sind, sollten sie gar nicht erst gestellt werden. Das Orakel dient nicht der Befriedigung von Neugierde oder einer Laune, weil man gerade nichts Besseres zu tun hat. Es ist auch kein Gesellschaftsspiel, mit dem man sich in einer fröhlichen Runde vergnügen kann. Auf keinen Fall darf man Fragen für andere und deren Angelegenheiten stellen, sondern nur seine eigenen. Man soll allein, ungestört, hochkonzentriert und sehr ehrfürchtig mit dem Orakel umgehen."

„Man wird sonst auch nur unverständliche Hexagramme erhalten, mit denen man überhaupt nichts anzufangen weiß: Antworten, die sich nicht so richtig einordnen und daher unbefriedigt lassen. Du kennst das, Alexa. Oftmals erscheint dann das Hexagramm 4 – die Jugendtorheit - das dem Frager deutlich macht, wie töricht und unreif er sich gerade jetzt verhält und, daß er es besser unterlassen sollte, weitere Fragen zu stellen. Dann muß man die Frage ruhen lassen und innerlich erst einmal durcharbeiten, bevor man erneut daran gehen kann. Wann immer du aber eine Antwort bekamst, die du ganz und gar nicht erwartet hast, ist sie wegweisend und wichtig gewesen."

„... und ob, Ishtuahavi! Das gefällt einem dann manchmal überhaupt nicht. Aber ich habe mir innerlich geschworen zu befolgen, was mir geradezu wie ein Befehl zugewiesen wird. Wenn ich dazu nicht oder noch nicht bereit bin, befrage ich den I Ging nicht oder eben noch nicht und lasse die Angelegenheit erst einmal bis zu einem Punkt der Entscheidung reifen."

„Das ist das Entscheidende, Alexa. Wer diesen charakterlichen Zug noch nicht kultiviert hat, sollte tunlichst die Finger davon lassen. Denn er wird im wahrsten Sinne des Wortes von allen guten Geistern verlassen werden. Sie lassen sich nämlich nicht an der Nase herumführen. Du bist in den entscheidenden Momenten deines Lebens gut geführt worden, Alexa."

„Ja, und ich bin zutiefst dankbar dafür, mit Hilfe des I Ging oftmals überraschend schnell erkannt zu haben, was ich als nächsten Schritt tun soll. Ich wußte daher schon, bevor ich in dieses Land kam, daß es meine neue Heimat werden würde: alle Fragen dazu waren uneingeschränkt positiv beantwortet worden. Es war nicht das geringste Aber dabei. Wirklich unglaublich und überwältigend! Daß ich mich aus meiner alten Heimat verabschieden sollte, war nach meinen Träumen, den begegnenden Tagessymbolen und auch aus der I Ging-Befragung bereits klar und deutlich hervorgegangen.

Einige Jahre zuvor hatte ich schon fast alle anderen Karibik-Inseln während einer Schiffsreise mit der alten MS Europa besucht: deren Terrain war mir für mein Gefühl überall zu klein, und ich dachte mir, daß auch mich der sogenannte ''Inselkoller'' eines Tages erwischen könnte. Ich besuchte auf einer von mir privat und individuell organisierten Reise später Belize und fragte, ob das wohl ein Land für mich sei. Die Antwort lautete etwa: ''Du bist in der richtigen Richtung unterwegs, aber dein Ziel ist ein anderes, das du noch finden mußt''. Der Hurrikan wie auch alle anderen äußeren Umstände dort signalisierten mir zusätzlich, daß Belize nicht das Land meiner Zukunft sein würde.

Zwei Jahre später kam dann für dieses Land hier das bejahende Ergebnis."

„Man hat dich bewundert, Alexa, und sehr mutig genannt, daß du dich bereits bei deinem ersten Aufenthalt auf dieser Insel und dann auch schon gleich am 3. Tag dafür entschieden hast, dir hier dein neues Zuhause einzurichten, aber...."

„... aber ich war ja gar nicht mutig!" wehrte ich ab. „Ich wußte ja, daß es keines Mutes und auch keiner Experimentierfreude bedurfte. Es war doch alles so klar! Aber das ist es natürlich nicht immer! Es wäre auch zu einfach. Die jahrelange Arbeit daran im Verborgenen sieht man natürlich nicht auf den ersten Blick."

„Viele haben auch Schiffbruch erlitten in diesem Land: Vermögen wurden in den Sand gesetzt, Ehen gingen in die Brüche. Allzu große Vertrauensseligkeit war manchen ein schlechter Ratgeber - mit verhängnisvollen, wie auch lebensbedrohlichen Konsequenzen."

„Ja, Ishtuahavi. Du weißt so gut wie ich, welche Tragödien sich hierzulande im Laufe der Zeit unter manchen ''Gringos'' (36) abgespielt haben und sich leider auch weiterhin abspielen werden. Obwohl wir diese Ereignisse unter ''Schicksal'' wie auch ''Lernaufgaben'' einordnen wollen, so kann man doch eine Reihe von unnötigen Fehlern in diesen Geschichten entdecken, die bei vorheriger intensiver Analyse als vermeidbar einzustufen wären –

ohne sich dabei besserwisserisch hervortun zu wollen. Deshalb helfe ich – soweit ich kann – mit Rat und Tat gern, wenn Neulinge in diesem Land mich darum bitten. Denn wir alle werden nicht alt genug, um alle Fehler selbst zu machen."

„Du hast dich schon auch mal geirrt in deiner Auslegung des I Ging, Alexa".

„Ja, und nicht nur einmal - das will ich gar nicht verschweigen - im Gegenteil! Nicht umsonst steht am Eingang zum Orakel von Delphi: γνωθι σεαυτον (gnothi seauton) - erkenne dich selbst. Ohne die eigene Mitarbeit geht es nicht. Der bequemen Lösung werden nicht Tür und Tor geöffnet. Das Paradebeispiel dafür lieferte Krösus. Er befragte das Orakel zu Delphi, bevor er in den Krieg ziehen wollte. Die Antwort der Pythia lautete, daß er ein großes Reich zerstören würde, sollte er den Fluß Halys überqueren."

„… und er überquerte den Fluß und zerstörte ein großes Reich", ergänzte Ishtuahavi, „und zwar leider sein eigenes: der Perserkönig Kyros II. besiegte ihn 546 v. Chr., unterwarf ihn und zerstörte sein Lyderreich. Kyros jedoch begründete damals seine Hegemonie - die damalige Weltmacht des Perserreiches."

„Nun zu meinen Fehldeutungen:
es handelte sich einmal um eine Partnerschaftsfrage, die ich in der Anfangszeit einer neuen Beziehung stellte. Das Ergebnis war das Hexagramm 30 ohne Wandellinien. Es bedeutet das doppelte Feuer. Merkwürdigerweise wird dieses Zeichen von den Kommentatoren meist positiv bewertet. Natürlich stimmte mich das froh: eine doppelte Energie, die zusammenwirken würde, konnte doch nur ein glückliches Vorzeichen sein. Tom Riseman beschreibt als einziger Kommentator eine hitzige und engstirnige, d.h. starr an seiner Meinung festhaltende Person, wie das Feuer am Holz haftet, um es zu verbrennen und auch zu zerstören - während Meister Yüan Kuang nur vorsichtig, aber trotzdem eindringlich mahnt, der Ratsuchende möge den Gegenstand seiner Anhänglichkeit ausgiebig untersuchen. Diesen kommentierenden Text von Riseman nahm ich erst später zur Hand, und mir wurde augenblicklich die ganze Situation klar. Zu meinem Glück konnte ich dieses Strohfeuer bald zum Erlöschen bringen, bevor tatsächlich ein Unheil eintrat, und die Beziehung rechtzeitig beenden. Natürlich war für mich eine Lektion darin enthalten, die ich zu bewältigen hatte, bevor mir der Text von Riseman in die Hände fallen sollte."

„Hauptsächlich unter anderem die Erfahrung, daß ein Hexagramm ohne Wandellinien keine Entwicklung anzeigt, Alexa. Das kann in einigen Fällen ein positiver wie auch negativer Abschluß einer Situation sein. Eine neu beginnende Partnerschaft aber ohne die Dynamik einer Entwicklung ist schon bald tot, bevor sie so recht zum Leben erweckt wurde. In einer anderen Partnerschaftsfrage wiederum erhieltest du ebenfalls eine zunächst positive Antwort. Mit Auflösung der Wandellinien entstand jedoch das Zeichen 47 – die Erschöpfung. Du hattest das bald vergessen und durchlebtest mit dei-

nem Partner eine aktive glückliche Zeit. Nach 7 Jahren erschöpfte sich dann eure Beziehung tatsächlich. Die I Ging-Aufzeichnung fiel dir erst später wieder in die Hände. Natürlich war eure Zeit miteinander in dieser Beziehung vollkommen gewollt. Das Ende an den Anfang zu verlegen, wäre doch töricht gewesen und hätte euch beide um viele beglückende Erfahrungen ärmer gemacht. Es hat sich alles folgerichtig entwickelt." Ich fuhr fort:
„In der Konsequenz wichtig ist die Feststellung, daß es eigentlich ziemlich unnütz ist, auf Spurensuche zu gehen, wo denn die Versagensgründe liegen könnten. Wenn man den anderen wie sich selbst samt Fehlern annimmt und sich trotzdem bescheinigen kann, sich doch immer wieder ausreichend bemüht zu haben, dann kann man in aller Gelassenheit den Ereignissen begegnen, weil sich immer ereignen wird, was sich ereignen soll."
„So weise warst du früher noch nicht. Das hast du erst in reiferen Jahren gelernt, Alexa. In jungen Jahren hast du so manches Mal unglaublich gelitten und viele heimliche Tränen geweint. Aber einige deiner Tränen sind zu Perlen geworden: du hast in solchen Phasen einige gelungene Gedichte schreiben können."
„… hm…" ich schaute gedankenvoll vor mich hin, malte mit einem Stöckchen ein paar Kringel in den Sand. Ishtuahavi richtete sich vor mir auf. Das war eindeutig eine Aufforderung, ihr in die Goldaugen zu sehen.
„Guckst du, ob ich ein Tränchen zerquetsche?" fragte ich.
„Nein, ich weiß doch, daß du gar nicht an Vergangenem hängst oder sentimental darüber nachdenkst."
„Darf ich dir über den Kopf streicheln?", fragte ich vorsichtig.
„… hm…", antwortete sie, indem sie mich nachahmte, und es klang ein bißchen wie das Schnurren eines Kätzchens. Sie schob mir ihren Kopf entgegen.
„Es fühlt sich ganz warm an, wie ein weiches Fell", sagte ich, während meine Hand behutsam und sanft über ihren Kopf glitt.
„Weil du ´´warmes, weiches Fell´´ gedacht hast ", erwiderte Ishtuahavi.
Ich beugte mich zu ihr, und sie ließ es zu, daß ich sie ganz zart mit meinen Lippen auf der Stirn berührte. Sie schien es zu genießen und schloß für einen Augenblick ihre Augen. Dann machte sie einen Luftsprung, der eigentlich nichts anderes als ein lautloses, aber freudiges Juchhu bedeuten konnte, und verschwand. Ich mußte lächeln.
Hatte sie da eben so etwas wie ´´pfüati´´ gezischelt?

19.

Ich konnte mich kaum verhört haben vor ein paar Tagen. Sie muß ''pfüati'' gesagt haben, sinnierte ich vor mich hin. Ich mag diesen bayerischen Gruß. Er hat für mich etwas Liebes, Zärtliches... und er ist in Oberbayern zu Hause, wie auch ich es für lange Zeit gewesen bin - als Zuagroaste (Zugereiste), die sich über die Jahre schon das Anrecht auf einen weiß-blauen Paß verdient haben dürfte.

Ishtuahavi weiß das natürlich, drum hat sie 's ja gesagt. Für Nichtbayern: es heißt ungekürzt ''pfüati Gott'', was übersetzt heißt ''führ' dich Gott''. Ein guter, ein herzlicher Wunsch, der einem beim Abschied mit auf den Weg gegeben wird.

''Vaya con Dios''- ''geh mit Gott'' im Spanischen drückt Ähnliches aus. Sie sagen es nur nicht so oft – eher noch ''Adiós''... und mit einer ganz anderen Betonung natürlich.

„Unser letztes Gespräch war richtig gut, Ishtuahavi. Es wirkt noch in mir nach. Was meinst du, steigen wir j e t z t in das Thema '' Magie'' ein?"

Wir hatten schon eine Weile schweigend zusammengesessen, bevor ich mein Wort an sie richtete - geschützt unter dem ausladenden Cana-Dach auf der Dachterrasse - sollten die dicken Kumuluswolken, die sich vorerst nur sehr gemächlich vom Horizont auf uns zu bewegten, in der nächsten Stunde doch noch vorhaben, ein zünftiges tropisches Gewitter über uns herabzudonnern. Im Moment allerdings schützte uns das Dach vor der sengenden Sonne, die ungefiltert von jeglichen Wolken aus dem tiefblauen Himmel auf uns herabstrahlte.

„Sei nicht traurig und auch nicht ungeduldig, aber ich habe ein anderes, sehr wichtiges Thema für uns ins Auge gefaßt."

„Das wäre?"

„Nun: wir machen einen Ausflug in die Philosophie, Psychologie und Religion zum Thema ''Angst''. Die Angst wird unter verschiedenen und sehr unterschiedlichen Aspekten gesehen und erlebt in diesen drei Teilbereichen. Holen wir etwas weiter aus.

Zunächst sei doch erst einmal festgestellt, daß Angst uns aus dem Gleichgewicht wirft: körperlich – seelisch – geistig. Sie beeinträchtigt unser Wohlbefinden, also unsere Gesundheit. Mit anderen Worten: Angst macht krank."

„Dann sollten wir folgerichtig vorgehen und uns fragen: was ist denn überhaupt ''Gesundheit''?", flocht ich ein.

„Richtig, Alexa. Gesundheit wurde und wird noch häufig als Zustand völligen geistigen-seelischen-körperlichen Gleichgewichts definiert."

„Damit hast du bereits angedeutet, daß du dieser Definition nicht ganz zustimmen kannst, Ishtuahavi. Wie würdest du also diese Definition korrigieren wollen?"

„Ich möchte d i c h doch dazu bringen, herauszufinden, worin der Fehler besteht, Alexa Ich gebe dir einen Tip: denke mal über die beiden Substantive dieser Definition nach."

„Aha, ich weiß, was du meinst: einen Zustand völligen Gleichgewichts kann es ja nicht geben in einem Organismus, der ein höchst kompliziertes dynamisches Gebilde ist und demzufolge – bemerkt oder unbemerkt – immer irgendwie irgendwelchen Störungen ausgesetzt ist. Das heißt, daß der Ist-Zustand vom Soll-Zustand jederzeit - meßbar oder auch nicht meßbar - abweichen und aus der Balance geraten kann."

„Soweit gut, Alexa. Aber was ist denn nun tatsächlich unter Gesundheit zu verstehen?"

„Gesundheit bedeutet die Fähigkeit, jederzeit einen abweichenden Ist-Zustand wieder in den Soll-Zustand zurückzuführen. Diese funktionierende Selbstregulierung bei Auftreten von Störungen können wir als Gesundheit bezeichnen."

„Richtig, Alexa. Krankheit bedeutet demzufolge die Unfähigkeit der Selbstregulierung bei einer Störung. Diese Definition macht schon deutlich, wo die Therapie ansetzen sollte.

Es macht dauerhaft keinen Sinn, Medikamente einzusetzen, die nur darauf ausgerichtet sind, ein Symptom zu behandeln und dafür ein oder mehrere andere zu provozieren. Man kann natürlich ein blinkendes Warnsignal in seinem Auto, das einem auf die Nerven geht, einfach dadurch beseitigen, daß man das kleine Glühlämpchen herausschraubt. Nur quittiert das Vehikel vermutlich bald seinen Dienst."

„Die notwendige Therapie muß demzufolge die Selbstregulierung stärken", folgerte ich und fuhr fort: „Das gilt auch für psychische Erkrankungen, die nicht mit Psychopharmaka auf Dauer ´´in Schach gehalten´´ werden sollten. Daß ein kurzfristiger Einsatz kompensierender Medikamente angesichts einer heftigen, überschießenden Symptomatik gerechtfertigt sein kann, soll keineswegs in Abrede gestellt werden.

Diese Hilfe zur Selbsthilfe hat sich die Homöopathie auf die Fahne geschrieben.

Samuel Hahnemann hat sie im 18. Jh. begründet. Sein berühmt gewordenes Motto lautet: Similia similibus curantur (Ähnliches wird durch Ähnliches geheilt) Er hat mit pflanzlichen wie tierischen Giften bewundernswert mutige Selbstversuche vorgenommen und der Menschheit einen einzigartigen Dienst erwiesen, indem er Anleitungen zur unterschiedlich potenzierter Herstellung seiner Medikamente gegeben hat. Allmählich kommt auch mehr Toleranz von Seiten der Schulmedizin auf, besonders dann, wenn sie nicht mehr so recht weiter weiß. Das Grundsatzdenken der Homöopathie erfordert eine gesicherte Diagnose auslösender Ursachen unter Beachtung der Nebensymptome. Sie bietet wunderbare Möglichkeiten, ohne aber fanatisch alle anderen Methoden auszuschließen oder in jedem Fall ersetzen zu wollen. Das sei unbedingt angefügt."

„Laß uns nach diesem kleinen Abstecher zu unserem heutigen Thema ´´Angst´´ zurückkehren, dem wir uns widmen wollen, Alexa.
Zusammenfassend gesagt: Angst macht krank, indem sie uns aus dem Gleichgewicht wirft. Sie ist allgemein verbreitet, und es gibt keinen Menschen, der sie nicht erfahren hat und auch weiterhin erfahren wird. Soviel können wir erst einmal feststellen.
Ich möchte hierzu zunächst wieder einmal eine grundsätzliche Frage aufwerfen: was macht eigentlich den Menschen aus?"
Ich mußte mich innerlich und äußerlich erst einmal zurechtrücken und meine Gedanken sammeln, dann antwortete ich:
„Das Wesentliche, das den Menschen ausmacht, kann allenfalls erahnt und diese Ahnung vielleicht beschrieben werden. Diese Beschreibung muß jedoch fragmentarisch bleiben und nimmt sich aus wie ein unbeholfenes Stammeln, mögen die Worte auch noch so klug und geschickt gewählt sein. Dieses Manko haben die Philosophen aller Zeiten erkannt, wenn sie aufrichtig damit beschäftigt waren. Ich befinde mich demzufolge in illustrer Gesellschaft, wenn ich um den heißen Brei herumzureden scheine.
Laß mich einen kleinen Versuch wagen: diese Ahnung vom Wesentlichen des Menschen überkommt den einzelnen, individuellen Menschen, wenn er in aller Stille über sein Mensch-Sein nachdenkt, nachsinnt und sich besinnt. Wer über sein Mensch-Sein nachdenkt, will wissen, klopft an die Türe der universellen Weisheit. Er ist Philosoph in des Wortes ursprünglicher und unverfälschter Bedeutung. Die Philosophie ist ja durchaus kein Gelehrten-Privileg, wie manchmal apostrophiert. Sie verschließt sich gelegentlich sogar dem nur kopf-gesteuerten Menschen, der dann den verzweifelten Monolog beginnt, wie Goethes Faust es uns vorführt. So mancher dreht sich trotz ´´heißem Bemühen´´ im Kreise bei dieser Frage.
Ishtuahavi fuhr fort:
„Im Kreise drehen – das ginge ja noch, auch wenn es unproduktiv, langweilig und frustrierend erlebt wird. Aber indem der Mensch das ´´Sich-im-Kreis-Drehen´´ satt hat und aus diesem Kreis ausbrechen möchte, beginnt er nachzudenken – mit sehr unterschiedlichen Resultaten. Zunächst muß der Mensch sich einmal von sich selbst distanzieren, um einen ersten Überblick bekommen zu können. Dann kann das philosophierende Nachdenken beginnen, und das bedeutet: Einzeln- Allein-, Ganz-bei–sich-, mit dem universellen wie auch dem individuell empfundenen Mensch-Sein beschäftigt sein. Es bedeutet auch In-Frage-Stellen, was die Menschen gelehrt und ihnen anerzogen wurde, und inwieweit das alles tatsächlich für den individuellen

Lebensweg brauchbar erscheint oder, ob es modifiziert oder, ob es gänzlich verworfen werden sollte. Es geht um In-Frage-Stellen und Loslösung von allgemeinen erworbenen oder traditionellen Überzeugungen.

Tut der Mensch dies in einer bestimmten Phase nicht freiwillig, wird er gelegentlich schicksalhaft in die Isolation gezwungen: Krankheiten, Familienzerrissenheit, Existenzverluste sind die harten Lektionen, die den Menschen auf sich selbst zurückwerfen, wenn er diesem wichtigen inneren Drängen zur Reflexion nicht statt gibt. Er muß mit sich selbst klar kommen, bevor er wieder zum Dialog finden kann. Er wird feststellen, daß es zuweilen ein vollkommen anderer Dialog sein wird, als er ihn bisher gewohnt war. Das kann schmerzlich und auch verwirrend sein, wenn er erkennen muß, daß er in dieser Art menschlicher Umgebung und Gesellschaft, die eben noch für ihn gleichsam ein Zuhause bedeutete, sich plötzlich nicht mehr zurecht findet, daß man ihn nicht mehr versteht, und er nicht erkennt, warum das so ist. Er beginnt zu entdecken, daß er katalogisiert und instrumentalisiert war und womöglich noch immer ist, und daß all die gewöhnlichen Schemata und Schubladen, die so selbstverständlich zu seinem Leben gehörten, ihm jetzt bedrückend und einengend vorkommen.

Er kann psychisch und geistig erst einmal auf Distanz gehen, um Klarheit über sich und sein Leben in der gerade anstehenden Phase zu gewinnen. Aber dann muß er zurück auf den Boden der Tatsachen, will er sich nicht verlieren - Tatsachen eines veränderten und verändernden Lebens, denen er sich stellen muß."

Ich schaltete mich ein:

„... und wehe, da setzen Vorwürfe und Schuldzuweisungen ein. Sie müssen absolut und unwiderruflich in die Verbannung geschickt werden, ist das Schutzschild der Ausreden auch verführerisch bequem. Ich wiederhole mich, möchte aber noch anfügen, was Jaspers sagte:'' Die Erforschung des Menschen hat vielerlei Wissen gebracht, aber nicht das Wissen vom Menschen im Ganzen. Der Mensch ist grundsätzlich mehr, als er von sich wissen kann´´."

„Ja, Alexa, und an diesem Punkt angekommen, bekommt der Mensch es mit der Angst zu tun, die alles, was an Kindheitsängsten je erlebt wurde, in den Schatten stellen kann."

„Wobei wir bei dem Thema angelangt sind, das du uns für heute ausgewählt hast, Ishtuahavi. Angst hat in einem nie vorher dagewesenen Ausmaß die Menschheit ergriffen, bewußt oder unbewußt: die Menschheit als Kollektiv wie auch den einzelnen Menschen. Du hast recht: ein wichtiges Thema. Ich möchte mich nach einigem Zögern dem Psychologen Fritz Riemann anschließen und zwischen Furcht und Angst nicht ausdrücklich unterscheiden, weil es praktisch nicht besonders nützlich, wenn auch streng genommen philosophisch inkonsequent ist. Furcht hat auch etwas mit Respekt zu tun. Das Wort Ehrfurcht leitet sich davon ab. Mit diesem Wort hatte ich immer meine

Probleme. Furcht vor Gott z.B., also Gottesfürchtigkeit schließt Vertrauen eigentlich aus oder drängt es zur Seite, weil Distanz entsteht, die ein inniges Verhältnis stört. Das Wörterbuch der Philosophie nennt den Begriff Furcht objektbezogen, während Angst mehr allgemein zu verstehen ist. Reden wir also von der Angst und schließen die Furcht stillschweigend mit ein."

„Einverstanden, Alexa. Das Philosophieren über die Angst – oftmals bestehend aus vielen kleinen Ängstigungen – läßt uns nach ihrem Ursprung suchen."

„Ich denke, da werden wir doch – zumindest in unserem Kulturkreis – sehr schnell fündig, wo wir anzusetzen haben, " flocht ich ein. „Nämlich in der Götterwelt der Antike ebenso wie in der alttestamentarischen Genesis. Gab es in der Antike furchteinflößende, bedrohende und vernichtende Gottheiten, so doch auch immer hilfreiche Göttinnen und Götter, die der Mensch in seiner Not auf seine Seite zu bringen wußte.

Der alttestamentarische wie auch der muslimische Monotheismus hingegen kennen nur den rächenden Vatergott, vor dessen Unerbittlichkeit man sich nicht verstecken kann, und dessen Strafen Menschen wie auch Engel oder sonstige guten Geister macht- und hilflos ausgeliefert sind. Daß dieser allein herrschende Vatergott die Menschen angeblich lieben soll, fällt schwer zu glauben. Da hilft es auch nicht darüber hinweg, daß immer einmal wieder von seiner ˝Gnade˝ zu lesen ist."

„Ich gebe dir recht, Alexa. Der Polytheismus, der im Grunde nichts anderes tut, als waltende Kräfte mit Götternamen zu benennen und auf diese Weise personifiziert ansprechbar zu machen, ist genau genommen viel sympathischer, gerade und besonders in seiner charmanten Naivität. All die Halbgötter und Helden mit ihren archetypischen Symbolen in der Meisterung schwieriger Aufgaben sind eine Wunderwelt für sich, in der ich mich besonders gern aufhalte."

„Sicher, das paßt zu dir, Ishtuahavi. Ich kann auch immer wieder etwas Neues, vorher zu flüchtig Übergangenes in den symbolträchtigen Sagen entdecken und auf die eigene Lebenssituation anwenden.

Symbole erkennen und deuten: Tagessymbole – Traumsymbole! Das heißt dem Lied des Lebens lauschen, lauschen und immer wieder lauschen, bis man endlich fähig wird, ganz zaghaft anfangs, ein paar Töne, vielleicht bald schon eine einfache kleine Melodie mitzusingen. Wenn es soweit ist, möchte man in Jubel ausbrechen."

„Aber Vorsicht, Alexa. Danach kann wieder eine depressive Durststrecke kommen, die leicht Verzweiflungscharakter anzunehmen droht, weil man glaubte, etwas Unverlierbares erworben zu haben, das doch nur erst ein Aufscheinen, ein noch schwacher Anfangsfunke war, geliehen auf Zeit vorerst."

„Du holst mich immer wieder zurück, wenn ich einmal wieder ein bißchen zu schwärmerisch Reißaus nehmen möchte, Ishtuahavi.

Laß uns noch einmal von der Genesis sprechen, obwohl wir uns das Thema ja bereits schon vorgenommen hatten. Es ist eine kuriose Geschichte, die - anstatt einen angemessenen Platz in der Geschichte der Mythologie des Juden- wie auch des Christentums einzunehmen – immer wieder auf ebenso lächerliche wie auch fürchterliche Weise präsent zu sein scheint. Wenn man Theologen darauf anspricht, haben sie nichts Besseres zu entgegnen als, daß es doch nur symbolisch aufzufassen sei. Immer das gleiche monotone Lied zu ihrer Verteidigung. Da bemüht man plötzlich die Symbolik, um die man sich sonst herzlich wenig kümmern will. Wir haben das ja schon erwähnt, aber wir nähern uns diesem Thema jetzt nochmals aus der Sicht der ''Angst'', die wir heute besprechen wollen.

Natürlich haben sie recht: das alles ist nur symbolisch aufzufassen. Aber das macht es ja eher schlimmer als besser, wenn die Menschheit mit solchen Symbolen von Kindesbeinen an gefüttert und auf sie eingeschworen wird.

Die Genesis wie alle grausamen Märchen flößt Angst ein, katalogisiert böse und gute Menschen, Engel und Teufel etc. und läßt Vertrauen in einen liebenden Gott gar nicht erst aufkommen. Was Nietzsche in seinem Zarathustra dazu sagt, gefällt mir wieder einmal besonders: * Wer ihn als einen Gott der Liebe preist, denkt nicht hoch genug von der Liebe selber. Wollte dieser Gott nicht auch Richter sein? Aber der Liebende liebt jenseits von Lohn und Vergeltung *.

In der Genesis aber, wie sie sich im Alten Testament darstellt, wird klar, daß dieser symbolische Vatergott die Angst erschaffen hat - und zwar nicht nur symbolisch, sondern überall greifbar und fürchterlich präsent... .''

„… und das Böse, Alexa.''

„Das Böse?'' fragte ich nachdenklich. „Das Böse von Gott erschaffen?''

„Das Gute u n d das Böse, Alexa. Was gut ist, kann man nur erklären, wenn man weiß, was böse ist. Gut und böse sind ein polares Paar, die zusammen eine Einheit bilden, die Gott zugehörig ist. Das Gute und das Böse waren schon vor Adam und Eva da – laut Genesis, mit der wir uns gerade im Moment noch einmal beschäftigen.''

„Vorher?'' fragte ich nach. „Nicht erst als der berühmte Biß in die verbotene Frucht erfolgte?''

„Nein, Alexa, vorher! Denn es heißt im 1.Buch Mose 2,17: *…. aber von dem Baum der Erkenntnis des Guten und des Bösen sollst du nicht essen*''.

„Also dann hat es das Gute und das Böse tatsächlich schon vor dem sogenannten Sündenfall gegeben, und Adam wußte sicherlich nicht, worum es sich da eigentlich handelte. Das Böse entstand nicht durch den Ungehorsam des ersten Menschenpaares, sondern war bereits vorhanden, wenn auch für den unwissenden und unerfahrenen Adam bisher völlig unbekannt.''

Ishtuahavi nahm wieder das Wort:

„… und dann heißt es weiter unten im gleichen Absatz: *… dann wirst du des Todes sterben…* Auch davon konnten Adam und Eva nichts wissen,

keinerlei Vorstellung haben – mal ganz abgesehen davon, daß nach dem Übertreten des Verbotes zunächst nichts dergleichen geschah."
Ich ergänzte:
„Durch dieses Verbot wurde die Begehrlichkeit geweckt." Ishtuahavi fuhr fort:
„Die Begehrlichkeit, die Begierde – sehr richtig, Alexa. Sie ist die eigentliche ''Erbsünde'' der Menschheit, will man denn diese Vokabel überhaupt akzeptieren. Die Begierde wurde von diesem Vatergott initiiert und auf das Verbotene gerichtet. Vorher gab es sie noch nicht. Am besten gefällt mir da tatsächlich und ausnahmsweise einmal mein spezieller ''Freund'', der Apostel Paulus, der eigentlich mitten ins Fettnäpfchen tritt, wenn er wie folgt in Römer 7, 07-10 sagt:
Jedoch habe ich die Sünde nur durch das Gesetz erkannt. Ich hätte von der Begierde nichts gewußt, wenn das Gesetz nicht gesagt hätte: du sollst nicht begehren. Die Sünde hielt durch das Gesetz den Anstoß und bewirkte in mir alle Begierde, denn ohne das Gesetz war die Sünde tot… Als das Gesetz kam, wurde die Sünde lebendig."
„Das hat er wohl nicht so ganz bedacht, unser gemeinsamer ''Freund'', daß er hierin auch die sogenannte Erbsünde einschließen muß und nicht außen vor lassen kann, Ishtuahavi. Er hat gar nicht bemerkt, daß er damit dem Schöpfergott der Genesis ziemlich heftig am Zeuge flickt, indem er nochmals auch in Römer 4,15 betont:
''Sintemal das Gesetz nur Zorn anrichtet, denn wo das Gesetz nicht ist, da ist auch keine Übertretung.''"
„Richtig, Alexa. Komischerweise hat man aber Paulus nirgendwo und zu keiner Zeit dafür kritisiert oder gar offiziell getadelt. So muß man doch von diesem Gedankengut des Apostels annehmen, daß es am sogenannten ''Heiligen Stuhl'' Akzeptanz gefunden hatte, anderenfalls es diese Bibelfälscher in irgendeinem Konzil ja längst eliminiert hätten. Die Päpste jedoch haben es sich nicht zu eigen gemacht, waren sie doch zu allen Zeiten besonders eifrig darin, alle möglichen und unmöglichen Gesetze zu ihren Gunsten wie auch gegen alle Menschlichkeit zu erlassen."
Und ich erinnerte mich:
„Mir fällt dazu eine wunderbare Stelle in der Bhagavad Gita ein:
''Laß all dein Tun frei von Begierden sein, dann bist du frei von Schuld''
„Ja, Alexa. Verbote wecken aber Begierde, also ist dieser in der Genesis geschilderte Vatergott sehr suspekt. Als der Allmächtige und Allwissende hätte er doch die Folgen voraussehen können und müssen. Er hat die Versuchung in diesem Moment erschaffen, die es vorher gar nicht gab. Deine Frage ist zurecht formuliert: ``… und dieser Vatergott soll die Menschen angeblich lieben?``
… und dann vertreibt er sie auch noch. Sogar der tief im Christentum wurzelnde Kierkegaard empörte sich zurecht darüber, und Schopenhauer sagte:
*Diesen (Sündenfall) nun aber hätte jedenfalls Der vorhersehen müssen…,

daß ER aber ihnen eine Falle gestellt hatte, in die ER wissen mußte, daß sie gehen würden, da alles miteinander sein Werk war und ihm nichts verborgen bleibt... ...Demnach hätte er ein schwaches, der Sünde unterworfenes Geschlecht aus dem Nichts ins Dasein gerufen, um es dann endloser Qual zu übergeben* "

"Ich muß nochmals auf Nietzsche zurückkommen, weil seine Formulierungen es immer wieder auf den Punkt bringen", warf ich ein. „Er sagt: *Zu vieles mißriet ihm, diesem Töpfer, der nicht ausgelernt hatte! Daß er aber Rache an seinen Töpfen und Geschöpfen nahm, dafür daß sie ihm schlecht gerieten – das war eine Sünde wider den guten Geschmack.*

Ja,... und dann am Ende auch noch Rache! Hätte ER es doch besser gleich bleiben lassen, den Menschen zu erschaffen. Hätte dieser Schöpfergott gesagt: hört mal zu, ihr Zwei. Ihr könnt von allen Bäumen die Früchte ernten und essen, aber dieser hier gehört mir allein. Also seid so nett und laßt seine Früchte unberührt. Das wäre ein faires Gebot und kein herausforderndes Verbot gewesen, dem er zu allem Überfluß auch noch die Androhung schlimmer Folgen im Falle der Übertretung hinzufügte.

Kein Wunder also, daß die Schlange der großen Muttergöttin kam und das richtig stellte."

„In der Tat, Alexa: die Angst lag bei diesem Schöpfergott. Verbote werden immer aus Angst vor nicht beherrschbaren Folgen im Falle der Zuwiderhandlung und vor Machtverlust kreiert. Dieser Machtverlust im Garten Eden drohte nach der Übertretung des Verbots, so daß das Menschenpaar schnellstens aus dem Paradies gejagt werden mußte – nicht ohne Begleitung etlicher, sattsam bekannter Drohungen, die schon den Charakter einer Verdammnis annahmen. Das mußte so schnell und ohne wenn und aber passieren, damit die große Muttergöttin nicht mehr eingreifen konnte.

Denn ER fürchtete doch, dafür von Ihr zurecht gewiesen zu werden, da ER über die Bäume und deren Früchte, die der großen Muttergöttin unterstanden, gar nicht zu bestimmen hatte. Wir hatten das ja schon einmal besprochen.

Seine tiefe Angst hat ER dem ersten Menschenpaar eingepflanzt, so daß sie und alle ihre Nachkommen damit leben müssen. Angst wie auch die Begierde kann man - wenn man so will - als *Erbsünden* bezeichnen. Dir gefällt aber diese Vokabel genauso wenig wie mir. Das Wort <Sünde> ist als ein Gesondert-Sein, auch Abgesondertsein zu verstehen, wie schon die sprachliche Verwandtschaft erkennen läßt. Angst begleitet den Menschen immer wieder in irgendeiner Form durch sein Leben – bewußt oder unbewußt. Auch Jesus war nicht frei von Angst, bevor er die Todesfurcht überwand."

„Der britische Mönch Pelagius (+ nach 418) verwarf denn auch die Lehre von der Erbsünde", sagte ich. "Auch der Koran kennt keine Erbsünde. Von Augustinus und den Reformatoren bekämpft wurde posthum 431 diese

seine gegenteilige Lehre in Ephesus verdammt. Auch nichts weiter als eine Machtdemonstration der Kirche, um ihre Anhänger unter Kuratel zu halten. Aber das Postulat des zweckfreien Denkens und Handelns ist doch etwas sehr Wichtiges, meinst du nicht?"
„Du hast es schon formuliert und niedergeschrieben. Sag es noch einmal an dieser Stelle, bitte."

„*Wenn das *Um-zu* - das *Damit* - das *Wenn*
aus deinem Leben gehen wird,
unendlich langsam –
und endlich, endlich gegangen sein wird,
wirst du frei sein von fakultativen,
von spekulativen, von konditionalen Gedanken:
frei von Zweck.
Zweckfrei wirst du
Sinn finden,
Sinn empfinden,
Sinn leben
bis du endlich
Sinn hast
und Sinn bist.*"   A.R.

„Jetzt haben wir Philosophie, Psychologie und Religion in einen kräftigen Cocktail vermischt, nicht wahr, Alexa?"
„Aber sie berühren sich ja auch immer wieder, auch wenn deren Vertreter sich gelegentlich nicht zu mögen scheinen. Kierkegaard wollte das Thema ''Angst'' der Philosophie zuführen und meinte, daß die Psychologie damit überfordert sei und an ihre Grenzen stoße. Das kann man nur vor dem Hintergrund der damaligen Zeit sehen, denn die eigentliche Psychologie entwickelte sich viel später und bekam erst mit Sigmund Freud und der Entwicklung der Psychoanalyse den entscheidenden Anstoß."
„In der heutigen Zeit käme keiner auf solche Ideen", fuhr Ishtuahavi fort.
„Wer wollte heute ernsthaft bestreiten, daß der ganze Symptomenkomplex der Angst, vor allem die Phobien, in die Erforschung und Betreuung des fachkundigen Psychologen verwiesen werden muß. Was sollte beispielsweise ein Philosoph mit einer Klaustrophobie anfangen, außer sie unter K wie Katastrophe zu katalogisieren?
Ja, und der Theologe wird auch nur von allgemeinem Gottvertrauen faseln, was selten hilfreich ist und kaum weiterbringt."

„Und doch ist die Entstehung der Urangst wiederum ein philosophisches Thema", wand ich ein. „Ihre Entstehung läßt sich doch folgerichtig so entwikkeln: was man nicht weiß oder kennt, irritiert und erzeugt zunächst das Bewußtsein von Unwissenheit. Der Unwissenheit folgt das Gefühl der Unsicherheit, und in deren Folge stellt sich die niederschmetternde Erkenntnis der Unfreiheit ein, welche Angst macht. Will man sich aus der Unfreiheit befreien, muß man versuchen hinauszukommen aus dieser Situation. Man verliert seine Unschuld, indem man dieses peccatum necessarium (die notwendige Sünde) begeht, wird schuldig und erlangt eine Freiheit, die wiederum Angst macht. Ein circulus vitiosus (38) also, " entgegnete ich.

„Richtig, Alexa. So wurde der Charakter der ersten Menschen laut diesem Genesis-Märchens bereits mit Methode verbogen, indem sie lernten, daß Genuß und Sinnlichkeit gleich Sünde ist. Schon das Kind lernt, daß alles, was Spaß macht, verboten ist. Die Unschuld und Unbefangenheit stößt überall an die von Erziehern gesetzte Grenzen und Verbotstafeln. Das Spiel ist das gleiche wie einst im Paradies. Das Infame ist, daß den Kirchen diese Urängste des Menschen vor dem Namenlosen, nicht Vorhersehbaren sehr recht sind. Das Volk der Gläubigen ist auf diese Weise leichter zu regieren.

Die Theologen mögen deshalb die Philosophen nicht, weil der philosophierende Mensch der nicht institutionalisierte Denker ist, der ständig den Weg der geistigen Unabhängigkeit suchen, ihn für sich finden und gehen wird. Dogmen, moralische Formeln, Glaubenssätze wird sein Instinkt entlarven als Instrumente einer geistigen Versklavung, der sich zu beugen er nicht gewillt ist. Der wahre philosophische Mensch wird niemals behaupten, daß er die Unabhängigkeit bereits besäße oder demnächst erlangen würde, aber daß er auf ihrem Pfad unterwegs ist, wie Jaspers das wunderbar schlüssig darlegt."

„Ishtuahavi, und deshalb wird ein geistig unabhängiger Universitätslehrer der Philosophie auch die einzelnen Strömungen und ihre Vertreter von Sokrates bis in die Moderne wertungsfrei vorstellen. Ich möchte nochmals auf Kierkegaard zurückkommen.

Er machte in seiner Abhandlung über die Angst deutlich, daß Angst immer nur vor etwas Zukünftigem besteht. Wenn sich Angst vor etwas Vergangenem äußert, dann gehört dieser Vorgang eben noch nicht in die Vergangenheit, sondern ist nicht verarbeitet und reicht somit in die Zukunft. Dazu gehört besonders die Angst vor Wiederholung einer vergangenen Erfahrung. Das weist sehr deutlich daraufhin, daß die Vergangenheit in der Rubrik ''Erfahrungen'' ad acta gelegt werden muß, um sich die Zukunft nicht zu vergiften. Jaspers sagt es wie folgt:

'*Der Sinn des Philosophierens ist die Gegenwärtigkeit. Wir haben nur eine Wirklichkeit, hier und jetzt. Wir werden schuldig an unserer Aufgabe, wenn wir aufgehen in Vergangenheit und Zukunft. Nur durch gegenwärtige Wirklichkeit ist das Zeitlose zugänglich, nur durch Ergreifen der Zeit kommen wir dahin, wo alle Zeit getilgt ist.*'"

Ishtuahavi ergänzte:

„… und Jaspers sagte auch: *Kirchen sind für alle – Philosophie für Einzelne – ohne Instanz, ohne Machtstrukturen und daher gern angegriffen. Sie beginnt mit der Besinnung für den Sklaven wie für den Herrscher…
Durchhellen – das ist philosophische Lebensführung.*"
„Mir gefällt sehr, wie Jaspers dafür eintritt, daß die Philosophie nicht als eine Angelegenheit für elitäre Wissenschaftler gesehen werden soll", sagte ich, „auch wie er seinen Gottesbegriff formuliert und auf Distanz geht zu diesem besserwisserischen Stolz der religiösen Dogmatiker und Fanatiker, ist ganz nach meinem Geschmack. Philosophieren heißt auch und nicht nur für mich: selbständig denken, in Frage stellen, nichts Herkömmliches, Verkrustetes kritiklos annehmen, kurz gesagt die Freiheit des unabhängigen geistigen Lebens."
„Jetzt haben wir uns wieder ein bißchen vom Thema ´´Angst ´´ entfernt", reklamierte Ishtuahavi.
„Ja, entschuldige, du weißt ja… meine Lieblingsthemen mischen sich immer wieder einmal heimlich ein. Aber ich habe ja dich: du paßt auf, daß wir immer wieder zurückkommen.
Also zurück zur Angst. Wenn es nur Angst vor dem Zukünftigen oder vor noch nicht verarbeiteter Vergangenheit gibt, bedeutet sie also den Verlust des Gegenwärtigen, das Abhandenkommen des Hier und Jetzt. Die Angst hat sich seit Anbeginn der Menschheit eigentlich überhaupt nicht verändert, sondern nur ihre Auslöser haben gewechselt. Vor Ereignissen, die man kennt und beherrschen kann, braucht man keine Angst mehr zu haben.
Donner, Blitz, Gewitter, Sonnen- und Mondfinsternis und andere Erscheinungen am Himmel sind nicht mehr furchterregend, weil man sie inzwischen erklären kann. Der Fortschritt in der Wissenschaft hat uns dafür andere und zwar ziemlich schlimme Ängste beschert:
die Angst vor Zerstörungen durch Nuklearwaffen, vor unbeherrschbaren Krankheiten, Verkehrsunfällen zu Lande, Wasser und in der Luft, Angst vor Terroranschlägen. Dazu kommen noch seit eh und je Vulkanausbrüche, Tsunamis, Erdbeben nebst anderen Naturkatastrophen und immer wieder neue, bisher unbekannte Infektionskrankheiten, die sich in Windeseile um die ganze Welt ausbreiten zum Entsetzen der Menschen, wie beispielsweise HIV, BSE, SAR, diese angebliche Vogelgrippe u. a. mehr, die uns beunruhigen." Ishtuahavi fuhr fort:
„Was die einen in lähmendes Entsetzen versinken läßt, spornt die anderen zu höchster Aktivität an. Am Anfang steht – wie verlockend auch immer in seinem innewohnenden Zauber (Hermann Hesse) - was man bei allem überwindenden Mut und Abenteuerlust ´´Angst´´ nennen muß. Ein Verbot erzeugt immer Angst vor den Folgen der Übertretung:
Gutsein = Verbot respektieren - Bösesein = Verbot übertreten."

„Aber wir Menschen mußten schon immer Verbote übertreten aus Gründen unserer Evolution", warf ich leidenschaftlich ein, „Sonst säße das erste Menschenpaar noch immer als Prototyp im Garten Eden. Also sind wir in diesem Sinne Verbotebrecher und im Genesis-Sinne böse. Diese sogenannte Erbsünde – die Angst und später ihre Überwindung - ist im Prinzip doch das Beste, was der Menschheit bereits in ihren Anfängen passieren konnte. Oder will mir da jemand ernsthaft weismachen, er säße lieber weiterhin plaudernd unter dem Apfelbaum und hätte lieber keine Lust verspürt zu gucken, was passiert, wenn man da ein bißchen erntet und kostet?! Jeder individuelle Entwicklungsschritt erfordert Mut, ihn auch zu tun und nicht über Gebühr zu zögern.

Aus der Zögerlichkeit in der Entwicklung entstehen doch die psychischen Ängste, die lähmen, anstatt dem Ansporn folgend eine Weiterentwicklung zuzulassen. Angst überwinden – sich trauen – führt in die Erfahrung, bringt weiter. In Angst verharren dagegen erzeugt Stagnation, Lähmung, Stillstand. Es gehört immer Mut dazu, ein Risiko einzugehen, evtl. Mißerfolg zu haben, denn

> *Ist etwas Ungewöhnliches gelungen, lobt man den Mut;
> ist es gescheitert, rügt man die Dreistigkeit *,   A.R.

wie ich einmal niedergeschrieben habe."

„Das ist wahr, Alexa: *Schrittetun ist nichts anderes als ein riskiertes Hinfallen, das – mittels des jeweils vorangesetzten Beines – in Wanderschaft gewandelt wird. Jeder Schrittetuende sündigt an sich, indem er sich durch sein Schrittetun von dem <sondert>, wo er ohne es <verblieben> wäre*, erläutert Herbert Fritsche in seinem erfrischenden Kapitel *Der Ketzer und warum Gott ihn braucht*, das er mit den Worten beschließt:
Gott will in ihm wandern: dies ist das Geheimnis seiner Auserwählung zur Ketzerschaft.
… und spätestens jetzt müssen wir Kierkegaard widersprechen, der meint, daß Frauen mehr Angst hätten als Männer. Den Mut, das Verbot im Garten Eden zu übertreten, hatte doch Eva und nicht Adam. Und sie hatte den Mut, dazu zu stehen und hat nicht etwa weinerliche Reue gezeigt oder Besserung geschworen. Frauen sind im Allgemeinen vorsichtiger als Männer, aber mitnichten ängstlicher, wenn es wirklich darauf ankommt. Eine gewisse Vorsichtigkeit ist genetisch bedingt, obliegt es ihnen doch ihren Nachwuchs zu schützen. Aber schon in der Tierwelt kann man beobachten, mit welchem Mut sich ein Muttertier selbst dem körperlich stärkeren Gegner entgegen wirft, wenn es gilt, das Leben seiner Jungen zu verteidigen."

„Du erinnerst mich da an eine Befragung von Einbrecherkönigen in USA", fuhr ich fort. „Man wollte von ihnen wissen, wovor sie während ihrer Einbrüche am meisten Angst gehabt hätten. Sie antworteten fast unisono, daß Männer im allgemeinen als ungefährlich gelten, weil sie erst einmal weglaufen, um Hilfe zu holen. Währenddessen hätte man genügend Zeit, zu verschwinden und bestenfalls sogar noch etwas mitzunehmen. Hunde könne man mit einiger Erfahrung kalt stellen, die großen besser als die kleinen, die gern in die Beine beißen und dann schnell unter dem Sofa verschwinden.

Wirklich gefährlich aber wären die Frauen. Sie seien meistens unberechenbar. Man könne einfach nie vorher wissen, wie sie reagieren. Oftmals kommen sie hinterrücks und schlagen einem mit einem harten Gegenstand auf den Schädel, so daß man bewußtlos zu Boden geht. Das kann lebensbedrohend sein, denn man ist ihnen in solchen Situationen total ausgeliefert."

„Jetzt kommen wir zu anschaulichen Beispielen aus der Praxis, die das eben Gesagte noch unterstreichen werden", sagte Ishtuahavi. „Zunächst sei einmal nachgefragt: was bewirkt denn Angst überhaupt?"

„Ich denke, jede Gewohnheit, jedes Dogma, jeder Fanatismus, jedes Verbot entsteht ein Stück weit aus Angst vor Veränderung, die eine Bedrohung für eingefahrene Verhaltens- und Glaubensmuster darstellt.", sagte ich, indem ich das Thema wieder aufgriff.

„Sehr richtig, Alexa. Wenn beispielsweise jemand dauernd gegen <das Böse> kämpft oder es zumindest vorgibt, beschäftigt er sich zwangsläufig mit diesem Thema oder mit dem, was er davon hält – natürlich aus Angst vor diesem sogenannten Bösen. Er ist davon besetzt und somit blockiert und kann sich gar nicht für das Gute einsetzen, was immer man darunter verstehen mag. So gibt es eine Reihe von sogenannten VIP, die gegen Krebs gekämpft, Geldspenden und Stiftungen veranlaßt haben. Die meisten von ihnen starben an…? ... na, an Krebs natürlich. Auch der Fanatismus für Gewaltlosigkeit – Mahatma Gandhi und Martin Luther King sind leuchtende Beispiele dafür – hat in der Ablehnung der Gewalt eben diese provoziert. Sie kamen gewaltsam um, wurden ermordet. Man sollte sich vielleicht auch mal darüber Gedanken machen, warum ausgerechnet das Christentum – die Religion der Liebe, wie sie verstanden werden will - eine Geschichte aufweist, die durch ein Unmaß an Haß, Gewalt, Kriegen und Verübung schlimmster Folterungen gekennzeichnet ist."

„Weil sich immer der Gegenimpuls konstellieren wird, wenn Einseitigkeiten und Verdrängungen gelebt werden. Natürlich wollen wir Gewaltlosigkeit", fuhr ich fort, „aber gleichzeitig müssen wir akzeptieren, daß es Gewalt gibt und immer geben wird auf Erden.

Auch die Angst wird es immer geben und noch keiner hat ein Mittel dagegen erfunden. Auch wenn die Psychiatrie mit Tranquilizern und Psychopharmaka gegen sie zu Felde zieht: sie erringt nur einen temporären, nur einen Schein-Sieg damit, weil man eine schwarze Wand immer nur mit vorübergehendem Erfolg weiß anstreichen kann, wenn man die schwarze Farbe nicht vorher gründlich beseitigt.

So animalisch und wenig menschenwürdig es auch klingen mag: Fressen und Gefressenwerden gehört im übertragenen Sinne auch zur irdischen Natur des Menschen – auch wenn sie fromme Leute oder Philosophen sind. Das eine hat mit dem anderen sehr wenig zu tun. Jeder Mensch kostet den anderen Raum. Wo ich gerade hier und jetzt stehe, kann kein anderer stehen. Will er es aber doch, muß er mich erst vertreiben, sollte ich nicht freiwillig das Feld räumen. Auch im übertragenen psychischen Sinne trifft das zu. Wir müssen immer unser Terrain erobern und verteidigen, in dem wir leben und arbeiten wollen. Vielleicht merken wir das nicht so sehr, wenn wir uns glücklicherweise in einer relativ friedlichen Umgebung mit verständnisvollen Mitmenschen und Lebenspartnern aufhalten dürfen. Wenn uns deren Sichtweise jedoch oktroyiert werden soll, werden wir unseren Rahmen klar abstecken müssen, wollen wir uns nicht unterjochen oder gar seelisch-geistig behindern und schließlich sogar verkrüppeln lassen.

Wenn jedoch der hochverehrte und allseits geschätzte Gewaltlosigkeits-Prediger Mahatma Gandhi seine Frau zwang, die Latrinen zu säubern – unter der Androhung, sie im Weigerungsfall zu verstoßen: was ist das anderes als psychische Gewalt, die in körperliche Gewalt hätte übergehen können? Schließlich gab es genügend andere Leute für diesen Job, und er wollte nichts als ein Exempel statuieren. Er hätte sie eher beschämen sollen, indem er selbst diese erniedrigende Arbeit verrichtete. Sie hätte sich danach der Bitte – wohlbemerkt der Bitte und nicht dem Befehl - ihres vorbildhaften Ehemannes, der mit bestem Beispiel voranging, sicher nicht verschließen wollen."

„Angst vor Gewalt wie auch vor jedem anderen bestimmten Ereignis ruft das Gefürchtete geradezu herbei, wie wir sehen, Alexa, arbeitet an dessen Verwirklichung. Das geistig schon Geborene materialisiert sich. Einleuchtender als alle Theorie sind die Geschichten, die uns dazu einfallen."

„Ja, Ishtuahavi. Beispielsweise die Geschichte meiner Großmutter und ihres Kanarienvogel. Ihr kleiner Tschieper war hinter das riesige 3 m hohe und 4 m lange ungemein schwere altdeutsche Eichenbuffet gefallen und piepste jämmerlich. Ein Aufschrei - und meine Großmutter, eine zierliche kleine Frau – entwickelte in ihrer Angst um ihren Liebling unglaubliche Bärenkräfte, rückte das Buffet zur Seite und befreite den Kanari. Es mußten 4 kräftige Männer antreten, um das Möbelstück wieder an seinen alten Platz an die Wand zu schieben. Keiner dieser muskelstrotzenden Männer konnte so recht glauben, daß diese kleine Frau das Buffet ganz allein bewegt hatte."

„Das ist ein positives Beispiel, was Angst vermag, Alexa. Leider sind die Fälle mit negativen Folgen häufiger, die ohne Angst nicht so hätten enden müssen.

Erinnerst du dich an die Geschichte des Mannes in der Kühlkammer?"

„Ja, sehr gut sogar, weil sie so beispielhaft ist. Der Mann war versehentlich in der Kühlkammer einer Fabrik eingeschlossen worden. Er kam zu Tode, weil ihn die Angst vor dem Erfrieren total ergriffen hatte. Objektiv betrachtet dauerte sein Aufenthalt letztlich nur einige Stunden, bis er gefunden wurde – eine Zeit, die man durchaus ohne größere Schwierigkeiten und ohne bleibende körperliche Schäden überleben kann.

Er starb vor Angst – im wahrsten Sinne des Wortes."

„Wie auch der Chirurg nach seinem Jagdunfall, Alexa."

„Das war für seine Familie wirklich ein tragischer Ausgang. Er wurde von seinen Jagdkameraden in der Nacht nach einem versehentlichen Streifschuß am Oberschenkel zur Notaufnahme des nächsten Krankenhauses gebracht. Dieses Krankenhaus auf dem Lande war nicht besonders gut für eilige Fälle präpariert, um den es sich im engeren Sinne auch gar nicht handelte. So verbrachte er auf seiner Trage einige Wartezeit, bis der Notarzt eintraf. Während dieser Zeit baute sich auf seinem inneren Bildschirm ein Horror-Szenario auf: als mögliche Folge die Amputation des Beines, Berufsunfähigkeit, Verlust des noch verschuldeten Hauses und dgl. mehr. Die Angst führte zum Schockzustand mit tödlichem Ausgang. Die Verletzung war eher harmlos, und der Blutverlust hielt sich in medizinisch beherrschbaren Grenzen.

Diese Geschichte hat mir seine Witwe erzählt, die ich später kennengelernt habe. Eine überaus tüchtige Frau übrigens, die diesen unvorhersehbaren Einbruch in das Leben der Familie hervorragend gemeistert hat. Sie hatte sich in ihrem Beruf als Krankengymnastin selbständig gemacht und es wieder zum eigenen Haus gebracht, in dem auch ihre Praxis untergebracht war. Auch ihre beiden Töchter waren tüchtige Mädels geworden, an denen sie ihre Freude hatte."

„Beeindruckend ist auch der Vorfall in einer Gruppe verschütteter Bergleute", setzte Ishtuahavi die Erzählung fort. „Ich erinnere mich sehr genau an den Report. Mit Ausnahme eines einzigen Kumpels konnten alle gerettet werden. Dieser Kumpel war nach wie vor völlig unverletzt und auch zuvor körperlich bei bester Gesundheit gewesen. Aber er hatte als einziger eine Uhr bei sich. Dieses ständige Rechnen mit Hilfe der Uhr, wie lange man noch überleben könne, war sein Verhängnis. Auch er starb aus und vor Angst.

*Die Todesangst ist oft genug die eigentliche Todesursache *, wußte schon der weise Seneca im alten Rom."

„Es läuft immer wieder an dem einen Punkt zusammen, wo wir absolut nichts mehr tun, die Situation weder beeinflussen, ändern noch beherrschen können", ergänzte ich. Ishtuahavi griff das Bild auf:

„An diesem Punkt gabelt sich der Weg. Der Mensch hat die Wahl: Angst und Verzweiflung oder in Hingabe an die göttliche Vorsehung, Gegenkräfte zu entwickeln wie Mut, Vertrauen, Liebe u. a. Da haben wir es noch einmal, dieses

* Fiat Voluntas Tua – Dein Wille geschehe.*"

„Ersteres führt meistens zum Tode", sagte ich, „Letzteres manchmal auch, birgt aber eindeutig mehr Chancen in sich zu überleben, weil im Loslassen helfende Kräfte mobilisiert werden können. Da passieren dann Dinge, die wir gern als Wunder bezeichnen, weil sie mit normalen Maßstäben nicht erklärbar sind. * Den Widerstrebenden schleppt das Schicksal mit sich fort, den Willigen führt es *, sagt Seneca. Er war der Lehrer des berüchtigten Kaisers Nero. Nachdem er in Ungnade gefallen war, legte man ihm den Suizid nahe, um ihm die Schande der Ermordung durch die kaiserlichen Schergen zu ersparen. Er tat es und begegnete seinem Schicksal mit der Gelassenheit und der Seelenruhe, die ihm immer ein wichtiges Anliegen gewesen waren. Trotzdem war er kein Stoiker im eigentlichen Sinne, sondern ein überaus wacher und geistig flexibler Mensch. Aus der Zeit vor seinem Tod stammt denn auch der Ausspruch: * Dem Weisen kann nichts unvermutet zustoßen. Es geht ihm nicht alles nach Wunsch, aber alles entspricht seinen Erwartungen. ... Mein Körper ist das Einzige, dem überhaupt Unrecht widerfahren kann. *"

„Eine großartige Dokumentation geistiger Unabhängigkeit und Freiheit, die auch ein Nero nicht zu zerstören vermochte", sagte Ishtuahavi und fuhr fort:

„Ich möchte unbedingt noch eine Geschichte anfügen, die in einer Londoner Zeitung vor Jahrzehnten über eine damals in England bekannte ehemalige Tennisspielerin Schlagzeilen machte. Diese Frau hatte vor 30 Jahren, als sie noch ein junges Mädchen war, miterleben müssen, wie ihre Mutter während der Behandlung beim Zahnarzt völlig unerwartet einem Herzschlag erlag. Die seelische Erschütterung traf das Mädchen so sehr, daß sie seither jegliche zahnärztliche Behandlung kategorisch ablehnte.

Schon der Gedanke, einmal zum Zahnarzt gehen zu müssen, brachte sie in Panik, obwohl ihr vollkommen klar war, daß der Zahnarzt, der damals ihre Mutter behandelte, keinerlei Schuld an dem Tod ihrer Mutter traf. Es war eine Duplizität der Ereignisse, daß der tödliche Herzschlag gerade während der Behandlung eingetreten war, handelte es sich doch nur um eine harmlose Routinebehandlung. Nach 30 Jahren nun aber wurde eine Zahnbehandlung unumgänglich, so daß sie sich trotz ihrer Furcht dazu entschließen mußte. Sie bestand jedoch darauf, daß ihr Hausarzt sie begleitete. Aber es half ihr nicht: kaum saß sie auf dem Behandlungsstuhl des Zahnarztes, als sie - genau wie ihre Mutter 30 Jahre zuvor - einen Herzanfall erlitt und starb. *Getötet durch 30 Jahre Furcht * hieß denn auch die Schlagzeile in der Zeitung."

„Das zeigt, daß man von Fall zu Fall schon überlegen sollte, ob eine psychologische Behandlung angesagt ist, und man nicht von vornherein derlei Angst-Gefühle bagatellisieren darf", gab ich zu bedenken.

„Daß eine gute psychotherapeutische Behandlung tatsächlich helfen kann, zeigt folgende Geschichte", fuhr Ishtuahavi fort. „Eine Frau bekam dramatische asthma-ähnliche Erstickungsanfälle, wann immer sie den Geruch von Rosenöl wahrnahm. Eine antiallergische Behandlung nützte nichts, denn es war ja auch keine Allergie, sondern ein psychisches Phänomen, wie ihr behandelnder Therapeut sehr richtig diagnostizierte.

Er konnte das Rätsel seiner Patientin jedoch vorerst nicht lösen, bis er auf die Idee kam, ihre Mutter zur nächsten Sitzung miteinzuladen.

Er ging sehr vorsichtig und feinfühlig vor - wie es verdrängte und tabuisierte Themen eben erfordern - und man kam zu dritt zu folgendem Ergebnis:

das Kinderbettchen der Patientin stand während ihrer Babyzeit im elterlichen Schlafzimmer. Sie war in diesem Bettchen auch mit anwesend, wenn die Eltern Geschlechtsverkehr hatten.

Die Mutter gab auf vorsichtiges Befragen des Psychotherapeuten schließlich zu, beim Geschlechtsakt laut gestöhnt, ja oftmals regelrecht geschrieen zu haben, und es fiel ihr wieder ein, daß sie meistens als Duftnote Rosenöl verwendete, wenn sie im Bett mit ihrem Mann zusammen war. In dieser Situation entstand damals die Angst der Patientin, daß der Mutter Gewalt geschehe. Der Duft von Rosenöl ließ jedesmal diese Angst erneut eskalieren, ohne daß sich die Patientin des damaligen Vorgangs bewußt war.

Alles weitere psychologische Vorgehen war dann nur noch Routine und die Patientin war geheilt von ihrem Rosenöl-Trauma."

„Die Fluggesellschaften bieten ja - wie man weiß – auch Seminare für Passagiere mit Flugangst an", fuhr ich fort, „ weil diese Angst mehr verbreitet ist, als allgemein angenommen.

Ich stieg eines Tages spät abends in Lissabon in einen Flieger nach London ein. Neben mir saß ein Ägypter, der eine Riesen-Pralineschachtel der beliebten Cognac-Kirschen vor sich hatte und unablässig hineinlangte. Er spürte, daß ich ihn von der Seite beobachtete, und gestand, daß diese Pralinen helfen sollten, seine entsetzliche Flugangst zu mildern.

´´… und Sie haben keine Flugangst?´´ fragte er mich mit einem verständnislosen und etwas ungläubigen Unterton.

´´… aber nein, ich liebe es zu fliegen und zwar so sehr, daß ich schon vor einigen Jahren die Privatpiloten-Lizenz erworben habe´´, entgegnete ich.

Das riß ihn fast vom Sitz. Dann setzte sich der Flieger in Bewegung und rollte wie gewöhnlich über den Taxi-Way zur Startbahn. Seine Anspannung erhöhte sich.

Wenige Minuten nach dem Take off schrak er zusammen und stammelte:

´´Do you listen these noises? I think there is something broken?´´

´´No, don´ t worry! This noise is normal. The retractable gears are going up. All Airliners are working with this system to go faster and safe cerosin, you know. (44)´´.

Er entspannte sich im gleichen Moment, als er verstanden hatte, worum es bei diesem Geräusch ging. Nach der Landung bedankte er sich bei mir, ihm zu einem angenehmen Flug verholfen zu haben. Er hatte sich voll darauf verlassen, daß keine Gefahr drohte, solange ich vollkommen ruhig neben ihm saß. Davon überzeugte er sich von Zeit zu Zeit mit einem scheuen Seitenblick. Denn ich hätte ja mit meiner von ihm angenommenen Sachkenntnis sicherlich auf irgendwelche gefahrvollen Anzeichen reagiert, wie er glaubte. Klar, daß ich während des Fluges helfen durfte, die Pralinenschachtel zu erleichtern.

Ein gutes Beispiel, wie Angst aus Unwissenheit entsteht, aber auch mit Vertrauen beseitigt werden kann, selbst wenn dieses Vertrauen eigentlich gar nicht gerechtfertigt ist. Ich hätte nämlich mitnichten irgendwelche Gefahren während des Fluges von meinem Platz aus erkennen - geschweige denn beurteilen können. Ganz und gar nicht. Aber mein ägyptischer Nachbar glaubte felsenfest daran."

„Ich möchte dem Thema noch eine nette Schmunzelgeschichte hinzufügen, wenn du erlaubst, Alexa. Du kennst sie, denn sie wurde dir von Ewel erzählt: Ein etwas angeheiterter Mann schwankte die Straße entlang. In den Händen balancierte er einen an Deckel und Seitenwänden perforierten Karton, der anscheinend ein kleines lebendes Tier beherbergte. Ein Bekannter kam auf ihn zu und fragte:
‚Was hast du denn in deiner Schachtel?' ‚Einen Mungo', antwortet der Angeheiterte, ... und wozu in aller Welt brauchst du den denn?' ‚Na, ja... du weißt doch, was mit mir los ist. Jetzt bin ich noch nicht so richtig betrunken, aber bald wird es soweit sein. Wenn ich dann aber betrunken bin, dann sehe ich überall um mich herum Schlangen und bekomme schreckliche Angst. Deswegen habe ich den Mungo bei mir. Er wird mich vor den Schlangen schützen.' ‚Um Himmelswillen, diese Schlangen gibt es doch nur in deiner Phantasie!' ‚Es ist ja auch nur ein Phantasie-Mungo', antwortete der Mann. Die Schachtel war tatsächlich leer.´´ "

„Auch ich liebe diese kleine Geschichte", sagte ich.

„Hast du einmal mit einem Mungo Erfahrungen gemacht?" konnte ich mir nicht verkneifen zu fragen.

„Ja, aber das ist schon sehr lange her. Ich war zum Glück schon in einem höheren Entwicklungsstadium angelangt, so daß ich mich vor den erstaunten Äuglein des Mungos einfach unsichtbar machte, nicht ohne ihn ein bißchen zu necken und am Bauch zu kitzeln. Mit meiner schon erreichten Kraft und Länge hätte ich ihm allerdings übel mitspielen können. Ich mag die kleinen mutigen Mungos inzwischen, auch wenn ich gelegentlich helfe, sie in die Flucht zu schlagen.

Stellen wir also nach all dem zusammenfassend fest, Alexa, daß Angst für die Menschen nicht vermeidbar ist und zu ihrem Leben gehört. Sie können nur Gegenkräfte mobilisieren, wie gerade erwähnt."

„Wie sieht es denn beim Tier aus? Nehmen wir domestizierte Tiere einmal aus, weil sie vielfach durch den Menschen in ihrem Verhalten verändert, wenn nicht sogar gestört sind", wollte ich wissen.

„Das Tier in freier Wildbahn reagiert aus Selbsterhaltungstrieb mit Angst, wenn es Gefahr wittert. Es flieht oder greift an – je nach Charakter - als Flucht- bzw. als Raubtier. Wenn aber die Gefahr vorüber ist, kehrt es zu seiner Gelassenheit zurück und reagiert erst wieder auf Signale, die es noch nicht kennt oder bereits schon als Gefahr einzuschätzen weiß.

Das Tier lebt im augenblicklichen Moment und nicht in der Zukunft, ängstigt sich also auch nicht vor ihr. Die Gazellenherde grast friedlich und ohne Aufregung, obwohl sie die Löwen in einiger Entfernung wahrgenommen hat. Sie weiß, wann sie satt und ungefährlich sind, und beobachtet aus dem Augenwinkel, wann sich diese Situation zu ändern beginnt und Aufmerksamkeit und Vorsicht angezeigt sind.

Natürlich verfügen die Tiere normalerweise über einen unverdorbenen Instinkt und teilweise über schärfer und empfindlicher ausgebildete Sinnesorgane."

„Darf ich an dieser Stelle noch schnell die Geschichte unseres damaligen Eselsfohlen einflechten?" fragte ich.

„Alexa, ich weiß, deine Tiererfahrungen füllen ein Buch für sich allein, aber dein Eselchen mag hier noch Erwähnung finden."

„Danke, Ishtuahavi. Das eben knapp sechs Monate alte Eselsfohlen kam - geradewegs von seiner Mutter weg als frischer Absetzer - mit den Pferden in einem großen Pferdetransporter nach langer Fahrt in unserem Stall an. Auf der Stallgasse war ein großer Schimmelwallach angebunden, weil er geputzt werden sollte.

Klein-Janosch schaute ihn verdutzt an. Seine Mutter hatte nämlich die gleiche Farbe, nur daß sie viel kleiner war als dieser Schimmel. Dann überlegte er kurz, näherte sich dann langsam diesem Pferd mit Namen ´´Earl Grey´´ und begann an seinem Schlauch zu saugen, den er wohl für das Euter hielt. Uns blieb der Atem stocken. Pferde nämlich, die keine Esel kennen, reagieren gelegentlich aggressiv auf die kleinen Grautierchen. Ein mittelkräftiger Schlag mit dem Hinterhuf gegen sein Köpfchen und… das hätte sein Ende sein können. Der Wallach aber benahm sich seinem Namen entsprechend vornehm, zuckte nur etwas mit dem Fuß, weil es kitzelte, und schüttelte sich. Janosch erkannte, daß er unwillkommen war und trollte sich.

Wir faßten nach dieser Begebenheit ein paar Tage später den Mut, die beiden zusammen in der Halle frei laufen zu lassen, besonders weil Janosch Bewegung brauchte, zu der er sich freiwillig und allein nicht herbeiließ. Jetzt begann der Schimmel das Eselsfohlen zu jagen. Zuerst war das ja noch recht putzig anzuschauen, nahm dann aber ernste Formen an. Wir schafften es nicht, Earl Grey einzufangen, und der kleine Kerl schien seine Leistungsgrenze erreicht zu haben und um sein Leben zu laufen. Was tun? Wir wollten schon beginnen, Hindernisse aufzubauen, um der Situation Herr zu werden, als Janosch urplötzlich stoppte und dastand, als wären alle vier Beine in den Boden geschraubt. Auch daß das Pferd fast über ihn fiel – ein Auflaufunfall praktisch - brachte ihn nicht aus seiner unerschütterlichen Position. Er begann auszuteilen und donnerte in unglaublich schneller Frequenz dem verdutzten Earl Grey seine kleinen Hufe ins Gesicht und an die empfindliche Nase, daß der Schimmel Reißaus nahm.

Wir stießen einen Stoßseufzer der Erleichterung aus, und es wurde uns klar, daß wir uns um Janosch nie wieder Sorgen zu machen brauchten. Er verschaffte sich denn auch immer seinen Respekt - sogar bei den Hunden und den Katzen."

„Die Geschichte zeigt, daß er diese Veranlagung zu einer starken Eselspersönlichkeit bereits mitbrachte, denn seine Mutter hatte keine Gelegenheit gehabt, ihn zu einer solchen Reaktion zu erziehen", ergänzte Ishtuahavi. „Der Mensch aber reagiert oft nicht spontan, sondern denkt nach und fragt: was? wenn? wie? wann? etc. So kann in einem psychisch ungesunden Familienklima ein Kind schon frühzeitig Ängste entwickeln, die über das normale Maß hinausgehen und pathologischen Charakter annehmen." Ich fuhr fort:

„Dies wurde deutlich an einem kleinen Mädchen, das die hysterische Reaktion auf krabbelnde Insekten von ihrer Mutter gelernt und übernommen hatte. Einmal sah sie einen hübschen kleinen Rosenkäfer, gebärdete sich entsprechend übertrieben und kreischte. Ich ließ das Käferchen auf meiner Hand spazieren gehen und beschrieb ihr, wie wunderschön es sei, und wie es niedlich kitzelte. Nach einigen Minuten kam sie neugierig näher, um sich das Tierchen anzuschauen. Es dauerte zwar noch ein Weilchen, aber schließlich konnte ich ihrer Bitte entsprechen und ihr das Krabbeltierchen auf den Handrücken setzen. Ich habe mich um des Kindes Willen sehr über diesen kleinen Erfolg gefreut.

In einem anderen Fall sollte ein Junge von 14 Jahren schnell einmal zur Hand gehen und die Weingläser aus dem Schrank holen. Er sträubte sich vehement: ''Nein, nein, die sind zu wertvoll... wenn die mir herunterfallen... nein, nein, um Gotteswillen.'' Seine Hände begannen zu zittern, und Furcht ergriff ihn. Ich legte meinen Arm um seine Schultern, ging zusammen mit ihm zum Schrank, gab ihm jeweils ein Glas in jede Hand und hieß ihn diese auf den Tisch stellen. Das Ganze wiederholten wir dreimal, bis schließlich alle sechs Gläser aufgestellt waren, die wir benötigten ''Sieh mal, was war jetzt schon dabei?`` fragte ich.'' Du kannst das doch, und deine Hände sind jetzt ganz ruhig, gelt?'' Der Bann war gebrochen, und er übernahm von nun an mit Stolz die Aufgabe in der Familie, vor den Mahlzeiten für die Bereitstellung der Getränke und der passenden Gläser zu sorgen.

Unnötig zu erwähnen, daß ein unangenehmes Erlebnis vorangegangen war, das diese Blockade gesetzt hatte.

Angst und Angst ist aber durchaus nicht dasselbe. Der Psychologe Fritz Riemann teilt die Grundformen der Angst – wie auch sein interessantes Buch heißt – in hauptsächlich 4 Typen ein und unterscheidet schizoide, depressive, zwanghafte und hysterische Persönlichkeiten, wobei es sich beim einzelnen Menschen meist um Mischformen handelt", fuhr ich fort. „Das klang mir zunächst zu vereinfachend. Bei der Lektüre mußte ich ihm allerdings uneingeschränkt beipflichten. Wichtig ist, die Angst als eine Fessel zu erkennen, wie Riemann meint. Ein Gefesselter reagiert oft wie ein Kettenhund, der mit der Zeit weitaus aggressiver und bissiger wird als ein freilaufender Artgenosse, der sich abreagieren und austoben kann, wenn ihm danach ist."

„Stellen wir also nochmals fest", ergänzte Ishtuahavi, „daß die großen, zum Leben gehörigen Ängste sich nicht umgehen lassen, sondern beim Versuch, ihnen auszuweichen, der Mensch unweigerlich in lauter kleine, banale und unwesentliche Ängstlichkeiten schliddert, die dann neurotischen Charakter annehmen - bis hin zu schwerer und schwerster psychischer Erkrankung. Die eigentliche dahinter stehende Angst gilt es zu erkennen, um sich mit ihr auseinandersetzen zu können.

Dies verlangt der Reifeprozeß vom Menschen, will er nicht nur körperlich erwachsen werden. Unstrittig gibt es erworbene Verhaltensmuster der Angst, aber auch die Veranlagung trägt ihren Teil dazu bei." Ich fuhr fort: „Interessant ist immer die Stellung des Planeten Saturn im Horoskop des einzelnen Menschen. Sie gibt Aufschluß darüber, wo man ansetzen kann auf der Suche nach dem Ursprung der Angst der individuell geprägten Persönlichkeit eines Menschen. Damit kommt man dem Problem gelegentlich schneller auf die Spur, als lange Anamnesen es vermögen. Die Stellung des Neptun enttarnt vielfach die vorhandene Lebenslüge eines Menschen und seine daraus resultierende tiefwurzelnde Unsicherheit, die er gern verbergen möchte. Auch Fritz Riemann steht der Astrologie – in diesem Sinne gebraucht – positiv gegenüber und konnte viele wichtige Erkenntnisse sammeln.

Ich muß aber an dieser Stelle doch noch erwähnen, daß Furchtlosigkeit und Gottvertrauen nicht verwechselt werden dürfen mit einfältiger und weltferner Unvorsichtigkeit.

Ein Mann wurde durch die Schulung bei seinem Guru so nach und nach von seinen Ängsten befreit, hatte wieder Vertrauen zu seiner Umwelt und in das Leben gefaßt und fühlte sich sehr wohl, bis er eines Tages folgendes Erlebnis hatte:

Er ging frohgemut und guter Stimmung - im Hochgefühl auf allen seinen Wegen vom Göttlichen beschützt zu sein - eine belebte Straße in Indien entlang. Ein ausgebrochener Elefant stürmte herbei. Alle Menschen liefen eiligst auseinander, und ein Mann hinter ihm schrie laut: ´´Aufpassen! Schnell zur Seite!´´ Unser frohgemuter Mann aber wanderte seelenruhig weiter, wurde schließlich von dem Elefanten überrannt und fast zu Tode getrampelt. Daraufhin fragte er tief verunsichert seinen Guru, warum ihn Gott nicht mittels seiner inneren Stimme gewarnt hätte. Der Guru erwiderte: Gott hat dir zur Warnung die Stimme dieses Mannes geschickt, der da rief: Aufpassen – schnell zur Seite. Du aber warst auf deinem Egotrip unterwegs und hast nicht hingehört. Willst du etwa dem Göttlichen Vorschriften machen, auf welche Weise ES dich warnen soll? Du mußt auch die äußeren Zeichen um dich herum beachten, die dir das Göttliche sendet, und darauf reagieren, mein Sohn."

„Diese Geschichte will uns lehren, wie man einer realen Gefahr begegnen, was sie bedeuten und wie man sich davor schützen kann: durchdacht, ruhig und ohne aufgebauschte Überängstlichkeit. Alles andere ist nichts als Dummheit", fuhr Ishtuahavi fort.

„... und das ist wieder einmal ein gutes Schlußwort für unser heutiges Gespräch.

Laß uns das Thema Angst für heute erst einmal beenden, wenn dazu sicherlich auch noch einiges nachzutragen bleibt."

„Was meinst du mit ´´vorerst´´?, fragte ich, und sie antwortete:

„Das Thema ´´Angst´´ wird sich immer wieder einmal einmischen, manchmal nicht offensichtlich, aber heimlich und hintergründig. Die meisten Menschen zeigen ja nicht gern, wenn sie Angst haben, wollen sie verbergen oder überspielen, wiederum aus Angst, Schwäche zu zeigen, und dann ausgeliefert zu sein. Je heftiger sie aber verleugnet wird, desto stärker wird sie sich durchzusetzen suchen. Daß das in krampfhaftes und verkrampftes Verhalten mündet und Seele und Körper empfindlich beeinflußt und stört, wissen wir ja. Das ist der Themenkreis der Psychosomatik, mit der sich zu befassen - nach sehr langer Ablehnung - inzwischen auch die Schulmedizin bereit ist.

Du selbst hast doch in deiner praktischen Beobachtung die Gegensätze im Verhalten von Menschen aufgespürt und die selbst erschaffenen wie die ererbten Zwänge in einigen deiner Gedichte beschrieben."

„Ich ahne, welches du jetzt und hier einflechten möchtest, Ishtuahavi. Aber tu mir den Gefallen und sag du es, ja?"

„Durchschaut, Alexa. Gut, nun denn:

* Ahnst du hinter diesem Lachen das Weinen?
Hinter Gegensätzlichem ist ja so vieles verborgen:
hinter Stummheit der schrille Schrei,
die Ausweglosigkeit in hastenden Schritten.

Lesen lernen mußt du in Gesichtern,
an Händen, Füßen, Gebärden.
Menschen rennen in ihren Käfigen auf und ab,

deren Gitter sie selber schmiedeten
aus ererbten, erworbenen Zwängen.

Wer weiß denn schon,
daß die Türe kein Schloß hat,
nur lose angelehnt sich so leicht öffnen läßt.*"   A.R.

„Danke, Ishtuahavi, ich hätte es wahrscheinlich gar nicht mehr auf die Schnelle zusammengebracht. Es ist ja auch schon ein Weilchen her."
„Du kannst ja noch ein bißchen hier sitzen bleiben und noch mal über alles nachdenken, Alexa, falls nicht zu viel Wind aufkommt, und es ungemütlich für dich wird. Schau mal da hinüber: die Kumuluswolken!
Sie haben uns fast erreicht, und es blitzt schon recht heftig in nächster Nähe. Ich habe nämlich noch etwas im Freien zu tun, bevor es regnet."
„Einverstanden, Ishtuahavi. Ich frage auch gar nicht, was unser nächstes Thema sein wird. Es hat mir heute wie immer gefallen! Danke!"
„Mir auch, Alexa. Wir werden uns auch in Zukunft nicht langweilen – was spielt es da schon für eine Rolle, wie das Thema lautet?"
„Dessen bin ich mir ganz sicher! Na, denn... Adiós, Ishtuahavi, bis zum nächsten Mal!"
„Vaya con Dios, Alexa", sprach's und verschwand mit einem leisen Rascheln über das Cana-Dach.

20.

Angst – daß sie sich immer wieder so breit machen kann in unserem Leben, so allgegenwärtig zu sein scheint – hinter jeder Ecke lauernd! Wie hatte sie mir im Genick gesessen: verdammt lange manchmal - und verdammt gemein! Und dann kann sie auf geradezu teuflische Weise eine kurze Zeitspanne zu einer subjektiv gefühlten Ewigkeit ausdehnen, wenn man in ihr gefangen ist und so schnell kein Rezept findet, ihr zu entkommen. Wie verlogen doch manche sind, die behaupten, niemals Angst zu haben. Aber sie werden ihre Erfahrungen auch machen müssen – da kommt wohl keiner drum herum, denke ich. Menschen, die durch eine zur Schau gestellte Religiosität auffallen, sind nicht selten aus uneingestandener Angst so tief religiös - Kindern gleich, die allein im finsteren Wald laut singen, um sich selbst Mut zu machen. Es hat ja zudem Tradition, daß die ''Priesterkaste'' gern Angst verbreitet, um dann die ''religiöse'' Medizin dagegen verabreichen zu können. Tatsächlich gesteht mancher sich oder auch anderen sehr ungern ein, wenn er Angst hat. Nicht nur, um Stärke zu demonstrieren, sondern weil man kein betuliches '' Achherrje'' mit unechten Hilfsangeboten oder hilflosem Schulterzucken noch obendrauf satteln möchte von Leuten, von denen von vornherein keine wirkliche Hilfe zu erwarten ist. Denn Mitleid kann durchaus etwas Furchtbares sein – ganz gleich, ob echt gemeint oder nur gespielt.

Es bleibt wirklich nichts anderes übrig, als selbst kreativ zu werden, um mit der Angst umgehen zu können, will man sich nicht unterkriegen lassen. Kreativität kann tatsächlich spontan in einer Angstsituation entstehen. Welche ungeahnten Kräfte die Angst freisetzen kann, haben wir ja am Beispiel meiner Großmutter sehen können.

Schon kleine Vorkommnisse im Alltag können manchen Menschen in Panik versetzen, während ein anderer darüber nur den Kopf schütteln kann, weil er schon viel härtere Schicksalsschläge hinter sich gebracht hat. Vielleicht kann ich ja deswegen froh sein, daß ich Bagatellen nicht mehr allzu wichtig nehme, nachdem ich wirklich heftige, existenzbedrohende Gefahren bestehen mußte.

Eben deshalb muß wohl auch ein Mensch, der seine kleinen Ängste zu ernst nimmt, vielleicht eines Tages größere Angst erfahren, um zu erkennen, wie lächerlich all die kleinen Ängstigungen sich daneben ausnehmen. Wer eine schwere Krankheit gemeistert hat, wird nicht mehr viel Aufhebens um einen harmlosen Schnupfen machen.

* Doch jeder Mensch erlebt die Extreme in seinen Grenzen*, A.R.

wie ich es schon einstmals geschrieben habe, was gleichzeitig eine Aufforderung an mich selbst war, diese Grenzen zu erweitern, sich größeren Herausforderungen zu stellen, wenn sie denn an mich herangetragen werden. In einem sprichwörtlich kleingeistigen Denken können diese Grenzen entsprechend eng und wie undurchlässige Mauern gezogen sein, so daß sie wenig Spielraum für eine solche erweiterte Sichtweise zulassen. Ein Mensch jedoch, der ungewollt und vollkommen unvermutet in eine große Gefahr geraten ist und schließlich auf eine an Wunder grenzende Weise errettet wurde, ist nicht mehr derselbe wie zuvor. Dieses Erlebnis hat ihn entscheidend in seinem Leben geprägt. Wenn er es hinter sich gebracht hat, gesteht er sich mitunter ein, in so hohem Maße daran gereift zu sein, wofür er sonst vielleicht mehrere Menschenleben benötigen würde. Kaum einer möchte die überstandenen Gefahren im Nachhinein missen, brachten sie doch meist sehr wichtige Erfahrungen, Einsichten und Erkenntnisse.

Sich der Angst bewußt zu werden, ist wichtig, um Gegenkräfte entwickeln zu können.

Das hatte ich zumindest theoretisch erfaßt, gelegentlich auch praktisch umsetzen können. Dale Carnegie gibt den Rat, die Angst zu analysieren, indem er Willis Carrier zitiert:

a. was kann als schlimmste Folge passieren, wenn ich das Problem nicht lösen kann?

b. Vorbereitung auf den Gedanken, diese schlimmste Folge zu akzeptieren, falls nötig

c. Jetzt ruhig und gelassen versuchen, das Schlimmste abzuwenden, mit dem man sich geistig schon abgefunden hat.

Um realistisch zu bleiben, ist eine solche nüchterne Überlegung sehr kurzfristig und initial sicherlich nicht so falsch. Denn wenn man einfach den Kopf in den Sand steckt, läßt sich das Problem nur eine zeitlang verdrängen, aber nicht lösen. Verdrängte Probleme aber pflegen sich irgendwann mit voller Wucht zurückzumelden. Verdrängen oder aus praktischen Erwägungen die Lösung eines Problems vertagen, sind wiederum zwei verschiedene Dinge. Letzteres kann hilfreich sein, um sich erst einmal einen Überblick zu verschaffen und nicht Opfer eines blinden Aktionismus zu werden, der eher zerstörerisch, denn aufbauend wirken wird.

Aber: die positive Visualisierung muß unbedingt sofort dagegen imaginiert werden, begleitet von Schutz-Affirmationen und ähnlichen mental säubernden Aktionen. Das gehört dann teilweise schon wieder in ein anderes Kapitel, auf das Ishtuahavi sicherlich noch eingehen wird: in den Bereich magischer Einwirkungsweise – bisher vorläufig noch von ihr auf später vertagt.

Ich war mir sicher, daß Ishtuahavi auf das Thema Angst zurückkommen würde. Sie hatte ja so eine Andeutung gemacht.

Sogar ein Jesus von Nazareth hat die Angst kennengelernt – überliefert u. a. im Evangelium des Markus 19,33 - grübelte ich. Ishtuahavi hatte das kurz erwähnt. Aber seine angeblichen Worte:

* Mein Gott, mein Gott, warum hast Du mich verlassen*,

hat Er so nicht gesagt – ganz sicher nicht!
Das könnte und müßte ja sogar als ein Scheitern seiner Mission gesehen werden. Weniger ehrerbietig ausgedrückt könnte jemand Ihn im heutigen allgemein flapsigen Jargon in Begleitung einiger schmähender Adjektive als "Looser" bezeichnen wollen. Der Verdacht, daß die frühen Christenführer deswegen die Interpretation des Apostels Paulus favorisierten, der sich befleißigte, ihn als unseren Erlöser zu titulieren, der sich aufgeopfert hat und für uns am Kreuz gestorben ist, liegt irgendwie doch nahe und ist durchaus nicht unbegründet. Doch diese Interpretation ist keineswegs schlüssig und scheint doch sehr weither geholt - auch wenn schon rund 2000 Jahre lang im Umlauf. Zudem hat ER ja auch die Juden nicht von den Römern befreit: weder physisch noch seelisch-geistig. Auf diesen heldenhaften Messias warteten die Juden doch und konnten ihn nicht in Jesus erkennen. Ihrer Vorstellung von einem Messias entsprach denn Bar Kochbar, der ''Sternensohn'' - mit bürgerlichem Namen Simon Ben Kosiba – schon eher. Er war der Führer des Aufstandes gegen die Römer in den Jahren 132 -135 n. Chr.
Dessen ungeachtet gibt es keine Erlöser, die die Menschheit pauschal erlösen können und / oder sollen. Wovon auch? Etwa von dieser erfundenen "Erbsünde"? … oder gar von allen Sünden, die wir als Menschen Tag für Tag jetzt und auch weiterhin in der Zukunft noch begehen werden? Eine solche Lehre ist ja wohl hochgradige Irreführung! Die Erlösung kommt doch nicht von außen, sondern von innen. Uns begegnen allenfalls begnadete Lehrer, die wegweisend tätig werden können durch ihr Beispiel und ihre Liebe: so auch Jesus Emanuel der Christós.
Ein Heiland hat die Aufgabe, den Menschen den Weg zu weisen zu ihrer Erlösung aus ihren Verhaftungen, zu ihrer Heilung, zum Heil-Sein als Mensch. Doch seinen individuellen Weg muß jeder Mensch schon selbst finden, auf dem ihm das Göttliche begegnen kann. Alle anderslautenden Meinungen sind nichts anderes als Irrglaube. Es gilt den Leitfaden des eigenen Bewußtseins aufzuspüren, seiner Führung zu folgen. Diese richtungsweisende Führung muß man sich erschweigen.
''Erschweigen'' - das ist auch so ein Wort, das es so eigentlich gar nicht gibt. Es kam mir wieder einmal aus meinem Unterbewußtsein herauf. Es will wohl sagen, daß man am Erreichen des Schweigens arbeiten muß, da es zunächst nur schrittweise und nur für Augenblicke gelingt. Das innere Schweigen und das hingebungsvolle Leer-Werden sind gemeint - nicht bloß einfach nur den Mund halten und nicht sprechen. Intuition und Inspiration

brauchen ein leeres Gefäß zum Einströmen, leer und frei von herum vagabundierenden Gedanken, die sich wie lästiges Ungeziefer einnisten und sich
nicht abwimmeln lassen wollen.

Zurück zu den überlieferten letzten Worten Jesu:

Es gibt andere Übersetzungsvorschläge, die einleuchtender klingen - ohne
sich unzulässige Freiheiten bei der Übersetzung zu gestatten, wie ich mich
auch mit einigen Bibelexperten einig weiß. Ich habe da einfach nur mein alt-
griechisches Schulwörterbuch hervorgeholt. Eine Möglichkeit ist z.B.

     Mein Gott, mein Gott, w i e hast Du mich entlassen,

d.h. es umschreibt die Art und Weise, wie Jesus diese seine Lebensaufgabe
in diesem Lande damals beenden sollte.

Aber auch folgende - von mir favorisierte - Übersetzung ist möglich:

     ... wozu hast Du mich (ihnen) überlassen.

Beides nicht als Frage, sondern als Ausruf zu interpretieren, oder – wenn
man so will – als rhetorische Frage:

     Wozu – hin zu welchem Ziel... .

Jesus begreift auf dem Höhepunkt seines Leidens die ganze Tragweite, die
unauslöschlich eindrucksvolle Weise, die das Geheimnis seiner Kreuzigung
zum Symbol für die Menschheit machen sollte. Nach Jesu Vorbild selbst die
eigene Erlösung zu vollbringen, kann man durchaus zum Gegenstand von
Meditationen machen, ohne sich aber deshalb in bedenklich psychopatholo-
gische Hysterien hineinzusteigern, die womöglich darin gipfeln, selbst an
Händen und Füßen nach Jesu Vorbild Stigmata zu produzieren.

Daß sich das Geheimnis der Kreuzigung Jesu in seinem wahren Kern der
Mehrzahl der Christen und sogar den meisten Theologen bis heute nicht
oder nur bruchstückhaft offenbart hat, ändert nichts an seinem tiefen Sinn,
den sich jeder für sich selbst erschließen muß, wenn er denn möchte. Jesus
hat immer in Gleichnissen gesprochen. Sein ganzes Leben war ein einziges
Gleichnis – und auch seine Kreuzigung: ein Gleichnis, voller Zeichen und
Symbole.

Wenn Juden wie Christen von der Bibel als dem lebendigen Wort Gottes
sprechen, dann sollte man dieses Wort Gottes auch lebendig lassen und
nicht als eine Ansammlung unbeweglicher oder gar toter Buchstaben handhaben und starrsinnig an herausgegriffenen Wörterdeutungen kleben. Das
kann ja nur in sinnentstellende Verfälschungen führen, die nach Gutdünken
des jeweiligen Übersetzers hingebogen werden. Das *Buch der Bücher* hat
keinen dogmatischen, sondern eher einen orientalischen Charakter wie auch
die Märchen aus ''Tausend und einer Nacht''. Die griechische und mehr
noch die lateinische Übersetzung kann einem solchen vielschichtigen althe-
bräischen und noch dazu unvokalisierten Text in etwa nur so gut - oder besser so schlecht - bekommen, wie das rauhe nordeuropäische Winterklima
einem wärmeverwöhnten Tropen-Baum. Palimpseste - das sind abgeschab-

te und wiederbeschriebene Pergamente - erschweren zusätzlich den Forschern die Identifizierung alter Texte. Bedeutungswandlungen einzelner Wörter, die sich über die Jahrhunderte vollziehen, müssen genau so berücksichtigt werden wie unterschiedliche Bedeutungen ein und derselben Vokabel.

Ein Beispiel fällt mir dazu ein: der kurze griechische Sinnspruch

$$\Sigma\omega\mu\alpha \ - \ \Sigma\eta\mu\alpha \quad (\text{Soma} - \text{Sema})$$

Man kann ihn übersetzen:
1. der Körper – ein Grab
oder
2. der Körper – ein Zeichen.

Unterschiedlicher kann eine Bedeutung desselben, aber völlig identischen Ausspruchs kaum sein, auch wenn beide – jeder für sich – inhaltlich zutreffen. Dieser Spruch war es, der in mir - seit er mir zum ersten Mal als Schülerin im Gymnasium begegnete – anhaltende Nachdenklichkeit hervorrief und gegenüber subjektiven Interpretationen vorsichtig werden ließ.

Ich verspürte spontan das Bedürfnis, mit Ishtuahavi über Jesus zu sprechen, hatte sie doch in unserem allerersten Gespräch ihre Verbundenheit mit dem Kreuz erwähnt.
Doch da schob sich etwas dazwischen... ein inneres Bild klopfte an. Ich schloß die Augen. Über dem dunklen Meer erschien ein helles Licht – wie eine riesige Wolke. Sie dehnte sich aus, kam auf mich zu, umhüllte mich, trug mich davon. Ich spürte, wie meine Schwellengestalt mich mitnahm in ihr magisches Reich der Visionen zwischen Wachen und Träumen.
Ich kam an eine große, einem Amphitheater ähnliche Freilichtbühne. Sie war mit einem hohen schmiede-eisernen Gitter eingezäunt. Drinnen saßen auf den steinernen Stufen schätzungsweise 5000 Menschen. Auf der nur schwach beleuchteten Bühne konnte man bei näherem Hinsehen einen in ein grau-braunes, indisches oder tibetisches Wollgewand gekleideten Vortragenden erkennen. Seine langen Haaren und der lange Bart wiesen ihn zusätzlich als einen Guru aus, der die Zuschauer wohl zu lehren und ihnen etwas zu erläutern schien. Man nannte mir seinen Namen: Shri...Punkt... Punkt... Punkt...
Shri - das war ja nur sein Titel, seinen Namen hatte ich jedoch sofort wieder vergessen, obwohl er eher einfach und ziemlich westlich klang.
Man öffnete mir ein eisernes Türchen, um mich eintreten zu lassen. Ich aber lehnte dankend ab und blieb draußen hinter dem Gitter stehen, um dieses Geschehen von außen zu beobachten. Dann wurde es um diesen Guru herum noch etwas dunkler, so daß nur noch ein schwacher Lichtschein wie eine Art Notbeleuchtung die Bühne erkennen ließ, die der Guru sodann verließ.

Das eiserne Türchen wurde geöffnet, es kamen aber nur 5 oder 6 Menschen aus dem dunklen Zuschauerraum nach draußen. Der Rest blieb drinnen auf seinen Plätzen wie angewurzelt sitzen, obwohl es gar nichts mehr zu sehen und zu hören gab.

Merkwürdig - dachte ich bei mir – daß die Menschen sich gegen Autoritäten auflehnen, um so schnell wie möglich sich einer neuen, oftmals weitaus fragwürdigeren Autorität unterzuordnen oder gar zu unterwerfen. Ich trat etwas zurück, um diese wenigen herauskommenden Zuhörer vorbei zu lassen, und studierte ihre Gesichter, in denen ich lesen wollte, wie sie auf diese Veranstaltung reagierten. Ihnen fehlte jegliche Freude und Zufriedenheit, wie ich feststellen mußte.

Da erschien seitlich auf der rechten Seite außerhalb des Tores eine Lichtgestalt in einem leuchtenden Gewand. Ich schaute sie fasziniert an. Das Gesicht strahlte so über die Maßen hell, daß es blendete und die Gesichtszüge nur in ganz zart angedeuteten Linien erkennbar waren. Die Gestalt war mir dennoch nicht fremd. Ein schweigender Austausch von Gedanken schien sich zwischen uns zu vollziehen. Von links radelte ein junger Mann heran und sagte zu mir: ``Er ist der wahre Meister – nicht der da drinnen. All diese Zuschauer können ihn aber nicht sehen, und auch der Guru, der dort gesprochen hat, kennt ihn nicht´´. Dann radelte er davon.

Ich kam zurück und öffnete die Augen blinzelnd einen kleinen Spalt weit, um sie gleich wieder zu schließen, wollte ich doch noch ein kleines Weilchen in der Stimmung dieser Bilder verharren, noch etwas nacherleben und wirken lassen, was sich da eben ereignet hatte.

Bevor ich in den Schlaf fallen konnte, stupste mich Ishtuahavi:

„Komm schon, Alexa, jetzt nicht einschlafen!"

„Jaaaa – ich bin ja noch da, " sagte ich, sprang auf und streckte meine Glieder.

„Warum soll ich eigentlich nicht einschlafen?"

„Weil du nachher das alles wieder vergessen hast, wenn andere Bilder kommen und die eben erlebten überlagern", antwortete sie. „Außerdem wolltest du mit mir über Jesus reden. Deshalb hast du das eben Gesehene erlebt."

„Du willst mir also nichts zu diesem Erlebnis sagen?" fragte ich.

„Nein, wozu denn? Du weißt doch ganz genau, was gemeint ist."

„Weiß ich das wirklich?" stellte ich mich stur.

„Aleeeexaaaa! Du willst mich doch nicht etwa ärgern?"

„Nein, natürlich nicht, wie kommst du denn darauf?" lenkte ich beschwichtigend ein:

„Also, gut….

Ich habe die Symbolik der in ihren Glaubenssätzen gefangenen Menschen, die sich um einen wenig erleuchteten Guru oder Priester versammelt haben,

verstanden. Ich habe weiterhin mit Erleichterung festgestellt, daß ich nur von außen zugeschaut habe und mich nicht verführen ließ, in dieses riesige Gefängnis falscher Vorstellungen einzutreten.
Mir ist die wahre Lichtgestalt als mein innerer Meister erschienen, den außer mir und dem radelnden Boten kein Anderer sehen konnte. Der radelnde Bote wiederum war eine Hermes- oder Merkurgestalt, die das Gefühl auf verstandesmäßiger Ebene bestätigte. Das war es doch? Zufrieden?"

„ Hoppla, das ging aber schnell! Zufrieden, ja! Ich wollte nämlich von dir hören, daß du die Lichtgestalt als deinen inneren Meister erkannt und gedeutet hast, und nicht etwa glaubtest, es sei dir Jesus Christus erschienen. Mancher an deiner statt würde es wohl für eine Christus –Vision gehalten haben."

„Verstehe, du wolltest mich testen, um sicher zu sein, daß ich nicht versteckt in irgendeiner Ecke meines Wesens - so etwas wie Symptome einer religiösen Hysterie beherberge."

„Gut denn - das wäre geklärt. Trotzdem erinnere ich: wir wollten über Jesus reden."

„Ja, Ishtuahavi, aber... wo anfangen? Warte mal... ich hatte doch da schon eine Frage auf den Lippen....ja, jetzt fällt sie mir wieder ein:
Wir haben doch von der Gestaltlosigkeit des Göttlichen gesprochen. Jesus aber sprach immer von Gott als dem Vater im Himmel."

„Das mußte Er doch, Alexa! Wir sagten es an anderer Stelle schon: die Menschen brauchen Bilder und Tempel. Jesus verwendete eine bildhafte Sprache, die seine jüdischen Landsleute verstehen konnten.
Du selbst hast gerade eben über die vielen Gleichnisse nachgedacht, in denen Er immer wieder sprach. Er mußte und Er wollte das noch heute gängige Vaterbild der Juden aufrecht erhalten. Dieses Vaterbild ist ja auch nur ein Gleichnis - nichts anderes.
Jeschua – erst Ende des 1. Jahrhunderts ''Jesus'' genannt - war ein jüdischer Rabbi, der die Torah hochhielt und nicht um ein Jod verändern wollte. Wir sagten das schon. Das geht sogar aus Matth.17-19 hervor. Er hat keinen neuen Glauben kreiert, keine neue Kirche gegründet, sich nicht als Religionsstifter verstanden.
Ohne diese traditionelle jüdische Gottesvorstellung, die wie alle Gottesvorstellungen ja nichts weiter darstellt als ein Konzept, wie es Ramesh S. Balsekar treffend bezeichnet, hätte Ihm keiner seines Volkes zugehört, sondern sie hätten sich kopfschüttelnd abgewendet. Die jüdischen Schriftgelehrten hätten ihn sogar höchstwahrscheinlich sofort wegen Gotteslästerung umgebracht.
        Was hätte das gleich zu Beginn seiner Lehrtätigkeit denn nützen sollen? All das im wahrsten Sinne Wundervolle und seine großartigen Predigten der bedingungslosen Liebe und selbstlosen Hingabe mußten doch unbedingt Verbreitung finden – eigentlich muß man eher sagen – der Vertie-

fung dienen. Denn auch sein Postulat: *Liebe deinen Nächsten wie dich selbst* ist ja nicht von Jesus kreiert, sondern steht bereits in der Torah (Lev.19, 18).

Es war der damaligen Situation der Juden, die durch die Römer unterjocht wurden, weitaus angemessener, dem Wesen des alten Rächer-Gottes der Genesis den Aspekt des liebevollen Vatergottes wieder stärker an die Seite zu stellen und zu betonen, als ihn abzuschaffen. Die Juden brauchten doch unbedingt ihren Monotheismus als Bollwerk gegen dieses anmaßende Gott-Kaisertum der Römer samt ihrem Polytheismus.

Denn diese Zeit war überreif dafür, jenen falsch verstandenen stagnierenden Teil der jüdischen Tradition zu reformieren und diesen seelisch verhärtenden und oft fehlinterpretierten Grundsatz des Talionsgesetzes'' Auge um Auge – Zahn um Zahn'' in den der verzeihenden Liebe zu überführen. Vergebung – das ist es, was noch heute Juden wie auch Christen und Muslimen so schwer fällt. Es ist so schrecklich tief eingemeißelt in diese Köpfe: Strafe und Rache bis in die 3. und 4. folgende Generation (Ex 20,5) für eine Missetat, was immer sie nach ihrem Verständnis dafür halten wollen. Das ist natürlich ein Frevel, sich derartig als Richter aufspielen zu wollen, anstatt ehrfürchtig ihrem Vatergott anheim zu stellen, zu strafen oder zu begnadigen. *Richtet nicht, auf daß ihr nicht gerichtet werdet* - jeder kennt diesen Satz, aber keiner richtet sich auch nur ansatzweise danach. Mögen die Juden damals wie heute und auch weiterhin Jesus nicht als Gottes Sohn oder Messias oder Propheten akzeptieren! Es ändert nichts an der Tatsache, daß Er ein, wenn nicht d e r größte Sohn ihres Volkes war, geblieben ist und auch weiterhin bleiben wird. Diese Erkenntnis führt in der heutigen Zeit glücklicherweise immer mehr dazu, daß jüdische Bibelgelehrte sich um ihren Rabbi Jeschua eingehender kümmern und dagegen protestieren, daß das Christentum Ihn für sich allein beanspruchen und vereinnahmen möchte. Man geht dem hebräischen Text in sprachlichen Rückführungen nach, denn schließlich waren auch Jesu Jünger ebenso wie die Evangelisten und auch Paulus ausnahmslos Juden, dachten, sprachen und schrieben also auch wie Juden.

Die Bibel samt dem sogenannten Neuen Testament, das ja eigentlich gar nichts grundlegend Neues verkündet, ist ein jüdisches Buch. Vom ''Alten Testament'' zu sprechen hingegen verleitet leicht zu der Annahme, daß es sich um einen überholten, veralteten Text handeln könnte, der durch das ''Neue Testament'' verbessert und reformiert worden ist. Das ist nun wirklich ganz und gar nicht der Fall. Das ''Erste Testament'' sollte man eher sagen, denn es ist *ein Kulturdokument humanitärer und sozialer Programmatik ersten Ranges*, wie Prof. Erich Zenger außerordentlich treffend bemerkt, ohne dessen Grundlagen das ''Neue Testament'' jeglicher Basis beraubt wäre.

Die gesamte Aufzeichnung von der Gefangennahme Jesu nach dem Verrat durch Judas hin bis zur Kreuzigung samt aller Nebenhandlungen sind von den Evangelisten, die Jesus ja gar nicht gekannt haben, den Psalmen entnommen, also wegen der prophetischen Schrifterfüllung so hingebogen wurden, bis man sie identisch oder einigermaßen passend fand. Dabei sind natürlich die bestehenden Fehler und Verwechslungen aus den alten Psalmentexten ungeprüft eingeflossen. Auch die angeblich letzten Worte Jesu finden sich im Psalm 22,2. So kann Judas auch nicht 30 Silberlinge für den Verrat bekommen haben, da es diese Währung schon seit Jahrhunderten nicht mehr in Umlauf war. 30 Schekel indessen sind der niedrigste Kaufpreis für einen männlichen Sklaven gewesen. Das alles weist Pinchas Lapide nach und zitiert den evangelischen Theologen Markus Barth: ˝ Wir geben zu, daß man seit dem 1. Jh. n. Chr. Christen prophetische Aussprüche aus der hebräischen Bibel gesucht, gesammelt und wiederholt hat, um den Juden die Messianität Jesu zu beweisen (...), aber das tut weder ihnen noch einem Juden etwas Gutes.˝

All dessen ungeachtet ist ER wahrhaftig I.N.R.I, d.h. Jesus von Nazareth – Rex Judarum, ein - wenn auch ungekrönter - König der Juden, wie diese Inschrift am Kreuz es bezeugt. Sie ist wahr, auch wenn sie zum Spott geschrieben wurde. Historisch gesehen stammt Jesus immerhin aus dem Haus und Geschlecht des König David."

„Sich seiner Lehre der Liebe zu erinnern, die ja aufruft, sich diesem alten Gedankengut der Torah zu widmen und es auch zu praktizieren, täte den Juden freilich gut, sehr gut sogar", flocht ich ein. „Besonders und aktuell in ihren ständigen Konflikten mit den Palästinensern. Das hieße ja noch lange nicht, daß ihre Torah, der Talmud, der Sohar, der Sefer Jezirah nicht trotzdem das Zentrum ihrer Religion einnehmen sollen. Diese einzigartigen heiligen Schriften wiederum sollten von der Christenheit nicht nur respektiert, sondern auch gelesen werden."

„Hierzu muß ich mich selbst korrigieren und etwas Entscheidendes richtig stellen, Alexa. Man tut dem Judentum unrecht, wenn man undifferenziert verallgemeinert.

Es gibt erhebliche Unterschiede, und man darf die frommen gottgläubigen Juden, wie zum Beispiel u. a. die Chassidim, von deren Weisheit uns Martin Buber berichtet hat, nicht in einem Atemzug nennen mit den meistenteils atheistischen, rein politisch orientierten Zionisten, die Kriegstreiber sind und alles tun, um Antisemitismus zu schüren, und davon wiederum zu profitieren. Diese ganz andersartigen Juden, die u. a. in der Neturei Karta International unter Rabbi Yisroel David Weiss in den USA organisiert sind, verdienen höchsten Respekt, wenn sie sich gegen die Unterdrückung der Palästinenser durch die Israelis - ja sogar gegen diesen künstlich geschaffenen Staat Israel - wenden und immer wieder die Menschheit zur Versöhnung aufrufen. Sie haben auch dem deutschen Volk verziehen - und das nicht nur, weil die

Verantwortlichen wie auch die übrigen Bürger der damaligen Zeit - bis auf ganz wenige einzelne und schon hochbetagte Menschen - gar nicht mehr unter den Lebenden weilen, sondern weil sie überall in Wort und Tat den guten Willen des deutschen Volkes gesehen und anerkannt haben. Sie sprechen sich für eine friedliche Koexistenz mit und in allen Völkern der Erde aus und wollen gar nicht staatlich organisiert sein. Sie betonen, daß es in ihren heiligen Schriften überhaupt nirgends verankert ist, daß sie ein Recht auf ihr eigenes Land durchsetzen und ein anderes Volk dafür verdrängen dürfen.

Geht man in der jüdischen Geschichte zurück, dann haben die Juden sich immer nur für eine relativ kurze Zeitspanne staatlich zusammenfassen lassen. Salomons wie auch Davids Königreich konnten sich nur für eine begrenzte Zeit behaupten, bis sie wieder zerfielen. Es scheint in der Mentalität der Juden zu liegen, immer lieber in kleineren Gruppen oder Gemeinden organisiert zu sein, anstatt sich in ein größeres, staatliches Gebilde einbinden zu lassen. Sie haben immer Stärke bewiesen in der Diaspora, die sie als gottgegeben und ganz und gar nicht als Unglück empfunden haben. Da sie aber kein Wirtschaftspotential darstellen und man ihnen auch keine Waffen, keine Kampf-Jets oder sonstige Militärausrüstung verkaufen kann, werden diese leiseren Stimmen gern massiv übertönt oder aber sogar rigoros unterdrückt."

„Ja, leider. Schreihälse werden immer und überall besser angehört, besonders wenn Wirtschaftsinteressen daran geknüpft sind", bedauerte ich. „Aber es ist ganz wichtig, darauf hinzuweisen, daß da ein ganz strenger und klarer Unterschied gemacht werden muß. Ich werde in Zukunft immer daran denken, bevor ich wieder einmal eine pauschale Aussage über meine Lippen kommen lasse. Trotzdem bin ich der Meinung, daß die Israelis in friedlicher Koexistenz mit den Palästinensern ihren eigenen Staat haben sollen, aber selbstverständlich brauchen die Palästinenser ebenso ihren eigenen Staat. Wenn beide Staaten sich gegenseitig respektieren und die ausgehandelten Grenzen nicht verletzen, dann könnte vielleicht irgendwann einmal wirklich Frieden in Nahost herrschen.

Bisher mutet das allerdings wie ein frommer Wunschtraum an, der weiter denn je von der Wirklichkeit entfernt ist: teilweise sicherlich deswegen, weil es Interessensgruppen gibt, die von dem kriegerischen Geschehen profitieren und an nichts weniger interessiert sind, als an einem Frieden in Nahost. In den letzten Tagen im Juli 2006 haben erneut kriegerische Handlungen begonnen und Teile des Libanon wurden von Israel mit Raketen beschossen und vollkommen zerstört - mit der Konsequenz erschütternder Schicksale unter der Zivilbevölkerung. Diese Menschen, die ihre Angehörigen und all ihr Hab und Gut verloren haben, müßten schon auf einer sehr hohen spirituellen Stufe der Toleranz und der Vergebung angekommen sein, um die politische Führung Israels nicht abgrundtief zu hassen.

Laß mich jetzt etwas zum Islam sagen, Ishtuahavi. Ich war ziemlich erstaunt, daß Jesus so oft und mit überaus großem Respekt im Koran erwähnt wird", fuhr ich fort. „Seine Wundertaten wie auch die Jungfräulichkeit seiner Mutter Maria werden als unumstößliche Fakten gesehen, und es wird nicht zugelassen, daran herumzudeuteln. Denn Allah ist allmächtig, und wenn Er sagt: ES SEI - dann ist es eben so".

„Jesus wird aber nicht als Gottes Sohn anerkannt", ergriff Ishtuahavi wieder das Wort, „sondern als eine Wiedergeburt des Adam, der das Ideal des Adam Kadmon verwirklicht hat. Laut Koran sind Jesus wie auch Adam nicht gezeugt worden: sie haben keinen Vater, sondern sind erschaffen worden. Er wird als Prophet und Gesandter Allahs verehrt, wie auch Moses, Abraham, Ismael, Isaak und Jakob (Suren 2.130; 3.178; 4.169).
In der Sure 57.27 wird übrigens erklärt, daß Jesus das Mönchstum weder geboten noch eingeführt hat, sondern dies eine Erfindung seiner Anhänger gewesen ist. Dies richtet sich eindeutig - und mit Recht - gegen den Zölibat, den die katholische Kirche erfunden hat und nach wie vor gegen alle Gegenströmungen mit Zähnen und Klauen verteidigt. Der Zölibat wurde erstmals auf der Synode von Elvira im Jahr 309 n. Chr. gefordert, aber konnte nie voll durchgesetzt werden. Erst im 12. Jh. wurde er zur Pflicht erhoben, obwohl schon Paulus ein ausgesprochener Befürworter des Zölibats war, wie man 7,26 + 32 nachlesen kann. Wäre es nach ihm gegangen und Frauen zum Kinder-Gebären nicht unentbehrlich, hätte er jegliches weibliches Element wohl am liebsten ganz eliminiert. Martin Luther hat später dann den Zölibat für die protestantischen Priester aufgehoben. Er selbst heiratete eine ehemalige Nonne, wie du weißt.
In der Sure 4.156 heißt es, daß nicht Jesus ermordet wurde, sondern ein ihm Ähnlicher, während Allah Ihn zu sich erhöht hat. Trotzdem aber sind die Juden verflucht – so weiter in der Sure 4.169 – weil sie den Messias Jesus ermordet haben, auch wenn es nicht wahr ist, daß sie ihn tatsächlich umgebracht haben.
Das ist wiederum so nicht ganz richtig, wenn auch vortrefflich geeignet, um Haß zu schüren. Die Römer haben die Kreuzigungen durchgeführt - nicht die Juden, die ja mangels einer eigenen Gerichtsbarkeit überhaupt kein Recht dazu hatten. Daß sich leider immer - wie zu allen Zeiten und an allen Orten der Welt – Denunzianten finden lassen, die mit dem Feind kooperieren und im Verrat ihrer eigenen Landsleute ihren persönlichen Vorteil suchen, ist ja nicht weiter neu, wenn auch verabscheuungswürdig. So hat es natürlich auch jüdische Kollaborateure mit dem römischen Erzfeind gegeben. Es wurden aber generell nur Rebellen und entlaufene Sklaven als Schwerstverbrecher nach der Lex Julia Majestatis mit dieser Hinrichtungsart bestraft. Auch die beiden fälschlicherweise als Räuber bezeichneten Delinquenten, die rechts und links von Jesus gekreuzigt wurden, waren Rebellen. Jesus und

seine Jünger waren nämlich durchaus keine nur unpolitischen oder gar pazifistischen Wanderprediger. So lesen wir in Matth.10, 34:
Ich bin nicht gekommen, um Frieden zu bringen, sondern das Schwert und in Luk.22, 36 fordert Jesus seine Jünger auf, ihre Mäntel zu verkaufen, damit sie Schwerter kaufen können. Besitz von Schwertern war aber den Juden selbstverständlich von den Römern strengstens untersagt worden und wurde mit dem Tode bestraft. Jesus aber wagte, sich gegen die römische Fremdherrschaft zu stellen – entgegen der Verhaltensweise vieler Pharisäer, die sich den Römern gegenüber liebedienerisch verhielten. Im Neuen Testament sind etliche aggressive Aussprüche zu lesen, wie man sie in
Matth.22, 13 und 10, 34, Luk. 19, 27, 1. Kor. 16, 22 und 2.Thess. 28 auffinden kann.
So lesen wir, daß man schon früher einmal versucht hatte, Jesus auf die Probe zu stellen, um ihn verhaften zu können. Man wollte nämlich dem Vorwurf nachgehen, daß er seine Landsleute davon abhalten wolle, die festgesetzten Steuern an die Römer zu zahlen. Während im Hintergrund schon römische Soldaten Stellung bezogen hatten und darauf lauerten, Ihn festzunehmen, fragte man Ihn in aller Öffentlichkeit danach und hoffte, Ihn in die Falle zu locken.
Jesus aber antwortete sinngemäß: ''Zeigt mir doch einmal das Geld''.
Man reichte Ihm eine Münze mit der Prägung des den Juden so verhaßten Abbilds des römischen Gott-Kaisers Tiberius. Wer das sei, fragte Er, und wem die Münze gehöre. Das Geld gehöre dem abgebildeten Kaiser Tiberius wie alles in Umlauf befindliche Geld, ließ man Ihn wissen. Jesus sagte daraufhin: *Dann gebt dem Kaiser zurück, was des Kaisers ist.* Das Wörtchen ''zurück'' ist dabei sehr wichtig und oft ausgelassen worden (Pinchas Lapide). Es war überaus klug und diplomatisch, wie Er sich aus der Affäre gezogen hat. Denn ER hat damit keineswegs die Juden aufgefordert, Steuern zu zahlen, wie oftmals daraus falsch gedeutet worden ist – und ebenfalls nicht, sie zu verweigern.

Es hat sich ohnehin so vieles ganz anders ereignet, und wichtige Dokumentationen wie die Qumran-Rollen vom Toten Meer werden noch immer teilweise unter Verschluß gehalten. Zu wenig bekannt ist noch immer das Leben der ersten christlichen Gemeinden wie z.B. der Essener, die Jesus noch gekannt haben. Die Stadt Qumran wurde 68 n. Chr. im römischen Krieg zerstört und erst 1951 bis 1956 systematisch ausgegraben. Zwischen 1947 und 1960 hat man die berühmten Schriftrollen in 11 verschiedenen Höhlen gefunden, die dorthin gerettet und versteckt werden konnten.''
„Ich für meinen Teil finde es nicht so wichtig, ob Jesus für gottgleich, gottähnlich oder als Gottessohn für Gott selbst gehalten wird. Ihn würde das wohl auch sehr wenig interessiert haben'', ergriff ich wieder das Wort.
„ER hat sich nie als Gottsohn oder als Gott selbst bezeichnet. Dazu haben Ihn erst seine Anhänger sozusagen ''ernannt''. Auch ''Menschensohn'' ist

eine erfundene Übersetzung, weil es dieses Wort so im Hebräischen oder Aramäischen gar nicht gibt (siehe Pinchas Lapide). Es war immer von Jeshua Ben Yuseph die Rede – Jesus Sohn des Joseph.

Ungeachtet all dessen: ER war eine überragende Lichtgestalt, deren Einzigartigkeit seines Gleichen bis heute nicht gefunden hat. Jesus war ein Χριστός (Christós)".

„Richtig, Alexa, denn das muß unterschieden werden. Jesus ist sein irdischer Name, wie du Alexa heißt. Messias wie auch Christós meinen annähernd dasselbe: es ist ein Titel und bedeutet *Gesalbter* - man kann auch *Geweihter* oder *Eingeweihter* oder *Gottgesandter* sagen. Messias – eine Bezeichnung griechisch-lateinischen Ursprungs - klingt im Hebräischen ähnlich, nämlich Mashiach. Jesus war ein sehr bedeutender, aber natürlich nicht der einzige Christós auf Erden."

Ich flocht ein:

„Der Glaube, daß der Priester tatsächlich Brot und Wein in Leib und Blut Jesu verwandeln kann, um dann wie eine Nahrung Gottes von den Gläubigen aufgenommen zu werden, ist für mich schon eine schwierig nachzuvollziehende Sache und eigentlich etwas befremdend, wenn ich ehrlich sein soll. Man muß ja darin nicht einer Meinung mit mir sein. Es soll auch keine respektlose Äußerung gegenüber der Eucharistie sein und ihr keinen Abbruch tun. Denn wenn die Gemeinschaft der Gläubigen zum Zeichen ihrer Verbundenheit Brot und Wein miteinander verzehrt, wie Jesus es der Überlieferung nach beim letzten Abendmahl mit seinen Aposteln zelebrierte, hat dieses Ritual einen einigenden Charakter.

Wer miteinander ißt und trinkt, hat sich vorher versöhnt. Allerdings müßten die Gläubigen dazu regelrecht gemeinsam zu Tisch sitzen. Das ist aus organisatorischen Gründen in einer größeren Gemeinde nicht so einfach zu ermöglichen, so daß diese wunderbare Idee durch das praktizierte Schnellverfahren der sogenannten Hl. Kommunion leider manchmal ihrer innigen Andacht, ja ihrer ganzen Schönheit und Tiefe doch ein wenig beraubt wird."

„Deine Einwände sind verständlich, Alexa.

Diese Lehre von der Transsubstantiation (20) ist auch erst in einer Synode der Kirche im Jahre 1215 so festgelegt worden. Im Konzil von Trient 1551 hat man sie nochmals als Glaubenssatz festgeschrieben. Wenn man das im physischen Sinne wörtlich nehmen wollte, wäre dies in der Tat recht merkwürdig. Auch hier müssen wir wieder von "Christus" sprechen - nicht von "Jesus", wie du eben sagtest.

Denn es geht darum, daß materielle Speise in eine geistige Nahrung, in die Lichtnahrung des Christós verwandelt werden soll: die Vergeistigung von Materie könnte man sagen, um es auf den Punkt zu bringen.

Im Gegensatz zu den alten blutigen Tieropfer-Riten der Römer wurden bei den Juden statt dessen Brot und Wein als Opfer dargebracht. Wenn es also richtig und unverfälscht verstanden wird, bringen die Gläubigen nach Jesu

Vorbild sich selbst zum Opfer dar – im Sinnbild des Brotes ihren Leib, im Symbol des Weines ihr Blut, das symbolisch ihre Seele meint. Beides erfährt eine Heiligung und Vergeistigung im Ritual der Eucharistie und wird - auf diese Weise verwandelt - den Gläubigen als diese vergeistigte Speise zur physischen Aufnahme gegeben - wie Jesus es beim letzten Abendmahl zelebrierte. Der Gedanke der Erlösung der Materie aus der Gefangenschaft ihrer dichten Stofflichkeit hin zu immer feinerer Feinstofflichkeit bis hin zur Vergeistigung wird hier deutlich. Das ist das wahre christliche Erlösungssymbol, das es zu durchdringen und zu erkennen gilt. Natürlich begegnen wir hier einer Theosophie auf höherem Niveau, die im einfachen Volksglauben nur eine unzureichende Andeutung erfahren hat.

Eigentlich ganz einfach und ein wunderschöner Gedanke zum Gedenken an Jesus Christós, indem man sich Ihm dann seinem ursprünglichen Ritual des letzten Abendmahls am Gründonnerstag anschließt. Das von Jesus mit seinen Jüngern gefeierte Abendmahl bestand - wie damals allgemein üblich - unter anderem auch aus Brot und Wein. Beide Elemente durften bei einer solchen Mahlzeit nicht fehlen. Symbolisch betrachtet sind diese die beiden sich ergänzenden Gegensätze von Körper und Seele, die im Brot und im Wein ihren Ausdruck finden, wie eben schon angedeutet.
Das Brot wurde abgedeckt, und man trank erst den Wein. Der Leib wurde vor der Seele verborgen, weil er ihr gegenüber für unwichtig gehalten wurde. So kam diese Reihenfolge - erst den Wein trinken, dann Aufdecken und Verzehr des Brotes – zustande (nach Weinreb).

Danach wird auch klar, daß eine Eucharistie-Feier, die den Gläubigen den verwandelten Wein vorenthält und nur das Brot in Form einer Hostie zukommen läßt, dem wahren Sinn nicht auf die Spur gekommen ist.

Die Ostkirche wird dem Ritual schon eher gerecht: die Gläubigen betreten die Kirche, erwerben am Eingang ihr kleines rundes Brotküchlein und überlassen ein Teilchen davon dem Priester. Er reicht ihnen beim Abendmahl dann später sowohl Wein wie auch ein kleines Stückchen des Brotes, indem es mit dem Wein aus einem Kelch an alle teilnehmenden Gläubigen verteilt wird. Danach essen sie den Rest ihres kleinen Brotküchleins auf. Man kann auch für lebende wie tote Angehörige oder Freunde ein kleines Brotteilchen erwerben und - mit einem Namenszettel versehen - dem Priester übergeben lassen. Dann werden diese Menschen mit in die Eucharistie-Feier einbezogen und für sie gebetet.
Es besteht da natürlich immer ein wenig der Verdacht, daß dieses tiefe Geheimnis im leeren Ritual steckengeblieben sein könnte, wenn dem zelebrierenden Priester die spirituelle Durchdringung dieser symbolischen Handlung nicht zur Verfügung steht. Das nämlich ist magisches Gedankengut der mystischen Kabbala, das all die allgemein unverständlichen Rituale des Alten und des Neuen Testamentes immer wieder durchdringt und selten in seiner

tiefen Wahrheit ganz erfaßt wird. Wir werden uns damit zu einem späteren Zeitpunkt eingehender befassen.

Ob aber nun das wahre Mysterium der Eucharistie verstanden wird oder nicht, spielt dennoch nicht eine so gravierende und zentrale Rolle, denn auf den Gläubigen selbst kommt es dabei an, nicht auf die Zeremonie oder deren mechanische Ausführung durch einen Priester, dem der tiefer gehende Sinn dieses Gedankens vielleicht völlig fremd ist."

„Ja, das kann ich nachvollziehen", erwiderte ich.

Für Ishtuahavi war das Thema damit beendet, und sie gab dem keinen weiteren Spielraum.

„Weder die Christen noch die Muslime haben recht, wie sie Jesu Tod interpretieren", griff sie dieses Thema wieder auf. „Jesus hätte nicht zugelassen, daß ein anderer statt seiner den grausamen Kreuzestod stirbt, während ER sich aus dem Staub gemacht hat." ... und ich bemerkte:

„Die Kreuzigung galt als die furchtbarste aller Hinrichtungsarten, weil damit menschenverachtende Erniedrigungen und schlimmste Entehrungen einhergingen. Das ist auch bei Cicero nachzulesen. Die Darstellung Jesu am Kreuz nahm deshalb auch erst in der 1. Hälfte des 5. Jh.n. Chr. ihren Anfang, nachdem die Hinrichtung durch Kreuzigung von Kaiser Theodosius d. Gr. abgeschafft worden war. Die Dornenkrone ist ein noch späteres Attribut und findet sich erstmals im 8.Jh. n. Chr. Ab dem 11 Jh. n. Chr. erst wurde das Kreuz auf den Hochaltar gestellt.

Aber ich habe dich unterbrochen, Ishtuahavi.

Du meinst also Jesus sei tatsächlich am Kreuz gestorben?"

„Nein, Alexa! ER wurde gekreuzigt, aber ER ist nicht am Kreuz gestorben."

„... und wie war es denn nun wirklich?"

„Dazu muß ich etwas weiter ausholen, wenn du noch zuhören magst."

„Aber natürlich: es interessiert mich brennend."

„Es ist eine höchstinteressante wie auch sehr komplexe Geschichte:

Zunächst stellt sich die Frage: wozu das Kreuz? Es hätte andere Hinrichtungsarten gegeben, sogar noch schmerzensreichere. Vor Jesu Kreuzigung waren ca. 6000 Juden unter der Herrschaft der Römer gekreuzigt worden: ein überwiegend großer Teil unschuldiger, aber unliebsamer Juden, die die Römer – wie gesagt - als Rebellen einstuften, wurden auf diese unehrenhafte Weise exekutiert. Besonders Pontius Pilatus ˝glänzte˝ durch eine lange Liste von Todesurteilen durch Kreuzigung, die unter seiner Ägide stattfanden.

Die Schmach des Kreuzes sollte durch Jesu Kreuzigung aufgehoben werden. Allen auf diese Weise gedemütigten und willkürlich entrechteten, hingerichteten Juden sollte eine Art Rehabilitierung, ja vielleicht sogar eine späte Ehrung widerfahren. Das Kreuz sollte als Siegeszeichen über Schmerz und Tod seine Heiligung finden. Es hat ja in der Tat seinen Siegeszug um die Erde angetreten. Erwähnt werden muß, daß beide Kreuzesbalken zunächst – und zwar viel richtiger - gleich lang dargestellt wurden. Du kannst also davon ausgehen, daß die Kreuze Jesu und der beiden anderen Rebellen nur etwa einen Meter über der Erde nach oben ragten. Das ist sehr wichtig, wie wir noch sehen werden.

Wir haben schon einmal festgestellt, daß das Kreuz ohne den leidenden Körper Jesu, d.h. n a c h Abnahme seines Körpers zu dem eben genannten Siegeszeichen wurde, nämlich erst dann, als Jesus das Leiden und den Tod besiegt hatte. Abnahme seines Körpers – nicht seines Leichnams – wie ich nochmals betonen möchte.

Jesus ist nicht am Kreuz gestorben. Auf dem Kulminationspunkt seines Leidens ist ER in Trance gegangen, in ein selbst erzeugtes künstliches Koma, wie man es heutzutage medizinisch umschreiben könnte. Dazu war ER ja uneingeschränkt und wie kaum ein anderer fähig, wie wir nach all den Überlieferungen wissen.

Im griechischen Text Matth.27, 46-50 steht auch gar nichts von θανατος (Thanatos = Tod) - oder von Sterben = τελευταν τον βιον (teleutan ton bion), auch nichts vom ''Aufgeben des Geistes" = την ψυχην αφιεναι (ten psychen aphienai), sondern von ''Aufhören des Atems`` πνευμα (pneuma).

Oberflächlich betrachtet mag man das dem physischen Tod gleichsetzen, aber Jesus starb nicht, sondern versetzte sich in diesem Augenblick in Trance, was einem augenscheinlichen endgültigen Atemstillstand gleichgekommen sein mag. Aber das schien nur so, war nur temporär.

Westliche Wissenschaftler waren im letzten Jahrhundert Augenzeugen für spektakuläre Demonstrationen einiger indischer Yogis, die Svarodaya - das ist eine besondere Wissenschaft vom Atem - nach langem Training vollkommen beherrschten: diese Yogis ließen sich für mehrere Tage in einem luftdicht abgeschlossenen Sarg begraben, um danach unversehrt wieder ausgegraben zu werden. Die strenge wissenschaftliche Überwachung bestätigte, daß dabei keine unlauteren Tricks verwendet wurden, sondern diese Yogis in einer Art atemloser Trance die ganze Zeit ohne Sauerstoff-Zufuhr ausgekommen waren und mit ihrer Ausgrabung dann wieder zu einer normalen Atmung zurückkehrten. Swami Rama stellte sich 1970 einem amerikanischen Forschungslabor zur Verfügung und demonstrierte, wie er seine Herzfrequenz und seine Hirnwellen willkürlich beeinflussen, d.h. auf langsame Frequenzen herunterfahren konnte.

Es überrascht uns also nicht im Mindesten, daß Jesus ebenfalls solche oder ähnliche Techniken der sehr alten Lehre des Hathayoga beherrschte, ohne daraus eine offen zur Schau gestellte zirzensische Nummer zu machen wie die eben erwähnten Yogis oder Fakire.

Die Henkersknechte konnten Ihm ruhig mit der Lanze in die Seite stechen, um seinen vermeintlichen Tod festzustellen. In seiner Trance reagierte Er darauf natürlich nicht, und man hielt ihn folglich für tot. Bemerkenswert ist, daß infolge des Lanzenstichs Blut aus der Seite strömte, wie die Evangelisten berichten. Das konnte nur geschehen, wenn die Blutzirkulation noch funktionierte, also der Körper Jesu noch am Leben war. Aus einem toten Körper fließt mangels Kreislauffunktion kein Blut mehr.

Der wohlhabende Kaufmann und Freund Jesu Joseph von Arimatäa brachte den Körper Jesu in seine Grabkammer, wie man es ihm erlaubt hatte. Dort versorgte man Ihn während der nächsten erwähnten drei Tage. Die aufgestellten Wachen entweder betrunken zu machen oder sie zu bestechen, war ja doch kein schwieriges Unterfangen.

Die drei Tage stehen wiederum symbolisch für Körper-Seele-Geist, und sie müssen wie alle zeitlichen Angaben nicht unbedingt wörtlich genommen werden. Es wäre übrigens ein Leichtes für Jesus gewesen, sich der Kreuzigung gänzlich zu entziehen und zu verschwinden. Auch Joseph von Arimatäa wäre spielend in der Lage gewesen, Ihn frei zu kaufen und außer Landes zu bringen. Das war damals genauso üblich und möglich wie heute. Das nur so nebenbei.

Wir wollen die Echtheit des Turiner oder ähnlicher Grabtücher nicht diskutieren, weil der Rummel um Reliquien uns beiden nicht liegt, denke ich, aber doch noch einmal kurz erwähnen und feststellen, daß dort Flecken infolge blutender Wunden gefunden wurden. Die heutige Wissenschaft ist in der Lage, solche Untersuchungen anzustellen und schlüssige Beweise zu liefern, ob es nun den Klerikern paßt oder nicht. Das Alter von Körpern und Gegenständen läßt sich schon seit langem mit der C14-Methode nachweisen, die inzwischen von neueren biochemischen Methoden um ein Vielfaches verfeinert wurde, wie du ja weißt. Aber lassen wir es dabei bewenden.

Zurück zu Jesus in der Grabkammer.

Während dieser symbolischen drei Tage stieg ER nieder in die Hölle – wie es das christliche Glaubensbekenntnis ausnahmsweise einmal richtig sagt - aber nicht nach unten irgendwo tief in die Erde, um irgendwelche Sünder zu besuchen, sie von ihren Sünden zu erlösen oder sie ihnen zu vergeben. Jesus hat die Menschheit nicht von der ''Sünde'' erlöst, denn sie ''sündigt'' wie eh und je, um diese typisch ''christlichen'' Vokabeln zu gebrauchen.

Wie du längst weißt: Das Göttliche wertet nicht - Liebe wertet niemals.

Deshalb erübrigt sich jeglicher Gedanke, daß das Göttliche straft, Sühne fordert oder gnädiger Weise Vergebung gewährt.

Jesus stieg nieder in die Hölle des kollektiven Unbewußten, des eigenen Unbewußten, in die Welt der unerlösten Archetypen, der Dämonen, kurz in die Hölle der gesamten menschlichen Abgründe. Jeder Mensch hat ja auch immer seine eigene Hölle, die er sich erschaffen hat. Jesus mußte sich dem stellen – auch und wegen des Vorbildcharakters seines Lebens. Am dritten Tag war ER soweit, daß Er nach dieser Katharsis aus der Trance wieder unter die Lebenden zurückkehren konnte.

Das alles durfte natürlich nur heimlich geschehen, auch daß ER seine Jünger besuchte, die prompt an eine Geist-Erscheinung glaubten und sich ziemlich fürchteten.

Thomas wollte sich überzeugen, daß Jesus aus Fleisch und Blut und leibhaftig vor ihnen stand, und durfte seine Hand in Jesu Seite legen: dort wo sich die noch offene Wunde befand, die von dem Lanzenstich herrührte.

Thomas war übrigens Jesu Zwillingsbruder. Das kann man im Neuen Testament an mehreren Stellen nachlesen. Auch von Brüdern und Schwestern Jesu ist an anderer Stelle die Rede. Das nur so nebenbei.

Danach verließ Jesus mit seiner Lebensgefährtin Maria Magdalena, seiner Mutter Maria und dem Apostel Thomas das Land. ER konnte für sein jüdisches Volk vor Ort nichts mehr tun. Seine Mission dort war beendet. Es ist Ihm aber außerdem ziemlich zeitnah eine Reihe von Juden gefolgt und Ihm auch später noch nachgereist, denn es befanden sich seit alters her bereits insgesamt zwölf uralte jüdische Stämme in den Ländern, in denen ER wirkte. Sein weiterer Lebensweg führte Ihn nämlich über den Vorderen Orient und u. a. nach Tibet, nach Afghanistan, nach Indien und Pakistan, wo ER vor seiner Zeit in Palästina schon als Wanderprediger bekannt war.

Man verehrte Ihn in Tibet nach seiner Rückkehr als eine Inkarnation von Buddha. Aus dieser Zeit stammen die blumenähnlichen Ornamente in den Handflächen der tibetischen Buddhafiguren. Du kennst sie, denn du hast dir aus Nepal solche Figuren mitgebracht. Sie bedeuten die Stigmata Jesu.

ER lehrte wie eh und je auch weiterhin, bis Er hochbetagt in Kaschmir seinen Körper verließ.

Dort wird seit einiger Zeit unter strenger Bewachung Besuchern das Grab Jesu gezeigt, das man vollkommen geheim gehalten hat, bis man meinte zulassen zu können, daß westliche Wissenschaftler es entdeckten und publik machten. Man fürchtete nicht zu Unrecht den zerstörerischen Einfluß der katholischen Kirche, deren subversives Vorgehen man unter allen Umständen vermeiden wollte.

Auf Forschungsreisen in diesem Teil der Welt begegnen den Wissenschaftlern immer wieder Legenden, die von Jesus erzählen. In abgeschiedenen Klöstern im Himalaja werden uralte heilige Schriften gehütet und aufbewahrt, die von Ihm als dem jüdischen Wanderprediger namens ISA, ISSA wie auch IS-MU und anderer ähnlich auf Jesus hindeutenden Namen

in einem sehr jungen Alter von 13-15 Jahren bis hin zu etwa 30 Jahren berichten. Der indische Historiker Prof. Hassnain hat die Reisewege Jesu er-
forscht und uns wichtige Erkenntnisse übermitteln können, was ihm versteckte und offene Feindschaft bis hin zu Morddrohungen eingetragen hat,
wie sich denken läßt. Auch einige Mönche verschiedener Regionen geben
unabhängig von einander mündliche Überlieferungen über Jesus wieder.
Das erklärt auch die fehlende Zeit im Neuen Testament. Jesu Wirken in Palästina beginnt nämlich mit einem Alter von 30 und endet mit 33 Jahren,
während eine einzige frühe Erwähnung von einem Auftritt im Tempel im Alter
von 12 Jahren berichtet.

Es gibt so viele Parallelen, die das alles glaubhaft belegen. Zum Beispiel wurden die 108 Perlen der buddhistischen Gebetskette in den christlichen Rosenkranz übernommen. "

„Das gefällt sicherlich der christlichen Kirche ganz und gar nicht. Der ganze
Ritus, all die Glaubenssätze wären heftig bedroht", warf ich ein.
„Sicherlich, aber nur weil sie engstirnig sind", fuhr Ishtuahavi fort. „Das Wunder der Auferstehung wäre auch weiterhin beispielhaft und wegweisend –
zwar ein klein bißchen anders, aber dafür weitaus großartiger. Die gesamte
Lehre Jesu bliebe ja vollkommen unverändert dadurch.
Ohne Kreuzigung kein Christentum – denn das Kreuz ist das zentrale Symbol des Christentums und hat auch etwas mit dem ´´Baum des Lebens´´ der
urjüdischen wie auch der späteren christlich-jüdischen Kabbala zu tun, wie
wir noch sehen werden. Soweit gehen wir ja durchaus einig.
Aber ohne Kreuzes t o d kein Christentum? Welch eine merkwürdige Anschauung, die da etabliert worden ist und mit Zähnen und Klauen verteidigt
wird!"
„Eine Fehlinterpretation zuzugeben und zu korrigieren – das hat die katholische Kirche doch noch nie fertig gebracht", gab ich zu bedenken, „sich eher
noch zum Gespött gemacht, indem sie offiziell und sehr ernsthaft Galileo
Galilei rehabilitiert hat – lächerlicher Weise erst im Jahre 1992 - nach ein
paar hundert Jahren dieses haarsträubenden Irrtums, aber typischerweise
ohne ein Wort des Bedauerns oder der Bitte um Vergebung."
„Wir brauchen gar nicht so weit zurückzugehen in der Geschichte ihrer hartnäckig verteidigten Irrtümer, Alexa. Gerade eben erst - noch in der 2.
Hälfte des 20. Jahrhundert - benahm sich die Kirche derart lächerlich vorsint-
flutlich gegenüber der naturwissenschaftlichen Forschung, indem beispielsweise Pierre Teilhard de Chardin – der hochverdiente Naturwissenschaftler,
Paläoontologe und Jesuit – von der Kirche diskriminiert und mundtot gemacht wurde. Man entzog ihm das Lehramt, so daß ihn sein Orden aus der
Schußlinie des Vatikans zog und nach China sandte, wo er mehr als 20 Jahre lang unbehelligt forschen und weitere bahnbrechenden Entdeckungen
machen konnte. Diese Kampagne gegen ihn fand statt, nur weil er wagte,

die vom Vatikan verpönten Darwinschen Thesen der Evolution des Menschen zu einem Gegenstand seiner Forschung zu machen, weiterzuentwikkeln und mit seinen Erkenntnissen zu ergänzen.

Spätestens seit Darwins Evolutionstheorie war ja nun endgültig das schon viel zu lange verkündete, lächerliche, weil allzu wörtlich genommene Märchen von Adam und Eva als dem ersten Paar der Menschheit samt ihrer angeblich begangenen Erbsünde in die Mottenkiste verdammt, wo es ja auch hingehört.

Als er seine Forschungen aus Anlaß der vorgesehenen Verleihung der Ehrendoktorwürde in USA darlegte, waren die Spürhunde des Vatikans wieder einmal schneller, sorgten für einen handfesten Skandal und verhinderten die Verleihung dieser Auszeichnung. Und das in den sogenannten freiheitlichen Vereinigten Staaten!

Es gibt auch heute noch - im 21. Jahrhundert (!) - einen Bundesstaat in den USA, wo n u r die alte Lehre von Adam und Eva und ihrer Vertreibung aus dem Paradies an den Schulen zugelassen und ''Evolution'' ein strikt verbotener Begriff ist. Die sogenannten Kreationisten führten und führen weiterhin in ganz USA fanatische Glaubensprozesse bis hin zum höchsten Gerichtshof zur Durchsetzung bzw. Beibehaltung ihrer religiösen Ansichten, die unerbittlich und ohne jede Diskussion an der wörtlich zu nehmenden Textdeutung des Alten Testamentes und der dort beschriebenen Genesis festhalten und sie im Schulunterricht gelehrt und verbreitet wissen wollen. Wenn man der Statistik glauben kann, sollen 47% der US-Bevölkerung angeblich an dieser alttestamentarischen Lehre der Genesis noch immer wortgetreu festhalten und alle geologischen und archäologischen Erkenntnisse der Wissenschaft ignorieren oder als Teufelswerk verwerfen. Die Kreationisten sind außerdem unermüdlich damit beschäftigt, auf dem 5.165 m hohen Berg Ararat die Arche Noah zu finden, die dort oben irgendwo vor 5000 Jahren mit 21.100 Tierarten gestrandet sein soll."

„Sie merken gar nicht, daß sie damit eigentlich die ''Heilige Schrift'' zerstören, anstatt sie zu bewahren", ergänzte ich. „Denn gerade im Mythos liegt doch ihre ''Wahrheit'', ihre Lebendigkeit, ihre tiefe Aussagekraft, die jenseits aller Wissenschaft rein spirituell in ihrer Symbolik wahrgenommen werden soll und auch muß.

Doch weder der Vatikan noch diese Fanatiker haben verhindern können, daß Teilhard de Chardin´s Werke und insbesondere sein Buch *Der Mensch im Kosmos* große Beachtung und auch verdienter Weise den Weg in die Weltliteratur gefunden haben."

„Seit 1998 erst scheint man am sogenannten ''Heiligen Stuhl'' ganz langsam das Fenster einen winzigen Schlitz weit zu öffnen, um sehr vorsichtig etwas freiere Luft in die abgestandenen und verstaubten Überlieferungen einströmen zu lassen. Man hat seitdem ''unter gewissen Umständen'' die

Archive der Inquisition der wissenschaftlichen Forschung zugänglich gemacht", flocht Ishtuahavi ein.

„Hoffentlich erkälten sich diese ´´Fensteröffner´´ nicht in der Zugluft bei dieser, ihrer ach so mutigen Vorgehensweise! Wirklich unglaublich ist das alles, Ishtuahavi. Aber Galilei ist doch auch ohne diese Kirche längst rehabilitiert, wenn er denn eine Rehabilitierung je nötig hatte. Doch wenn man sich ausmalt, daß Teilhard de Chardin ein ähnliches Schicksal wie Giordano Bruno erlitten hätte, wäre dieser großartige Philosoph und Vertreter des freien, unabhängigen Denkens denn dessen Zeitgenosse gewesen, so muß einen das tief betroffen und darüber hinaus auch ziemlich wütend machen. Im Pilgerjahr 2000 wollte die Kirche doch tatsächlich den italienischen Staat dazu zwingen, die Bronze-Statue des Giordano Bruno, die auf einem belebten Marktplatz – dem Campo dei Fiori - in Rom steht, entfernen zu lassen, weil der Anblick dieses ´´Ketzers´´ den Pilgern nicht ´´zuzumuten´´ sei. Man wollte gleichzeitig Feiern verhindern, die an seinen 400.Todestag - besser und deutlicher formuliert - an seine Hinrichtung auf dem Scheiterhaufen im Februar 1600 erinnern sollten. Auch Eugen Drewermann hat ihn uns in Erinnerung gerufen und ihn mit einem Werk über sein Leben geehrt. Die Beseitigung der Statue hat die italienische Regierung Gott sei dank rigoros abgelehnt und unmißverständlich deutlich gemacht, daß der Vatikan in einem weltlichen Regierungsbezirk Italiens nichts zu sagen und zu entscheiden habe."

„Giordano Bruno war ein wunderbarer Spötter und hat den Klerikern so manchen Seitenhieb versetzt. Laß mich dir unbedingt ein paar Kostproben servieren, Alexa. Ich schweife zwar ein bißchen ab, aber ich mag ihn sehr, und ich weiß, daß er dir auch gefallen wird. Daher muß das einfach jetzt sein."

„Einverstanden, Ishtuahavi. Laß hören!"

„Ich zitiere aus seinem Büchlein *Die Kabbala des Pegasus*. Dieser Titel ist schon von vornherein ein kräftiger Spott. Denn hinter seinem ´´Pegasus´´ versteckt sich ein geflügelter Esel. Aber es kommt noch besser:
*... weil ich nicht für unpassend halte, daß wer unwissend ist, da er unwissend ist, dumm ist, und wer dumm ist, da er dumm ist, ein Esel ist, alle Unwissenheit aber Eseltum ist....
... Weil unser Wissen Nichtwissen ist oder weil es kein Wissen von irgendeiner Sache gibt oder weil, wenn es zu jener auch irgendeinen Zugang geben sollte, dann dieser nur durch die Tür führen kann, die von der Unwissenheit geöffnet wird, die selbst Weg, Türsteher und Tür ist. Wenn Sophia die Wahrheit nun also durch die Unwissenheit entdeckt, dann entdeckt sie sie folglich durch Torheit und folglich durch Eseltum. So daß also derjenige, der einer solchen Erkenntnis teilhaftig wird, etwas von einem Esel hat und an dieser Idee teilhat.* Wie findest du das, Alexa?"

„Bis hierher, Ishtuahavi, ist das ja noch ganz allgemein gesagt und richtet sich gegen die Besserwisser und Schlauberger, huldigt somit dem *scio - nescio*, also dem Bekenntnis ´´ich weiß, daß ich nichts weiß´´ des alten Sokrates."

„Richtig, Alexa. Ich mußte soweit ausholen, um dir einen Eindruck zu vermitteln, wie er Schritt für Schritt seine Leser mitdenken läßt, um sie auf seine Fährte zu locken, so daß ihnen am Ende keine jähe Kehrtwendung in die Ablehnung mehr gelingen kann, sie später eigentlich kaum ohne anstrengende Begründung umkehren und ihm die Gefolgschaft versagen können. Sehr geschickt! Denn was jetzt folgt, kann dann so richtig zur Geltung kommen. Er teilt nämlich die Unwissenheit, die er Eseltum nennt, in drei Kategorien ein:

... die erste Art verneint immer, weshalb sie die verneinende Unwissenheit genannt wird, denn sie wagt nie, Positives zu behaupten. Die zweite Art zweifelt immer und wagt nie, etwas festzustellen oder zu bestimmen. Die dritte Art glaubt, daß alle Prinzipien bekannt, bewiesen und auf sicherem Beweisgrund offenbar sind, ohne Beweis und Anschauung. Die erste Art ist gekennzeichnet durch den dunklen, flüchtigen und irrenden Esel. Die zweite durch eine Eselin, die zwischen zwei Wegen steht, ohne sich entscheiden zu können, auf welchen der beiden sie ihre Schritte lenken soll. Die dritte durch eine Eselin mit ihrem Füllen, die auf ihrem Rücken den Erlöser der Welt tragen, wobei die Eselin (wie die heiligen Doktoren lehren) ein Symbol des jüdischen Volkes ist, und das Füllen ein Symbol des christlichen Volkes, das als kirchliche Tochter von der Mutter Synagoge geboren wurde, weswegen also sowohl diese als auch jene zum gleichen Stamm gehören, der auf Abraham, den Vater der Gläubigen, zurückgeht. Diese drei Arten der Unwissenheit führen wie drei Äste auf einen Stamm zurück, in dem vom Archetyp aus das Eseltum wirkt.... soweit Giordano Bruno.

Der dritten Art des Eseltums ordnet er übrigens auch den ´´Tarsenser´´ zu, womit er unseren gemeinsamen Freund Paulus meint, der in Tarsus geboren wurde."

„Das ist in der Tat eine köstliche, für die damalige Zeit überaus mutige Aussage und darüber hinaus natürlich eine Kröte, die ein unwissender, aber sich für kompetent haltender Esel der dritten Kategorie erst einmal schlucken muß. Damals in dieser Zeit des ausgehenden 16. Jahrhunderts konnte man leider trotz oder gerade wegen der lutherischen Reformation noch nichts anderes vom ´´Unheiligen Stuhl´´ erwarten, als daß er diesem Philosophen im Ordensgewand der Dominikaner das eigenständige Denken verbot und ihn wegen der Verweigerung des Widerrufs seiner Schriften mit dem Tode auf dem Scheiterhaufen der Inquisition bestrafte. Nur ein halbes Jahrhundert später - nach der Beendigung des 30-jährigen Krieges - wurde dieser allzu weitreichende Einfluß der römisch-katholischen Kurie Gott sei dank endlich drastisch beschnitten.

In unserer Zeit aber ist es um so bedauerlicher, daß freigeistiges Denken nach wie vor und unverändert unwillkommen ist im Vatikan. Exkommunikation und Lehrverbot stehen noch immer auf der Tagesordnung, wenn nicht genehme Thesen vertreten werden. Darin versteht man überhaupt keinen Spaß am Stuhle Petri.

Eugen Drewermann hat viele Jahre gezögert, doch konnte schließlich nicht mehr anders, als der katholischen Kirche endgültig den Rücken kehren und offiziell austreten.

``Jemanden vom Tisch des Herrn´´ auszuschließen - um kirchliches Vokabular zu gebrauchen - ist anmaßend, durch nichts zu rechtfertigen und entspricht ja wohl ganz und gar nicht der Handlungsweise eines Jesus Christus. Aber bis zum heutigen Tage hat die Kirche - außer ein paar vereinzelten, sehr zurückhaltend und diplomatisch formulierten Eingeständnissen von ´´ in der Vergangenheit begangenen Fehlern´´ - noch nie um Vergebung gebeten für die vielen Folterungen, Ermordungen, Hexenverbrennungen, für die ganze schreckenerregende Zeit der Inquisition. Auch Teilhard de Chardin hat die Anerkennung der Kirche nicht nötig, auch wenn es sicherlich einen weiteren Höhepunkt in seiner Laufbahn bedeutet hätte, wäre ihm seitens des Vatikans die gebührende Ehre noch zu Lebzeiten zu Teil geworden. Auch der Kirche selbst hätte dies sicherlich zur Ehre gereicht. Doch seine Sicht der geistigen Evolution, der Entwicklung der sogenannten Noospähre aus der Biosphäre, die Bezeichnung des Göttlichen als dem Omegapunkt - all dies war für deren runde Köpfe wohl zu viereckig, als das sie sich überhaupt damit beschäftigen mochten.

Die Geschichte von Jesus jedoch, wie du sie erzählst, Ishtuahavi, macht viel mehr Sinn und beantwortet zugleich viele offene Fragen, denen sich die Kirche nie stellen mochte."

„Laß dir von dem berühmt-berüchtigten Konzil von Nicäa erzählen, Alexa. Kaiser Konstantin hatte dieses erste Konzil 325 n. Chr. einberufen, nachdem er ein paar Jahre zuvor das Christentum zur Staatsreligion erhoben hatte. Dieses erste Konzil hatte Glaubensgrundsätze und deren Festschreibung in Dogmata zum Thema.

Kaiser Konstantin übrigens, der eine maßgebende Rolle auf jenem Konzil spielte, war zu diesem Zeitpunkt immer noch nicht Christ geworden. Erst viel später auf seinem Sterbebett konvertierte er zum christlichen Glauben. Ob es mehr war als lediglich ein Lippenbekenntnis, lassen wir einfach mal offen. Das schon allein zeigt, daß er dem Treiben der damaligen Christenführer sehr argwöhnisch gegenüberstand – und dies durchaus nicht zu Unrecht, wenn wir uns einmal ansehen, was auf diesem Konzil passierte.

Per Abstimmung - das allein schon muß man sich mal auf der Zunge zergehen lassen - per Abstimmung also wurde u. a. Folgendes beschlossen:

1. Jesus ist als der Sohn Gottes anzusehen und damit gottgleich.
2. Das Trinitätsdogma, d.h. Gott ist zu definieren als eine Einheit von Vater und Sohn und Heiliger Geist, wird festgeschrieben.
3. Die jungfräuliche Empfängnis und Geburt Jesu durch die Jungfrau Maria wird wie auch die oben genannten Dogmata festgelegt und in ein christliches Glaubensbekenntnis aufgenommen, das übrigens inhaltlich nahezu unverändert bis heute so gebetet wird.
4. der Glaube an die Reinkarnation wird abgeschafft.
5. aus tausenden von Niederschriften werden neben den Briefen von Paulus und Petrus und anderen nur behalten die von: Matthäus, Markus, Lukas und Johannes und zu Evangelien erhoben. Alle anderen werden unverzüglich vernichtet – (soweit im Vorfeld nicht heimlich schon geschehen)

Übrigens:
die Liste der Propheten wie auch der Götter oder Halbgötter und Helden, die angeblich aus einer Jungfrau geboren wurden, war vorher schon ansehnlich lang:
Romulus, Kaiser Augustus, Djingis Khan, Alexander der Große, Götter und Halbgötter des ägyptischen wie auch des griechischen Altertums sind unter ihnen zu finden, und schließlich auch Buddha und Lao Tse wie auch der aztekische Quetzalcoatl – um nur einige zu nennen.
Auf diese Weise konnte eine außereheliche Zeugung - besonders wenn der Vater eine hochgestellte Persönlichkeit war und nicht genannt werden wollte - auf wundersame Weise ''veredelt'' werden, indem sie im Reich der Wunder einen Platz erhielt.
So konnte es also selbstverständlich nicht ausbleiben, ja war sogar eine folgerichtige Notwendigkeit, daß auch Jesus und seine Mutter Maria einen solchen Status erhielten.
Von Jesus selbst stammen solche Äußerungen jedenfalls nicht – das muß deutlich gesagt werden. Zudem muß angemerkt werden, daß in den alten Texten Maria eine ''Alma'' genannt wird, was ''junge Frau'' bedeutet, und daß nicht von einer ''Betula'', einer Jungfrau, die Rede ist.

Aber zurück zum Konzil von Nicäa.
All dies sind beileibe nicht alle Punkte, aber die wesentlichen, die uns im Moment beschäftigen.
Trotz dieser Vernichtungs-Kampagne der nicht genehmen Schriften wurden auf geheimnisvolle Weise dennoch Schriften gerettet und versteckt. Teile des Thomas-Evangeliums und sowie Fragmente, die auf Maria Magdalena zurückgehen, sind erhalten.

Daß die Kirchenfürsten sich des Reinkarnationsglaubens entledigen wollten, war wieder einmal nichts als pures Machtgebaren, um die Gläubigen unter Druck setzen zu können.

˝Memento mori˝ - denke daran, daß du sterben mußt: das war von jeher ein Lieblingsspruch der Kirche, auch wenn er in den historischen Annalen erst im Mittelalter Erwähnung findet. Dieser Ausspruch meint in der Konsequenz: sei schön lieb und brav und mach alles, was Mutter Kirche sagt, beichte immer schön, denn schon morgen kann es dafür zu spät sein, und du kommst in die Hölle. Denn ein nächstes Leben, wo man wieder gut machen kann, was man in diesem jetzigen verbockt hat, gibt es nicht.˝

„Das uralte Wissen um die Reinkarnation, ja die Überzeugung, wiedergeboren zu werden, wie es auch immer wieder im Neuen Testament anklingt, wurde einfach per Dekret abgeschafft... reichlich dreist!" konnte ich nicht umhin, zu bemerken, und ergänzte:

„Mir fällt im Moment nur ein Beispiel von vielen ein, das den alten Reinkarnationsglauben belegt: Jesus heilte einen blinden Jungen. Man fragte IHN: ˝Hat er gesündigt oder seine Eltern, daß er blind geboren wurde?˝ Daraus geht doch hervor, daß man glaubte, der Junge könnte in seinem vorigen Leben gesündigt haben, wofür er im jetzigen Leben zur Strafe blind geboren worden ist."

„Es gibt viele Beispiele im Neuen wie im Alten Testament, die Zeugnis für das Wissen um die Reinkarnation ablegen, Alexa. Jesus wurde mehrfach gefragt, ob ER eine Reinkarnation von Elias sei. Es war allgemeines Glaubensgut, so daß man es nicht extra immerzu erwähnen mußte. Diese beiden Beispiele mögen uns jedoch genügen, aber soviel sei noch erwähnt, daß selbst Nietzsche von der *ewigen Wiederkunft* spricht – nicht zu reden von Goethe und vielen anderen bedeutenden Zeitgenossen."

„Wie auch immer: der Gedanke der Wiedergeburt scheint doch in jedem Fall mehr ˝Gerechtigkeit˝ zu enthalten", flocht ich ein. „Er hebt ein Mißverhältnis zwischen einem zeitlich kurzen, ˝sündigen˝ Leben und der immerwährenden ˝ewigen Verdammnis˝ auf, um hier wiederum christliches Vokabular zu verwenden. Er hebt auch eine von vornherein existierende Ungerechtigkeit auf, in derart unterschiedliche Ausgangssituationen des Lebens hineingeboren zu werden, und damit mit so völlig verschiedenen Chancen ausgestattet, aus seinem Leben etwas machen und seine Möglichkeiten nutzen zu können."

„Dem kann ich nur zustimmen, Alexa. Aber du willst jetzt noch etwas ganz anderes fragen, nicht wahr?"
„Erraten, Ishtuahavi. Und zwar über Maria Magdalena. Auch ihr ist doch seitens der kirchlichen Überlieferung Unrecht geschehen. Die sogenannte Austreibung von 7 Dämonen, die Jesus an ihr vollzogen haben soll, ist sicher wieder einmal so eine eigenmächtige Interpretation."

„Vollkommen richtig, Alexa. Nur die Zahl 7 ist richtig. Jesus hat sie in die höheren Lehren eingeweiht, indem ER ihre 7 Chakras geöffnet und bewußt gemacht hat. Aber was wußten die anderen denn schon davon!

Wir werden uns über die Chakras ein andermal noch zu unterhalten haben Jedenfalls ist Jesus ihr als erste nach seiner Kreuzigung begegnet. Jesus liebte sie, denn sie war ja seine Lebensgefährtin, die Ihm auch unter dem Kreuz in Liebe zur Seite stand. Sie war eine bedeutende Frau aus vornehmem Geschlecht und mitnichten eine ″Sünderin″ oder gar eine Dirne. Dazu hat sie erst Papst Gregor I. - somit im 6.Jh. n. Chr. - ″ernannt″″, bemerkte Ishtuahavi spöttisch und fuhr fort:

„Es ist schon erstaunlich, was manche Päpste sich so alles herausgenommen haben. Die Geschichte der Petri-Nachfolger stank streckenweise wirklich zum Himmel, war sie doch von so unglaublichem Amtsmißbrauch und exzessiv ausschweifendem Leben einiger Päpste geprägt, daß man wirklich kein Moralapostel sein muß, um sich angewidert abzuwenden. Papst Sixtus IV. beispielsweise genehmigte dem italienischen Staat den Betrieb von Bordellen, aus deren Einnahmen er jährlich 80.000 Golddukaten erhielt. Damit finanzierte er sein aufwendiges und sexuell ausschweifendes Leben wie auch seinen Ruhm, den er in den während seiner Amtszeit entstandenen Kunstwerken verewigt sehen wollte. So ist auch die nach ihm benannte berühmte Sixtinische Kapelle unter seiner Herrschaft entstanden. In Spanien geht der Beginn der Inquisition zu seinen Lasten: Macht und Geld bestimmten auch hier die Motive seines skrupellosen Handelns. Daß der Bau des Petersdom ebenfalls von den Einnahmen aus dem Betrieb von Bordellen finanziert wurde, ist ja ohnehin schon bekannt – nicht zu reden von dem allseits bekannten Ablaßhandel: u. a. durch den Dominikaner-Mönch Tetzel. Dieser Satansbraten hat doch tatsächlich den Leuten nicht nur Ablaßbriefe für ihre begangenen Sünden verkauft, sondern auch für ihre verstorbenen Angehörigen, damit ihnen das Himmelreich gesichert werde. Später kam er dann auf die tolle Geschäfts-Idee, Ablaßbriefe für erst zukünftig begangene Sünden anzubieten. Diese Unternehmungen uferten dann so extrem aus, daß dann endlich die längst fällige Reformation durch Martin Luther auf den Plan gerufen wurde…"
„...indem er seine berühmten 95 Thesen an das Kirchenportal in Wittenberg heftete", ergänzte ich. „Die schnelle Verbreitung im ganzen Land verdankte Luther wiederum der inzwischen schon längst erfundenen Buchdruckerkunst durch Gutenberg.

Aber laß mich kurz noch einen großen Schritt zurückgehen in der Geschichte, Ishtuahavi: da gibt es doch auch Schriftstücke - die sogenannten Pseudoisidorischen Dekretalen, die etwa aus dem Jahr 850 n. Chr. stammen und auf den Urheber Isidor Mercator zurückgehen, der sich hinter diesem Pseudonym bis heute erfolgreich versteckt. Auf diesen Schriftstücken basierten Jahrhunderte lang Rechts- und Herrschaftsansprüche der Päpste, die sie immer wieder deutlich zu machen und einzufordern wußten. Erst 1628 n. Chr. sind diese Schriften dann als Fälschungen enttarnt worden."

„Nicht die einzigen Fälschungen, aber ziemlich wirkungsvolle, Alexa. Es wimmelt nur so davon im Vatikan, und man kann sicher sein, daß bisher noch immer nicht alle entdeckt worden sind. Aber die ''Konstantinische Schenkung (Donation Constantini)'' muß in diesem Zusammenhang unbedingt Erwähnung finden. Dieses Dokument besagt, daß Kaiser Konstantin der Große Roms Vorrang über alle Kirchen anerkennt und dem Papst über Rom und alle abendländischen Provinzen die Herrschaft zugesteht (entstanden etwa 750 – 850 n. Chr.). Zweck war die Legitimierung päpstlicher Herrschafts- und Besitzansprüche gegenüber Auseinandersetzungen mit dem Kaisertum. Dieses ''Dokument'' wurde auch erst im 15. Jahrhundert als Fälschung entlarvt.

Ein ausgesprochenes Meisterstück der Geschichtsfälschung soll nach Heribert Illig außerdem Kaiser Otto III. mit Hilfe der Päpste, die er selbst auf den ''Heiligen Stuhl'' gehievt hatte, vollbracht haben: zuerst Gregor V., später Silvester II. Nach ihm leben wir erst im Jahre 1706, da 297 Jahre zwischen 614 und 911 n. Chr. hinein gefälscht wurden. Du hast ja dem spannenden Vortrag seiner Thesen im privaten Kreis zuhören dürfen. Da er kein ''professioneller'', wenn auch ein äußerst fachkundiger Historiker ist, neidet ihm die Fakultät die Aufmerksamkeit, die ihm in schon beachtlichem Ausmaß zuteil wird und bekämpft ihn heftig. Wie sollte es auch anders sein? Weil ja nicht sein kann, was nicht sein darf! Das alte Dilemma."

„Die allerschönste und hinreißendste Fälschung aller Fälschungen war aber kein Schriftstück, sondern gelang einer Frau, nicht wahr, Ishtuahavi? Johanna von Ingelheim schleuste sich als Mann in den Benediktinerorden ein, wurde Mönch, um dort ungehindert ihren Wissensdrang ausleben und sich den begehrten Studien widmen zu können, die ihr als Frau versagt waren. Sie eignete sich zudem umfangreiche Kenntnisse in der Heilkunde an, die sie bald weithin berühmt machten. Sie brachte es auf diesem Wege so weit, später Leibarzt am ''Heiligen Stuhl'' und 855 sogar selbst zum Papst gekrönt zu werden. Natürlich hat man das in den Archiven später wieder ''herausgefälscht'', also gelöscht, um diese ''Blamage'' leugnen zu können."

„Daß dir diese Geschichte gefällt, kann ich mir denken, Alexa. Sie war in der Tat eine ganz wundervolle, eine einzigartige Frau, und du kannst dich sicherlich mit ihr in sehr vielen Punkten identifizieren. Später wurde übrigens ein besonderer, nach unten geöffneter Stuhl gebaut und benutzt, um die Geschlechtskontrolle des gewählten Papstes nach dem Konklave vorzunehmen. Das allein beweist schon, daß man Furcht hatte, daß sich Ähnliches wiederholen könnte."

„Ich habe da noch eine Frage zu Thomas, Ishtuahavi. Wenn Thomas Jesu Zwillingsbruder war, dann ist doch damit jedenfalls - sogar für die kirchentreuen Superfrommen - die Jungfrauengeburt der Mutter Maria in ein etwas anderes Licht gerückt, oder nicht?" griff ich das heikle Thema nochmals vorsichtig auf.

„Die Geburt aus einer Jungfrau – die sog. Parthenogenese - ist wie schon gesagt, wieder einmal so ein altes, von jeglicher Wahrheit ungetrübtes Märchen", fuhr Ishtuahavi fort. „Man kann solche Symbole lieben, wenn man mag, aber wozu das gut sein soll, hat bisher keiner so richtig schlüssig beantworten können.

Wir wissen insbesondere aus dem griechischen Altertum, daß Jungfrauen kurz vor ihrer Verheiratung einen steinernen Phallus ihrem Lieblings-Gott weihten und sich selbst mit diesem ''göttlichen Phallus'' deflorierten.

Nach der Heirat – obwohl biologisch tatsächlich von dem Ehemann gezeugt – wurde dann das Erstgeborene als Sproß des bestreffenden Gottes anerkannt und war somit ein Halbgott oder eine Halbgöttin. Solche und andere Riten haben den Erstgeborenen überall auf der Erde einen besonderen Status verliehen.

Dieser Ritus der Defloration und Befruchtung durch einen göttlichen Phallus fand noch bis in die Zeit des großen Kirchenlehrers Augustinus statt, der sich über diesen Brauch heftig empörte. Er lebte von 354 bis 430 n. Chr.

Tatsächlich gibt es - biologisch gesehen - keine Parthenogenese: ausgenommen bei den Rebläusen - und zwar bei den sehr schädlichen Wurzelläusen, die als einzige für dieses Kuriosum herhalten.

Wozu denn aber sollte das Göttliche solche als ''Wunder'' deklarierten Merkwürdigkeiten nötig haben, um einen Heiligen oder Propheten zu inkarnieren? Daß diese Schwarzröcke mit der Kalkleiste überhaupt wagen, den normalen und natürlichen Zeugungsakt wie auch die Empfängnis als ''befleckt'' anzusehen, ist schon wieder einmal eine bemerkenswerte Gotteslästerung durch die Herabwürdigung dieses Gottesgeschenks."

„Was diesen Kirchenfürsten da eingefallen ist mit der Festschreibung des Trinitätsdogmas, entbehrt ja wohl in dieser Form ebenfalls jeglicher Notwendigkeit und Originalität ", setzte ich die kritische Auseinandersetzung mit diesen Themen fort.

„Dieses göttliche Trio gab es ja schon längst vor Jesu Zeiten und findet sich in vielen Religionen wieder - und weitaus besser erklärlich und schlüssiger nachvollziehbar, z.B.

Brahma – Vishnu – Shiva   -   Schöpfer - Erhalter - Zerstörer.

Diese Gottesaspekte, die auch im Hinduismus als eine Einheit gesehen und *Trimurti* genannt werden, kann man sofort akzeptieren, weil sie uns täglich begegnen und überall spürbar sind.

Christen dagegen werden leicht zu Atheisten, wenn Katastrophen passieren, indem sie ihre Abkehr von Gott wie folgt begründen: ``Gäbe es einen Gott, würde ER all das Schreckliche nicht zugelassen haben.´´ Als wäre ´´ihr´´ Gott dazu verpflichtet, die Mitglieder seines Clubs vor jeglichem Schaden zu bewahren, falls sie ihre Mitgliedsbeiträge (sprich Kirchensteuer) brav bezahlt haben. Wenn sich aber der Mensch von vornherein darüber klar ist, daß es immer wieder ein göttlich zugelassenes Werk der Zerstörung geben muß, und daß das überhaupt nichts mit irgendeinem Teufel zu tun hat, weil sonst keine Erneuerung stattfinden kann, unterbleiben solche trotzigen wie sinnlosen Aussprüche – mag das Schicksal des Einzelnen auch noch so heftig betroffen sein. Der Shiva-Aspekt hat auch überhaupt nichts mit einem rächenden oder strafenden Vatergott zu tun.

Der nicht in der Präsenz des Göttlichen lebende Mensch, wendet sich Gott nur zu, um etwas Unmögliches zu erreichen, und ist dann enttäuscht. Für das Mögliche könnte er sich ja an die Menschen wenden.

Dieser Heilige Geist aber – die dritte Person in der christlichen Trinität, dargestellt in einer weißen Taube – ist etwas, mit dem kaum einer so richtig etwas anzufangen weiß. Daher kann ich auch verstehen, wenn der Islam sich gegen diese christliche Trinität sträubt und seinen Monotheismus nicht aufgeteilt oder sonst irgendwie verfälscht sehen möchte – vom traditionellen Monotheismus des Judentums einmal ganz abgesehen."

„Das ist richtig, Alexa. Dieser Beschluß erwies sich denn auch in der Konsequenz als nicht eben einfach. Denn der kurz vor diesem Konzil entmachtete und abgesetzte Bischof Arius von Alexandria hatte gelehrt, daß Jesus nicht als wesenseins mit dem Vater zu sehen ist, sondern ihm die Vermittlerrolle zwischen Gott und den Menschen zukommt. Sein Nachfolger Athanasius indessen setzte auf dem Konzil das Trinitätsdogma durch – zunächst einmal. Es folgten langjährige erbitterte Kämpfe zwischen den Anhängern dieser beiden Glaubensrichtungen, bis in der Synode von Konstantinopel 381 n. Chr. das Trinitätsdogma endgültig festgelegt wurde.
Die germanischen Völker indessen erwiesen sich auch weiterhin als widerspenstig und wurden erst im 6. Jahrhundert vom Arianismus zum sogenannten ´´rechtgläubigen´´ Glauben, dem späteren Katholizismus bekehrt, der - wie der Name sagt - sich als weltumspannend und alleingültig betrachtet.

Um noch ein Wort zur Person des Hl. Geistes in der christlichen Trinitätslehre zu sagen: es handelt sich da um eine merkwürdige Verstümmelung, weil Reduzierung zu etwas Undefinierbarem. Die Kirche hat schon immer gern unbeantwortete und unbeantwortbare Fragen in einen Mantel voller Geheimnisse gehüllt, um sich nicht verantworten, nicht klare Stellung beziehen zu müssen. Das ist schon von jeher ihre Strategie gewesen. Den alten Schriften gemäß ist dieser Hl. Geist nämlich die Shekinah – der weibliche Aspekt Gottes. Shekinah ist einer der vielen Namen für die große Urmutter-Göttin, auch Weltenmutter genannt, von der ich dir schon berichtet

habe. Die Inder nennen sie Shakti, was soviel bedeutet wie Kraft oder auch Energie. Die Shakti bekommt dann Beinamen, um ihre jeweilige und augenblickliche Wirkungsweise zu erläutern. Shekinah wie auch Shakti ist die herabkommende Kraft des Geistes."
„Damit fällt der sogenannte Hl. Geist – und besser gesagt: die heilige Kraft des Geistes für die Befruchtung der Mutter Maria – symbolisch oder nicht symbolisch - ja denn wohl vollends aus. Also wieder einmal mehr so eine Verdrängung des weiblichen Aspektes durch diese Patriarchen, " stellte ich fest.
„Wer kommt dann wohl als geheimnisvoller Vater Jesu in Betracht?"
„Stop, Alexa. Wir sind doch keine Paparazzi der Yellow Press. Ob das nun ein bedeutender Herrscher oder auch ein Hohepriester gewesen sein könnte, dessen Identität als Vater nicht preisgegeben werden sollte, oder doch Joseph oder wer auch immer: es ist vollkommen gleichgültig, und wir sollten auch das neugierige Herumstochern in solchen Mutmaßungen unterlassen, weil es völlig überflüssig ist. Die Marienverehrung indessen macht die Sehnsucht nach dem mütterlichen Prinzip deutlich, die zu allen Zeiten und in allen Völkern bestanden hat und auch weiterhin besteht. Maria aber repräsentiert nur einen Teilaspekt des Mütterlichen, will sagen der großen Urmuttergöttin, ist eine allegorische Gestalt - nicht das Original.

Lassen wir es dabei bewenden, Alexa, denn ich möchte etwas sehr Wichtiges zur Symbolik des Kreuzes sagen:
Die Senkrechte bedeutet Raum, die Waagerechte Zeit. In diese Koordinaten ist der Mensch gestellt, an sie geheftet wie in der Kreuzigung. Die Achsen treffen sich im Herzchakra: Raum und Zeit heben sich auf in diesem heiligen Kreuzungspunkt.
In diesem dimensionslosen Punkt trifft das ''το νυν'' (to nyn) - das Jetzt - zwischen ''war'' und ''wird sein'' - auf das Raumlose, das το ατοπον.(to atopon). Das bedeutet das Ortlose zwischen Bewegung und Ruhe. Er ist der ewige Augenblick, wo es weder das '' Εν'' (das Eine) noch das ''Πολλα'' (Polla) - das Viele gibt, sondern nur das r e i n e S E I N .
Erst wer das voll und ganz verinnerlichen kann, hat wahre Existenzphilosophie - das meint Seins-Philosophie - hat spirituelle Philosophie von Grund auf begriffen, aufbauend auf der alten wunderbaren Schule Platos. An diesem Punkt angekommen, schieden sich vielfach die klugen Geister. Kierkegaard beispielsweise konnte dem nicht Folge leisten und fand es eine ''dialektische Hexerei'', daß Ewigkeit und Augenblick dasselbe sein sollten.

Fassen wir zusammen:
Dieser Kreuzungspunkt ist die reine göttliche Gegenwart – die Liebe.
In ihm existiert nur das Hier und Jetzt: das ICH BIN.
Das ICH BIN ist der WEG, die WAHRHEIT und das LEBEN:

das r e i n e SEIN.
Jesus meinte damit n i c h t sich selbst, sondern die göttliche Antwort, die Moses erhielt: ''ICH BIN wer ICH BIN''.

Wir haben schon früher einmal darüber gesprochen, wie du dich sicherlich erinnerst. Das allein ist der gravierende Unterschied zu der ausschließlich kopfgesteuerten Meditation im sogenannten Dritten Auge, dem 6. Chakra, wie sie weitverbreitet gelehrt und geübt wird. Das 6.Chakra ist wichtig, darf aber keine Vorrangigkeit oder gar Ausschließlichkeit erfahren.
Das Dritte Auge hat seinen äußerlich auffindbaren Eintritt etwa zwischen den Augenbrauen. Sein Zentrum befindet sich in der Hypophyse an der Kreuzung der Sehnerven an der Sella turcica mitten im Schädel. Dieses Sehnervenzentrum hat natürlich etwas mit Licht, mit Sehen, mit Gewahrwerden und schließlich mit Bewußtwerden zu tun. Wenn dort ein Licht aufgeht - gesandt aus dem Kronenchakra - dies dann das Hirn bewußtseinsmäßig erfaßt und verarbeitet, muß es nach unten zum Herzchakra geleitet werden. Wir haben das schon einmal erwähnt:
was nicht Liebe ist, vernichtet sich dort von allein, und all die irrlichternden Visionen erlöschen ebenfalls.
Das Herzchakra muß der Mensch als sein Zentrum in seinem irdischen Körper verstehen lernen, es öffnen und aktivieren.
Ohne daß das Herzchakra zuvor geöffnet wird, erschließen sich das 6. und das 7. Chakra nicht oder nur scheinbar. Und eben daraus entsteht oftmals ein folgenschwerer Trugschluß. Diese Liebesenergie kann und soll dann wieder vom Herzchakra zum sog. Dritten Auge, dem 6. Chakra, zurückgeleitet werden, um in telepathischen Schwingungen z.B. an andere Menschen gesandt und übertragen werden zu können. Dafür ist das Dritte Auge das aktive Zentrum.
Deshalb noch einmal die Warnung: Vorsicht vor irreführenden, wenn auch begeisternden Lichterscheinungen im Dritten Auge. Das hat übrigens auch Shri Aurobindo im Gegensatz zu vielen anderen östlichen Lehren in seinem Integralen Yoga deutlich gemacht und schlüssig begründet.
Du mußt das nur ausprobieren und es wird dir sofort einleuchten.
Und jetzt weißt du, welch einzigartige Botschaft Jesus mit seiner Kreuzigung der Menschheit überbracht hat:

das Gleichnis aller Gleichnisse!

Daß manchen der tiefe Sinn noch immer verschlossen ist, ändert nichts an der Tatsache, daß Jesus auf diese unglaublich großartige Weise vorgeführt hat, wie man Schicksal annehmen, es wandeln und es heiligen kann. Das hat bisher noch kein anderer fertig gebracht, auch die Märtyrer nicht. Denn ihnen kam immer das Leben des irdischen Körpers abhanden, und sie starben. Jesus aber überlebte das Martyrium, indem ER - auf dem Höhepunkt des Leidens angekommen – dem Tod den Zugriff verwehrte, vorübergehend den irdischen Körper verließ und einfach auf eine andere Ebene wechselte. Inzwischen hatte der Körper in seinem koma-ähnlichen Zustand Zeit sich zu festigen und zu gesunden, während Er wichtige Aufgaben und Erfahrungen im Reich des Unbewußten wahrnehmen konnte."

Ich war überwältigt, ein Schauer lief mir durch den Körper: „Jesus ist es also gelungen, den Anthropos tragikos in den Anthropos magikos zu wandeln."

„Ja! Alexa! ER i s t der Anthropos magikos, eine Inkarnation des Χριστόc – Bewußtseins (Christus-Bewußtseins), der große Magier, der verheißen war und dem die drei symbolischen Magier-Könige aus dem Morgenlande – dem leuchtenden Stern folgend – ihren ehrerbietigen Besuch an seiner Wiege abstatteten. Ihre Gaben waren der Überlieferung nach: Weihrauch, aus dessen Rauch geweissagt wurde - Myrrhe, das heilige Salböl - und Gold, das königliche Metall."

Ich schwieg ergriffen, konnte nach all dem auch nichts mehr sagen.

Mein Puls beruhigte sich. Hinter meinem Herzen - in meinem Herzchakra - durchwärmte mich eine sanfte Helligkeit. Ihre Strahlen breiteten sich aus und durchzogen meinen Körper. Stille Andacht umschloß mich wie ein schützender Mantel. Ich war einverstanden, zufrieden, fühlte mich geborgen. Meine Gedanken verloren ihre Konturen, wurden wattewolkig weich, lösten sich in zarte Schleier auf wie die Zirren am Abendhimmel, ließen mich sanft und ruhig hineingleiten in den schwebenden Zustand einer anderen Wirklichkeit - ohne Bilder - ohne Träume... .

21.

Die häufigste aller Erkrankungen in den Tropen hatte mich erwischt: Erkältung mit Schlappheit, triefender Nase und einer rauhen Stimme, als hätte ich mit Reißnägeln gegurgelt. Dies dauert hier meist 14 Tage und länger, weil sich die Bakterien in der feuchten Wärme sehr wohl fühlen und sich üppig vermehren. Ich habe jedoch meine eigene Kur dagegen entwickelt. Auch wenn mich die meisten ungläubig ansehen, wenn ich davon berichte. Ich stelle nämlich die Klima-Anlage auf 20°C: hierzulande ist das ziemlich kalt in Relation zur Außentemperatur von reichlich über 30 -35°C. Dann lege ich mich zu Bett und vermumme mich, daß nur noch die Nasenlöcher herausschauen und die wohltuende kühle Luft einatmen können.

Nur Getränke wie Tee und Wasser, kein Essen (außer ein paar Früchten, wenn der Magen denn unbedingt etwas möchte), hochdosiertes Vitamin C retard, homöopathische Mittel. Meist bin ich am 3.Tag wieder an Deck.

So lag ich – wie beschrieben - unter Decken und Kissen versteckt in meinem Bett. Nach langem Schlaf und einem Vitaminstoß begannen meine apathischen grauen Zellen ein klein wenig Leben zu signalisieren.

Ich dachte an das letzte inhaltsschwere Gespräch mit Ishtuahavi.

´´Bin ich nun eigentlich wieder ein bißchen mehr Christin geworden, nachdem mir Ishtuahavi den Sinn Jesu Lebens und dessen geheimnisvolle Erfüllung entschleiert hatte?´´ fragte ich mich, mußte mir aber sofort eingestehen, daß die Frage so nicht richtig gestellt war. Ich war und ich bin keine Nicht-Christin, und ich war und ich bin keine Christin in dem herkömmlich und klerikal verstandenen Sinne – auch wenn ich mich für eine Zeit lang während meiner Jugendjahre in der russisch–orthodoxen Kirche in meiner Heimatstadt Berlin ganz gut aufgehoben fühlte... und ich werde wohl keines von beidem je sein. Das verständlich zu machen, ist gar nicht so einfach - noch dazu wenn ich gleichzeitig behaupte, eine tiefe Verehrung und Liebe zu Jesus Christus zu empfinden.

Nietzsche hilft mir, meine Gedanken und Gefühle auszudrücken, wenn er zwischen dem Christentum und Jesus unterscheidet als zwei völlig voneinander getrennt zu behandelnde Themenbereiche. Wenn Nietzsche seinen *Ekel vor der Falschheit und Verlogenheit aller christlichen Weltdeutung* ausdrückt, muß ich ihm aus meinem Herzen heraus zustimmen, auch wenn ich mich nicht so drastisch äußern würde.

Ein oberflächlicher Betrachter ist leicht geneigt, ihn voreilig als Feind des Christentums zu sehen. Nietzsche aber ist doch zutiefst christlich engagiert in seiner Leidenschaft, wenn er *alles Christliche durch ein Überchristliches überwinden und nicht nur von sich abtun* will. Denn er hegte schon von früher Jugend an - wie ich finde berechtigte - Zweifel, *ob nicht zweitausend Jahre lang die Menschheit durch ein Trugbild irregeleitet worden sei.*

Daß er die Gefahr des Nihilismus heraufbeschwor, hat er sehr wohl erkannt, aber nolens – volens (21) in Kauf genommen – alles Laue, alle Halbheiten, alle Unlauterkeit verabscheuend. In seinem tiefsten Inneren bejaht er ganz und gar nicht den Nihilismus. Als Feind fauler Kompromisse zog er es jedoch vor, diesen Abgrund des Nihilismus als eine Möglichkeit zu vollkommenem Wandel und tiefgreifender geistiger Erneuerung der Menschheit in Betracht zu ziehen: mit dem Ziel, bahnbrechend der geistigen Evolution des Menschen den Weg zu bereiten. Der Nihilismus ist für ihn nur Mittel zum Zweck, nicht der Zweck selber. Somit ist Nietzsche ein Bejaher des hinduistischen Shiva-Prinzips der Zerstörung, die einer Erneuerung und damit einer Neuschöpfung notwendiger Weise vorangehen muß, ohne je selbst eine solche Deutung expressis verbis (22) vorgenommen zu haben. Wenn er aber seinen Zarathustra sagen läßt:
Ich würde nur einen Gott verehren, der zu tanzen verstünde entspricht dies wiederum voll und ganz diesem hinduistischen Gottes-Aspekt. Shiva wird nämlich auch als der Herr der Tänzer (Nataraja) verehrt, dessen kosmischer Tanz die Zerstörung der Welt symbolisiert.

Auch wenn die Mehrheit der Menschen christlichen Bekenntnisses sich nie eingehender darum gekümmert hat:
Jesus hat mit all dem, was sich posthum Christentum nennt, recht wenig zu tun. Das Christentum ist von Anfang an eine vollständige Verkehrung dessen, was Jesus unter Wahrheit verstand. Jesus verwirklichte ein Lebensvorbild und hat keinen neuen Glauben kreiert. Während Jesus wie auch Buddha sich von den Menschen unterschieden durch ein anderes Handeln, eine andere Art zu denken und vorurteilsfrei wahrzunehmen, brachten die Christen sich von Anfang an nur durch einen neuen Glauben ins Spiel (siehe auch Jaspers über Nietzsche). Dieser barg in sich schon in seinen Anfängen die Gefahr, sehr bald verfälschten Postulaten nachzueifern, falsch verstandene Rituale zu imitieren und damit zu einer immer schlechteren, verwässerten und sogar entstellenden Kopie der ursprünglichen Idee zu verkommen.
Man entwarf Bilder von Jesus, die man schon im Ansatz als mißlungen empfinden muß: sein wahres Gesicht verwischt und verzerrt. Besonders Paulus tat sich darin hervor - aus einem zwangsneurotisch anmutenden Übereifer heraus - alles Wirken und das Sterben Jesu irgendwie erklären und deuten zu wollen. So hat er leider viel zerredet, fehlinterpretiert und seine rein subjektive Meinung, die Jesus als den Erlöser und seinen Tod als Aufopferung darstellte, eigenmächtig zur allgemein gültigen Lehre erhoben. Die Christenheit fand leider zu keiner anderen Deutung des Lebens Jesu und folgte wie eine Herde diesen Paulus-Lehren, um sie noch immer unverändert bis zum heutigen Tage wie eh und je wiederzukäuen.
Ishtuahavi hatte dazu ja schon etwas gesagt.

Sie mag den Paulus nicht besonders und seine für ihre Begriffe anmaßende Art, über Jesus und dessen von ihm interpretierten Lehre zu predigen und diese nach eigener Willkür und Gutdünken für seine Zwecke zu verfälschen und zu mißbrauchen. Schließlich lebte er später als Jesus, hat ihn also gar nicht gekannt und konnte keine Gelegenheit wahrnehmen, ihn selbst nach seiner Meinung und seinem Willen zu fragen. Ishtuahavi mag seine Moral-Predigten nicht, weil...

„... weil ich alles theoretische Moralgeschwafel von der Kanzel herab nicht mag, und erst recht nicht diese vielen Imperative und diese krankhafte Sucht zu missionieren... Hallo, Alexa!... Man lese einmal bei C.G. Jung nach, wie er den Christus-Komplex des Paulus psychoanalytisch durchleuchtet und seine immer wiederkehrenden pseudo-epileptischen Anfälle kommentiert.

Von mir hier und jetzt nur soviel: alle diese Briefe des Paulus sind ein hervorragendes Trockenfutter für alle die, die Frischfutter nicht mögen oder davon Durchfall bekommen".

„Hallo, Ishtuahavi, du bist ja herrlich sarkastisch heute wieder – ganz im Gegensatz zu mir in meinem reduzierten Zustand", begrüßte ich sie mit etwas krächzender Stimme. Sie hatte am Fußende meines Bettes platz genommen. „Ich sehe, Nietzsche ist auch voll und ganz auf deiner Wellenlänge."

„Und ob", gab sie temperamentvoll zurück. „Warum setzt sich denn ein Nietzsche überhaupt mit dem Christentum so intensiv auseinander, anstatt das Thema links liegen zu lassen? Nicht - weil er in einem Pfarrhaus aufgewachsen ist und deshalb voller Protest auf die christliche Erziehung reagiert, sondern aus keinem anderen Grund, als daß er tief christlich fühlt und denkt und eine ehrfürchtige, wenn auch eigene Meinung über Jesus wagt – wie du es gerade schon angedeutet hast.

Denn er hat erkannt, daß es keine direkte Lehre Jesu gibt, sondern nur sein Beispiel und seine bedingungslose Liebe in totaler Hingabe seiner selbst. Alles andere entstand posthum und kann nicht als authentisch gelten. Auch seinen Tod haben sie gefälscht und verfälscht, wie wir schon besprochen haben. Gegen all das begehrt Nietzsche auf - und zu recht! Was ist denn übrig geblieben von Jesus Christus nach all den Dogmen und Verboten, die seine Anhänger kreiert haben? Fragmente, zerstückelte kleine Wahrheiten, die man sich mühsam aus dem großen Suppentopf voller gefälschter Überlieferungen herausklauben muß.

Wir wollen die Erben der Moral sein, nachdem wir sie zerstört haben lautet eines der Postulate, die Nietzsche leidenschaftlich formuliert hat. Er mag den Paulus übrigens auch nicht sonderlich.

Verständlicher Weise - denn dieser selbstherrliche Moraltrompeter respektiert keine anderen Meinungen, sondern versucht, alle anderen mundtot zu machen. Zudem wertet er auch immerzu und überall.

´´Verstoßt den Bösen aus eurer Mitte´´, sagt er doch tatsächlich im Korinther 5, 13. Christliche Nächstenliebe? Fehlanzeige! Auch wenn an anderer Stelle propagiert, kann man ihm nach diesem und noch einigen anderen Aussprüchen das nicht mehr so recht glauben.

Jesus hätte so etwas nie gesagt. Welcher Mensch kann denn bestimmen, wer böse ist und verstoßen werden soll, und darf es wagen, respektlos der göttlichen Vorsehung ins Handwerk zu pfuschen? Aber wir sind uns ja einig in unserer Position, wie wir auch mit Nietzsche darin einig gehen, daß wir Paulus nicht eben favorisieren, uns zu erbauen oder gar zu belehren."

„Alles, was Paulus sagt, klingt so fanatisch", stimmte ich zu. „ * Fanatismus findet man immer bei solchen Menschen, die einen inneren Zweifel zu übertönen haben. Darum sind die Konvertiten die schlimmsten Fanatiker *, berichtet C.G. Jung aus seinem Erfahrungsschatz. Ich möchte trotzdem einen oft zitierten Satz von Paulus einflechten, den er auf dem Areopag in Athen gesagt hat, weil wir ja doch immer bemüht sein wollen, allem - wenn irgend möglich - auch positive Seiten abzugewinnen.

Er sagte: *... in Ihm leben und weben und sind wir*."

„Du hast vollkommen recht, Alexa. Du bist mir zuvorgekommen. Dieses berühmt gewordene Pauluswort hätte auch ich jetzt oder auch später einfügen wollen, weil es ein wunderbar interkonfessioneller Ausspruch ist, der über alle trennenden Grenzen der verschiedenen Religionen hinweg Geltung hat und immer haben wird. Aber gerade diesen interkonfessionellen Touch hätte Paulus als fanatischer Missionar nicht so gern gelten lassen, so daß ich eigentlich bei ihm eher eine momentane Sentimentalität vermute, die denn auch ihre Wirkung nicht verfehlt hat.

Warum aber ist Paulus so übereifrig in seiner Erklärungssucht? Es ist der Kain in ihm, der in allen Menschen wohnt, bei ihm aber so extrem hervorbricht."

„Das mußt du mir näher erklären, Ishtuahavi."

„Kain hat seinen Bruder Abel aus Eifersucht erschlagen. Kain steht symbolisch für das Erscheinende - Abel für das Verborgene in uns. Der Mensch erträgt es nicht, daß etwas Verborgenes da ist, das stärker ist: er tötet es. Das ist die Eifersucht seiner Vernunftseite gegen das Verborgene, gegen das Geheimnis. Von diesem Widerwillen gegen das Verborgene her rührt die Sucht des Menschen, alles erklären zu wollen. Es soll nichts verborgen bleiben, man will dem Geheimnis nicht erlauben, unerklärt und unerkannt zu bleiben. Es überkommt den Menschen eine Unruhe, wenn das Verborgene verdrängt wird und keine Chance hat, im Menschen zu leben und zu wirken. (frei nach Weinreb) Genau das beschreibt C.G. Jung in vielen seiner Werke, weil sich in einem gestörten Kain-Abel-Verhältnis im Menschen viele psychische Erkrankungen offenbaren.

Jesus hat in Gleichnissen gesprochen. Warum wohl? Doch gewiß nicht, damit ein Paulus daher kommt und alles auseinandernimmt, zerredet, fehlinterpretiert und kaputt macht! Genau deshalb aber ist Paulus bei den Exegeten so beliebt; und genau deshalb mag ihn ein Philosoph wie Nietzsche nicht; und genau deshalb distanzieren auch wir uns respektvoll und in aller Freundlichkeit von Paulus.

Aber laß uns zurückkehren zu Nietzsche, dem Philosophen der Gegensätzlichkeiten."

„Gegensätzlichkeiten! Ja, Ishtuahavi .und deshalb kann man ihn auch nicht für gottlos oder nihilistisch-atheistisch halten, weil man zu all diesen Nachweisen in seinem Werk auch immer die gegenteiligen Darstellungen auffinden kann.

Auf den oft zitierten und allseits schockierenden Satz *Gott ist tot* traf ich noch während meiner Schulzeit Gott sei dank unbeeinflußt und ohne eine vorverurteilende Warnung. Ewel sagte eines Tages zu mir - aus seinem untrüglichen Instinkt heraus, der erahnte, was ich zu diesem Zeitpunkt brauchte -: ''Lies Nietzsche.''

Er blickte in mein fragendes Gesicht, aber gab keinerlei Kommentar oder Antwort, sondern wiederholte nur: ''Lies Nietzsche''.

Dieser Satz *Gott ist tot* schockierte mich dann aber keineswegs, denn ich wußte sofort, daß er damit die veralteten und knechtenden Gottesvorstellungen meinte - sich sehr wohl seines eigenen göttlichen Funkens bewußt. Ich war schon viel zu weit vorgedrungen in seinem Werk, um nicht längst seine besondere und sehr tiefe Spiritualität erspürt zu haben. In Ablehnung aller gängigen Thesen über die Erbsünde hatte ich bereits diesen wunderbaren Satz bei ihm gelesen:

*Seit es den Menschen gibt, hat er sich zu wenig gefreut. Das allein, meine Brüder ist unsere Erbsünde *. Spricht so ein griesgrämiger Nihilist? Dem unvoreingenommenen, sensiblen Leser wird früher oder später die Ahnung seiner besonderen Verbundenheit mit dem Göttlichen zuteil. D e r Gott allerdings, den Nietzsche für tot erklärt hat, war nicht unsterblich. Wie hätte er sonst sterben und für tot erklärt werden können?! Dieser Gott war nichts als ein Albtraum, den zu träumen Nietzsche nicht mehr bereit war, um geängstigt daraus zu erwachen, denn *dieser alte Gott lebt nämlich nicht mehr: der ist gründlich tot,* stellt er mit unverkennbarer Erleichterung fest. Diesen alten Gott war er los - und damit ''gott-los'', wenn man so will. Den ''alten Papst'' läßt er dann sagen:

*oh, Zarathustra, du bist frömmer, als du glaubst, in einem solchen Unglauben! Irgendein Gott in dir bekehrte dich zu deiner Gottlosigkeit. *

Das ist doch geradezu genial!

Wer uns darin immer noch nicht beipflichten will und kann, den verweisen wir auf Swami Vivekananda. Er hilft uns an diesem Punkt entscheidend weiter:

Wie gewisse Religionen auf der Welt einen Menschen, der nicht an einen persönlichen Gott außerhalb seiner selbst glaubt, als Atheisten bezeichnen, sagen wir, ein Mensch, der nicht an sich selber glaubt, sei ein Atheist. Nicht an die Herrlichkeit der eigenen Seele zu glauben, nennen wir Atheismus.

Deshalb muß man tiefer in Nietzsches Schriften einsteigen, wenn man an einer scheinbar befremdenden Aussage hängen bleibt, muß nach deren Gegenteil fahnden.

Da macht den Umgang mit seinem Werk nicht eben leicht. Aber ich liebe die Fanfarenstöße seiner gewaltigen Sprache – auch wenn oder gerade weil inhaltlich des öfteren herausfordernd und bewußt provokant formuliert. Denn ihr frischer Wind bringt verstaubte Vorstellungen um ihre träge Ruhe. Dafür kann ich mich begeistern. Das ist immer belebend und aufrüttelnd, auch wenn mancher aus Bequemlichkeit dem aufgewirbelten Staub erlaubt, an gleicher Stelle wieder herabzuschweben, das veraltete Gedankengut wieder scheinbar schützend zuzudecken.

Nietzsche ist bisher nur für wenige in seinen Werken erreichbar, die sich ernsthaft darum bemühen. Man muß eine grundsätzliche Bereitschaft zum Umdenken mitbringen, sonst braucht man gar nicht erst anzufangen, ihn zu lesen. Und dazu auch noch die Bereitschaft – und sei es nur für Augenblicke – alles bisher Gelernte einmal ganz beiseite zu lassen.

So kann auch ein Romano Guardini - als katholischer Theologie-Professor dem traditionellen Gedankengut der Kirche verhaftet - nicht anders, als die ungeheure philosophische Kraft, die in Nietzsche steckt, zwar erkennen, aber völlig irrtümlich und voreingenommen als zerstörerisch und fehlgeleitet interpretieren. Wenn er diese Aussage an dem aus dem Zusammenhang gerissenen und viel zitierten Satz *Gott ist tot* festmacht, ist das ja vor dem Background der Kirche fast noch verzeihlich, aber auch nur fast, wie ich gerade versucht habe deutlich zu machen. Daß Guardini aber einem Nietzsche vorwirft, er fordere unberechtigter Weise die Menschen auf zu Segnenden zu werden, weil nach seiner Ansicht das Segnen ausschließlich Sache der geweihten Priester sei, ist schwerlich hinzunehmen. Da bleibt dann doch nichts anderes übrig, als sich kopf-schüttelnd und kommentarlos abzuwenden.

Nietzsche ist in so vielem seiner und auch unser heutigen Zeit weit voraus, so daß man ihn erst später einmal wieder neu entdecken wird. Dessen bin ich mir sicher."

„Das ist richtig, was du sagst, Alexa. Aber sein Genie war und ist nicht für den Konsum der Menge gemacht, die dummdreist immer ein paar Zitate mißbraucht, die entweder gar nicht von ihm stammen oder im Zusammenhang ganz etwas anderes meinen. Das führt dazu, daß oberflächliche Betrachter an ein paar seiner wenigen Ausrutscher kleben bleiben und dann versuchen, seine unbestreitbar glanzvolle Einzigartigkeit in eine Ecke zu drängen, die ihm absolut nicht gerecht wird."

„Noch etwas hat mich berührt, Ishtuahavi. Streckenweise scheint er sich mit Jesus identifizieren zu können, wenn wir in seinem *Ecce Homo* lesen, daß er zum Beispiel einmal als *der Gekreuzigte* unterschreibt - um dies dann aber ziemlich schnell wieder heftig abzulehnen. Außerdem beschreibt er in

Ecce Homo die Inspiration - so total überwältigt und enthusiastisch von ihr erfaßt, daß keine Steigerung mehr möglich scheint. Ihn danach noch unter Nihilisten oder Atheisten einreihen zu wollen, erledigt sich nun wirklich von selbst."

„Hervorragend dein Plädoyer für Nietzsche, Alexa. Freispruch in allen Punkten der ˮAnklageˮ trotz aller Gegensätzlichkeiten in seinen Werken."

„Danke euer Ehren", gab ich schmunzelnd und auch zufrieden zurück.

„Gerade diese Gegensätzlichkeiten sind es, die du an Nietzsche so aufregend und begeisternd findest, Alexa. Du scheinst ihm seine Frauenfeindlichkeit allerdings nicht besonders übel zu nehmen?"

„J-ein, Ishtuahavi. Mit so einem Mann wie Nietzsche als Frau partnerschaftlich zusammenzuleben, womöglich mit dem Anspruch, einen regen geistigen Austausch zu pflegen, wäre sicherlich auf einigermaßen normale Weise kaum möglich – ja wahrscheinlich sogar ziemlich unerträglich gewesen. Weder seine Mutter noch seine Schwester scheinen ein positives Frauenbild bei ihm hinterlassen zu haben. Wir erfahren auch in seiner Vita nichts Näheres darüber. Meist ist es ja für solche Männer symptomatisch, daß sie von Frauen, die sie besser nicht kennen sollten, auf Frauen schließen, die sie nie kennen werden. So kann man nur vermuten, wie er sich eine venerische Infektion zugezogen hat, die im Tertiärstadium dann die Symptome einer Paranoia hervorrief und diesen großartigen Denker in geistiger Umnachtung sterben ließ. Ich glaube nicht, daß ich gern seine Lebenspartnerin gewesen wäre – trotz aller tiefempfundenen Wertschätzung für sein Werk. Aber eine platonische Freundschaft in verträglicher Distanz ähnlich wie zwischen Jean Paul Sartre und Simone de Beauvoir.... Vorstellbar - ja—vielleicht - seine Bereitschaft dazu natürlich vorausgesetzt....

Ich möchte aber diese Überlegungen eigentlich lieber außen vor lassen. Ob nun ein bedeutender Philosoph, Dichter oder Denker Frauen nicht besonders mag – wie übrigens auch Schopenhauer, der durchaus einen Einfluß auf Nietzsche in dieser Beziehung gehabt haben könnte – oder homosexuell oder sonst irgendwie geartet ist, soll mir eigentlich egal sein, solange man es als eine zu vernachlässigende Randerscheinung seines Werkes werten kann.

Seine Gegensätzlichkeiten finde ich deshalb so aufregend, weil er damit in keine Schublade paßt, sich nicht katalogisieren läßt. Du kennst ja mein Motto des *Sowohl-Als-Auch* und meine Absage an das *Entweder-Oder-Denken* wie im aristotelischen *Tertium non datur* festgelegt."

„Es ist eben leider oftmals so, daß sich die Philosophen nolens - volens in den Geschichts- wie auch in den Lehrbüchern der Philosophie schematisiert, katalogisiert und systematisiert wiederfinden, auch wenn ihnen das gar nicht gefällt, und sie sich teilweise sogar heftig mißverstanden fühlen müssen", fuhr Ishtuahavi fort.

„Das passiert um so leichter, als man die Philosophie ja im eigentlichen Sinne gar nicht als Wissenschaft bezeichnen kann, wie schon Heidegger betonte, und worin wir beide sicherlich mit ihm völlig einig gehen. Und erst recht nicht eine spirituelle Philosophie, wie wir beide sie verstehen und betreiben. Unsere spirituelle Philosophie will ja Begriffe und Begrifflichkeit hinter sich lassen, ja muß sie hinter sich lassen oder zumindest transzendieren, wie z.B. auch ''Gott'' mit all seinen Festlegungen in ''Gottesbegriffe''. Denn ein Begriff setzt Begreifen voraus, wie die Sprache schon vorgibt, und will eingeordnet und festgelegt werden, will als Ergebnis greifbare Wissenschaft. Wir gehen mit diesen und ähnlichen Wörtern der menschlichen Sprache selbstverständlich weiterhin um. Was sollen wir auch anderes tun. Aber wir wollen sie nicht als festgefügte Begriffe verstehen und verwenden, sondern als Namen, Zeichen, wie korrigierbare Hinweisschilder gleichsam.“

„Ja, Ishtuahavi. Wir sehen uns der Schwierigkeit gegenüber, daß Sprache immer nur mittelbar und somit ein Umweg ist, sich mitzuteilen. Sprachkunst sollte der Philosophie helfen, diesen Umweg abzukürzen und dennoch einen Gedanken in möglichst unmißverständlich klarer Bildhaftigkeit zu äußern oder niederzuschreiben. Bildhaftigkeit will erreichen, daß man ''im Bilde ist''. Daher das zähe Ringen der Fakultät um Systematisierung und Schematisierung.

Dabei kommt aber nicht selten die Bildhaftigkeit unter die Räder, so daß sie in der Abstraktion landet, die die Geistesgelehrten von einander trennt, anstatt sie im schöpferischen Dialog zu verbinden.

Keine Wissenschaft zu sein, ist doch kein Makel für die Philosophie – im Gegenteil. Philosophie ist herrlich frei, wenn sie losgelöst ist von dem Druck, Wissenschaft sein zu sollen oder zu müssen, die sie gar nicht sein kann ohne sich dem einengenden Diktat einer wissenschaftlichen Vorgehensweise zu unterwerfen. Konkurrenzdenken wird dann völlig überflüssig, sie muß kein ''Ergebnis'' abliefern, um irgendwo in eine schon vorhandene oder auch nur angedachte Norm zu passen. Sie ist frei von jeglicher Etikettierung, die notwendiger Weise immer einzuhalten bestrebt sein muß, was sie vorerst nur als Vorgabe offeriert hat.“

„Da hast du völlig recht, Alexa. Aber wenn die Philosophie keine Wissenschaft im eigentlichen Sinne ist, weil sie in höchstem Maße subjektiv, nicht wie die Naturwissenschaften meßbar und objektivierbar ist, dann ist es die Theologie - wie schon gesagt - erst recht nicht. Wilhelm von Occam war einer der wenigen, der seinerzeit darauf aufmerksam zu machen wagte. Die Kirche hätte sich manche Blamage ersparen können, wäre sie spätestens in diesem 14. Jahrhundert seiner mahnenden Aufforderung gefolgt, sich besser auf die ihr obliegenden Dinge zurückziehen, da Theologie und Philosophie getrennt voneinander zu sehen, und Theologie keine Wissenschaft sei. Das brachte ihm eine ''Einladung'' des Papstes ein, der damals in Avignon residierte. Bevor noch ein höchst wahrscheinlich übler Urteilsspruch ergehen konnte, gelang es ihm Gott sei dank, den päpstlichen Schergen zu entkommen.

Seine berechtigte Mahnung konnte die Kirche bis in die heutige Zeit hinein nicht zulassen, nach wie vor getreu dem Axiom ihres Altmeisters Thomas von Aquino folgend, daß sich die Philosophie der Theologie unterzuordnen habe, nennt er die Philosophie doch tatsächlich ''ancilla theologicae''(Magd der Theologie), was man kaum herabwürdigender formulieren kann. Um so umfangreicher und intensiver mußten die Anstrengungen der späteren kirchenunabhängigen Philosophen auf das Ziel zustreben, sich endlich von d e r Philosophie, wie sie die Kirche verstehen will, zu befreien. Das ist ja schlußendlich und Gott sei dank inzwischen auch unumkehrbar gelungen, auch wenn es - für uns unbegreifbar - lange gedauert hat. Die Theologie wiederum kann ganz getrost und ungeniert wieder zu Tertullians ''Credo, quia absurdum est'' zurückkehren, während die Philosophie sich der Kirche gegenüber nicht mehr zu rechtfertigen braucht und keine Taktiken ersinnen muß, um sich der ''schwesterlichen Umarmung'' durch die Theologie zu entziehen, die ja reichlich oft in einen strangulierenden Würgegriff ausartete, wie die Geschichte uns gelehrt hat. Diese ganzen heuchlerischen und verkrampften Schnörkel fallen einfach weg, die sich oft genug und überreichlich gleich sich windenden Würmern aus dem Gedankenmorast an die Oberfläche ringelten.''

„Deine bildhaften Vergleiche treffen wieder einmal voll ins Schwarze, Ishtuahavi.

Laß mich noch einmal zu Nietzsche zurückkehren. Er hat jedenfalls erreicht, daß man ihn keiner ''Abteilung'' zuordnen kann, soviel steht fest. Ihm wenigstens ein bißchen etwas ''anzudichten'', damit man ihn womöglich doch noch einordnen kann, wurde indessen immer wieder einmal versucht. Der Benutzer eines Lexikons oder Lehrbuchs der Philosophie würde sich wohl auch ungern damit abfinden, unter N wie Nietzsche nur einen kurzen Abriß seines Curriculum Vitae vorzufinden, ohne daß auf sein Werk näher eingegangen wird. Aber es gibt Gott sei dank einige wachsame Philosophen, die dann sofort zu seiner Verteidigung mobil machen, wenn sich da ein Nietzsche –Gegner zu weit aus dem Fenster zu lehnen scheint.

So freue ich mich, in meiner tief empfundenen Sympathie für Nietzsches Werke unter anderen mit August Strindberg, Thomas Mann, Gottfried Benn und besonders mit Karl Jaspers einig zu gehen, und ich möchte unbedingt an dieser Stelle einfügen, was Stefan Zweig über ihn gesagt hat, weil er mir so voll aus dem Herzen spricht:

Tritt man in Nietzsches Bücher ein, so fühlt man Ozon, elementarische, von aller Dumpfheit, Vernebelung und Schwüle entschwängerte Luft: man sieht frei in der heroischen Landschaft bis in alle Himmel hinauf und atmet eine einzige durchsichtige, messerscharfe Luft für starke Herzen und freie Geister.

Diese Worte empfinde ich wie einen Wegweiser hinauf zu einem spirituellen Himalaja, heraus aus dem Tal verkrusteten, traditionellen Denkens und seinem ganzen frömmelnden, moralinsauren Getue.

Um die Forderung nach zweckfreiem Denken von Nietzsche nochmals aufzugreifen: wir wollen in unserer spirituellen Philosophie teilnehmen an Lîla, dem Spiel Gottes, wollen die Freude in der Absichtslosigkeit hochhalten, an der uns so viel liegt, und wir wollen ihr erlauben, wie ganz aus Versehen und trotzdem vollkommen selbstverständlich den bewußten Weg in die Sinnhaftigkeit zu finden und zu gehen."

„Ich bin stolz auf dich, Alexa! Du läufst ja zur geistigen Hochform auf, trotz deiner matten Glieder!"

„ Danke, Ishtuahavi. Bin ich indexverdächtig? Schade, daß es diesen Index der katholischen Kirche nicht mehr gibt. Ich hätte mich liebend gern mit meinen niedergeschriebenen Gedanken dort wiedergefunden: welche Ehre, neben Nietzsche, Spinoza, Strindberg wie auch vielen anderen Philosophen und sogar Goethe dort aufgelistet zu sein", erwiderte ich.

„Aha, verstehe, Alexa, weil du meinst, dann würden deine Texte todsicher gelesen werden. Das ist ja auch der Grund, weshalb der Index abgeschafft wurde: genau das Gegenteil des von der katholischen Kirche erhofften Erfolgs trat ein."

„Wirklich schade", bedauerte ich. „ Aber ebenso gern würde ich von Marcel Reich Ranicki verrissen werden, denn das hätte im deutschsprachigen Raum einen ähnlichen Effekt."

Ishtuahavi ergänzte: „… nur daß Reich-Ranicki dein Buch gar nicht erst aufschlagen würde: keine spannende Handlung, keine gut erzählten, aber vulgären und geschmacklosen Sexschilderungen... Es würde ihn nicht reizen, sondern gräßlich langweilen, und er würde so sehr gähnen, daß ihm vielleicht der Unterkiefer aushaken könnte."

„Du hast recht, Ishtuahavi, lassen wir ihn besser aus dem Spiel, würde doch möglicherweise die Gefahr heraufbeschworen, daß er mich dann auch noch wegen fahrlässiger Körperverletzung durch Kiefer-Luxation regreßpflichtig machen könnte.

Philosophie oder gar spirituelle Philosophie ist ja außerdem überhaupt nicht sein Genre. Er wollte immer in erster Linie unterhalten werden und nicht allzu viel nachdenken müssen. Für gute Sprache hatte er allerdings ein Gespür. Zudem war er immerhin so amüsant und unterhaltsam, daß er auch ein weniger an Literatur interessiertes Publikum vor den Bildschirm zu locken verstand."

„Was aber nützt die schönste sprachliche Form ohne gehaltvollen Inhalt, Alexa."

„Du hast recht, Ishtuahavi. Das ist wie eine edle Designer-Flasche mit einem Wein der Klasse ´´Nordseite-Säuerling-Frühlese´´. Der Fehler ist ja allge-

mein verbreitet, an der Form haften zu bleiben. Du sagtest es schon einmal mahnend zu mir: *Lerne über die Form zum Inhalt zu gelangen*"
„... und wie wichtig das ist, mag folgender Vergleich belegen:
stell dir einmal zwei Bücher vor – äußerlich völlig gleich – gleiche Anzahl Seiten – gleiche Größe – gleiches Layout. Wenn nun ein Wissenschaftler diese beiden Bücher chemisch im Labor analysieren sollte, würde er feststellen, daß sie sich vollkommen gleichen – mehr noch als ein Ei dem anderen: gleiches Papier gleiche Druckerschwärze, gleiches Gewicht etc.
Tatsächlich sind sie aber so unterschiedlich wie zwei Bücher nur sein können: das eine Buch enthält einen billigen Krimi oder - schlimmer noch - einen geschmacklosen Porno-Roman, das andere aber... na, bleiben wir im Thema... Nietzsches Zarathustra."
„Ein hervorragendes Beispiel, Ishtuahavi. Sie enthalten völlig unterschiedliche Informationen. So ist es auch in der Homöopathie. Wo Chemiker und Pharmakologen im Test nur noch Wasser und Alkohol feststellen können, hat diese Flüssigkeit dennoch die Information des Medikaments zum Inhalt. Ähnlich verhält es sich mit den Wasseruntersuchungen des japanischen Wissenschaftlers Dr. Masaru Emoto: Wasser ist eben nicht gleich Wasser – auch wenn es sich chemisch so darstellen läßt. Er konnte pathologische Veränderungen von Wasserkristallen in seiner von ihm entwickelten Gefriermethode darstellen. Es ist doch außerordentlich aufregend und begeisternd, wenn solche pathologischen Veränderungen der Wasserkristalle sich beispielsweise durch Beschallung von klassischer Musik positiv verändern lassen."

Ich rückte mir mein Kopfkissen zurecht und legte mich etwas zur Seite.
Ishtuahavi sah mir an, daß ich ein wenig angestrengt wirkte, und mahnte:
„Jetzt haben wir uns wieder einmal verplaudert und uns weit vom ursprünglichen Thema entfernt. Ich hoffe doch, daß es dich etwas beruhigen konnte, in ein etwas sanfteres Fahrwasser zu entgleiten - nach so tiefschürfenden Themen wie Jesus und Nietzsche und das Christentum.
Du mußt dich jetzt ausruhen, Alexa."
„Aber über Nietzsche werden wir doch sicher nochmals reden, Ishtuahavi?"
„Bei unserer gemeinsamen Sympathie für ihn, kommt das sicher ganz von selbst, denke ich. Na, denn... gute Besserung und adiós, Alexa...", und weg war sie, bevor ich meinerseits ein ''danke und adiós'' näseln konnte.

22.

Ohne zu sehr der eigenen Nabelschau zu pflegen: weswegen hatte mich denn eigentlich dieser grippale Infekt erwischt? Da war allerhand Frust aufgekommen bei unliebsamen technischen Zwischenfällen, die man ja kennt hierzulande, aber eben doch nicht immer so wegsteckt, wenn sie denn unvermutet über einen hereinbrechen, viel Umstände machen und auch noch ordentlich Geld kosten. Da war außerdem noch die innere Stimme, die eine Klausur forderte, um den Gedankenfluß nicht zu unterbrechen. Es war einfach Ruhe angesagt für die Seele. Bevor der Körper das hätte übergehen kennen, stellte sich eben dieser Infekt ein und zog mich aus dem Verkehr: Bettruhe – basta! Ich hatte verstanden. Danke!
Das Danke nimmt sich vielleicht etwas sonderbar aus, aber es ist aufrichtig gemeint. Wenn man etwas begriffen hat, muß man immer danken! Das ist sehr wichtig!
Die verstopfte Nase hatte mir auch etwas mitzuteilen, nämlich:
      ´´Beschäftige dich mal mit deiner Atmung, Alexa!´´
Also gut: ich gehe jetzt an den Strand, um die frische Meeresluft einzuatmen, die sicher die beste Reinigung meiner Atemwege vollbringen kann, die man sich vorstellen kann.

Pneuma - Prana – Pranayama - Atemtechnik der Yogis:
Das war ja schon angeklungen, als wir über Jesus und den Atemstillstand in Trance gesprochen hatten. Mir waren hin und wieder Bücher begegnet, die sich der Atmung annahmen. So richtig ein Anstoß, sich endlich damit eingehender zu beschäftigen, war das alles bisher nicht gewesen. Dicke Bücher zuweilen, die nicht so recht begeistern konnten, zu langatmig und langweilig lang mit der Physiologie der Atmung beschäftigt, die der Mediziner ohnehin kennt und der Laie so genau gar nicht wissen will oder auch anderswo nachlesen kann. Schließlich braucht man auch über die übliche Bedienungsanleitung hinaus nicht die technische Funktion einer Küchen-Rührmaschine in allen Einzelheiten zu kennen, um einen guten Kuchen backen zu können.
Was aber eine Sauerstoff-Therapie zu bewirken vermag – einer auf unschädliche Weise forcierten inneren Atmung vergleichbar – das hatte ich schon einmal mit Erstaunen und Begeisterung erfahren können. Es sei nur kurz erwähnt, daß einige Milliliter entnommenen Eigenblutes in einer speziellen Maschine mit Ozon angereichert und wieder intravenös injiziert werden. Dazu haben wir – mein behandelnder Kollege und ich – uns auf die Zusätze verschiedener Homöopathika verständigt, die meinen damaligen körperlichen Bedürfnissen nach einer Harmonisierung entsprachen. Meine Erythrozyten (23) machten geradezu Luftsprünge. Ich war von sprudelnder Munter-

keit - während und auch noch nach der Therapie – von einer geistigen Aktivität, die im Schriftstellerischen seine Kanalisation fand. Ich schrieb damals jede freie Minute wie besessen – fast 20 Wochen hindurch.

Zurück zur Gegenwart und zum Thema "Atem" und dem Anstoß, mich endlich eingehender damit zu beschäftigen. Es fallen einem ja immer die richtigen Bücher zu, wenn die Zeit gekommen ist für ein bestimmtes Thema. Diesmal war es:

Die Kunst des Atmens der Hindu-Yogis von Yogi Ramacharaka.

Das schmale unscheinbare Bändchen, in dem man ein Erscheinungsjahr vergeblich sucht, fand ich antiquarisch. Der Autor redet nicht lange drum herum: die Übungen werden klar umrissen, systematisch und schnörkellos dargestellt, ja sind wirklich zum sofortigen Einstieg geeignet.

Meine Konzentrationsfähigkeit ließ wegen der allgemeinen körperlichen Schlappheit noch zu stark zu wünschen übrig, um sofort mit Elan diese Übungen anzugehen, aber ich suchte mir etwas aus, von dem ich meinte, daß es meinen derzeitig angeschlagenen Zustand schneller bessern und schließlich wieder beenden könnte.

Der Yogi-Reinigungsatem – im Liegen bei gerader Wirbelsäule:

1. Man atmet zunächst in den Bauch hinein ein, ohne Unterbrechung übergehend in die Brustkorbfüllung und hinauf in die oberen Lungenflügel in die Höhe der Schlüsselbeine, bis eine maximale Luftfüllung erreicht ist. Dies wird die vollständige Yogi-Atmung genannt.

2. Man hält die eingeatmete Luft für einige Sekunden in der Lunge (nicht zu lange! Drei Sekunden reichen!)

3. Man spitzt die Lippen zum Pfeifen, dann stößt man die Luft ruckartig mit vollster Kraft durch die möglichst kleine Öffnung des gespitzten Mundes aus (ohne die Wangen dabei aufzublähen): Anhalten – Ausstoßen – Anhalten etc. bis alle Luft ausgeatmet ist.

Diese Übung dient der Reinigung der Lunge und wird als belebend und erfrischend geschildert. Sie begleitet fast alle anderen Atmungsexerzitien, indem sie jeweils zum Schluß vorgenommen wird.

Ich mußte feststellen, daß entgegen der Vorschrift meine Wangen sich immer wieder aufblähen wollten. So hielt ich sie anfangs mit einer Hand in Position, bis ich den Bogen heraus hatte. Danach hatte ich tatsächlich das Gefühl einer verbesserten Sauerstoff-Zufuhr.

Natürlich setzen all diese Anregungen voraus, daß im individuellen Fall keine physiologischen Kontraindikationen für derartige Übungen bestehen. Bei geringstem Unwohlsein sind solche Übungen sofort abzusetzen.

Plötzlich wurde mir klar, warum Ishtuahavi das Thema Magie immer wieder vertagen wollte. Ich sollte mich zunächst intensiver als bisher mit Atemtechnik befassen und praktische Erfahrungen sammeln. Die hohe Schule des Atems stand jetzt auf meinem Lehrplan, heißt es doch jeweils von den Siegern, sie hätten den längeren Atem gehabt.

Das gilt wie im Sport sicherlich auch auf anderen Gebieten und ganz sicher für die geistige Schulung.

Wichtig ist, den eigenen Rhythmus zu erspüren – je nach Veranlagung und je nach Zielsetzung der Aktivierung: das hatte ich schon früher einmal gelesen und auch versuchsweise praktiziert - nicht sehr konsequent und auch nur sporadisch, wie ich gestehen muß.

Sehr einleuchtend und sofort nachvollziehbar ist es, dem Rhythmus des eigenen Pulsschlags zu folgen, um mit dem Herzen in Harmonie zu kommen. Das lehren einige indische Schulen, und das bringt den Übenden auch tatsächlich weiter.

Um mit Planeten-Rhythmen zu arbeiten, findet man Anleitungen in der speziellen Literatur, deren seriöse Grundlagen man eingangs kritisch prüfen sollte. Denn daß auch hierbei wie überall falsche Lehrmeinungen und sogar Anleitungen zu schädlichen Ritualen verbreitet werden, die verheerende Folgen zeitigen können, darf nicht unerwähnt bleiben.

Wie ernst diese Warnung zu nehmen ist, mag nur kurz erwähnt werden: durch Hyper- wie auch Hypoventilation (Über- bzw. Unterbelüftung durch forcierte oder zurückgehaltene Atmung) kann sich die Relation des Säure-Basen-Haushalts mit gefährlichen Auswirkungen auf den Mineralhaushalt bis hin zum Kollaps verschieben. Diese Andeutungen sollen nicht weiter vertieft werden, mögen aber zu denken geben, um Fehler zu vermeiden. So ist es auch leicht vorstellbar, daß man zur falschen Zeit versucht, im seelisch-geistigen Bereich Kräfte zu aktivieren und Resultate zu erzwingen, die derzeit keinesfalls angesagt sind, ja sogar in höchstem Maße schädigend wirken können. Man halte sich immer wieder Goethes *Zauberlehrling* vor Augen – und zwar ohne daß der Meister-Zauberer rechtzeitig zur Stelle ist und den Spuk beendet. Das ist einfach das Beispiel, das immer wieder erwähnt werden muß, weil es so überaus zutreffend ist.

In der Konsequenz eine sehr ungemütliche Vorstellung!

Wie unterschiedlich die verschiedenen Geschöpfe, die sich auf der Kruste des Erdballs ihre Lebensbedingungen eingerichtet und sich ihnen angepaßt haben, sich des Atems bedienen, stellt zuweilen wirklich ein Wunder in der Natur dar, daß man nur staunen kann.

Zum Beispiel die Potwale:

Sie tauchen bis zu 2.000 m tief hinab in die absolut dunkle Tiefe des Ozeans. Sie können sich 90 Minuten lang aufhalten in solchen lichtlosen Regionen und unter diesen extremen Druckverhältnissen! Den Druck auf die Rippen kann der Potwal aushalten, indem er vor dem Tauchgang ausatmet. Der Brustkorb nimmt sodann eine längliche Stellung ein, und die Lunge adaptiert er dann an den Brustkorb. Also kurz gesagt: irgendwie faltet er das ganze Atmungssystem in eine druckverträgliche Position. Außerdem besitzt er spezielle, den roten Blutkörperchen ähnliche Zellelemente, die ein Vielfaches an Sauerstoff speichern können und ihn in der großen Tiefe versorgen. Er erreicht in unglaublich schneller Zeit sein tiefes Jagdrevier, um seinen riesigen Nahrungsbedarf optimal befriedigen zu können. Er ist der einzige Meeressäuger, der diese Leistung vollbringt, und ist daher Alleinherrscher in diesen für uns unvorstellbaren Regionen.

Der Atem ''passiert'' unwillkürlich. Wir brauchen nicht auf ihn zu achten – eigentlich. Aber wie schnell fühlen wir uns unwohl, wenn wir ''schlechter'' Luft ausgesetzt sind, in der das ausgewogene Verhältnis von Sauerstoff, Stickstoff und Kohlendioxyd für unsere normale Atemfunktion nicht mehr stimmt. Wie anders atmen wir, wenn wir uns aufregen, uns anstrengen, traurig oder krank sind, Schmerz oder Ärger empfinden - oder auch Freude?
In solchen Fällen stehen uns als Sofortmaßnahme Methoden zur Verfügung, unserer positiv wie auch negativ überschießenden Emotionen Herr zu werden:
die Modifizierung der Atmung – als das Bindeglied von Körper und Geist, könnte man vereinfacht sagen.
Die reine Brustatmung beseitigt aber Angstzustände nicht. Die vollständige Yogi-Atmung dagegen – wie gerade beschrieben - wirkt ziemlich schnell und zuverlässig. Die unteren Lungenflügel werden mit dieser Methode gründlich belüftet, wo die meisten Stauungen anzutreffen sind. Bei ständig verstopften Nebenhöhlen empfehlen die Yogis wie auch die westlichen HNO-Ärzte Nasenspülungen mit angewärmter physiologischer Kochsalzlösung. Diese Nasen- Spülungen werden auch als hilfreich für die Vorbereitung zu Meditationen angesehen.

Falsche oder zulange einseitig durchgehaltene Schlafstellungen - besonders in der Rückenlage – verursachen Apnoe:
das ist ein Fachbegriff für temporären Atemstillstand, der oftmals ein vorangegangenes starkes Schnarchen unterbricht. An Testpersonen im Schlaflabor hat man festgestellt, daß in Folge einer solchen Apnoe der Sauerstoffgehalt im Blut erheblich abnimmt, das Hirn unterversorgt ist, der Blutdruck steigt, und Herzfunktionsstörungen ausgelöst werden können.
Die wechselseitige Nasenatmung (Nadi Shodhanam) habe ich ausprobiert, schon um zu kontrollieren, daß auch wirklich beiderseitige Belüftung stattfindet.
Die Anweisung von Ramacharaka lautet:
3 x jedes Nasenloch (wechselseitig rechts-links) – dann 3x beide
Wieder in der vollständigen Yogi-Atmung, beginnend mit der Füllung des Bauches, dann des Brustkorbs bis in die oberen Lungenflügel unter den Schlüsselbeinen.

Begonnen wird mit der Ausatmung durch ein Nasenloch, während das andere zugehalten wird. Mit welchen Fingern man das jeweilige Nasenloch schließen soll, wird sehr unterschiedlich beschrieben, so daß man sich das wohl am besten selbst ausprobiert.

Ich nehme die Ringfinger, weil ich dann die anderen Finger zur freien Verfügung habe, um die Fingerkuppen auf verschiedenen Akkupunktur-Punkten im Gesicht zum Einsatz zu bringen. Aber das werde ich gelegentlich auch wieder verändern, um zu experimentieren.

Die Übung sollte dreimal komplett wiederholt werden: 3 Runden also.

Ramacharaka empfiehlt, die Atmungsübungen unbedingt geräuschlos vorzunehmen.

Der Sinn dieser Anweisung wird sofort klar, wenn man es ausprobiert: die Aufmerksamkeit wird dabei mehr nach innen gelenkt und auf die Atmung fokussiert.

Es gibt natürlich noch viel mehr solcher Anweisungen, die stimmungsaufhellend wirken und auch positiven Einfluß auf die Organtätigkeit nehmen können.

Wie man frische Luft in ein Zimmer läßt, um schlechte Gerüche und verbrauchte Luft zu beseitigen, so kann auch gezielte Atmung wie ein reinigender Kehrbesen durch den Organismus fegen. Zeit haben wir dafür immer, z.B. beim Duschen, Ankleiden, Aufräumen oder sonstigen Tätigkeiten, die körperlich fast automatisch geschehen und nur wenig Aufmerksamkeit erfordern. Bei roter Ampel im Verkehr hat man als Autofahrer minutenweise die Möglichkeit, mal eben eine Atemübung einzuschieben. Dabei muß man schnell einmal die Wirbelsäule in eine aufrechte Position strecken, was wiederum Anspannungen oder gar Verkrampfungen positiv zu beeinflussen hilft.

Etwas Interessantes über Hirnströme und Atemübungen habe ich bei Sherwood gefunden, der Anweisungen gibt, wie man in einen tiefen Entspannungszustand gelangen kann, um dann in einer Art Selbsthypnose sich heilenden Einflüssen zugänglich zu machen und zu öffnen.

Bei geöffneten Augen herrscht im menschlichen Hirn die Phase der Beta-Wellen vor, die sich zwischen 16 und 32 Hz bewegen. In entspanntem Zustand mit geschlossenen Augen stellen sich dann die Alpha-Wellen ein - zwischen 8 und 13 Hz angesiedelt. Zeitweilig im Schlaf, in Trance, bei Kindern oder auch bei Hirnstörungen werden die Theta-Wellen mit 4-8 Hz gemessen.

Im Alpha-Theta-Wellenbereich erreicht man einen Zustand, in dem man Affirmationen wirkungsvoll anwenden und damit einen wichtigen Schritt in Richtung energetischer Einflußnahme bis hin zur Selbstheilung gehen kann.

Zur Atmung werden allerdings nicht viele Details genannt - nur ein paar Mal ''tiefe Atmung – Entspannen – Augen zu'' – empfohlen. Das befriedigt nicht so ganz, deshalb halte ich mich an die gezielte vollständige Yogi-Atmung – wie oben beschrieben.

Aber folgende Anweisungen Sherwoods habe ich als hilfreich empfunden, um in die Ruhe zu kommen. Die Übungen – wie immer sitzend mit kerzengeradem Rücken – sind folgende:

1. von 10 bis 1 (rückwärts) zählen - jede Zahl 3 x visualisieren, dann eine Affirmation, z.B. ′′ich bin jetzt ganz losgelassen und fühle mich von Minute zu Minute besser und besser′′ - später dann gezieltere, individuelle Texte

2. von 10 – 1 zählen, jede Zahl 3 x beim Ausatmen innerlich sprechen

Wenn man sich darüber klar ist, daß Anspannung und Entspannung ein polares, d.h. gegensätzliches Paar ist, dann wird klar, daß totale Entspannung auch nur nach totaler Anspannung erfolgen kann. Man kann dann - wie in der Entspannungsschulung nach Jacobsen beschrieben - mit den entsprechenden Atemanweisungen nach und nach alle Körperteile in maximale Anspannung versetzen – beginnend mit den Füßen. Zum Schluß wird eine höchstmögliche Anspannung des ganzen Körpers versucht und wieder losgelassen.

Das aktiviert so ganz nebenbei auch sonst wenig beachtete Körperteile und regt sie zur Mitarbeit an. Spannungslos-Sein soll aber nicht in ausgelaugtes Schlaff-Sein münden. Wir wollen nicht einen Zustand erreichen, der einem ausgeleierten Gummiband entspricht, sondern das Loslassen und in dessen Folge die Hingebung lernen. Das ist ein wichtiger Unterschied!

Danach kann man in sein inneres Heiligtum gehen (wie ich in meine Edelstein-Felsengrotte), um dort etwa 5 Minuten zu verweilen. In diesem Zustand kann man sich mittels mentaler Projektion an jeden Punkt des Universums versetzen.

Frederick Pierce Le Cron, der große Lehrer der Selbsthypnose, macht es uns noch ein wenig einfacher, in dem er die Übungen nach Jacobsen vereinfacht und zu 5 x 2 Übungen zusammenfaßt, die - wie er sagt - die gleiche Wirkung hervorbringen sollen.

Im Liegen bei gerader Wirbelsäule

1. die Zimmerdecke ansehen und
    a) 4 x den Kopf rechts herum bewegen
    b) das gleiche links herum

2. a) rechten Fuß ca. 40 cm heben, starke Spannung erzeugen, dabei geistig den Muskelverlauf realisieren - bis zur Ermüdung, dann plötzlich fallen lassen
    b) dasselbe mit dem linken Bein

3. a) rechten Arm erheben mit geballter Faust - bis zur Ermüdung - fallen lassen
    b) dasselbe mit dem linken Arm

4. a) Augen 4 x rechts herum in einem Kreis von 1,50 m an der Zimmerdecke herumschicken
b) dasselbe links herum

5. a) Augen dann ein Quadrat beschreiben lassen - rechts herum
b) dann links herum

Findest du nicht, daß ich mich mit all diesen Gebrauchsanweisungen schon
wieder einmal weit von unserem Thema ''Spirituelle Philosophie'' entferne?
Ich habe schon auf deinen mahnenden Rückruf gewartet. Was meinst du,
Ishtuahavi? Wo bist du überhaupt?"

„Wie immer präsent, Alexa: das weißt du doch! Ich kritisiere das diesmal
nicht, weil man sich ja auch nicht ausschließlich theoretisch mit dem
Schwimmen befassen kann, um praktisch schwimmen zu lernen, also ohne
die Bewegungen im Wasser tatsächlich auszuprobieren. Theoretiker können
Wissen anhäufen, aber nur wer sein erworbenes Wissen auch praktisch er-
probt hat, wird ein Weiser werden.
Der Vorgang des Atmens, den du gerade versuchst, gedanklich zu durchdringen und durch Übungen bewußt zu machen, muß aber nach diesem
vorbereitenden Training wieder zurück in die Absichtslosigkeit gelangen.
Richtig verstanden und tief eingedrungen in das Wesen des Atems können
wir mehr lernen, als uns alle Philosophie - gleich welchen Ursprungs - auf
dieser Erde lehren kann. Mit dem tiefen Verständnis des Atems dringen wir
ein in die Geheimnisse des Lebens und werden gewahr der lebendigen Pro-
zesse, die um uns herum stattfinden. Dieses Gewahrwerden in Hingabe ist
eines der seltenen Momente, in dem der Mensch sich als integrierter Teil in
der Einheit fühlt und nicht abgesondert von ihr in einer Dualität der Subjekt-
Objekt-Erkenntnis.
Dahin zu gelangen war immer schon das Ziel jeglicher Philosophie, auch
wenn sie zuweilen sich verleiten ließ und noch immer verleiten läßt, Um- und
Abwegen zu folgen, die nicht befriedigen können. Es gibt keinen eindrucks-
volleren Vorgang, der uns lehren kann, was ureigentlich Leben bedeutet, als
den Atem.
Und genau dieser Spur versuchst du gerade zu folgen. Deshalb habe ich
dem vorerst ganz und gar nichts hinzuzufügen, denn du bist ja schon wieder
einmal auf eine neue, für dich passende, kleine Fibel gestoßen:
das Bändchen von Ramacharaka", stellte sie fest. „Er ist so sparsam mit
seinen Kommentaren, daß du alles selbst herausfinden mußt. Deine Experimentierfreude in den gerade von dir durchdachten Übungen sollte ebenfalls
gestärkt werden. Deshalb will ich dich damit für eine Zeit lang allein lassen,
Alexa. Alleinlassen ist nicht ganz richtig – ich meine: in Ruhe forschen und
üben lassen. Denn die Beschäftigung mit diesen Übungen wird eine wichtige
Grundlage für unsere nächsten Themen sein".

„Und die wären?" fragte ich.

„Wird nicht verraten, Alexa. Du wirst selbst darauf kommen. Im Nachhinein würdest du nämlich nicht begeistert sein, daß ich dir die Freude an dieser Entdeckung nicht überlassen habe."

„Na, denn..., aber du kommst schon und schaust mal nach mir?" fragte ich etwas beunruhigt und mußte gleichzeitig feststellen, wie wichtig und unverzichtbar mir der Dialog mit Ishtuahavi inzwischen geworden war.

„Aber, Alexa! Wie hört sich denn das an?! Du willst nicht wirklich eine Antwort darauf, denke ich", erwiderte sie und ich fühlte mich ein bißchen beschämt...

si tacuisses (hättest du doch geschwiegen) - dieser klassische Satz durchdrang mich wie ein Tritt vor das Schienbein, aber um mir auf die Zunge zu beißen, war es zu spät:

„Schon gut – nein! Streich diesen Satz einfach, Ishtuahavi", antwortete ich und bemühte mich unbekümmert und lässig zu klingen, obwohl mir vollkommen klar war, daß ich ihr nichts vormachen konnte.

„Erfüllst du mir noch eine Bitte, bevor du dich verabschiedest?" fragte ich sie. Ishtuahavi nickte.

Ich nahm einen langen Stock, wie damals bei unserer ersten Begegnung, steckte ihn vor mir senkrecht in den Sand und schloß die Augen.

Ich sah zwei gegenläufig sich nach oben windende Schlangen, am oberen Ende über ihren Köpfen zwei Schwingen und darüber als oberstes Zeichen eine kleine weißgoldene Kugel:

der Caduceus, von dem Ishtuahavi berichtet hatte – er war es... ohne jeden Zweifel.

Ich breitete meine Arme aus. Sie wurden zu diesen Schwingen. Die Erdschwere verlor sich... ich schwebte... flog... auf den Flügeln meiner Fantasie... so leicht, so erdfern... wie im Weltall... im Universum... eine Kosmonautin ohne Raumschiff...

„So, es reicht jetzt, komm wieder 'runter, Alexa." Ishtuahavi klang nicht eben begeistert über meinen kleinen ''Höhenflug''. Ich schüttelte mich kurz, ließ aber meine Augen noch geschlossen. Diesmal hatte sie allerdings davor gar keinen Respekt, sondern sagte mit vorwurfsvoller Stimme:

„Du benimmst dich wie einer der Anfänger, die bei jedem kleinen Erlebnis immer gleich abheben. Du wolltest etwas lernen und nicht im Weltall herumsausen." Ich öffnete meine Augen:

„Ich dachte, du hättest dich schon verabschiedet, Ishtuahavi?"

„Wollte ich auch. Dann hast du mich um den Schlangenstab gebeten. Du hast ihn bekommen, und dann bis du einfach davongeschwebt."

„Entschuldige – das war dann wohl ein Mißverständnis. Also ich bin wieder hier und ganz Ohr", gab ich zu verstehen. „ Du willst mir also etwas über den Caduceus sagen. Er ist ja etwas anders als der Äskulapstab. Er hat zwei sich um den Stab windende Schlangen, die sich am oberen Ende aus ihren zugewandten Köpfen ansehen."

„Richtig, Alexa, und sich dann vereinigen…. Hier breche ich ab, denn nun hast du deine Antwort über das nächste Thema bereits bekommen, obwohl ich sie eigentlich noch verschieben wollte." Ich schaute wohl ein bißchen traurig und auch unzufrieden drein.

„Also gut – überredet! Da die beiden Themen doch irgendwie zusammenhängen, werden wir sie uns gleich im Anschluß vornehmen. Ich komme dich besuchen, wenn du bereit dazu bist. Komm irgendwann wieder hierher, wenn dir danach ist – das ist ein guter Platz dafür, und ein paar angespülte Baumstämme zum Hinsetzen gibt es auch. …hasta pronto" sagte sie knapp und… weg war sie, aber es hatte zum Schluß dennoch versöhnlich geklungen, was mich sehr beruhigte.

23.

Schon seltsam: seit mir Ishtuahavi versprochen hatte, mit mir jederzeit und wann immer ich dazu bereit sei, über den Caduceus zu sprechen, hatte ich es gar nicht mehr so eilig. Ich fühlte instinktiv, daß ich mit meinen Atemübungen noch etwas vorangekommen sein sollte, um bessere Voraussetzungen für dieses Thema mitzubringen. Die Gewißheit, sie jederzeit rufen zu können, gab mir das Gefühl von Kraft und Ausgeglichenheit.
Ich übte also – mit wechselndem Erfolg und auch wechselndem Fleiß. Das muß ich eingestehen. Aber ein so abgedroschenes Sprichwort wie *Übung macht den Meister* hilft einem hin und wieder auf die Sprünge. Meine Großmutter hatte auch einen alle Faulheit vernichtenden Spruch auf Lager: *Kann-nicht und Will-nicht liegen neben einander auf dem Friedhof begraben*. Dabei konnte ich tatsächlich keinerlei Ausreden ersinnen, denn ich hatte doch geradezu Idealbedingungen mit Bäumen, Felsen, Strand und Meer. Wo sonst konnte ich Herz und Lungen besser ´´weiten´´ als in dieser Umgebung direkt vor meiner Haustür.
So vergingen ein - zwei Wochen – oder sogar drei.

Es war Nachmittag geworden an diesem Tag - über allerlei täglich übliche Beschäftigungen, die man hin und wieder eben bewältigen muß.
Jetzt wollte ich hinaus an den Strand. Ein Blick aus dem Fenster: der Ozean – wie heute morgen – noch immer ruhig und tiefblau. In der Ferne einige schneeweiße Kumuluswolken – aufgetürmt in mehreren gerundeten Schichten – saßen selbstbewußt auf dem Meer wie ein großer aufgesprühter Sahneklecks auf einem Blaubeerkuchen. Jemand schien mit einem Riesenlöffel hineinzulangen, denn das ´´Schlagsahnengebilde´´ wechselte unablässig seine Form und verteilte sich jetzt auch in horizontaler Richtung.
Wenn einem solche bildhaften Vergleiche einfallen, hat man wahrscheinlich Hunger auf etwas Süßes. Ich erinnerte mich an ein Stück Apfelkuchen, das mir eine Freundin gestern mitgegeben hatte. Etwas Sprühsahne fand sich auch noch im Kühlschrank, und ein Cappuccino komplettierte das kleine Nachmittagsgedeck. Damit wanderte ich auf meine Terrasse und - während ich den unwirklichen ´´Blaubeerkuchen´´ in der Ferne beobachtete - ließ ich mir meinen realen Apfelkuchen schmecken.

Danach fühlte ich mich zufrieden und bereit zu einer Strandwanderung.
Ich kam ganz in Gedanken und wie aus Versehen an die Stelle, die Ishtuahavi für unser nächstes Treffen vorgeschlagen hatte. Wie automatisch erfaßte mich der Wunsch, unser Gespräch wieder aufzunehmen.
„Was meinst du dazu, Ishtuahavi?". Pause... Wo sie nur war? Ich blickte hinüber zu den Sahneklecks-Wolken. Ein tanzender Blitz erleuchtete plötzlich

das Innere der mittleren hohen Wolke. Kein kurzes Aufflackern, sondern eine anhaltend sich schlängelnde Feuerfigur präsentierte sich meinen erstaunten Augen. Das konnte nur Ishtuahavi sein, die wieder einmal ein Schauspiel der besonderen Art inszenierte, um mich in Begeisterung zu versetzen und mir gleichzeitig eine Freude zu machen - kennt sie doch meine Vorliebe für tropische Gewitter.

„Richtig geraten, Alexa", lachte sie, indem sie vor mir im Sand auftauchte, um dann mit einem Salto auf einem der angespülten Baumstämme zu landen und sich dort niederzulassen.

„Du sahst überirdisch schön aus: eine leuchtende Schlange in der großen weißen Wolke, Ishtuahavi", begrüßte ich sie.

„Feuerschlange in Sahneklecks auf Blaubeerkuchen", witzelte sie gutgelaunt. „In welcher Konditorei steht so etwas auf der Speisekarte?! Du hast mich einfach dazu inspiriert, deine Imagination noch zu ergänzen und dich in eine heitere Stimmung zu versetzen. Aber es hat außerdem noch einen Bezug zu unserem heutigen Thema, der Schlangenenergie, mit der wir uns auf eine erneute Weise beschäftigen wollen."

„Danke. Das war eine gelungene Aufführung. Ich bin hochmotiviert und nun auch soweit, denke ich, daß wir an unser letztes Gespräch anknüpfen können, Ishtuahavi. Fang an und erzähle mir etwas über den Caduceus, bitte."

Ich saß inzwischen neben ihr auf dem Baumstamm. Ishtuahavi brachte ihr oberes Drittel in eine aufrechte Position, sah mich heiter lächelnd aus ihren goldleuchtenden Augen an und begann:

„Laß dir zunächst diesen geflügelten Schlangenstab, den man Caduceus nennt, beschreiben. Du hast richtig erkannt, daß der Caduceus anders aussieht als der Äskulap-Stab. Es ist wichtig für dich, ihn zu verstehen, wenn du dich mit Pranayama beschäftigst, da du dich sonst in körperlichen Übungen abmühst, deren tieferer Sinn sich dir nicht erschließt. Dieser Fehler ist ja weit verbreitet: da werden ohne Sinn und Verstand körperliche Verrenkungen vorgenommen, die fälschlich als Yoga bezeichnet werden und noch dazu von völlig falschen Atemanweisungen begleitet werden. Sie können sogar schaden, wenn sie übertrieben und ohne die geistigen Grundvoraussetzungen praktiziert werden. Derartige Yoga- und Meditations-Kurse zu besuchen gilt in der westlichen Welt als chic. Es werden ein paar Affirmationen dazu gelehrt, die diesen ganzen Zirkus noch zusätzlich etwas aufpeppen sollen. Lehrer oder Lehrerinnen mit antrainiertem charismatischem Touch bringen ihre Schüler zum Dahinschmelzen wie Eiscreme in der Sonne. So glauben auch manche Schüler, daß man in solche Kurse geht, um die Seele baumeln zu lassen. Was für ein ausgemachter Unsinn! Daß Yoga nichts mit gefühlsduseliger Verträumtheit zu tun hat, wissen wir beide ja. Nun - lassen wir ihnen ihr Spielzeug und ihre Buddelkiste.

Yoga aber bedeutet doch ganz etwas anderes. Er muß mit seelisch-geistigen Inhalten Hand in Hand gehen. Die verschiedenen Arten von Lotos-

Sitzen, die dem reiferen westlichen Menschen eher Schmerzen als Vergnügen bereiten und zu einer Minderdurchblutung und Stauung in den Beinen führen können, sind doch nicht wirklich wichtig und eher schädlich, wenn man sie unnötigerweise erzwingen will. Etwas anderes ist es, wenn man für sich eine ''Ganzkörper-Mudra'' kreiert, wie ich es nennen möchte. Bevor du fragst: den Begriff gibt es bisher noch gar nicht. Du weißt ja, was eine Mudra ist. Du selbst hast in deinem Brief an Irina darüber berichtet. Was ich mit Ganzkörper-Mudra sagen will, ist, nicht nur für die Hände, sondern für den ganzen Körper eine Stellung herausfinden, in der man sich wohl und harmonisch fühlt, und die geeignet ist, geistige Inhalte zu speichern und dann auch wieder freizusetzen - wie das Pentagramm zum Beispiel. Aber natürlich sind weitere Körperstellungen in allen erdenklichen Variationen möglich.

Zur Geschichte des Yoga ist der hochverehrte Meister Patanjali unbedingt zu erwähnen.

Patanjali hat - wenn du so willst – den Yoga ''erfunden''. Sagen wir: er hat die Stufen und die ihnen zugehörigen Übungen und Inhalte erstmals systematisch aufgezeichnet. Sein berühmtes Yoga Sutra stammt aus dem 2.Jh. v. Chr. Es zeigt einen Acht-Stufen-Weg auf - du kennst ihn ja in den Grundzügen. Wir wollen das deswegen hier nicht vertiefen. Ich erwähne es nur, weil man die Aufzählung dieser Stufen und deren Inhalte nur mal kurz überfliegen muß, um zumindest sofort festzustellen, daß das, was da in den Kursen zeitweilig als ''Yoga'' verkauft wird, nicht im Geringsten etwas mit tatsächlichem Yoga zu tun hat.

Zurück zu Pranayama.

Zu Anfang erst einmal eine begriffliche Richtigstellung:

Pranayama wird auch als eine der 8 Stufen von Patanjali beschrieben, kommt aber nicht von Prana und yama, wie oftmals fälschlicherweise angenommen. Das hat auch Avalon richtig gestellt. Das würde nämlich nur Atemzügelung bedeuten. Pranayama setzt sich aus Prana und Ayama zusammen und bedeutet viel mehr: nämlich Atem-Erweiterung, Atem–Ausdehnung mit dem Ziel der Entfaltung zu Blüte und Fülle. Die Atemzügelung stellt also nur erst den Einstieg dar, und ist keineswegs als Ziel der Übungen zu betrachten. Mit derartigen zirzensischen Nummern kann man imponieren, aber doch keinen tatsächlichen seelisch- geistigen Fortschritt erreichen.

Nun zu den beiden Schlangen, die sich um den Caduceus winden: sie heißen Ida und Pingala. Ida ist dem Mond und somit dem weiblichen, Pingala der Sonne und somit dem männlichen Prinzip zugeordnet. Die bestimmenden Nervenstränge im menschlichen Körper sind Parasympathicus und Sympathikus. Im mikroskopischen Bereich kennen wir inzwischen die Doppelhelix der DNA, die bei jedem Menschen ein ganz individuelles Muster zeigt, und somit inzwischen zum ''genetischen Fingerabdruck'' avancierte. Das Geheimnis der Spirale begegnet uns wieder und wieder als ein ganz besonderes Merkmal im gesamten Mikro- und Makrokosmos. Im Chinesischen kennen wir diese Kräfte schon so ungefähr seit dem 5. Jahrtausend v.Chr. als Yin und Yang. Auch wenn sie etwas anders dargestellt werden: es handelt sich um die gleichen Erfahrungen der Kräfte im Menschen. Bleiben wir beim Caduceus: Ida steht in Verbindung mit dem linken Nasenloch, Pingala mit dem rechten. Die hilfreiche Rechts-Links-Nasen-Atmungsübung hast du ja schon kennengelernt. Ida und Pingala kreuzen sich und umspülen spiralartig die Chakras, jene sensitiven Zentren entlang der Wirbelsäule. Auch das weißt du ja inzwischen. Sie werden auch Lotosse genannt und in unterschiedlicher Anzahl von Blütenblättern und auch von Farben dargestellt. All die Blütenblätter wiederum tragen Buchstaben, so daß alle 50 Sanskrit- Buchstaben durch die 6 Haupt- Chakras laufen. Im 7. - dem Kronen- oder tausendblättrigen Chakra - sind alle 50 Buchstaben und alle Farben schließlich vereint. Dort löst sich die Sprache auf, alle Farben vereinigen sich zum göttlichen Weiß. Daher auch die verschiedenen Zuordnungen von Mantras in den einzelnen Energiezentren, wie ich die Chakras nennen möchte. Der Stab ist Sinnbild für die Wirbelsäule, in der auch durch alle Chakras hindurch vom untersten bis zum obersten hin die Kundalini Shakti bewegt werden und aufsteigen kann. Dieser Kanal oder anders gesagt - dieser Zentralstrang heißt Sushumna, in den Ida und Pingala münden und dann zum dreifach geflochtenen Knoten Muktatriveni verschmelzen. Das Flügelsymbol deutet an, daß der Mensch sich in diesem hohen erlangten Reifegrad frei überall hin bewegen kann, dem erdschweren Körper nicht mehr gehorchen muß, sondern ihn beherrscht.

Hathayoga beschäftigt sich vorwiegend mit Pranayama, übt die Pranashakti - also die Kraft des Prana (sprich des Atems, auch in dem Wort Odem zu finden) zu aktivieren, um die Kundalini Shakti zu erwecken und aus dem Muladhara- Chakra nach oben zu senden. Im Kronenchakra findet dann die Vereinigung von Shakti mit Shiva statt oder - anders ausgedrückt - zwischen Materie oder materieller Energie und Bewußtsein oder geistiger Energie – in der christlichen Mystik auch als mystische Hochzeit zwischen der Seele und dem Christusbewußtsein bezeichnet. Es geht also darum, den Pranastrom oder die Pranashakti - dies ist hierbei nur ein anderer Name für einen anderen Aspekt der Kundalini Shakti - von Ida und Pingala in die Sushumna zu senden, wo Prana aufblühen und sich in seiner ganzen Fülle entfalten kann. Wenn also der Chela (24) durch unermüdliches Üben dahin gelangt, daß Prana frei und ungehindert in der Sushumna fließen kann, dann wird Sushumna zur königlichen Straße, weil die Chakras und auch Ida und Pingala ihn nicht mehr aufhalten können, sondern durchlässig für den Prana geworden sind.

Das entspricht einer vollkommenen körperlichen und seelisch- geistigen Harmonie. Daß rhythmisches Atmen und ein damit verbundenes ausgeglichenes Gemüt Grundvoraussetzungen sind, wird hiernach deutlich. Es ist nach diesen Ausführungen auch klar, daß bei allen Übungen die Wirbelsäule unbedingt in eine gerade, d.h. durchgehende Linie in Position gebracht werden muß, damit der Pranastrom sozusagen ''freie Bahn'' hat - und zwar in der vertikalen wie auch in der horizontalen Stellung des Körpers.

Es ist sehr schwierig, diese Zielsetzungen der aufsteigenden Kundalini Shakti zu erreichen, denn es gilt dabei, immer wieder und erneut Widerstände zu überwinden. Oftmals bleibt die Kundalini Shakti in einem Chakra ''stecken'' - häufig bereits im Sakralchakra oder bestenfalls noch im Solarplexus – oder ''rutscht'' wieder ins Muladhara-Chakra zurück. Das Herzchakra aber ist das erste wichtige, aber schwierig zu erreichende Ziel, weil hier das Wachbewußtsein beheimatet ist. Die Shakti enthüllt sich erst im Herzlotos, wo sie '' von innerem Frohlocken zu tanzen beginnt'', wie der alte Text es beschreibt. In den unteren Chakras ist sie in Subtilform vorhanden, aber sie enthüllt sich nicht. Wie wichtig das Herzchakra als Zentrum des menschlichen Körpers ist, haben wir schon im Zusammenhang mit der Symbolik des Kreuzes besprochen. Dieses vollständige Zurückgleiten in das Wurzelchakra ist zwar frustrierend für den Übenden, aber immer noch besser, als wenn die Kundalini Shakti auf halbem Wege irgendwo dazwischen steckenbleibt.''

„Warum ist das besser?" fragte ich.

„Weil diese starke Kraft ziemlich heftige organische wie auch seelisch-geistige Störungen hervorruft, wenn sie an Orten im Körper verweilt oder sogar aufgestaut wird, die für sie nur als Transit vorgesehen sind, Alexa "

„ Wie kann man dem wirkungsvoll begegnen?" fragte ich.

„Üben, üben – manchmal Jahre um Jahre, Alexa."

Ich konnte meinen resignierten Gesichtsausdruck nicht verbergen.

„Ishtuahavi, aber der Caduceus ist doch der Schlangenstab des Hermes. Du sprichst aber mit mir über indische Vorgehensweisen in seiner Handhabung und Symbolik."

„Das ist richtig, Alexa. Du siehst also, daß in allen Kulturen ähnliche Symbole vorkommen, weil ihnen die Archetypen der gesamten Menschheit innewohnen, nur daß man sie jeweils anders nennt und gelegentlich ein wenig anders handhabt. Die Schriften der alten Mysterien von Babylon, Ägypten und Griechenland könnten dir das offenbaren, wären sie nicht allesamt in der einzigartigen Bibliothek in Alexandria verbrannt. Ein Teil fiel den Flammen 47 v. Chr. während des Krieges unter Julius Caesar zum Opfer. Die Schriften, von denen ich spreche, wurden jedoch durch Brandstiftung fanatischer Christen im Jahr 391 n. Chr. zerstört. Unwiederbringliche Schriftrollen durch Brandstiftung vernichtet – glaub mir, ich war so traurig damals."

„Was hatten denn diese Fanatiker davon, diese wertvollen Schriftrollen zu verbrennen?" fragte ich.

„Ihr ungeheuerliches Ziel haben sie damals leider erreicht: die altüberlieferten Mysterien zum Verschwinden zu bringen, das Wissensgut und die Bestrebungen der frühchristlichen Gnosis zu zerstören und schlußendlich ihre ''Religion'' zu etablieren und sie zu ihrer Spielwiese zu machen, auf der ausschließlich ihre Regeln galten. Ziel war es auch, natürliche Innerlichkeit und Verbundenheit mit dem Göttlichen durch eine Theologie zu ersetzen, die sich Alleinvertretungsansprüche anmaßt und Glaubensschablonen kreiert, die alles außerhalb ihrer engen Grenzen abschneidet, verdrängt und schließlich versucht zu vernichten.

Deshalb müssen wir eben nachforschen, inwieweit wir dieses Wissensgut in anderen Kulturen wiederfinden und uns zugänglich machen können, um es zu bewahren, aber auch fortzuentwickeln. Dabei entstehen zeitweilig, wenn auch nicht immer, durchaus sinnvolle Modifikationen im praktischen Umgang mit den alten Überlieferungen, wenn sie in anderen Kulturen übernommen oder auch einfach nur neu belebt werden.

Dir zum Trost sei jedoch gesagt: du brauchst diese Kundalini Shakti – Übungen, die vom Muladhara Chakra aus beginnen, nicht in der Weise dir zu eigen zu machen, wie uns das Avalon u. a. im ersten Teil seiner Übersetzung aus dem Sanskrit übermittelt und beschrieben hat. Mit seinem sehr bedeutenden, meisterhaften Buch *Die Schlangenkraft* sollte sich jeder spirituell-philosophisch forschende Mensch in den Grundzügen beschäftigen. Es ist schwierig zu lesen – das sei vorausgeschickt – denn die vielen Sanskritbegriffe und ihre zahlreichen Modifikationen, die selbstverständlich nicht übersetzt werden, weil das auch gar nicht möglich ist, werden nur beim ersten Auftauchen kurz erklärt. Wenn sie dir dann in immer wieder anderer Form wiederbegegnen, hast du die Grundbedeutung inzwischen wieder vergessen und bist dann natürlich ziemlich irritiert. Ein Wörterverzeichnis fehlt nämlich leider, um schnell nochmals nachschlagen zu können. Ein Sanskritexperte sollte eine entsprechende Überarbeitung zur besseren Nutzung dieses großartigen Werkes vornehmen. Aber du wirst dich an den für dich wesentlichen Stellen einlesen – das weiß ich. Außerdem werden dir genau die Texte begegnen, die dir begegnen sollen. Deshalb will ich dir nicht schon von vornherein den Mut nehmen, dich damit zu beschäftigen.

Die Stellungnahme des indischen Philosophen Prof. P. Mukhyopadhyaya, mit dem Avalon einige gelehrte Dispute führt, läßt viele sinnlose oder gar schädliche Bemühungen in einem anderen Licht erscheinen. Du wirst vielleicht bemerkt haben, daß ich heute in unserem Gespräch immer von der Kundalini Shakti und nicht nur von der Kundalini gesprochen habe.

Dieser weise indische Philosoph betont nämlich sehr richtig, daß die Kundalini in ihren 3 ½ Windungen im Muladhara Chakra zusammengerollt v e r - b l e i b t und sich keineswegs nach oben bewegen lassen will oder gar soll.

Die zunächst merkwürdig anmutende Zahlenangabe begegnet uns verschiedentlich auch im Alten wie im Neuen Testament, wo von 3 ½ Weltzeiten beim Propheten Daniel die Rede ist. 3 ½ Jahre wiederum haben 42 Monate. ''Monat'' ist hier kein Zeitbegriff, sondern meint den Namensgeber, nämlich den Mond, steht also symbolisch für Erneuerung. 42 Stationen werden im Buch Mose beim Zug durch die Wüste angegeben; Matthäus spricht von 42 Generationen, die bis zur Geburt Jesu vergehen. So steht die 42 für einen Zyklus der Erneuerung. Als Weg bedeutet dies, daß man am Ende wieder den Ausgangspunkt erreicht. Anfang und Ende sind dasselbe, wie auch Geburt und Tod. Wir erkennen hierin wieder den Uroboros – die Schlange als Symbol der ewigen Erneuerung.

Kehren wir also zurück zu unseren Betrachtungen über die Kundalini: plötzlich wird ganz klar erkennbar, warum die Kundalini gar nicht aufsteigen soll. Dort wo sie sich in ihren 3 ½ Windungen befindet – im Muladhara-Chakra – erneuert sie sich von sich aus und vollkommen selbstverständlich, wie alle Zellen im Körper, wie alle geistigen und seelische Anteile im Menschen.

Es handelt sich lediglich um ihre Energie, also ihre Shakti, die nach oben gesandt werden kann und soll. Diese statische, im Muladhara-Chakra beharrende Kraft muß als Balance zur aufwärts strebenden dynamischen Kraft in ihrer ursprünglichen Position wirken, sonst bricht das System zusammen und zerstört sich selbst. Das ist sehr, sehr wichtig und noch nicht in ausreichendem Maße bekannt.

Es ist aber vorwiegend von akademischem Interesse für dich, denn praktisch gehen wir anders damit um. Man kann nämlich auch von vornherein die Vorgehensweise ändern, Alexa. Shri Aurobindo beispielsweise hat beschrieben, daß man mehr Schaden als Nutzen anrichtet durch die Art und Weise, wie man versucht, die Kundalini Shakti von unten nach oben zu zwingen. Sein integraler Yoga geht daher den umgekehrten Weg, d.h. Entwicklung des Bewußtseins zum Überbewußtsein hin. Von dort kann dann die Bewußtseins- Kraft (Shakti) nach unten gesendet werden, die die Materie – sprich potentielle Schöpfung - aus ihrem Schlaf erweckt. Wenn die Energie von oben her das Herzchakra erreicht hat – erinnere dich – wir sprachen ja schon über die wechselseitige Beziehung zwischen Herzchakra und dem 6. Chakra, dem sogenannten Dritten Auge - dann ist noch längst nicht alles, aber doch schon sehr viel von dem erreicht, was zu erreichen ist. Von dort ist ein ständiger energetischer Austausch möglich, und die Beherrschung der unteren Chakren und ihrer Shaktis nicht mehr so überaus schwierig, weil das Herzchakra alles überwacht.

Shri Aurobindo wirft alle indischen Yoga-Zielsetzungen über den Haufen, die zu einem wie immer gearteten Samadhi führen sollen, das darin besteht, Befreiung durch Auflösung der Individualität zu erreichen. Wenn Samadhi geschieht – und Samadhi kann auf jeder einzelnen Ebene und nicht nur oder erst in der obersten stattfinden - dann erst beginnt der integrale Yoga. Grundsätzlich handelt es sich in seinem Integralen Yoga darum, einen Vorstoß vom Bewußtsein in das Überbewußtsein im Sinne der Entwicklung der geistigen Evolution zu unternehmen, um die noch schlummernden schöpferischen Kräfte des Menschen zu aktivieren und zu entwickeln.

Bewußtsein ist das Einzige, was für uns zählt und unsterblich ist.

Die Bewußtseinsenergie geht wie auch alle anderen Energieformen nicht zugrunde.

Das Hineinschreiten in eine überbewußte Ebene bedeutet für den Menschen, sich die Ebene des Schöpferischen schlechthin zu erobern. In seinem Ausspruch *Wir wollen die Meister der Natur werden, anstatt ihr verschlafener Gefangener zu sein * klingt Shri Aurobindos Zielsetzung an, auf deren Weg sich die Menschen durchaus an die Hand nehmen lassen können. Er mahnt zudem eindringlich, kein weltfremdes Leben oder gar Asketentum, das sich feindlich gegen ein natürliches Leben wendet, anzustreben, da es ein Sich-Verweigern bedeutet, am Leben teilzunehmen und seiner teilhaftig zu werden. Die Materie ist zwar der Ort der größten spirituellen Schwierigkeiten, aber auch der Ort des Sieges. Das betont er immer wieder.

All das unendliche, nie endende Werden ist die Geburt des Geistes in die Form – unser Werden ist Gottes Sein: wir haben Meister Eckehart schon zitiert, und ich sage es hier nur noch einmal, um deutlich zu machen, daß die östlichen und westlichen Erfahrungen sich in so vielem decken. Nur eins muß ganz klar gesagt werden: die Menschen sind nicht hier auf diesem Planeten Erde, um zu leiden und womöglich sich ´´hinauf zu leiden´´ in ein besseres Leben nach dem Tode. Was für ein grotesker Unsinn, der immer noch in den christlichen Kirchen herumgeistert. Spuk und Irrglaube ist das zu nennen – nichts anderes. Das Erdenleben ist wie eine überaus spannende Arbeit in einem Versuchslabor, die in ihren Phasen von Erfolg und Mißerfolg begleitet wird, und nicht ein trostloses Dasein, dem man baldigst entrinnen sollte. Menschsein heißt die höheren Möglichkeiten ausloten. Du selbst hast das schon einmal gesagt in einem deiner Gedichte, Alexa:

Menschsein heißt Sehnsucht im Herzen haben, Sehnsucht über das kleine erdverhaftete Ich hinaus... (A.R.)

Der Weg ist die Durchdringung und Vergeistigung der Materie mit dem Ziel der Freude: Sat – Chit – Ananda = Sein - Bewußtsein – Freude.

Einer dieser Wege dahin ist ein supramentaler oder integraler Yoga, wie Shri Aurobindo ihn erläutert.

Davon durchdrungen wird sich in einer fortschreitenden geistigen Evolution des Menschen auch im Körperlichen eine allmähliche Veränderung zeigen. Der Mensch ist überzivilisiert, aber physisch gesehen in einem nicht viel veränderten Stadium gegenüber dem Höhlenmenschen in grauer Vorzeit – eher schwächlicher, anfälliger, oft auch noch dicklich-träger und instinktloser sowieso. Keiner von all den seelisch-geistigen ´´Höhenflügen´´, die als Samadhi, Nirvana oder kosmisches Bewußtsein oder wie auch immer bezeichnet zu werden pflegen, hat der Menschheit einen Fortschritt in ihrer geistigen Evolution gebracht, oder ihr auch nur eine Tür dazu geöffnet. Samadhi und all diese Zustände - nenn sie wie du willst - sind auch nichts anderes als wiederum eine, wenn auch höhere Form von Bewußtlosigkeit, von der man nach der Rückkehr aus diesem Zustand nichts Konkretes zu berichten weiß

– geschweige denn etwas anderes erreichen oder für sich mitbringen konnte, als eine vorübergehende sterile Seligkeit.
Das Ergebnis solcher seelisch–geistigen Exkursionen muß in der Erkenntnis gipfeln: Der Mensch muß erwachen - Verwirklichung in einem hochbewußten Wachzustand im Hier und Jetzt - nichts anderes! Sonst kann man diese Erfahrungen als nutzlose Spielereien abtun, wie die virtuellen Spiele auf einem Computer."
„...*Wach und bewußt sein in des Lebens tiefstem Sinn grenzenloser Ergriffenheit* (A.R.), möchte ich aus einem meiner Gedichte anfügen", sagte ich.
Der Anflug von Resignation, der sich angesichts schwieriger, jahrelanger Übungen mit der aufsteigenden Kundalini Shakti meiner bemächtigt hatte, begann sich zu verflüchtigen. Meine Gesichtszüge schienen wohl wieder ausgeglichener und gelassener, denn Ishtuahavi sah mich wohlwollend an und fuhr dann fort:
„ Jetzt gefällst du mir wieder besser, Alexa. Aber dieser Weg ist keineswegs einfacher, wenn auch viel ungefährlicher. Man kann ihn finden und gehen auch ohne Lehrer, wenn man konsequent voranschreitet. Man muß immer wieder auch darüber nachdenken – bei aller Ehrfurcht vor den wunderbaren alten Schriften - inwieweit sie heute noch und inwieweit sie individuell einen gangbaren Weg bieten, oder inwieweit dieser Weg modifiziert werden muß, um nicht nur für ein paar weltabgewandte Eremiten in den Höhlen hoher Berge oder asketische Nonnen und Mönche hinter Klostermauern tauglich zu sein, die dort innerlich ein esoterisches Heimkino abspulen.
Die Geschichte aller religiösen, okkulten, initiatorischen oder sonstigen Gruppierungen und Bewegungen läßt durch die Bank erkennen, daß nach dem Tod der Meister oder Religionsstifter alle einstmals herrlichen Grundideen sich zerstreuen, mißverstanden und vulgarisiert werden, starke bis stärkste Verfälschungen aufzuweisen beginnen.
Was meistens nicht richtig verstanden wird: Erlösung ist nicht eine Belohnung für den ''guten'' Menschen und seine geduldigen Exerzitien, sondern kann nur als ein Durchbruch aus einer vollkommen anderen Dimension erlebt werden, der sich jeglicher ''Gebrauchsanweisung'' und auch aller Erklärungsversuche entzieht. Das ist gleichzeitig als eine Absage an die kausal orientierte Karma-Theorie zu verstehen.

Zurück zu Shri Aurobindo:
Seine Hinweise sind wesentlich einleuchtender, als die alten Lehren verdeutlichen können. Denn eine Fehlleitung der Kundalini Shakti als der mächtigsten Manifestation schöpferischer Kraft im menschlichen Körper kann unabsehbares Unheil anrichten, wie sich leicht vorstellen läßt. Man denke nur an ein Steckenbleiben im Sakralchakra beispielsweise und einer damit verbundenen Fixierung im Triebhaften, das besonders in schwarzmagischen Ri-

tualen forciert und benutzt wird, um schwache Naturen systematisch zu vereinnahmen, zu mißbrauchen und zu versklaven."

Ich lehnte mich nachdenklich zurück, dann flocht ich ein:

„Ich weiß jetzt, warum das für unsere spirituell-philosophischen Themen so wichtig ist. Wir müssen immer den uralten, aber sehr wahren Spruch der alten Römer im Auge behalten: mens sana in corpore sano (ein gesunder Geist in einem gesunden Körper), immer auch die Kehrseite der Medaille beachten, um vor unliebsamen und ungewollten Überraschungen sicher zu sein. Denn Unwissenheit schützt nicht vor Bestrafung durch schädigende Folgen, die sich unvermeidlich einstellen nach derart leichtsinnigen Experimenten. Und ich weiß jetzt auch nach dem letzten Satz, den du sagtest, daß du zu Recht und sehr, sehr weise das Thema Magie bisher immer wieder aufgeschoben hast. Diese vorausgegangenen Gespräche waren sehr wichtig und einfach unabdingbar – das sehe ich jetzt ein - und bitte dich, mir meine Ungeduld zu verzeihen."

„Wunderbar – diese Einsicht war notwendig. Gleichzeitig aber bemerkst du sicherlich, daß wir nach diesem Ausflug in das traditionelle östliche Verständnis der Weltzusammenhänge wieder mehr in ein unserer spirituellen Philosophie verwandteres und heimatlicheres Fahrwasser westlicher Sichtweise zurückfinden. Shri Aurobindo ist ein ausgezeichneter Lotse dorthin, baut aber auch Brücken zwischen östlichen und westlichen Anschauungen. Das ist nicht weiter verwunderlich, wenn man weiß, daß er die wichtigsten europäischen Sprachen so perfekt beherrschte, daß er Goethes Faust, wie auch Nietzsche, die französischen und englischen Philosophen wie auch Dantes Göttliche Komödie in ihrer jeweiligen Muttersprache lesen konnte, und sich nicht mit möglicherweise für ihn unbefriedigenden Übersetzungen begnügen mußte. Als Kind in England aufgewachsen und europäisch erzogen - hat er zuerst westlich denken gelernt, bevor er als bereits erwachsener Mann nach Indien zurückkehrte und seine Muttersprache Bengali erlernen konnte.

Du liebst seine Art, auf indische Weise europäisch und auf europäische Weise indisch zu denken, die in allen seinen Schriften zum Ausdruck kommt. Trotzdem war er ganz und gar Inder - unter Einsatz seines Lebens engagiert für die Freiheit und Unabhängigkeit seines Landes. Ganz anders als Gandhi hat er sein Aggressionspotential im Kampf für die Freiheit Indiens eingesetzt. Er hat zwar entwürdigende Gefängnisaufenthalte und Gerichtsverhandlungen erdulden müssen, aber er kam nicht gewaltsam um, sondern zog sich – seiner inneren Stimme folgend – zu einem Zeitpunkt aus dem aktiven Kampf zurück, als er die Verwirklichung der Freiheit Indiens auf den Weg gebracht wußte. Gandhi jedoch, der generell alle Gewalt ablehnte, wurde durch eben dieses nicht ausgelebte, abgelehnte und daher aufgestaute Gewaltpotential umgebracht: spirituell gesehen vollkommen folgerichtig und nicht nur eine

Ironie des Schicksals, wie es - oberflächlich betrachtet - manchem erscheinen mag.

Bei aller Liebe zu seinem Land hat sich Shri Aurobindo dennoch kritischer Indien gegenüber geäußert, als das ein Ausländer vielleicht wagen würde: Trägheit, Resignation und Indifferenz gegenüber dem Fortschritt hätte Indien hinter der Maske der Weisheit versteckt. Die Illusionen, Trancen und Selbstversenkungen der Yogins würden leider zu oft mit dem wahren Antlitz Gottes verwechselt.

Das Ersticken des Individuums mag sehr wohl auch das Ersticken des Gottes im Menschen sein, fügt er an anderer Stelle hinzu. Genau das spricht uns aus der Seele, und genau das hast du sehr richtig für dich erkannt und dich zu Recht dagegen gewehrt, solche Inhalte für dich und deinen individuellen Weg zu übernehmen.

Wir sprachen ja schon darüber, daß wir die Aufgabe der Individualität keinesfalls als unsere Zielsetzung sehen, und haben die schlüssige Begründung dafür auch mitgeliefert, so daß wir sie hier nicht noch einmal zu wiederholen brauchen.

Ich ahne schon jetzt, Alexa, daß du ergänzend über dieses Gespräch noch einmal einen ganzen Tag lang nachdenken wirst. Es werden dir dazu noch einige Gedanken kommen - das weiß ich – und du wirst ganz von allein und folgerichtig das nächste Thema vorschlagen.

Aber für heute lassen wir es dabei bewenden, denn ich habe noch eine Überraschung für dich. Du wirst mich heute abend in den Blitzen wiedererkennen: schau mal auf den Ozean! Ein zünftiges Gewitter mit einer großartigen Szenerie ist schon für dich in Vorbereitung. Ich fliege jetzt dahin, um die Choreographie abzustimmen.

Also bis gleich... adiós, Alexa, und viel Freude beim Zuschauen, " verabschiedete sie sich mit einem verheißungsvollen Seitenblick und ließ mich nachdenklich auf meinem Baumstumpf zurück.

Nach einigen Minuten stand ich auf und trat zügig den Heimweg an, um auf meinem Logenplatz der angekündigten Aufführung dieser spektakulären Wetter-Oper erwartungsvoll entgegenzusehen, die Ishtuahavi mir zum Geschenk machen würde.

Zur Oper gehörte für mich schon immer und unbedingt ein Glas Sekt. Der Korken schnallte im gleichen Moment, als ein krachender Donner die Ouvertüre einleitete... eine unvergeßliche Nacht nahm ihren Anfang. Ich hob mein Glas und trank Ishtuahavi zu, als der erste Schlangenblitz die Wolken in aufglühende Stücke zerriß...

24.

Heute - Anfang Dezember – ist Schmetterlingstag. So viele sind unterwegs wie selten zuvor. Sie kommen in den unterschiedlichsten Größen, Farben und Zeichnungen von Nord -Osten her mit dem Passat, der heute Morgen sehr sanfte und milde Luft sendet

Als hätte er meine Einladung vernommen, setzt sich einer der großen samtflügeligen Boten auf meinen Tisch und läßt sich ruhig betrachten. Nur ein Foto kann das wiedergeben. Worte zergliedern in Details, und zerstören damit das Erlebnis dieses Wunderwerkes, das in seiner Ganzheit erfaßt werden will. In der Elfensprache heißen die Schmetterlinge ´´Dingelings´´ – das habe ich einmal geträumt.

Mein kleiner Gast hat das wohl verstanden…

Er braucht jedenfalls nicht zu bangen, findet Blüten in Fülle vor, anders als sein Bruder, den ich einst draußen auf dem weiten Ozean antraf.

> * Bunter Falter auf weiter See:
> verirrter Traum vom fernen Festland.
> Vogelschwingen brauchst du für diese Freiheit
> und gleitenden Flug über den Wellen.
> Du bist keine Möwe,
> und all deine Wünsche zerfleddert der Wind.
> Eine Blüte werf´ ich dir ins Meer,
> denn was helfen dir Sterne dort oben.
> Stirb nektartrinkend in letzter wundervoller Illusion,
> kleiner Falter --- tödliche Sehnsucht *   A.R.

Ich folgte der Einladung meines kleinen Gastes, die er zu überbringen schien, und ging hinaus, diese bunten luftigen Frühlingsboten zu begrüßen und möglichst viele in all ihren intensiven wie auch zarten Farben, unterschiedlichen Größen und Konturen aus nächster Nähe zu erleben. Es gibt riesig große, aber auch ganz winzige Falter, deren feines Flügelmuster man nur mit einer Lupe erkennen kann. Das wußte ich. Deswegen steckte ich mir ein Linsen-Glas ein.

Frühling am Anfang Dezember? Ja, es war so. In unserem tropischen Paradies gehen die Uhren eben öfter mal anders als der übliche Kalender.

Nachdem ich stundenlang geschaut und staunend unterwegs war, kehrte ich heim, beschloß aber, nochmals aufzubrechen: denn heute mußte ich unbedingt einmal wieder eine Orchidee erstehen - als krönenden Abschluß für diesen Tag der luftigen Pracht.

Ich weiß ja, daß ich mit einer solchen Blüte eine "Operndiva" erwerbe, die sehr schnell beleidigt ist, wenn sie nicht genauso behandelt wird, wie sie sich das vorstellt. Die feuchte Wärme draußen auf der Terrasse mag sie wohl, aber die direkte Salzluft vom Meer eben wiederum nicht so gern, drinnen mag sie keine Air condition und Zugluft auch wieder nicht. Ich bin also mit ihr immer beschäftigt, den zu jeder Tageszeit am besten geeigneten Platz für sie herauszufinden. Meist dankt sie mir das mit den schon sichtbaren Knospen, die sie mir in ihrer vollen späteren Blüte nicht vorenthalten will, jedoch nicht länger als gerade mal für 6 – 8 Wochen, um dann unwiderruflich in den Streik zu gehen und sich in ihre grünen Blätter zurückzuziehen. Dann bleibt mir nichts anderes übrig, als sie in die besseren Bedingungen eines Gartens von Freunden zu entlassen. Beleidigt wie sie nun aber einmal ist, wird sie auch dort noch eine Weile schmollen. Das mangelnde Entgegenkommen und die komplette Achtlosigkeit, die ihr dort widerfährt, bewegt die schlummernde Blumenprinzessin dann doch eines Tages, ihr kapriziöses Verhalten ein wenig zu überdenken - mit dem Ergebnis, daß sie beschließt, sich wieder prachtvoll in Szene zu setzen.

In diese Überlegungen vertieft, war ich inzwischen beim Vivero (25) vorgefahren. Ich verliebte mich sofort in eine langstielige Schönheit mit einigen Blüten und noch vielen hoffnungsvollen Knospen. Ihre Blütenblätter waren grünlich gelb. Sie umkränzten ein anmutig geöffnetes, samtiges, lilafarbenes Mäulchen.

Zurück auf meiner Terrasse stellte ich sie auf den Tisch, umwarb sie mit Komplimenten und bat sie, mir ihre geheimen Wünsche mitzuteilen. Blumen wollen ja angesprochen werden. Eitle Blumen wollen darüber hinaus auch noch hören, daß sie wunder-wunder-wunderschön sind. Schauen wir mal, wie sich unsere neue Freundschaft entwickelt.

Meine pinkfarbene Calla aber soll sich nicht benachteiligt fühlen oder gar eifersüchtig werden. Schließlich erfreut sie mich nunmehr schon über ein Jahr lang durch ihr fleißiges Blühen aus immer 10 bis 12 Blüten, ja vier weitere sind schon indessen wieder in Vorbereitung, wie ich soeben entzückt feststellen konnte.

Am Anfang habe ich auch s i e nicht so recht verstanden. Sie mickerte ein bißchen vor sich hin und fühlte sich augenscheinlich nicht wohl. Dann habe ich herausgefunden, daß sie zweimal in der Woche ihre Süßwasserdusche mit exzellentem Trinkwasser braucht, die den salzigen Niederschlag von ihren Blüten und Blättern wegspült und sie wieder zufrieden aufatmen läßt. Nun sind wir beide die besten Freunde.

Die Calla hat ihren Namen aus dem Griechischen, und er bedeutet Schönheit. Ferner gehört sie zu den Aronstabgewächsen, huldigt also dem ersten Hohepriester des Alten Testamentes Aron, der der Bruder Mose war, wie es heißt. Vielleicht trägt ja auch der Themenkreis, mit dem ich mich gerade beschäftige, zu ihrem Wohlbefinden bei. Wer weiß?

Blumen galten als außerordentliche und geradezu wunderbare Meditations-Objekte. Besonders Rosen tauchen immer wieder in den Schriften als Symbole der Betrachtung auf.

Mit einer weißen Chrysantheme indessen wurde mir einmal ein ganz besonderes Erlebnis zum Geschenk gemacht, von dem der Spender leider nie etwas erfahren hat:

        * Und sollte ich alles,
          was dieser Welt wichtig erscheint,
          versäumen...

          ich umfasse
          die große schneeweiße Rundung
          gefiederter Blüte
          mit beiden Händen:

          innewerdend der Zartheit,
          atmend den Duft,
          malen sich Bilder von großen Faltern,
          ausgebreiteten Schwingen,

          Flügen zwischen Welten
          von unaussprechlicher Weite,
          zeitlosen Räumen – raumfernen Zeiten...

          Alles vergess´ ich,
          was ich gelernt hab´.
          um zu erfahren,
          was immer schon ich wußte...*   A.R.

Mit Vorsicht zu genießen und nicht durchweg zur Nachahmung empfohlen wegen der Geschichte, die sich währenddessen ereignete und mir erst später wieder ins Gedächtnis zurückkam!

Ich hatte nämlich darüber tatsächlich einen Gerichtstermin versäumt, zu dem ich als Zeugin geladen war. In Deutschland geht man hart mit einem solchen Versäumnis um und verhängt in der Regel eine saftige Geldstrafe dafür. Obwohl eigentlich mein Erscheinen wichtig zu sein schien, hatte man aber vergessen, mich aufzurufen, und sodann auch ohne meine Anwesenheit ein Urteil verkündet, wie es auch mit meiner Aussage nicht besser hätte ausfallen können. Mein Dank galt der herrlichen Blume. Das ist jedoch einige Jahrzehnte her.

Meine Blicke richteten sich wieder auf meine liebliche Orchidee. Ich fühlte eine Botschaft, die sie mir überbringen wollte. Ein kurzer Blick auf den

Kalender überzeugte mich, daß dort nichts notiert war, und kein Termin versäumt werden konnte. So betrachtete ich sie still in allen Einzelheiten und wartete. Wie von selbst schlossen sich meine Augen. Die Blüte entstand in mir, wurde ein Teil von mir.

Du weißt ja, Alexa, es reicht nicht aus, nur äußerlich lautlos und wortlos zu sein. Schicke alle Gedanken fort, schweige und mache dich leer. Ohne absolute Leere gibt es keine absolute Fülle. In dieser schweigenden Leere offenbart sich dir die Fülle der Welt, des gesamten Kosmos. Das Transzendente ist ja nicht weit weg und irgendwo außerhalb zu finden. Es ist hier wie überall, es ist gleichzeitig innerhalb und außerhalb. Innere Unbewegtheit hat die Macht, Schwingungen aufzulösen. Bist du ohne die geringste reaktive Schwingung, prallen alle Arten von Angriffen, überhaupt jede negative Schwingung an dir ab, ganz gleich ob sie von Natur-Ereignissen, Menschen oder Tieren herandrängen. Dynamik entsteht aus der Unbewegtheit und umgekehrt. In der Vollendung heißt das: höchste Dynamik ist zugleich höchste Unbewegtheit. Daraus erwächst eine supramentale Spontaneität, in der sich alles wie von selbst regelt, alles abläuft, ohne daß du darüber nachdenken mußt.

Ich öffnete wieder die Augen. Sich leer machen.... Spontaneität ohne nachdenken zu müssen...! Das ist Lao Tse... sein *Tao Te King*: darin spricht er immer wieder von der Leere. Er ist der Lehrer der Leere... und das schon seit ca. 2600 Jahren.

Leere ist nicht das Gleiche wie Inhaltslosigkeit. Leere hat Sinn, Inhaltslosigkeit dagegen ist Sinnlosigkeit. Um erfüllte Leere geht es also, um Nicht-Gegenständlichkeit. Aber diese Spontaneität hat natürlich nichts mit übereiltem Handeln oder gar mit Willkür oder mit Reflex auf einen Reiz hin zu tun. Es handelt sich da um etwas Anderes und ist nicht vergleichbar mit Hunden, die "spontan" zubeißen, wenn man sie tritt, oder die reagieren wie im Pawlowschen Versuch. Es ist eher vergleichbar mit dem Tausendfüßler, der wunderbar unkompliziert laufen kann, ohne darüber nachzudenken.

Diese kleine Geschichte fiel mir wieder ein:

ein Käfer fragte einen Tausendfüßler, ob er denn beim Laufen nicht durcheinander käme mit seinen vielen Beinen. Der Tausendfüßler verneinte. Der Käfer gab sich jedoch nicht zufrieden und fragte nochmals: ´´Eine bestimmte Reihenfolge aber mußt du doch haben. Welchen Fuß setzst du also zuerst, und wie geht es dann weiter?`` Jetzt begann der Tausendfüßler darüber nachzudenken. Er war wie gelähmt und augenblicklich unfähig auch nur einen weiteren Schritt zu tun.

Höchste Dynamik ist zugleich höchste Unbewegtheit. Die Unbewegtheit der Kundalini im Muladhara Chakra und ihre Dynamik in der Shakti, die ihr Maximum erreicht, wenn sie durch die Sushumna nach oben gelangt ist und sich mit dem Göttlichen vereinigt. Ishtuahavi hatte es schon wieder einmal

im Voraus gewußt, daß mir dazu noch einige Gedanken kommen würden. Denn mir war jetzt vollkommen klar, wie Recht der Professor mit dem unaussprechlichen indischen Namen doch hatte.
Da haben wir sie ja wieder:
diese göttliche NULL - die Coniunctio oppositorum.
Genau das hatte ich doch versucht, Tamara in meinem Brief zu erklären. Wie kongruent die Ergebnisse doch immer wieder sind – ganz gleich von welcher Seite man sich ihnen annähert.
Der Streit zwischen all den religiösen oder spirituellen Auffassungen, die Philosophen, Künstler, Dichter, Wissenschaftler meinen führen zu müssen, um ihre persönlichen Erkenntnisse als ultima ratio darzutun, ist ein lächerliches Sandkastenspiel - und ganz besonders, wenn jemand meint, er müsse seine eigene ''Fasson von Seligkeit'' einem anderen oktroyieren. Der Preußenkönig ''Der alte Fritz'' wird noch heute geliebt für dieses Postulat, jeden auf seine Art selig werden zu lassen. Zu dieser Erkenntnis waren wir ja schon gelangt, aber in diesem Zusammenhang drängte sie einfach noch einmal ins Bewußtsein.

In jedem Menschen offenbart sich die spirituelle Freude, die wir Ananda nennen, in der Form seiner Möglichkeiten, seiner individuellen Resonanz und Akzeptanz. Diese persönlichen Formen kann der Mensch auf den Altar seiner höheren Wahrheit legen und sich ihr hingeben. Diese seine Wahrheit wird sich ihm offenbaren und ihn führen, indem sie die Formen dann in Schwingungen auflöst auf der höheren Ebene eines erweiterten Bewußtseins. Bewußtsein aber ist Freude. Waches Bewußtsein – nicht ein ohnmächtiger, bewußtloser, geistesabwesender Zustand! Dieses wache Bewußtsein ist ein Anfang, der kein Ende hat, weil Anfang und Ende ja dasselbe sind - wiedervereinigt zur göttlichen Null, die gleichzeitig unendlich ist - bildlich dargestellt im Uroboros: die Schlange, die ihr Schwanzende verschluckt.

Philosophie in der Welt der Buchstaben und Zahlen… da gibt es noch Geheimnisse zu erkunden. Mir schien, daß ich mich nun langsam aber stetig tatsächlich dem Thema Magie näherte. Ishtuahavi hatte ja vorausgesagt, daß ich wie von allein darauf kommen würde.
Sie wird wohl wie immer Recht behalten.

25.

Nach einer langen ruhigen Nacht erwachte ich aus erfrischendem, traumlo-
sem Schlaf im ersten Morgengrauen. Seltsamer Weise fühlte ich mich überhaupt nicht schlaftrunken wie sonst um diese Zeit, sondern sprang munter
und fröhlich aus dem Bett. Mit meinem Kaffee-Haferl in der Hand trat ich auf
die Terrasse und begrüßte freudig den eben geborenen neuen Tag, der über
dem noch tief dunklen Meer heraufdämmerte. Er würde klar und sonnig werden, aber auch sehr warm, falls der Wind sich nicht dazu entschloß, ebenfalls zu erwachen und uns mit einer kühlenden Brise zu erfrischen.
Ich setzte mich kurzentschlossen ins Auto und fuhr in die Berge nach Con-
stanza. Der kleine Ort hoch in den Kordilleren ist etwas beschwerlich zu erreichen, die Straße hinauf kaum besser als ein breiterer Trampelpfad – un-
eben, löcherig, materialverschleißend, unbefestigt ohnehin und eigentlich
nur für Allradantrieb geeignet, daher allerdings kein extremes Problem für
meinen kleinen Jeep. Mit etwas Glück konnte ich noch vor Sonnenaufgang
oben sein, denn über den Berggipfeln zeigt sich ja unser Zentralgestirn erst
um einiges später als unten über dem Meer. Immerhin überragt der höchste
Berg der Karibik – der Pico Duarte – mit seinen 3.175 m den Meeresspiegel
in unseren dominikanischen Kordilleren.
Die Straßen waren leer, und ich kam gut voran, obwohl ich in diesem frühen
Schummerlicht die vielen Schlaglöcher nicht so gut erkennen konnte und
doppelt aufmerksam fahren mußte. Etwa 1500 m ü. N. auf der höchsten Anhöhe der in engen Kurven gewundenen Straße lud mich eine kleine dort er-
richtete Kapelle zum Verweilen ein. Es war kein gewöhnliches Kirchlein, wie
man es überall auf der Welt im Gebirge finden kann.
Seine originelle Silhouette in der ungewöhnlichen Form zweier unterschiedlich hoher Berggipfel reckte sich in schlichter Würde in den dämmrigen Mor-
genhimmel. Den Augen noch verborgen stieg hinter ihr die Sonne empor
und rahmte sie mit ihren Strahlen ein, als wolle sie ihre besondere Aura in
dem überdimensionalen Buchstaben M sichtbar werden lassen. Minute um
Minute wurden ihre Konturen nun deutlicher, bis endlich die Sonne über ihr
erschien und ihre terracottafarbene Fassade nach und nach in einem überirdisch strahlenden, kupferroten Gold aufleuchten ließ. Hingerissen tauchte
ich ein in die Andacht, die dieses Bild über mich ergoß.

Seltsame Schreie durchschnitten plötzlich die stille Morgenluft und
lenkten meine Augen zum Himmel: ein Zug von fünf großen Vögeln flog über
mich hinweg. „Oh, das sind ja rote Papageien", entfuhr es mir unwillkürlich
wie ein begeisterter Jubelruf, bevor sie über den Bergen verschwanden. Ein
seltenes Erlebnis – und ein himmlischer Morgengruß! Ich hatte sie noch nie
zuvor in freier Wildbahn fliegen sehen. Erst jetzt kam mir zu Bewußtsein, wie
still es hier oben war. Denn am Meer bin ich Tag und Nacht in sein Rau-

schen eingebettet, so daß im Kontrast dazu diese schweigende Bergwelt eine besondere Stimmung für mich bereit hielt.

Erst als die Sonne höher am Himmel stand, löste ich mich von dem faszinierenden Szenario dieser lichtdurchfluteten, im üppigen Grün leuchtenden tropischen Berge, das mich ganz in seinen Bann gezogen hatte, und fand die Tür zum Inneren der Kapelle offen. Der Innenraum war schwach, aber stimmungsvoll erhellt von vielen überall verteilten Lichtchen, die geschützt in kleinen Gläsern brannten und die innigen Gebete ihrer Spender widerzuspiegeln schienen. Es roch nach Bienenwachs und Weihrauch. Seitwärts stand ein Tisch, auf dem solche Kerzen in verschieden farbigen Gläschen zum Kauf ermunterten. Eine Geldkassette mit einem Einwurfschlitz war daneben an der Wand angebracht: Selbstbedienung also war angeboten.

Ich steckte eine großzügigere Summe hinein, als die beigelegte Preistafel verlangte, wollte ich mich doch ein wenig bedanken für die kostbaren Momente an diesem herrlichen Morgen. Dann begann ich meine vier erworbenen Kerzen anzünden: für Körper, Seele und Geist... und eine für Ishtuahavi...

„Oh, das ist aber nett von dir! Wie aufmerksam! Danke und guten Morgen, Alexa", begrüßte sie mich. Sie reckte ihren Kopf neben der für sie aufgestellten Kerze hervor und verschwand dann aber ebenso schnell wieder.

„Gern geschehen! Guten Morgen, Ishtuahavi." Als ich zum Altar blickte, hatte sie sich bereits neben der aufgeschlagenen Bibel niedergelassen, die auf einem etwas angekippten Lesepult das Zentrum des mit frischen Blumen und Früchten geschmückten Altars einnahm. Auf einem Sockel etwas erhöht darüber empfing mich die Herrin des Hauses - vertreten durch eine fein gearbeitete Marienskulptur aus hellem Holz. Ich befand mich also in einer Gottes- Mutter- Kapelle.

Dem Künstler waren liebenswerte Gesichtszüge gelungen mit diesem feinen Lächeln, das man seit jeher um den Mund und in den Augen Leonardos berühmter Mona Lisa zu sehen glaubt. Doch es war weniger ein Lächeln, vielmehr eine erhabene, erdentrückte Freundlichkeit, die wohlwollend und segnend zugleich aus einer anderen Welt herüberzuleuchten schien.

Glücklicherweise störte nirgendwo in der Kapelle das sonst so übliche kitschige Beiwerk, denn man hatte auf wohltuende Weise eine schlichte Schmucklosigkeit jeglichen geschmacklosen Dekorationen vorgezogen.

„Du hast dir ja heute einen ganz ungewöhnlichen Platz ausgesucht", stellte ich etwas verwundert fest.

„Du wirst gleich wissen, warum. Warte es nur ab, Alexa."

„Gehe ich recht in der Annahme, daß du für uns heute den Einstieg in das Thema Magie vorgesehen hast? Und ausgerechnet in einer christlichen Kirche?"

„Erraten, Alexa, und vollkommen richtig formuliert: den Einstieg wollen wir heute wagen, allererste Schritte unternehmen. Es gibt tatsächlich kaum einen Ort, dessen Atmosphäre so magie-geschwängert ist wie der Innenraum einer katholischen Kirche. Diese einsame Bergkapelle ist für unser Thema wie geschaffen, und wir werden hier vollkommen ungestört sein. "

„Erklärst du mir das bitte etwas näher?" fragte ich.

„Wir haben doch schon festgestellt, daß wiederholt formulierte Gedanken und Worte Kräfte entwickeln, die an der Materialisierung arbeiten können, wenn sie nur oft und intensiv genug genährt werden. Betrachte doch nur einmal die christlichen Rituale, die bei der Erteilung der Sakramente zelebriert werden, Alexa: von der Taufe angefangen - hin bis zur Wandlung in der Eucharistie. Das ist Magie in Reinkultur – was sonst! In den altüberlieferten Priestergewändern wird die schon viele Jahrhunderte alte Liturgie immer wieder in der gleichen Abfolge vollzogen, die alten Gebetsformeln immer wieder aufs Neue magisch aufgeladen. Der Kelch, die Monstranz, der Rosenkranz sind magische Kultgegenstände, nichts anderes.

Kannst du dir vorstellen, welche ungeheure Kraft sich da aufgebaut hat und tagtäglich immer wieder neue Nahrung rund um die Erde erhält?"

„Jetzt bin ich aber erstaunt, Ishtuahavi. Das klingt ja geradezu wie ein Loblied auf die katholische Kirche, die wir beide doch immer wieder im Kreuzfeuer unserer Kritik heftig angegriffen haben."

„Da gilt es zu unterscheiden, Alexa. Die im Verborgenen wirkende e s o t e -
r i s c h e Kirche des Christus-Bewußtseins folgt ihrem Magier Jesus Christus in einer vollkommen anderen Weise und versucht, Sein magisches Wirken und auch vor allem die Magie seiner Sprache zu ergründen und Ihm auf diesen Spuren nachzufolgen. Erinnere dich! Jesus selbst hat gesagt: * Ihr werdet größere Wunder tun als ich *!

Diese Christuskirche ist nirgendwo etabliert oder organisiert. Sie ist unsichtbar und wirkt als geheime Kraft - vollkommen anders als die sichtbare e x o -
t i s c h e r e Petruskirche, die aber ohne die geheime Kraft dieser esoterischen Kirche längst untergegangen wäre. Die exoterische Petruskirche ist die sichtbare Institution, zu der das unbekümmerte Volk aller Alters- und Ausbildungsstufen jeden Sonntag brav zur ´´Heiligen Messe´´ geht, weil man das eben so macht in der Gegend, wo es lebt. Es kann davon nichts ahnen, sondern einfach nur nachahmen, was es gelernt hat und wozu es erzogen worden ist. Auch manche simplen Priester verlassen diese Bewußtseinsstufe nicht. Dennoch hat auch diese Basis-Stufe der Frömmigkeit etwas Besonderes, ihr Eigenes, auch wenn wir beide uns natürlich nicht damit zufrieden geben wollen. Jene exoterische Petrus-Kirche nämlich ist diejenige, die keine Heimat bietet für Menschen, die freiheitlich philosophisch denken und ständig hinterfragen, ja man verwehrt sie ihnen sogar. Auch ihre größten Mystiker konnten nie all ihre tiefen Erlebnisse freimütig schildern, ohne daß die Petruskirche sofort mißtrauisch auf den Plan trat und ihnen Ketzerei unterstellte. Sie ist diejenige, die wir in ihren Dogmen, Machtausübungen, Indoktrinationen und Alleinvertretungs-Ansprüchen gebrandmarkt haben, und

die die entsetzlichsten Verbrechen verübt hat. Daher ist uns die orthodox christliche Ostkirche, die auf dem Apostel Johannes fußt, trotz mancher ihr eigenen Fehler auch viel sympathischer als die römische Kirche mit all ihrem eitlen Prunk, ihrer Selbstgerechtigkeit, ihrem Ausschließlichkeitsdenken."
„Ishtuahavi, und warum ist Magie dann ein so angstbesetztes Thema? Du selbst hast es ja immer wieder einfach vertagt - aus wohldurchdachter Überlegung heraus, wie ich schon zugegeben habe.
Wann immer ich das Wort ˝Magie˝ in den Mund nahm, empfand ich bei den jeweiligen Gesprächspartners – ganz gleich ob Katholiken oder anders orientierte Christen - wenig Zustimmung darüber zu sprechen, erlebte sogar manchmal regelrecht panische Abwehrreaktionen und sah in seltsam angstgeweitete Pupillen."
„Wir haben ja schon festgestellt, Alexa, daß Unwissenheit - also mangelndes Wissen über Unbekanntes - Angst macht. Die äußerlichen Kirchenrituale dagegen ˝kennt˝ jeder christliche Gläubige von klein auf und würde sie niemals auch nur in die Nähe von Magie rücken wollen. Eine typische Frage des Bewußtseins also! Die Rituale sind zur Gewohnheit geworden und vergleichbar mit einem traditionellen Sonn- und Feiertagstheater, bei dem man sich trifft, hinterher ins Wirtshaus geht und oder auch die üblichen Familienfeiern veranstaltet.
Um über die große unbekannte und daher angsterregende Magie zu sprechen, haben wir deshalb wohlweislich unter anderem zuerst einmal über die Angst gesprochen - durchaus nicht erschöpfend, wie sollte das auch gehen. Magie ist ein angstbesetztes Thema, weil eben weitgehend Unwissenheit über dieses Gebiet herrscht, die ein Gefühl des machtlosen Ausgeliefertseins hervorruft. Menschen mit angeblichen oder tatsächlichen magischen Kräften erscheinen als ˝nicht ganz geheuer˝. Sie rufen zwar gelegentlich Neugierde hervor, aber können durchaus ihren Mitmenschen die Furcht einflößen, daß da etwas Unkontrollierbares und Böses vor sich gehen könnte. ˝Wunderheilern˝ ist ein gewisses Charisma eigen. Sie werden gelegentlich ganz gern von verschiedenen Menschen aufgesucht, wenn herkömmliche Mittel versagen. Aber unter ihrem dauernden Einfluß möchten die meisten doch lieber nicht sein: weil man ja nie weiß, ˝ob das alles mit rechten Dingen zugeht˝.
Alle unsere vorhergehenden Gespräche waren wichtig und mußten zuerst stattfinden, denn jetzt erst können wir in aller Ruhe und Gelassenheit folgende zusammenfassende Aussage treffen:
unser ganzes Leben ist spirituell und weist in seiner Unergründlichkeit auch immer gleichsam magische Zusammenhänge auf, denen wir dann forschend nachgehen. Wir sind mittendrin und nicht Beobachter von draußen oder aus der Ferne. Wir sprachen ja schon von der Allzeitlich- und Allräumlichkeit des Innen wie des Außen, von der Entsprechung von Mikrokosmos und Makro-

kosmos. Erinnere dich an die berühmte Smaragdtafel des Hermes Trismegistos: *Quod superius sicut quod inferius* (26).

Das gesamte Universum ist Magie, ist voll verschlüsselter Geheimnisse, die sich offenbaren, wenn man sich ihnen hingibt, sich ihnen öffnet. So gab es immer schon Mittler zwischen der sichtbaren und der unsichtbaren Welt: der Magos war der Priester, der Heiler, der Eingeweihte. Man erkennt inzwischen mehr und mehr, daß unser Kosmos ein materialisiertes Zahlensystem ist, z.B. bei der Entschlüsselung des Genoms. Die Geheimnisse um Zahlen und Buchstaben kennt die Kabbala schon seit Urzeiten, hatte dieses Wissen von innen heraus, was die Wissenschaft sich von außen durch Forschung erschließt. Von alters her ist auf der Tarotkarte Nr. 1 der 22 großen Arcana der Magier abgebildet, der die vier Elemente und deren Wesenheiten beherrscht – symbolisch wiedergegeben in Stab – Münze – Schwert und Kelch. Ich will aber zuerst einmal auf deine Wünsche eingehen, Alexa.

Ich weiß nämlich, daß du heute mit mir zuvor noch etwas ganz Spezielles besprechen willst. Du möchtest einen kleinen, aber interessanten Abstecher machen, bevor wir dieses gerade angeschnittene Thema fortführen."

„Durchschaut, Ishtuahavi. Ich stimme dir zu. Du lachst mich jetzt bitte nicht aus, wenn ich vor dem Einstieg in das eigentliche Thema der spirituellen Magie eine lokale Besonderheit mit dir besprechen möchte?"

„Sicherlich nicht – fahre nur fort, Alexa!"

„Weil ich nun einmal auf dieser Insel Hispaniola lebe, möchte ich doch zuvor noch ein erhellendes Gespräch über Voodoo mit dir führen, das in Haiti hauptsächlich beheimatet ist, auch wenn es ursprünglich mit den afrikanischen Sklaven auf diese Insel kam. Auch hier im dominikanischen Teil der Insel hat man unter der Bevölkerung doch einigen ''Heiden-Respekt'' vor Voodoo. Es geistert allerlei Aberglauben umher, und mancherlei wundersame Geschichten werden mit ängstlicher wie auch wichtigtuerischer Untermalung erzählt. Durchweg hält man Voodoo für bösartig und will nichts mit dieser schwarzen Magie zu tun haben. Die katholischen Padres (hier span. – lat.: Patres) sorgen ihrerseits dafür, abschreckende Beispiele in Umlauf zu bringen, um dann fürsorglich ihren christlichen Beistand und ihre Gebete anzubieten. Auf dem Gebiet des Exorzismus möchten sie ja sowieso wie eh und je als konkurrenzlose ''Experten'' gelten.

Eine Dominikanerin aus dem Campo (27) erzählte mir folgende Geschichte, die sie freilich nur vom Hörensagen kannte und nicht selbst erlebt hatte:

eine fromme Frau, in deren Haus viele Heiligenbilder die Wände zierten, wurde eines Tages von einer Voodoo-Gläubigen behext und dann dazu gebracht, dem katholischen Glauben abzuschwören, alle Heiligenbilder nach draußen zu schaffen und sie zu verbrennen. In der folgenden Nacht verwandelten infernalische Geräusche ihr Haus in einen Hexenkessel, den Spukgestalten umtobten und zum Überschäumen zu bringen schienen. Jede Nacht kehrten die bösen Geister wieder und trieben diese Familie schließlich in den Wahnsinn. Alle in diesem Haus wurden sehr krank, und als erste starb natürlich die Mutter, die die Heiligenbilder verbrannt hatte. Soweit die angeblich passierte Schauergeschichte.

Wie du weißt, habe ich schon vor Jahrzehnten einmal in Haiti einem Voodoo-Ritual beigewohnt. Die Beschwörungen, die Tänze in sich steigernder Trance - von dumpfen, aufpeitschenden Rhythmen der Trommeln begleitet - gipfelten in einem unheimlichen Tieropfer: einem lebenden Hahn wurde von einer Voodoo-Besessenen der Kopf abgebissen, und dieser lief flügelschlagend und blutverspritzend davon, bevor er zuckend zu Boden ging."

„ Es macht mir überhaupt nichts aus, mich darüber mit dir zu unterhalten, Alexa, denn dieses angstbesetzte Thema Voodoo ist tatsächlich nicht so ganz auf die leichte Schulter zu nehmen, und deshalb lache ich dich auch nicht aus – ganz und gar nicht!

Voodoo kam – wie du schon angedeutet hast - Anfang des 16. Jahrhunderts mit den afrikanischen Sklaven nach Haiti. Nach den allenthalben veranstalteten Zwangstaufen durch die katholische Kirche wurde Voodoo von der damaligen französischen Obrigkeit gesetzlich verboten, intensiv verfolgt und ging deshalb in den Untergrund, um sich dort um so stärkeren Zuspruchs zu erfreuen. Wie das ja immer so ist, wenn etwas verboten wird. In Ergänzung zu allerlei Anweisungen über die Herstellung von Talismanen und Amuletten wie auch sonstiger ''Zauber- Rezepte'' verbreiteten sich geheimnisvolle Berichte über Puppenrituale, Tieropfer und Zombies, die in mündlicher Überlieferung weitergegeben wurden. Der Einfluß der französischen Sprache ist durchweg erkennbar. Der höchste Voodoo-Gott heißt ''Bondye'', welcher Name auf ''Le Bon Dieu'' zurückzuführen ist. Während der französischen Revolution wurden die Franzosen wie auch die meisten anderen weißen Herren größtenteils aus Haiti vertrieben, die Sklaven wurden frei und hatten nun ihren eigenen, unabhängigen Staat. Voodoo konnte wieder aufblühen, ja sich sogar in andere Länder ausbreiten. Nicht nur die gesamte Karibik, sondern auch Brasilien, New Orleans in den USA wie auch wieder die afrikanischen Ursprungsländer, insbesondere Benin, kamen in den zweifelhaften Genuß der Verbreitung des Voodoo."

„Eine Zwischenfrage, bitte, Ishtuahavi. Was ist ein Zombie? Diese Figur ist doch zeitweilig in Horrorfilmen zu finden, wenn ich mich recht erinnere?"

„Das ist richtig, Alexa, aber in den Horrorfilmen hat diese Figur eine Abwandlung ihrer originären Bedeutung erfahren. Ursprünglich ist der Zombie im Voodoo eine Schlangengottheit, auch eine Kraft, die Tote wiederbelebt. Später wurde ein ''wiedererweckter'' Toter als Zombie bezeichnet, der aber nicht zurück in seine ursprüngliche menschliche Gestalt schlüpfen durfte, sondern in der Figur eines geisterhaften Zwischenwesens sein Dasein fristete, sein Unwesen trieb und auf diese Weise dann auch in vielen Horrorfilmen zur Darstellung gelangte. Da die kreativen Trickfilmgestalter ihren ganzen Ehrgeiz daran setzen, sich gegenseitig in ihren Fantasien zu überflügeln,

werden immer wieder neue furchterregende Gestalten erschaffen und geistern über Leinwand und Bildschirm.

Alle diese geheimnisvollen Erscheinungen und Vorstellungen aber wurden
mit dem offiziellen katholischen Glauben vermischt, denn Voodoo konnte
keineswegs von der Kirche ausgerottet werden – bis auf den heutigen Tag
nicht. Der Begriff Voodoo bedeutet ursprünglich ''Schutzgeist '' und ent-
stammt den Sprachen westafrikanischer Ursprungsländer. Es gibt wie in allen polytheistischen Religionen eine Vielzahl von guten wie bösen Göttern
oder göttlichen Wesen – wie auch die Engel, die Heiligen und die Teufel in
der christlichen Kirche, so daß es nicht besonders schwer fällt, Parallelen
aufzufinden. So kennt man einen Herrn der Kreuzwege und Vermittler zwischen den Menschen mit Namen Papa Legba, einen Fruchtbarkeitsgott und
seine Gattin, Ayida-Weddho, die Herrin des Regenbogens, den sie auch als
Himmelsschlange bezeichnen. Teile davon gehören historisch gesehen zu
dem Schlangenkult in Afrika. Der sogenannte schwarze Kontinent kennt eine
Vielzahl von Schlangenarten. Sehr viele, sehr giftige sind unter ihnen anzutreffen. Sie gelten unter den Eingeborenen auch heute noch als heilig und
werden sehr verehrt. Die Zulus beispielsweise zelebrieren wie eh und je ihre
großartigen Schlangenrituale. Ihre Priester und Häuptlinge gehen vollkommen unbekümmert selbst mir den gefährlichsten Schlangen um – ganz
gleich, ob es sich nun dabei um eine giftige Puffotter oder um die äußerst
gefürchtete schwarze Mamba handelt. Immer werden die Zeremonien von
Trommelklängen begleitet, deren dumpfe Rhythmen in Trance führen sollen,
um mit den Geistern der Ahnen und anderen Geistwesen Kontakt aufzunehmen. Talismane aus den unterschiedlichsten symbolischen Naturmate-
rialien spielen eine tragende Rolle.

Die Puppenrituale nehmen indessen schon einen diabolischen,
schwarzmagischen Charakter an: man besorgt sich Haare oder Nägel der
verhaßten Person und arbeitet diese ''Souvenirs'' in eine dem Original
nachempfundenen Miniatur-Puppe ein, um dann nach den vorgeschriebenen Beschwörungen mit dieser all das zu tun, was man vor lauter Haß mit
der lebenden Person auch gern vornehmen würde, aber offiziell natürlich
nicht tun darf – bis hin zum rituellen ''Totbeten'' des Betreffenden. Solche
Zeremonien gibt es auch in der Magie der Kahunas auf den Hawaii-Inseln.
Man begegnet sehr unterschiedlichen Auffassungen und Ritualen im Voodoo – so auch im sogenannten Aradakult, der sich als weißmagisch bezeichnet, weil er niemandem Schaden zufügen will, sondern sich mit der
magischen Heilung aller erdenklichen Leiden befaßt. Interessanter Weise
finden sich in den sogenannten gutartigen Ritualen christliche Anteile wieder. Weihwasser, Weihrauch, das Kreuz wie auch die christliche Trinität sind
integriert, als wäre dies das Selbstverständlichste auf der Welt. Papa Shanga hat sich über alle diese Rituale in seinen Büchern verbreitet. Aber was

dieser Voodoo-Meister als ''weiße Magie'' bezeichnet, hat tatsächlich überhaupt nichts damit zu tun."

„Weshalb nicht?" fragte ich.

„Nun – Papa Shanga hält es für ''weiße Magie'', wenn er z.B. verschiedene Formen von Liebesmagie praktiziert, d.h. wenn er einen weggelaufenen Liebespartner wieder auf magische Weise zurückbringt, oder wenn er einem Mann oder einer Frau den ersehnten Liebespartner ohne dessen Wissen und Wollen ''verschaffen'' will.

Das bedeutet Manipulation eines Menschen und damit – mit oder ohne erfolgreiches Ergebnis – sind solche Praktiken auf jeden Fall als schwarze Magie einzustufen. Solche Zielsetzungen sind strikt zu verwerfen. Diese Voodoo-Priester und –Priesterinnen verdienen ihren Lebensunterhalt zuweilen nicht schlecht durch derlei egoistische Wünsche ihrer Probanden. Doch man sollte sie besser ''Zauberer'' und ''Hexen'' nennen.

Sie verhelfen gelegentlich sogar zum gewünschten Ergebnis, weil die Ratsuchenden fest daran glauben. Der Glaube kann ja manchmal Berge versetzen, wie wir aus der Bibel wissen."

„Im negativen Sinne kann so ein ''Glaube'' auch seine Effekte erreichen", flocht ich ein. „Eine wahre Geschichte möchte ich gern erzählen - wenn du erlaubst - weil diese Story so beispielhaft ist für die weitverbreitete Angst vor Voodoo unter der dominikanischen Bevölkerung.

Der Hund einer europäischen Familie ging gelegentlich gern allein spazieren, was man ihm auch nicht verwehrte, weil er einen zwar selbstbewußten, aber doch sehr sanftmütigen Charakter hatte, und niemals irgendwelche Klagen kamen. Eine in der Nähe gelegene Finca war eines seiner Lieblingsziele, besonders an Tagen, an denen dort geschlachtet wurde. Schlau wie er war, konnte er jedesmal unbeobachtet ein Stückchen Fleisch oder einen Knochen stibitzen. Er kannte zudem sehr genau den günstigsten Zeitpunkt, wann er zu Hause oder im Nachbargarten seine Beute unbeobachtet vergraben konnte, um sie irgendwann einmal wieder auszubuddeln und zu vertilgen. Die Tochter des Hauses hatte ihn schon gelegentlich dabei beobachtet, ließ ihn aber gewähren, weil er sich einen kaum genutzten Teil des riesig großen Gartens ausgesucht hatte und nicht etwa Mutters Blumen- oder Kräuterbeet.

Eines schönen Tages machte sich der Hund daran, im Nachbargarten eine seiner Extramahlzeiten auszubuddeln, hatte auch schon die Reste eines Huhns in seinem Fang, als die dominikanische Besitzerin dieses Anwesens mit Riesengeschrei in ihren Garten stürmte. Ihre hektischen, unartikulierten kreolischen Laute überschlugen sich, und schließlich wiederholte sie nur noch ein einziges kreischend hervorgestoßenes Wort: Voodoo – Voodoo – Voodoo! Unglücklicherweise ist ja tatsächlich das Huhn ein oft verwendetes Tier in den diversen Voodoo-Ritualen. Sie telefonierte hastig in höchster Erregung, und die herbeigerufene Polizei kam tatsächlich, um den Vorfall zu untersuchen. Diese Dominikanerin – übrigens dabei lautstark und wortgewaltig unterstützt von ihrem italienischen Ehemann - wollte ihre europäischen Nachbarn allen Ernstes wegen Voodoo-Zaubers anzeigen, den sie ihrer Meinung nach in dem vergrabenen Huhn bestätigt fand. Sie vermutete, die Nachbarfamilie hätte gegen sie und ihren Ehemann bösartige Verwünschungsrituale zelebriert und dann dieses Voodoo-Zauber- Huhn auf ihrem Grundstück vergraben. Die Polizei sah nach Anhörung beider Parteien sehr bald ein, daß es sich hier um ein landläufig bekanntes ''Hunderitual'' und keineswegs um Voodoo-Zauber handelte, und verließ die Szene wieder. Das konnte diese hysterische Dominikanerin aber keineswegs überzeugen. Es wurde eine ''weise'' Voodoo-Frau beauftragt, die vermeintlich voodookontaminierte Erde unter Anwendung diverser Schutzzeremonien zu entfernen. Die Anrufung der guten Voodoo-Götter ergänzt durch die Anfertigung eines Schutz-Amuletts sollten den ''bösen Zauber'' schließlich unwirksam machen und auflösen. Dieser Frau waren aber ihre Nachbarn weiterhin suspekt, weil sie unbeirrbar davon überzeugt war, daß diese Böses gegen sie im Schilde führten.''

„Eine ganz witzige Story einerseits", fuhr Ishtuahavi fort, „andererseits nicht eben ungefährlich, denn es haben auch schon rituelle Auftragsmorde aus lauter Angst vor solchen eingebildeten Machenschaften stattgefunden. Über die schaurige zeremonielle ''Bearbeitung'' der menschlichen Leichenteile will ich mich jetzt nicht weiter verbreiten."

„Das stimmt, Ishtuahavi. Davon habe ich auch schon gehört: Gott sei dank aber nur in Haiti und nicht hier. Wohlgefühlt hat sich diese europäische Familie, die sich von nun an argwöhnisch beobachtet wußte, natürlich nicht mehr so recht in ihrem Anwesen. Es nahm aber eine glückliche Wende. Die voodoo-überzeugten Nachbarn haben nämlich ihr Haus verkauft und sind woandershin gezogen. Die Europäer konnten nun aufatmen. Ihre späteren neuen Nachbarn weihten sie in diese kuriose Geschichte ein, um dann vergnügt mit ihnen gemeinsam eine gute Flasche Rotwein auf die Voodoo-Geister und deren ''Besänftigung'' zu trinken."

„Ende gut – alles gut, Alexa. Die Verbreitung von Voodoo ist übrigens gar nicht mehr so selten und durchaus nicht lokal begrenzt, denn er erfreut sich einer wachsenden Anzahl von Bekennern. Weltweit sind mittlerweile 50 Millionen Voodoo-Anhänger zu verzeichnen, nachdem in Benin inzwischen dieser Voodoo-Glaube offiziell als Religion anerkannt ist und Gleichberechtigung mit dem Islam und dem Christentum genießt.

Auf den Esoterik-Messen finden die Angebote des Voodoo-Kultes in Form von Talismanen, Pülverchen, Steinen, Puppen, Ölen und anderen Ingredienzien reißenden Absatz. Du brauchst nur mal ins Internet zu schauen: auch Voodoo hat sich seinen Markt erobert. ''Geheime Schriften'' über die Voodoo-Praktiken werden wichtigtuerisch und sogar zu recht stattlichen Preisen angeboten und finden unter den vielen Neugierigen ihre Abnehmer.

Wir haben darüber ja schon einmal gemeinsam gespottet, wie du dich sicherlich erinnerst.

Wenn dann aber irgend so ein unbedarftes ''Frauchen'' in ihrer häuslichen Küche sich daran macht, die schwarzmagischen Rezepte dieses Kultes auszuprobieren, ist das jedoch nur scheinbar lächerlich, in Wirklichkeit aber bitterer Ernst. Denn sie verbindet sich mit solchem destruktiven Gedankenpotential, selbst wenn sie keinerlei äußerlich sichtbaren ''Erfolg'' erreichen sollte. Sie vergiftet ihre eigene Seele ganz erheblich. Das kann sogar soweit gehen, daß psychische Erkrankungen mit Besessenheitszuständen entstehen. Wir haben ja gerade eben erst über die Kräfte gesprochen, die Gedanken in Gang setzen können.

Magie ist denn auch als Teufelswerk bei den christlichen Priestern verschrieen, obwohl gerade die katholische Kirche eine Spitzenstellung in diesem Genre einnimmt, wie wir gerade gesehen haben.''

„Aha, daher hast du dir diesen Platz da oben auf dem Altar ausgesucht! Ich verstehe! Du gefällst mir: es hat etwas Ästhetisches und ist natürlich ungeheuer symbolträchtig! Aber was willst du damit sagen, Ishtuahavi?''

„Wir haben schon einmal erwähnt, daß die katholische Kirche den Teufel erfunden hat, um ihn austreiben zu können. Das hat ihr auch der französische Okkultist und treue Katholik Eliphas Levi vorgeworfen und entschieden gegen deren Lehre vom ewigen Höllenfeuer protestiert. Ein liebender Gott kann in eben dieser Eigenschaft seine Geschöpfe niemals der Verdammnis preisgeben oder sie dem Teufel überlassen. Denn dann wäre ER eben kein liebender Gott, wie Levi schlüssig begründet.

Wenn die Kirche nun solche magischen, satanischen Wesen erfunden hat, dann muß sie diese auch mit magischen Mitteln austreiben. Je ''böser'' diese Teufel, um so drastischer die Methoden zu ihrer Bekämpfung.

Daß die zweifelhafte Diagnose ''Teufelsbesessenheit'' den kirchlich autorisierten Peinigern Tor und Tür zu willkürlichen Prozeduren und Torturen öffnete, läßt sich ja denken. So fielen ihnen oftmals physisch wie psychisch Kranke zum Opfer. Epileptiker waren diesem Wahnsinn genauso ausgesetzt wie Debile oder andere Behinderte.

Den Exorzismus praktiziert die Kirche immer noch. Allerdings - heutzutage staatlicher Justiz unterstellt - darf sie dabei niemanden mehr verletzen oder gar zu Tode ''therapieren''.''

„So gesehen müßte eigentlich bei dir dort oben auf dem Altar zur anderen Seite der Bibel eine schwarze Schlange sitzen – als Kontrast und Ergänzung zu dir, der weißen Schlange", warf ich ein. Ich hatte es mehr aus Übermut und nur so zum Scherz gesagt.

„Sei vorsichtig, Alexa. Ich warne dich. Willst du die schwarze Schlange wirklich dort oben sehen?"

Ich überhörte die Warnung und wußte gar nicht, was und ob ich darauf überhaupt antworten sollte. So versäumte ich es, in diesem entscheidenden

Moment mit einem entschlossenen ´´Nein´´ zu widerrufen, und ehe ich mich versah, hatte sich mein Schweigen zu einer Zustimmung kristallisiert.

Diese Einsicht kam zu spät - mir stockte der Atem, es verschlug mir die Sprache und ich traute meinen Augen nicht: eine riesengroße schwarze Schlange richtete sich genau dort neben der Bibel auf und reckte mir böse zischend ihr weit aufgerissenes Maul entgegen. Ich wich zurück und schrie lauthals:

„Ishtuahavi, Hilfe! ... bitte... hilf mir!"

Doch der Platz, wo Ishtuahavi gesessen hatte, war leer. Um Himmels Willen! Sie konnte mich doch unmöglich in dieser Situation allein gelassen haben! Es war mir jedoch nicht möglich, mich umzudrehen und nach ihr Ausschau zu halten, konnte ich doch keinesfalls diese gefährliche Schlange aus den Augen lassen. Ich schlich vorsichtig und ganz langsam Zentimeter für Zentimeter rückwärts in Richtung Eingangstür, wollte mich dann blitzschnell umdrehen und ins Freie zu fliehen. Doch diese Monsterschlange kam bedrohlich näher und machte offensichtlich Anstalten, mein Vorhaben zu vereiteln.

Ich weiß nicht, wie und woher ich plötzlich diese Kraft verspürte: ich riß mit einem gewaltigen Ruck das steinerne Weihwassergefäß aus der Wand, holte aus, schüttete ihr mit Schwung einen Teil des geweihten Wassers über den Kopf und in das weit geöffnete Maul, den Rest entleerte ich auf den Fußboden, indem ich die Tropfen um mich herum einen durchgehenden Kreis zeichnen ließ. Dabei rief ich dreimal mit lauter, beschwörender Stimme:

„Kehre zurück, woher du gekommen bist! Verlasse mich jetzt und für immer im Namen der mächtigen Urmuttergöttin, der heiligen Shekinah! Deine Kraft ist aufgelöst!"

Dann warf ich mit all meiner Kraft das Weihwasserbecken nach ihr, ohne meinen schützenden Bannkreis zu verlassen. Sie bäumte sich noch einmal zischelnd auf, doch es klang nurmehr wie ein heiserer tiefer Seufzer.

Die schwarze Schlange ringelte sie sich vollends in einer Spirale auf und steckte ihren Kopf in die entstandene kreisförmige Öffnung. Ihre Konturen verschwammen, das massive Schwarz ihres Körpers hellte sich auf, wurde zunehmend durchsichtiger, und schließlich war sie wie ein Nebelstreif verschwunden. Ich getraute mich noch nicht, mich zu bewegen und den schützenden Kreis zu verlassen, sondern schloß die Augen und versuchte, meiner Erregung Herr zu werden.

Schließlich öffnete ich meine Augen wieder: wo vorher dieses schwarze Ungeheuer aufgetaucht war, saß Ishtuahavi und blickte mich erwartungsvoll an. Ich brauchte einige Zeit, um mich von diesem Ereignis zu erholen, und konnte kein Wort hervorbringen.

„... warum..? ... wozu...?" flüsterte ich dann eine erste schüchterne Frage.

Ich wartete. Ishtuahavi antwortete nicht. Ich schloß die Augen wieder und wartete weiter. Ich fühlte mich schwach und ausgelaugt. Offensichtlich hatte dieser unheimliche Vorgang meinen ganzen Vorrat an Energie aufgezehrt. Er mußte unbedingt wieder aufgefüllt werden, bevor ich den Schutzkreis gefahrlos verlassen konnte. Soviel war mir klar.

Das Pentagramm drängte in mein Bewußtsein. Dieses starke, heilige Symbol der Quinta Essentia mußte helfen. Ich nahm diese schon vertraute Stellung ein. Mit den laut gesprochenen Worten: „ruhig – stark – heiter – heil" ließ ich Lichtenergie entlang den Linien durch meinen Körper fluten und atmete im Rhythmus meines Herzschlags, der sich nach und nach beruhigte. Auch der aufgeregte, flache Atem vertiefte sich wieder, und ich konnte die schon eingeübte Yogi-Atmung anwenden.

Mit dem beruhigten Atem kam auch die Antwort auf meine Frage. Mir wurde klar, daß diese drastische Lektion dazu diente, mir vor Augen zu führen, was undiszipliniertes Dahingeplapper bewirken konnte. Schließlich waren wir nicht beim Kaffeekränzchen, sondern an einem magischen Ort mit dem Thema ´´Magie´´ beschäftigt. Das hatte ich leichtsinniger Weise nicht berücksichtigt. Die Bewohner der unsichtbaren Welt waren präsent und quasi stand by. Denn wir leben nicht in einem Vakuum, abgegrenzt gegen diese Wesenheiten. Mit dieser Einsicht konnte ich mich nun sicherlich wieder an Ishtuahavi wenden, ohne daß sie sich weiterhin ausschweigen würde.

„Willkommen im Reich der Magie", sagte sie und half mir, den Wiedereinstieg in unser Gespräch zu finden. „Anhand dieser Lektion hast du ein für alle Mal gelernt und wirst nie wieder vergessen, was magisches Arbeiten wirklich bedeutet, nämlich Selbstkontrolle, Konzentration und Disziplin. Du kennst die vier Säulen magischen Denkens und Handelns bereits:

Wissen - Wollen - Wagen - Schweigen.

Ohne diese Charakterschulung geht es nicht, willst du Herrin deiner selbst bleiben und nicht in machtlose Besessenheit abrutschen. Es war knapp, aber du hast deinen Test heute bestanden, und ich bin stolz auf dich trotz deines unqualifizierten Geplappers, das diese gefährliche Szene hervorgerufen hat. Gott sei dank ist dir noch rechtzeitig eingefallen, welche hohe göttliche Kraft du zur Bannung der schwarzen Schlange anrufen mußtest.

Doch es hat genau so kommen müssen, und so können wir beide am Ende doch sehr froh darüber sein und auch sehr dankbar, daß du durch diese Pforte schadlos hindurch geschritten bist. Oder etwa nicht?" Ich nickte stumm und ernst. „ Und wo bleibt dein Lächeln? Du bist einen großen Schritt vorangekommen mit dieser wichtigen Erfahrung, hast also allen Grund dafür!"

„Mein Lächeln braucht noch einen Moment, Ishtuahavi. Aber von innen her kehrt schon ganz langsam so eine Art heiterer Gelassenheit zurück. Gib mir noch ein paar Minuten, bitte."

Wir schwiegen eine Weile.

„Weißt du was? Ich möchte jetzt meinen Lieblings-Choral singen, ja?" sagte ich einer plötzlichen Eingebung folgend. „Ich glaube, ich habe ihn seit meinen Kindertagen nicht mehr gesungen."
„Nur zu, Alexa, ich lausche!"

„* Erde singe,
daß es klinge,
laut und stark ein Jubellied!

Himmel alle
singt zum Schalle
dieses Liedes jauchzend mit.

Singt ein Loblied eurem Meister,
preist Ihn laut, ihr Himmelsgeister!
Was Er schuf, was Er gebaut –
preist ihn laut.*

Schau mal, da ist es, mein Lächeln!"
„Na, also, Alexa. Es ist ein sehr fröhlicher Choral in einer klaren, einprägsamen Melodie... und er paßt in alle Religionen, so daß man ihn allen Menschen nur empfehlen kann.
Du fährst jetzt heim, Alexa. Du bist wieder vollkommen gefestigt, so daß ich mir um dich keine Sorgen machen muß."
„Ishtuahavi, was mache ich denn mit dem heruntergerissenen Weihwasserbecken?" fragte ich besorgt.
„Schau mal hin, Alexa, es ist ja wieder an seinem Platz. Also mach dir keine Gedanken mehr darüber."
„Danke", flüsterte ich erleichtert, öffnete die Tür und ging wortlos hinaus ins Freie.
Dort warteten schon ungeduldig ein paar Leute, die die Kapelle besuchen wollten, aber die Tür verschlossen vorgefunden hatten. Unter ihnen war auch ein Geistlicher, der wohl mit der kleinen Gemeinde einen Gottesdienst abhalten wollte. Die Tür aber war zu keiner Zeit abgeschlossen, doch sie ließ sich auf geheimnisvolle Weise von niemandem von außen öffnen, solange wir drinnen beschäftigt waren.
''Heute geschlossen wegen magischen Trainings'' fuhr es mir durch den Kopf, und ich mußte ein wenig lächeln. Mit diesem heiteren Gesicht grüßte ich die sprachlos staunenden Menschen ringsherum freundlich und ging zu meinem Auto. Kein Einziger der sonst so lebhaften und redefreudigen Dominikaner sprach auch nur ein Wort. Ihre verwunderten Augen folgten mir, bis ich den Motor anließ, und mein Auto schließlich in der üppigen tropischen Vegetation ihren Blicken entschwand.

26.

In unserem Paradies haben die Engel heute mal wieder ihre Waschtage: es gießt seit drei Tagen aus allen himmlischen Kübeln bei auffrischendem Wind, der kräftig, aber Gott sei dank immer noch harmlos die Wipfel der Bäume zaust, daß die roten und grünen Blätter der Almendras aufgeregt durch die Luft wirbeln.

Irgendwo weit draußen auf dem Ozean ist ein Hurrikan in Richtung Florida unterwegs und ´´beglückt´´ uns mit diesem Rückseitenwetter, vor dem wir uns - Gracias a Dios (28) - nicht allzu sehr fürchten müssen.

Alle Türen und Fenster sind fest geschlossen, aber das gewaltige Brausen gibt trotzdem den Ton an. So sitze ich an meinem erhöhten Tisch und schreibe mit Blick auf den tobenden Atlantik, der von einem wütenden Westwind gepeitscht wird. Normalerweise haben wir ja Nord-Ost-Passat. Erst wenn der Wind wieder dorthin dreht, können wir auf ein sanfteres Wetter und auch auf Sonne hoffen.

Es ist dennoch eine ganz besondere Stimmung, die der Atlantik zu uns herüberweht: keine Menschenseele am Strand unterwegs, die Natur mich sich im Selbstgespräch, als deren Zaungast ich lausche und meine Augen spazieren lasse... so mag ich es ja, wenn es denn nicht allzu lange anhält. Denn solche Tage sind wie immer bestens geeignet als Lese-Schreib- und Internettage... und sehr gemütlich!

Manchmal lauf ich auch im Bikini hinaus, um mich von dem warmen Regen richtig durchduschen zu lassen. Die Idee hatte ich auch heute, doch dann die Überraschung:

´´Gone with the Waves´´ - in Anlehnung an den berühmten Filmtitel (29).

Ich traute ich meinen Augen kaum:

Der Sand war weitgehend weggewaschen, und ein vollkommen veränderter Strand korallenentwachsener Felsen schuf eine fremde, unwirkliche Mondlandschaft, die immer wieder von hochzischenden Wassern umspült wurde und nur zögernd ab und an wenige kleinere Sandinseln zum Laufen freigab. Ein ungehinderter Strandspaziergang war fast unmöglich, und ich mußte im Slalom hüpfend immer wieder nach einer Stelle suchen, meinen nächsten Schritt zu setzen. Es wurde ein spannendes Spiel daraus. Anstrengend war es durchaus, denn ich mußte vorsichtig und konzentriert abwägen, durfte keine unbedachte Bewegung machen, denn die spitzigen Steine waren für einen Strauchelnden weitaus gefährlicher, als es auf den ersten Blick scheinen mochte.

Gehörig durchgepustet und triefend naß, aber doch beschwingt, kehrte ich schließlich nach Hause zurück.

Nach einem lauwarmen Bad bereitete ich mir einen grünen China-Tee mit frischer Minze, der anregend auf das Netzwerk meines Gehirns wirken soll-

te. Meine Gedanken wendeten sich wieder dem fesselnden Thema ''Magie''
zu, das ja tausende von Fragen aufwirft und wirklich spannend ist. Um ein
bißchen Ordnung in dieses Chaos in meinem Kopf zu bringen, unternahm
ich jetzt den Versuch schrittweise vorzugehen.

Magie... ich will erst einmal umreißen, womit wir es eigentlich zu tun haben:
behutsam und sehr vorsichtig, wie ich aus dem eindrucksvollen Beispiel gelernt habe, das mir Ishtuahavi präsentiert hat, und das mich immer mahnend
begleiten wird.
Magie ist wie eine Landschaft von fremdartiger Schönheit, voller Überraschungen und ungewohnter Abenteuer. Man muß sie sich erschließen, sich
ihr empirisch in kleinen Schritten nähern. Magie ist wie die Philosophie und
wie die Theologie keine Wissenschaft, aber sie will es ''schaffen'', Wissen
zu erlangen und über das kleine erdverhaftete Ich hinauszugehen, will vordringen in unsichtbare Welten, die sich materialistisch orientierter und ange-
wandter Forschungsinstrumente entziehen, will hinauswachsen über die
''naturgegebenen'' körperlichen wie auch seelisch-geistigen Fähigkeiten,
die der Mensch oft so schmerzlich als Begrenzung empfindet.
Kräftezuwachs – Erfahrungszuwachs – Kontakt mit der großen unbekannten
Welt des Unsichtbaren, mit als ''normal'' angesehenen Methoden nicht Er-
forschbaren. Kontakt mit unsichtbaren Kräften, deren Existenz man zwar
leugnen kann, die aber trotzdem da sind. Denn wenn es Sichtbares gibt,
dann gibt es auch Unsichtbares. Das hatten wir ja schon verschiedentlich in
immer anderem Zusammenhang festgestellt. Das Unsichtbare, den äußeren
Sinnen Verschlossene will der Mensch mit und in der Magie kennenlernen
und für sich auch bewußtseinserweiternd anwenden.
Insofern ist die aufkommende Frage schon beantwortet, ob Magie etwas mit
spiritueller Philosophie zu tun hat. Eindeutig ja! Mehr noch: sie ist e i n Weg
der spirituellen Philosophie, die den Menschen zum Anthropos magikos machen kann in der geistigen Evolution, um die es uns Menschen geht, ja gehen muß, wollen wir nicht in der materiellen Welt stecken bleiben, uns von
ihr beherrschen und uns von unserer eigenhändig geschaffenen Technik
besiegen lassen, die mehr und mehr ein Eigenleben entwickelt, sich unserer
Kontrolle entzieht und schon mit dem Versuch begonnen hat, den Untergang
dieses wunderschönen Planeten Erde vorzubereiten.
Spätestens jetzt erhebt sich die Frage, ob der Mensch ungestraft in diese
Welten vordringen darf. Diente das Erlebnis mit der schwarzen Schlange
dazu, mir ein für alle Mal den Appetit auf solche Vorhaben zu verderben?
Hatte Ishtuahavi mir das auf diese drastische Weise sagen wollen?
„Einen wunderschönen guten Morgen, Alexa", begrüßte mich meine Freun-
din und lachte ausgelassen. Ihr Name war gefallen, und sie war da – wie
immer.

„Hallo, Ishtuahavi", erwiderte ich. „Darf ich fragen, was daran so komisch ist, daß du dich so amüsierst?"

„Weil wir hier und jetzt original die gleiche Situation erleben wie in der alten verstaubten Genesis des Alten Testaments. Du fragst: darf ich oder darf ich nicht... und die Schlange soll antworten..." Ishtuahavi kringelte sich vor Lachen. Ich verzog etwas gequält das Gesicht, das Lächeln mißriet mir, denn ich fand es überhaupt nicht lustig, obwohl... irgendwie hatte Ishtuahavi schon Recht.

„Könntest du dich trotzdem dazu hinreißen lassen, mir weiterzuhelfen und mich nicht einfach zappeln zu lassen?" fragte ich vorsichtig und versuchte einen ärgerlichen Tonfall zu unterdrücken, wollte ich doch unbedingt vermeiden, daß sie einfach ''adiós'' sagte und verschwand. Meine Stimmung blieb ihr jedoch nicht verborgen – wie immer.

„Aber, Alexa! Eben wirktest du noch so aufgeräumt und guter Dinge! Was ist denn in dich gefahren?"

„Du hast mich mit der unwissenden Eva im Paradies verglichen und mich ausgelacht. Das finde ich gar nicht so toll!" Jetzt war es mir vollends herausgerutscht, und ich hatte offen zugegeben, daß ich maulig war.

„Ja, aber wenn du dich gerade benimmst wie sie, Alexa?!? Du weißt doch längst, daß der Mensch alles darf, was er will – wenn er denn kann. Können hat allerdings etwas mit Kunst zu tun, denn käme es von Wollen, hieße es ''Wunst''

„ Ich kenne diesen uralten Spruch. In Bayern sagt man: ''wer koa, der koa – wer net koa, mecht' ah''", warf ich ein, und es gelang mir, nun auch ein bißchen zu lächeln.

„So gefällst du mir wieder besser, Alexa. Daß darin allerdings ein Segen verborgen liegt genauso wie auch eine große Gefahr, haben wir doch immerhin schon durchschaut. Oder etwa nicht? Das beste Beispiel, das dies untermauern kann, ist ein Messer: man kann mit ihm eine Scheibe Brot abschneiden, und man kann mit ihm einen Menschen töten. Welchen Mächten sich der Mensch verbindet, ob aufbauenden, fördernden und befreienden, oder ob er sich zerstörerischen, versklavenden Kräften zuwendet und ihnen gestattet, durch ihn und mit ihm tätig zu werden und zu wirken – das macht den Unterschied aus zwischen der sogenannten weißen und der schwarzen Magie. Die Grenze, die zwischen beiden liegt, ist ein schmaler, messerscharfer Grat und bedarf allerhöchster Aufmerksamkeit.

Du selbst hast den magischen Menschen als ein geistigevolutionäres Ziel definiert: den Magos als Vermittler zwischen Geist und Materie, zwischen den unsichtbaren und sichtbaren Welten. Weshalb also fragst du, ob der Mensch sich ungestraft der Magie bedienen darf, Alexa?"

„Anders als diese symbolischen ersten Menschen müssen wir uns doch grundsätzlich einmal über die Konsequenzen im Klaren sein, Ishtuahavi. Die menschenverderbende schwarze Magie muß unter allen Umständen außen vor bleiben. Denn der Preis, den sie fordert, ist einfach viel zu hoch für egoistische Zielsetzungen, die der Befriedigung von fragwürdigen Begehrlichkeiten dienen, die einem selbst wie auch anderen Menschen Schaden zufügen oder sie zu manipulieren suchen. Schwarze Magie ergreift Besitz, bemächtigt sich des Menschen, bringt ihn unter ihre Herrschaft, bricht seinen freien Willen, löscht alle Handlungsfreiheit wie auch Handlungsfähigkeit aus. Darin sind sich alle die klugen Bücher über Magie ausnahmsweise einmal einig. Und du hast mir ein heftiges Szenario dazu geliefert, das mir immer noch in den Knochen sitzt."

„Das ist richtig, Alexa. Aus Mangel an Kräften, derer der Mensch bedarf oder glaubt zu bedürfen, werden dunkle, teuflisch zu nennende Pakte eingegangen. Sie gehen durchaus nicht so glimpflich ab, wie Goethe in seinem *Faust* uns weiß machen will. Nur mit ´´immer strebendem Bemühen´´ erreicht der Mensch nicht, daß als ´´deus ex machina´´ ein rettender Engelchor herabschwebt, um den Schwarzmagier aus dem Schlamassel finsterer Machenschaften herauszuholen und zu ´´erlösen´´. Denn dies ist die Sünde wider den Geist, die nicht vergeben wird, wie es in der Bibel heißt. Aber wir sollten lieber von unaussprechlichen Abgründen reden, aus denen es - wenn überhaupt - nur ein äußerst beschwerliches Zurück gibt."

„Bei aller Ehrerbietung gegenüber unserem größten deutschen Dichter und seiner vollendet schönen Sprache - so harmlos wie in Goethes *Faust* wird es ganz gewiß niemals ausgehen. Dieses Happy End wäre zu einfach und auch einfach zu schön, um wahr zu sein. Ein Mephisto ist außerdem viel zu raffiniert, als daß er sich derartig übers Ohr hauen ließe. Wir beide sind nicht die einzigen, die dem Herrn Geheimrat das ein bißchen übel nehmen, " antwortete ich.

„Nur ein bißchen, Alexa? In seiner Position als Dichterfürst war Goethe Autorität und Vorbild für viele Menschen und ist es noch immer. Deshalb wiegt die Verbreitung eines solchen Irrtums um ein vielfaches schwerer, konnten doch und können noch immer diverse ´´Teufels-Sekten´´ mit ihren sogenannten schwarzen Messen und ihren satanischen Kulten darauf aufbauen."

„Im *Zauberlehrling* wird deutlich, daß Goethe sich der Gefahr durchaus bewußt war – nämlich der aufkommenden Ohnmacht, Geister zu bannen, die zunächst für eine harmlose Hilfeleistung herbeigerufen werden, sich dann aber nicht mehr befehligen oder gar bremsen lassen", ergänzte ich.

„Eben, Alexa. Faust war ja auch nur ein solcher Lehrling – ein blutiger Anfänger, der meinte, sein langweiliges Professoren – Leben, dem jeglicher Glanz fehlte, durch Befriedigung seiner edlen und weniger edlen Triebe wie auch Erfüllung spezieller exotischer Begierden in interessantere Bahnen lenken zu müssen. Sich allein auf den Weg zu machen, um sein Leben zu verändern, schien ihm zu mühselig, wenn nicht unmöglich, so daß er sich auf diesen allseits bekannten Pakt mit Mephisto einließ.

Der versprach ihm schnelle und glanzvolle Erfolge, wohin auch immer sein Ehrgeiz, sein Machthunger, seine Neugierde ihn treiben würden. Auf diesem eingeschlagenen Weg ging er dann über Leichen, wie wir wissen.

Und schon haben wir eine erste Regel im Visier: sei immer skeptisch, wenn eine seelisch-geistige Unternehmung raschen – ja allzu raschen Erfolg verspricht!

Denn weiße Magie bedeutet Arbeit – richtig intensive Arbeit. Denk an die vielen Sagen und Mythen, die dem Charakter eines jeden Volkes eigen sind und u. a. auch sein Kulturgut prägen Immer muß der Held eine Reihe von Mutproben, lebensbedrohende Gefahren und Herausforderungen mit einem hohem Maß kluger Aufmerksamkeit und geschickter Taktiken bestehen, um eine große, meist übermenschlich schwierige Aufgabe zu lösen. Er muß stark und unerschütterlich sein! Oftmals schienen die Ziele selbst für einen Ausnahmehelden nicht erreichbar, ohne das Leben zu verlieren oder von finsteren Gewalten verschlungen zu werden. Deshalb haben wohlgesonnene Göttinnen und Götter ihm Wunderwaffen, Zauberformeln oder auch hilfreiche Wesen als Begleiter mitgegeben, um ihm zu helfen, den schwierigen Kampf zu bestehen und als Sieger heimkehren zu können."

„Du denkst doch dabei sicherlich an Herakles, der die zwölf harten Prüfungen meistern mußte, um seine Göttlichkeit unter Beweis zu stellen und im Kreis der Götter Aufnahme zu finden", ergänzte ich.

„Herakles ist ein, ja d a s Paradebeispiel. Eine zweifelsohne sehr lohnende tiefenpsychologische Abhandlung über diesen Helden und seine Archetypen würde aber viele Seiten füllen, so daß wir es bei dieser Feststellung bewenden lassen wollen.

Aber kurz gesagt: genau das meint weiße Magie, Alexa! Sie dient der Stärkung der dem Menschen innewohnenden Kräfte - in den Symbolen der Helden-Mythen ausgedrückt. Diese latent angelegten Kräfte können wachsen und besondere Fähigkeiten hervorbringen, die aber niemals den eigenen niederen Trieben dienen und sich selbst wie auch anderen Menschen Schaden zufügen dürfen. Der Held in den Mythen besteht diese Kämpfe gegen die eigenen personifizierten niederen Eigenschaften, die ihm in Ungeheuern und schreckenerregenden Situationen der Finsternis - aus dem eigenen Unbewußten projiziert - entgegentreten, mit Hilfe der wohlgesonnenen Kräfte und ihrer Waffen, die in ihm selbst vorhanden sind und magisch aktiviert werden. Es wird ein innerer Kampf des Menschen zwischen seinen positiven und seinen negativen Eigenschaften symbolisch zum Ausdruck gebracht und dargestellt.

Das bedeutet, daß sich der Mensch mit eben diesen seinen eigenen positiven Anlagen verbünden soll, um gegen seine eigenen niederen Charaktereigenschaften zu Felde zu ziehen und zu obsiegen. Dann kann das Werk der wahren Magie - der weißen Magie nämlich - beginnen. Dann wird der

Mensch über sich hinausgewachsen, und ihm wird alles möglich sein, was er sich nur denken kann.

Jesus war ein solcher Magier – sicherlich einer der größten, die je gelebt haben. Seine magischen Kräfte hat Er aber nur gezielt und ausschließlich für das Wohl der Menschen eingesetzt. Wir haben Seiner mit dieser Feststellung schon in früheren Gesprächen ehrfürchtig gedacht."

„Jesus hat zudem genau diese Richtung vorgegeben, wenn er sagte, daß wir eines Tages größere Wunder vollbringen werden als Er", warf ich ein. „Das haben wir ja schon früher einmal erwähnt."

„Alexa, ich weiß, du bedauerst, daß du nicht über das Wasser laufen, dich nicht unsichtbar machen, dich nicht dematerialisieren und schließlich wieder materialisieren kannst. Du mußt dich vorerst zufrieden geben mit dem, was du schon hie und da erfahren durftest. Daran solltest du weiter arbeiten. Die Kraft der Gedanken, die Wort-Magie von Mantras und die Buchstaben-Magie der Kabbala brachten doch schon einige wenige, aber greifbar positive Ergebnisse für Dich. Du weißt doch wie kraftvoll die Sprache des Menschen ist, wenn sie auf die richtige, göttlich zu nennende Weise angewendet wird. Denk nur an den Anfang des Johannesevangeliums: *Im Anfang war das Wort...*"

„Das ist wahr, Ishtuahavi", sagte ich nachdenklich, und alte Erinnerungen wurden wach.

„Soll ich meine erste Begegnung mit diesen Buchstabenschlüsseln der Kabbalah erzählen?"

„Nur, zu... ich lausche...", forderte sie mich auf, und ich begann:

„Während der Semesterferien war ich zu Gast bei meinen Eltern in Südwest -Deutschland, als mich eine schwere Darminfektion ergriff: häufige, heftige Durchfälle, Erbrechen und ein ziemlich hohes Fieber, das schon etwas über 40° C angestiegen war. Ich fühlte mich hunde-elend und konnte nichts bei mir behalten.

Ewel trat an mein Bett und legte mir ein Buch auf den Nachttisch. ``Ich kann doch nichts lesen, ich bin doch viel zu matt´´, versuchte ich mit leiser, schwacher Stimme zu protestieren.

``Du würdest aber etwas Wichtiges für dich darin finden, das dir gerade in dem jetzigen Zustand helfen könnte, Alexa´´, erwiderte er unbeirrt, ließ das Buch liegen und ging.

Nach einer Weile schielte ich zu dem Buch hinüber und sah es etwas skeptisch von außen an: es ging um die Buchstaben-Magie der Kabbalah. Ich hatte noch nie davon gehört und sollte mich ausgerechnet jetzt damit befassen, wo mein Hirn wie leer gebrannt war, und die Gedärme Purzelbäume schlugen?

Da Ewel aber immer so seine Gründe hatte, schlug ich das Buch schließlich doch auf – irgendwo in der Mitte. Wie aus Versehen – dennoch aber folgerichtig - kam ich zu einer Buchstaben-Kombination, die bei Magen-Darmerkrankungen wie auf den gesamten Wasserhaushalt im Körper eine heilsame Wirkung entfalten sollte. Meine Konzentrationsfähigkeit war indessen so unter allem Level, daß es mir schwer fiel, überhaupt einen Gedanken zu fassen oder gar die Augen offen zu halten. Die Schrift verschwamm vor meinen Augen, und ich ließ meine Hände samt dem Buch resigniert auf die Bettdecke sinken. Schließlich sagte ich mir: ehe ich schlaff und untätig daliege und vor mich hin leide, könnte ich es ja mal versuchen.

Die vorgeschriebenen Farben der Buchstaben bekam ich nicht so ohne weiteres auf meinen inneren Bildschirm. Die Konzentrationsfähigkeit reichte einfach nicht aus, und ich mußte derlei Vorhaben vorerst einmal aufgeben. Also versuchte ich es mit einer Schwarz-Weiß-Imagination dieser aus zwei Buchstaben zusammengesetzten Kombination, die ich auf den Solarplexus projizierte. Immer wieder schlief ich ein und erwachte wieder mit Bauchgrimmen, aber ich fing auch immer wieder hartnäckig von neuem an, mit den Buchstaben zu arbeiten. Nach einer Weile stellte sich etwas Beruhigung im Darm ein. Das sagte ja noch gar nichts. Also weiter üben! Fast der ganze Tag war schon herum, als sich plötzlich die Gegend um den Solarplexus von innen heraus warm anfühlte. Jetzt intensivierte ich meine Bemühungen. Es wurde dort immer wärmer und wärmer und bald zu einer glühenden Empfindung. Ich sah schließlich vor meinen inneren Augen die Buchstaben umgeben von einer hell- leuchtend strahlenden Aura, die sich im Kreis um die beiden Buchstaben drehte. Faszinierend! Ich bemühte mich, das Bild und die Wärmeempfindung aufrecht zu erhalten.

Nach einer Weile verschwand das Bild, aber die Wärme-Empfindung blieb vorerst noch. Als auch sie abgeflaut war, stand ich auf, fühlte ich mich zwar noch matt, aber wieder ''zurechnungsfähig'' und dem Leben zurückgegeben, ging in die Küche und bat meine Mutter um ein Butterbrot. Das Fieberthermometer registrierte nur noch 37,5°C. Meine Mutter war sprachlos und schaute mich vollkommen entgeistert an, während Ewel leise vor sich hinlächelte und mit mir wie auch mit sich vollkommen zufrieden war."

„Alexa, du hattest in deiner frühen Kindheit, wenn auch nur für eine kurze Zeit deines Schulbesuchs in einer Waldorf-Schule, schon Kontakt mit der Buchstaben-Mystik der Kabbalah, ohne daß es verstandesmäßig von deiner Lehrerin erläutert wurde. Erinnerst du dich an die Eurhythmie?"

„Oh, ja, sehr gut sogar. Ich habe ja immer gern getanzt, wie du weißt, und deshalb auch die Eurhythmie-Übungen sehr eifrig mitgemacht. Spontan erinnere ich mich eigentlich nur an einen Buchstaben, nämlich das F. Er gefiel mir so, weil er in einer lebhaften Vorwärts-Bewegung wie eine sich fortbewegende Flamme dargestellt wird."

„Jetzt verrate ich dir ein Geheimnis, das Rudolf Steiner beschrieben hat: das F nämlich hat - magisch angewandt - die Kraft, Klarheit und Erkenntnis zu schaffen oder - mythisch ausgedrückt - den Schleier der Isis zu lüften.

Ich gebe dir jetzt mal einen Tip: die Reinigungsatmung nach Ramacharaka, bei der du stoßweise mit dem zum Pfeifen gespitztem Mund die Luft ausatmest, kannst du modifizieren, indem du dabei das F artikulierst. Dieser Buchstabe eignet sich hervorragend dafür. Probiere es erst einmal halblaut, dann leise und nur in Gedanken. Aber bei jedem Atemstoß nicht vergessen, zu imaginieren: das F muß ganz deutlich vor deinem inneren Auge stehen – und zwar in hellgrüner Farbe. Die Farbimagination stellt für dich kein Problem mehr da: das kannst du ja inzwischen."

„Danke! Ishtuahavi. Das probiere ich in jedem Fall aus. Die Farbimagination läßt sich übrigens leichter herstellen, wenn man sich die Buchstaben in leuchtender Neonschrift in der jeweiligen Farbe vorstellt. Ich kann mir sehr gut vorstellen, daß das F eine wirkungsvolle Ergänzung dieser Reinigungsatmung sein kann. Natürlich muß ich das F erst einmal einatmen in den ganzen Körper hinein. Ich kann es dann halten und den Vorgang wiederholen, um eine Anreicherung des Buchstabens und seiner Kraft zu erreichen. Später kann ich das F wieder entlassen und hinausschicken mit den Ausatmungsstößen, wie Ramacharaka es beschrieben hat."

„Natürlich, Alexa. Ich hätte den ganzen Vorgang schildern sollen, aber ich wußte ja, daß Du das längst weißt. Hierbei sehen wir wieder einmal deutlich, wie östliche und westliche Weisheit sich ergänzen können. Alle Texte zur Praxis der weißen Magie empfehlen immer wieder, sich mit Energie aufzuladen – sei es mit Prana, wie die Inder sagen, oder mit Od, wie es altgermanisch heißen würde. Die Basis-Atem- Übungen werden aber allgemein in den östlichen Lehren besser beschrieben, die Anweisungen sind ausnahmsweise einmal sehr viel präziser und auch detaillierter als in den meisten westlichen Schriften", wies Ishtuahavi hin.

„Die Buchstaben-Arbeit verlangt einem eine Menge an gedanklicher Konzentration und Imagination ab", gestand ich ein und fragte: „Könnte man sie als den Yoga des Westens bezeichnen – gleichsam als ein westliches Pendant zu den östlichen Übungen gleicher oder ähnlicher Zielsetzungen?"

„Durchaus, Alexa. Dion Fortune beispielsweise hat es so ausgedrückt und trifft damit auch tatsächlich den Kern. Aber erzähl doch noch die Geschichte deines Freundes mit der Prüfungsangst, die zu meistern du helfen konntest."

„Karl war in der scheußlichen Situation, vor lauter Prüfungsangst im Abschlußdiplom an der Technischen Universität in einem wichtigen Hauptfach versagt zu haben. Der Professor dieses Fachs war sehr gefürchtet und zögerte nicht, auch Wiederholer in seinem Fach endgültig durchfallen zu lassen, was den Kandidaten dann zum General-Wiederholer in allen Fächern degradierte, so daß das gesamte Diplom von A bis Z wiederholt werden mußte - ganz gleich wie gut oder wie schlecht er die anderen Fächer bereits bestanden hatte. Eine hundsgemeine Situation! Entsprechend elend war dem Kandidaten zu Mute, denn er befürchtete das Eintreten dieser Situation.

Karl war damals nicht gerade aufgeschlossen für meditatives Arbeiten, aber in einer so gefährlichen Lage werden ja die meisten Menschen zahm und ´´fressen aus der Hand´´.

Zunächst mußte ich ihn davon überzeugen, daß ich zwecks meiner eigenen Imagination diesen Professor einmal gesehen haben mußte. Das aber war natürlich fast schon eine zu hohe Hürde für damalige Zeiten: in dem großen Hörsaal, der etwa 300 Sitzplätze faßte, saßen ausschließlich männliche Studenten und keine weiblichen Hörerinnen.

Ich aber bestand darauf, mir diesen Professor in Aktion anzusehen, mußte aber versprechen, mich ganz weit weg von Karl und von allen mir bekannten Studienfreunden zu setzen, um diese nicht in eine unangenehme Situation zu bringen. Obwohl ich so zurückhaltend wie möglich auftrat und auch entsprechend unauffällig gekleidet war, wendeten sich während der Vorlesung immer mehr Köpfe in meine Richtung, bis der Professor etwas irritiert seine Lesung kurz unterbrach und mit unwirscher, sehr lauter Stimme sagte: ``Meine Herren, hier spielt die Musik, wenn ich bitten darf!´´

Man hätte schon heucheln müssen, um diesen mürrischen Kotzbrocken (Verzeihung!!) sympathisch zu finden, aber ich tat es und heuchelte tatsächlich – für Karl. Denn genau da mußten wir ansetzen: mental Sympathie aufbauen und ein inneres Vertrauensverhältnis herstellen. Drei Monate Zeit stand für das Mentaltraining zur Verfügung. Wir haben beide zusammen jeden Abend geübt: eine bestimmte Buchstabenkombination auf die Stirn von Karl und auf die Stirn des Professors projiziert und gedanklich verbindende Sympathiefäden zwischen den Buchstaben laufen lassen. Das Gesicht des Professors mußte Karl sich wieder und wieder als ein freundliches und wohlwollendes einprägen. Karl mußte ebenfalls sein eigenes lächelndes Gesicht imaginieren. Dazu striktes Wegschicken aller negativen Vorstellungen von der Person des Professors wie auch von der Prüfungssituation.

Das klingt nicht so schwierig, war aber harte Arbeit, auch Karl bei der Stange zu halten. Er durfte einfach nicht in die eigene Meinungsfalle hineinschliddern, daß er vorzeitig die Übungen beenden könne, denn jetzt werde schon alles gut gehen. Vorzeitige Euphorie ist ganz und gar fehl am Platze. Es hat geklappt, ihn zu motivieren, die Übungen bis zum letzten Tag vor der Prüfung, ja sogar noch am Prüfungstag durchzuhalten.

Die Prüfung ging dann auch glatt: das Diplom war gerettet, und wir konnten den frisch gebackenen Diplomingenieur noch am gleichen Abend auf einer zünftigen Party hochleben lassen.“

„Und wer hat dich hochleben lassen, Alexa?“

„Keiner – aber was soll´s. Es wußte ja keiner davon außer uns beiden, und Karl hat zu niemandem etwas davon verlauten lassen. Wahrscheinlich hat er sich geschämt, eine derartige ´´Prüfungsvorbereitung´´ zuzugeben, und wollte sich keinen Spott der Kommilitonen einhandeln. Ich habe mich auch ohne die allgemeine Anerkennung sehr über den Erfolg gefreut. Es gehörte bereits damals schon zu meinem persönlichen Training, nicht auf Dank und Anerkennung zu hoffen, um Enttäuschungen im Leben nicht zuzulassen. Natürlich haben sie sich trotzdem immer mal wieder heimlich eingeschlichen. Sei´s drum!"

„Du bist viel zuwenig gelobt worden in deinem Leben, Alexa. Man hat alle deine Leistungen für viel zu selbstverständlich erachtet, und nicht großartig viel Worte darüber verloren. Das hat dazu geführt, daß auch du selten deinen Mitmenschen Anerkennung gezollt hast. Früher jedenfalls."

„Das ist richtig, Ishtuahavi. Das hat sich dann aber schlagartig geändert, als mir mein Team das eines Tages unter die Nase gerieben hat. Sie erklärten mir, daß sie schon gern für mich arbeiten würden, aber nie so richtig wüßten, ob sie es mir recht machten, oder ob ich irgend etwas vielleicht lieber anders hätte. Ich habe das sofort abgeändert, und es war von nun an ein viel freudigeres, erfolgreicheres Zusammenarbeiten, von dem alle Seiten profitierten. Ich merke dir an, daß du schon halb im Aufbruch bist, Ishtuahavi? „

„Ja, richtig. Es ist ja schon Mitternacht, Alexa. Aber an eine Buchstaben-Kombination möchte ich dich hier und jetzt noch erinnern, die du kennst, aber noch zu wenig gepflegt hast:
Die Schweigeformel: N M M – in den Farben rot – blaugrün – blaugrün. Sie hilft dir, die vagabundierenden Gedanken wegzuschicken, die sich immer wieder störend einmischen und versuchen, alle Konzentration zunichte zu machen."

„Das ist ein wichtiger Hinweis, Ishtuahavi. Ich werde diese Übung umgehend wieder aufnehmen. Liege ich also richtig, daß wir nächstes Mal über die Kabbala reden werden? Du hattest ja schon begonnen, darüber zu sprechen, bevor ich mit meinem Voodoo - Thema dazwischen geplatzt bin."

„Vielleicht, mal sehen... aber jetzt sag ich erst einmal: Gute Nacht und schlaf gut."

Ich erwiderte ihren Gruß und dankte ihr, während sie bereits wieder in Schwingungen der Unsichtbarkeit weilte.

Vor dem Schlafengehen trat ich noch einmal auf die Terrasse: ein paar monderhellte Wolken zogen gemächlich über den nächtlichen Himmel und auch die Sterne funkelten wieder. Sturm und Regen hatten sich verzogen, und das Meer sandte ein leises, fast zärtliches Schlaflied in die vielstimmige, tropische Nacht.

27.

Mit dem Schlaf war es schon nach einer Stunde vorbei, und ich geisterte herum in dieser Nacht: war es wieder einmal der soeben aufgegangene Vollmond, der mich nicht schlafen ließ, oder doch eher die fesselnden Themen, die ihre Spaziergänge in meinen Hirnwindungen einfach nicht unterlassen wollten? Alles beides vermutlich.

Ich zog mir einen Bademantel über, goß mir ein Glas trockenen argentinischen Rotwein ein und ging vor die Tür ins Freie, um die hell aufleuchtenden Schaumkronen, die kippenden Wellenkämme der Brandung aus nächster Nähe zu betrachten und sie beruhigend auf mich wirken zu lassen. Allerlei Nachtgetier war unterwegs zu einer ganz besonderen Fiesta: die Natur hatte eingeladen zu ihrem Vollmondfest - dem allerersten im neuen Jahr.

Nach einigen Minuten empor gerichteter Blicke - verloren in der Endlosigkeit des Sternenhimmels - fühlte auch ich mich willkommen geheißen von dem milde lächelnden Mond, der offenbar in der Zwischenzeit alle Wolken heimgeschickt hatte, war bald nicht mehr nur Gast, sondern Teil dieser karibischen Nacht mit all ihren Einflüsterungen und vielstimmigen Geheimnissen. Ein Ambiente geradezu geschaffen für magische Gedanken.

Warum hatte Ishtuahavi ''mal sehen... vielleicht'' beim Abschied gesagt? Warum mich wieder einmal im Ungewissen gelassen? Wollte sie mich extra... neugierig machen...?

Ich fand darauf keine befriedigende Antwort. Sie wollte sicherlich damit etwas erreichen. Ich sollte mich mit irgend etwas beschäftigen, sollte etwas herausfinden. Ich kannte das ja schon und konnte inzwischen diese Anzeichen deuten. Meistens jedenfalls!

Na, gut!

Ich holte mir einen der leichten Plastik-Stühle an den Strand, ruckelte ihn im Sand standfest zurecht und überließ mich dem Rauschen des Ozeans und dem Anblick der perlend rieselnden Wasser in den auslaufenden Wellen.

„Das gesamte Universum ist Magie, ist voll verschlüsselter Geheimnisse, die sich offenbaren, wenn man sich ihnen hingibt, sich ihnen öffnet".

Ich erinnerte mich wieder an Ishtuahavis Worte in der kleinen Bergkirche, bevor wir über Voodoo sprachen. In die Wahrheit dieses schlichten Satzes konnte ich in diesem Augenblick entspannt und hingegeben eintauchen.

Die mythische Wahrnehmung der Wirklichkeit, die Entdeckung ihrer spirituellen Signifikanz in der sichtbaren Welt auf dem Weg zu ihrer göttlich zu nennenden Bedeutung... Diese aufmerksame Wahrnehmung, diese Empfänglichkeit für verschlüsselte Botschaften – tagtäglich, immerzu, nicht nur in kleinen, mit Pseudomeditationen angefüllten Zwischenpausen, die selten genug wirklich befriedigend gelingen - ist man denn ehrlich und belügt sich nicht selbst: das ist praktische spirituelle Philosophie.

Sie nähert sich der Komplexität des Lebens auf dem Weg des Mythos und seiner Symbole, und sie ist soviel weitreichender, umfassender, universeller. Sie ist unzerstörbar, denn sie ergänzt sich selbst durch das sich ständig ändernde und erneuernde Leben, aber sie überlebt sich nicht wie eine Philosophie, die sich ausschließlich dem Logos im Sinne des Intellekts in ihrem elitären Elfenbeinturm verpflichtet sieht, immer wieder Irrtümer der Vergangenheit eingestehen und revidieren muß und sich nicht selten in einer Sackgasse überholter Begriffe und auch überalterter Weltanschauungen verrennt. Denn spirituelle Philosophie weiß um das beständige Gesetz des Wandels. Sie huldigt diesem ewigen, ja göttlich zu nennenden Paradoxon. Das macht sie so frisch, so jung, so dynamisch, weil sie ganz nah bleibt am Pulsschlag des sich ständig ändernden Lebens.

Bei der Lektüre der Werke wirklich großer Philosophen spürt man diese wundersame, immer gleichbleibende Frische, die sich aus einer ewigen Quelle zu speisen scheint - auch nach Jahrtausenden noch nicht abgestanden oder schal.

Dynamisch gelebte spirituelle Philosophie trägt Tag für Tag sich erneuernde Fragen an uns heran: was lernen wir immer wieder aus den alten wie auch aus neu entstehenden Mythen? Wie setzen wir sie im Hier und Jetzt in der jeweils entstehenden Situation um? Wie entwickeln wir uns in ihnen und mit ihnen weiter? Welche immer wieder anderen Lernaufgaben enthalten sie? Welche Zeichen begegnen uns? Wo öffnet sich ihr magisch zu deutender Weg? Wohin führt er in der individuellen Entwicklung? Was ist in simpel erscheinenden Zahlen und Buchstaben verborgen? Nur eine Spielerei, Taschenspielertricks, nichts anderes?

Wenn ein Pythagoras in seiner Mysterien-Religion schon vor 2.500 Jahren mit solchen wohlgehüteten Geheimnissen gearbeitet hat – dann doch wohl sicher nicht aus Langeweile oder nur so zum Zeitvertreib, wie man Buchstaben in ein Kreuzworträtsel einsetzt, um es zu lösen. Die streng asketisch und unter ethisch hoch angesiedelten Geheimbund-Regeln lebenden Pythagoreer vertraten nicht nur eine Lehre der Seelenwanderung und der Befreiung der Geistseele aus der Bindung an die Materie, sondern wir verdanken ihnen wichtige Erkenntnisse in der Mathematik, Astronomie und Harmonielehre.

Die Entstehung der Weltordnung sieht Pythagoras in der Zahl EINS.

Die Zahl ZEHN wiederum genoß besondere Verehrung und wurde als ''Tetraktys'' bezeichnet (dieses griechische Wort soll angeblich ''Vierergruppe'' heißen, wie ich in einem philosophischen Lexikonartikel gelesen habe), weil sie aus der Summe der ersten vier Zahlen besteht:

$$1+2+3+4 = 10.$$

Zuerst also trat die Zahl EINS in Erscheinung, dann kamen die anderen Zahlen: bekanntlich insgesamt neun. Was aber ist v o r der Erscheinung der EINS? Die raum- und zeitlose Ur-Idee, das ungeborene Licht – als ''Zahl'' ausgedrückt:

die U n -Zahl oder U r -Zahl NULL?!
Die heilige Null – das AIN SOPH.

Damit nimmt die Zehn, wo sich EINS und NULL verbinden, eine Sonderstellung ein. Dieses von den Pythagoreern voller Absicht nicht weiter kommentierte Geheimnis war ihnen wichtig genug, einen Eid auf die ZEHN zu leisten.

Warum? Wie man inzwischen weiß, haben die Pythagoreer bereits mit den erst später offiziell entdeckten transsaturnischen Planeten gerechnet, so daß sie einschließlich Uranus, Neptun, Pluto und Sonne wie Erde auf die Zahl ZEHN der Himmelskörper unseres Planetensystems kamen. Das kann nicht einfach als Zufall betrachtet werden, nur weil man unter den Pythagoreern eine akribische Geheimhaltung befolgte und auch durchhielt. Sie haben dann wohl etwas ''durchsickern'' lassen wollen und behauptet durch Sphärenklänge, die das menschliche Ohr nicht hören könne, dieser Entdeckungen teilhaftig geworden zu sein. Die wissenschaftliche Entdeckung durch die Astronomen samt Namensgebung fand doch sehr spät erst statt - nämlich: für Uranus 1781 als 7., für Neptun 1846 als 8. und für Pluto sogar erst 1930 als 9. Planeten.

Die Bedeutung der Zahl ZEHN weist parallel auf die 10 Sefiroth (39) im Baum des Lebens hin, von dem man mit ziemlicher Sicherheit annehmen darf, daß er in den alexandrinischen Schulen zum allgemeinen Wissensgut gehörte. Die erste Sefirah Kether - die EINS als die Schöpfungsidee - Seite an Seite mit der NULL - dem AIN SOPH, dem All-Einen, der von Menschen nicht zu erkennenden dynamischen Schöpfungs-Instanz - verbinden sich, verdichten sich, werden stofflich, werden zu Materie. Der Weg beginnt bei der EINS – Kether und führt durch den Baum des Lebens mit seinen anderen Sephirot zu ZEHN – Malkut.

Ziel ist es, durch Verfeinerung und Vergeistigung der Materie von Malkut den umgekehrten Weg zu Kether zurück und schließlich zur Gottheit anzutreten.

Die Buchstaben kamen erst später. Es verwundert nach all dem nicht, daß sie Zahlen zugeordnet werden, somit Zahlenwerte erhalten. Vor dem Wort wiederum waren Urlaute da. Sich verbindende Laute werden erst zu einer Silbe, dann zu einem Wort. Durch Zusammenfügen der Worte entsteht die Sprache. Das Wort wird sichtbar durch Zeichen, später durch zusammengefügte Buchstaben. Geschriebene Sprache erscheint erst viel später.

Am Anfang war also nicht das Wort? Oder aber doch? Beginnt der Schöpfungsprozeß mit dem Wort, das die Manifestation der Idee in der Materie bewirkt, es in die Erscheinung ruft?
Heißt es nicht: *Nichts ist geworden ohne das Wort *?
Aber welches Wort und in welcher Sprache? Das gibt doch irgendwie zu denken!
Am Anfang war doch die Zahl! Ganz eindeutig! Oder war die Zahl v o r dem Anfang, war sie die U r -sache (griech.: $\alpha\iota\tau\iota\alpha$), bevor der Anfang überhaupt stattfinden konnte? Anfang und Ende sind doch das Gleiche, wie wir am Symbol des Uroboros schon erfahren haben - von Ishtuahavi so eindringlich vorgeführt. Ein Anfang enthält etwas Zeitliches in einem Raumgefüge. Zeit existiert doch aber gar nicht!?! Andererseits hat Logos
(λ ó γ oc) noch sehr viele andere Bedeutungen - wie z.B. ''Denkkraft'' und ''Vernunft'' - und läßt sich keinesfalls auf ein einzelnes Wort reduzieren.

Schritt für Schritt auf Spurensuche in der Kabbalah: was will sie lehren? Schlummernde Kräfte in den Zahlen und den ihnen zugeordneten Buchstaben erkennen und wecken, ihr magisches Geheimnis erspüren und diese göttliche Botschaft annehmen.
Das hatte ich aus Bardons Bücher schon gelernt und gelegentlich auch umsetzen können – ziemlich bald und ganz ohne langwieriges Training. Und plötzlich ergriff mich wieder diese tiefe Ehrfurcht vor den Buchstaben, die ich während meiner Darminfektion schon erfahren durfte, und auch ein Bedauern, diese doch früher schon erlangte Einsicht zu oft übergangen, zu wenig in die Praxis umgesetzt und auch zu wenig gewürdigt zu haben in meinem bisherigen Leben. Daher der Hinweis von Ishtuahavi.
Schnell habe ich ein Pflaster für diesen Kratzer parat. Dichterworte sollen mich leiten und auch trösten - die Poesie von J. von Eichendorff:

*Schläft ein Lied in allen Dingen,
die da träumen fort und fort,
und die Welt hebt an zu singen,
triffst du nur ihr Zauberwort.*

Wo man hinschaut: Kabbalah – bewußt oder unbewußt.... Zauberworte lernen.... Zauberworte wissen und... sie nützen....
Wie oft hatte Ishtuahavi die Kabbalah erwähnt – nur so ganz nebenbei und am Rande bemerkt?! Eigentlich kam mir das jetzt im Nachhinein erst so richtig zu Bewußtsein:...
*Lichtrad aller Sprachen der Welt:
dröhnende Urkraft auf Erden...*   A.R.
- und -

*Menschsein heißt Sehnsucht im Herzen haben,
Sehnsucht über das kleine erdverhaftete Ich hinaus,
heißt eine Sprache besitzen
und ihre Macht über Wesen und Dinge nützen.* A.R.

Hatte ich nicht selbst dies geschrieben in meinen *Sphärengesängen*...?
... Wie hatte ich diesen Wirbel gespürt, der mich fast umgeworfen hatte in jener Nacht? ... schon vor fast 40 Jahren war das!

Kabbalah heißt ja zunächst einmal nichts weiter als ''Überlieferung''. Sie überliefert, überbringt, bietet uraltes, ewig junges Wissen an – vollkommen unaufdringlich und sehr subtil – genau wie ich in meinen Eingangsbetrachtungen schon sagte:
... koste doch mal...
Niemand braucht es anzunehmen. Wer aber in diesem Themenbereich unterwegs ist als spirituell-philosophisch Forschender, wird immer mal wieder überrascht feststellen, daß er schon wieder mittendrin ist in diesem Wissensgut – ganz ohne bewußt daran gegangen zu sein, es beim Namen genannt zu haben oder überhaupt etwas davon zu wissen.
Ob man will oder nicht:
es ist universelles Gedankengut in seiner zeitlosen Form und seiner Allgemeingültigkeit. Man trifft es in allen Teilen der Welt, in allen Religionen, allen philosophischen Weltanschauungen, allen Theosophien an, auch wenn vielleicht etwas modifiziert und anders bezeichnet.
Das Ur-Eine vor der erscheinenden EINS - das Ain Soph, das alle Gegensätze enthält.
Wir haben darüber schon gesprochen... vollkommen selbstverständlich:
    die coniunctio oppositorum – die Vereinigung von Shiva mit der Shakti -
die mystische Hochzeit zwischen der Seele und dem Christós-Bewußtsein.

Was ist mit diesem ''Tetraktys''? Bei dieser Bezeichnung habe ich allerdings so meine Zweifel:
es läßt sich im altgriechischen Wörterbuch nicht ein annähernd ähnliches Wort finden, aus dem sich das ''ktys'' (κτυc) ableiten ließe. Ich vermute daher, daß es ''ktistys'' (κτ ισ τυc) = Gründung, Schöpfung heißen muß:
    also Tetraktistys - (Τετρακτιστυc)
Das macht Sinn. Denn ''Gruppe'' heißt auf griechisch: το πληθ οc (to plethos) – also ganz anders. So vermute ich, daß die Silbe ''tis'' (τισ) vielleicht einfach irgendwann einmal abhanden gekommen ist, weil sich dieser Zungenbrecher ohne diese Zwischensilbe einfacher sprechen läßt.
Was also hat es mit dem Tetraktistys auf sich? Der Vierer-Schöpfung - oder auch Vierer-Gründung? Es kann sich zum einen um die vier Ebenen han-

deln, auf denen sich die Sefirah EINS mit der Sefirah ZEHN begegnen können. Es sind die vier Welten der Kabbalah:

Atziluth: Welt der Archetypen
Briah: Welt der Schöpfung
Yetzirah: Welt der gestaltenden Kräfte
Assiah: Welt der materiellen Kräfte
Dem Viererschlüssel begegnen wir noch verschiedentliche Male:
das heilige Tetragrammaton, der unaussprechliche Name Gottes.

Dann die vier Säulen magischen Arbeitens:
Wissen – Wollen – Wagen – Schweigen.
Die 4 Kerzen der Menorah, die sich in meinem Traum auf mich zu drehten, gaben mir vor Jahrzehnten bereits diesen Hinweis.

Man kann sich auf ganz natürliche, ungezwungene Art in den Lebensbaum mit den 10 Sephirot vertiefen und ihn auf sich wirken lassen. Man wandert entlang seiner 22 großen Arcana (30) des Tarot, die den 22 hebräischen Buchstaben entsprechen, besucht jede einzelne Sefirah, wandelt auf den 32 Pfaden, um dann festzustellen, daß sie immer nur mit ihrem Gegenüber, ihrem Gegensatz zusammen verständlich wird und ein vollkommenes Ganzes bildet.
In der Beschäftigung mit dem Lebensbaum gehen Schritt für Schritt Lichter auf, was jüdische Mystik, jüdische Theosophie tatsächlich zu lehren im Stande ist. Zudem in ihrer Zeitlosigkeit völlig unverstaubt und sehr modern.

Und doch ist das okkulte Wissen der Kabbalah nicht ausschließlich jüdischen Ursprungs, wenn sie auch dankenswerter Weise von einer Reihe weiser Rabbiner bewahrt, aufgeschrieben und gelehrt wurde. Es kommt teilweise aus dem alten Ägypten, wo man auch den Ursprung des Tarot und die Zusammenhänge mit der Kabbalah nachweisen konnte (Eliphas Levi). Moses, der Vater der Gesetzestafeln, war ein Eingeweihter der ägyptischen Mysterien, so daß selbstverständlich diese Geheimlehren einfließen konnten. Das Gilgamesch-Epos von Babylon aus der mutmaßlichen Zeit um 2.500 v. Chr. trägt ebenso viele dieser grundlegenden Züge - wie in allen esoterischen Ritualen und Lehren zu finden.
Papus und Franck sind sich einig, daß Hiob bereits von geheimnisvollem Wissen gesprochen und beklagt hatte, daß schon so viel verloren gegangen sei von den alten Weisheitslehren. Von Hiob weiß man nichts Näheres an historischen Zahlen und vermutet ihn zwischen 5000 und 3000 v.Chr. Das ist sehr vage, weiß man doch noch nicht einmal sicher, ob Hiob nur eine Symbolgestalt darstellt oder tatsächlich auch gelebt hat. Beschriebene veränderliche Gestirnstellungen deuten jedoch auf eine Zeit um 3000 v. Chr. hin.

Genaueres weiß man indessen von den beiden Weisen Daniel und später Esdras, die in Chaldäa - oder auch Babylon genannt - ca. 6. Jh. bzw. 5.Jh. v.Chr. lebten und die kabbalistischen Geheimlehren nach Palästina brachten (laut Papus und Franck).

Man braucht deshalb auch nicht unbedingt das Althebräische zu erlernen, um Kabbalah zu studieren und mit ihr umzugehen – wie öfters gern gefordert - wenngleich die Schriftzeichen und ihre Deutungen schon wert sind, sie unter kabbalistischen Aspekten zu betrachten. Weinreb beschreibt das hebräische Alphabet Buchstabe für Buchstabe so lebendig in seiner kleinen Schrift, das man Freude daran gewinnt, und es durchaus nicht als eine langweilige Pflicht-Übung empfindet.

Trotz allem: das Göttliche läßt sich wohl kaum auf eine einzige Sprache festlegen, umfaßt vielmehr die Sprachen aller Völker und aller Rassen dieser Erde.

Der aufmerksam Studierende erkennt auch in allem die Parallelen zu indischen Weisheitslehren. Bei der Sefirah Tipheret wird sofort klar, daß das Herzchakra gemeint ist, und daß sich der Kreis schließt in der Symbolik, die Jesus in seiner gleichnishaften Kreuzigung vorgelebt hat. Die Kabbalah ist – so unglaublich es klingen mag – a u c h sehr, sehr christlich, wenn man es einfach einmal wagt, diese Septuaginta und auch diesen Apostel Paulus beiseite zu lassen, weil sie nur zerstörerisch entzweien, was zusammen gehört: die polaren Gegensätze dieser Welt wie gut und böse, hell und dunkel, wie auch das Männliche und das Weibliche - Mann und Frau.

Eliphas Levi, der Okkultist und treue Katholik, hat sich um die christliche Kabbalah verdient gemacht und sie uns in seinen Werken näher gebracht. Er blieb dem katholischen Christentum zeit seines Lebens treu, obwohl der Vatikan ihm die Priesterweihe versagte und ihn verstieß. Ganz deutlich distanziert er sich immer wieder von schwarzmagischen Praktiken und Entgleisungen und erteilt ihnen eine scharfe Absage. Deswegen hat der Satanist Aleister Crowley auch nicht das geringste Recht dazu, sich auf Levi zu berufen, sich mit ihm zu vergleichen oder sich gar als eine Inkarnation von Eliphas Levi zu bezeichnen.

Kabbalistisches Gedankengut ist auch dem der frühchristlichen Gnosis so ähnlich, so verwandt – heftig bekämpft von den christlichen Fanatikern, die damals die Schriftrollen in Alexandria ins Feuer warfen. Hätten sie das Evangelium und die Offenbarung des Johannes nur annähernd einordnen und verstehen können, hätten sie es wahrscheinlich auch gleich mitverbrannt, denn - offen oder versteckt – sind sie Kabbalah in Reinkultur.

Als ich mich zum ersten Mal mit der Kabbalah beschäftigte, hatte ich plötzlich das Gefühl, staunend wie ein Kind vor einem hauswandhohen Weihnachtskalender zu stehen: viele Türen, die man aus gutem Grund in der vorgesehenen Reihenfolge Schritt für Schritt öffnen d a r f – wohlbemerkt d a r f, nicht muß. Dürfen bedeutet Genuß – Müssen hat einen Touch von Unfreiheit, von Zwang.

Eigentlich habe ich dieses spezielle Weihnachtskalender-Gefühl noch immer. Es ist ja auch in der jeweiligen Lebenssituation immer wieder von neuem spannend, wenn man eine Tür öffnen darf, oder sie sich sogar von selbst auftut - wie ein Geschenk - was natürlich ein noch viel beglückenderes, viel erhebenderes Gefühl mit sich bringt.

Meine Aufgabe hatte mir Ishtuahavi ja - kurz bevor sie sich verabschiedet hatte bei unserem letzten Treffen gestern Abend – noch zukommen lassen: auf meiner Tür standen jetzt die großen Lettern N-M-M – die Schweigeformel der mystischen Kabbalah. Ich werde daran arbeiten müssen, daß ich nicht nur staunend davor stehen bleibe, sondern daß sich diese Tür auch auftut. Es kann dahinter ja nur ein großartiges Wunder auf mich warten, was sonst?

Der Mond war untergegangen, hatte den Sternen die stockfinstere Nacht überlassen. Doch den gewohnten und nur kurzen Weg zur Haustür fand ich in schlafwandlerischer Sicherheit. Ich ging wieder zu Bett, das mich zuvor nicht hatte halten können in dieser wolkenlos hellen Vollmondnacht. Das Summen dieser drei Buchstaben begleitete mich. Dann verglommen ihre Farben wie schwelende Scheite im Kamin, und auch das Summen wurde leiser und leiser und verstummte. Ich war endlich eingeschlafen....

28.

Ich träumte:
eine anmutige Gestalt in einem zart-fließenden, leuchtend amethystfarbenen Gewand wandelte an meiner Seite. Wir kamen an einen majestätischen, einige Jahrtausende alten Palast und schritten die Stufen hinauf zu seinem schweren, kunstvoll beschlagenen Portal. Meine Begleiterin klopfte ganz leise an. ´´Konnte das überhaupt jemand hören?´´ überlegte ich. Doch jemand hatte es vernommen: die Türe ächzte tief, während man sie öffnete.
„Herzlich willkommen in unseren heiligen Hallen, meine verehrten Damen", begrüßte uns ein Diener in Livree mit dem Ausdruck erstaunter Freude und verbeugte sich ehrerbietig:
„Du hast uns lange schon nicht mehr mit deinem Besuch gewürdigt und beglückt, erhabene Göttin", wandte er sich an meine Begleiterin, und seine Augen strahlten.
Wir traten ein und gingen in eine weiträumige, uralte Bibliothek.
Zu meiner Verwunderung empfing uns dort nicht - wie erwartet - eine ruhige und schweigsame Atmosphäre, sondern an verschiedenen Schreib- und Lesetischen ging es hoch her. Äußerlich ehrwürdig erscheinende Professoren und einige ranghohe Priester im Bischofsornat stritten wie Schulbuben heftig miteinander. Die allgemeinen Regeln der Höflichkeit und guten Erziehung schien man auf unangenehme und unvornehme Art und Weise gänzlich außer Acht zu lassen. Jeder von ihnen wollte seine Ideen, Erkenntnisse und Lehrmeinungen lautstark als die einzig wahren durchsetzen.
„Was sagst du dazu? Was tun diese Herren hier? Warum benehmen sie sich so laut und ungezogen in diesen ehrwürdigen Mauern?" bemerkte ich zu meiner Begleiterin.
„Das geht nun seit Jahrtausenden schon so, Alexa. Früher war ich oft sehr traurig darüber, daß es in meinem Namen immer wieder Unfrieden und Streit gibt zwischen Menschen, die sich gelehrte Theologen und Philosophen nennen", entgegnete sie. „Heutzutage gehe ich einfach lächelnd vorüber, weil wenigstens die Theologen nicht mehr die Macht haben, einen unbequemen Philosophen umzubringen."

„Bist du Sophia – die Weisheit?" getraute ich mich jetzt zu fragen.
„Ja, Alexa, und der Philosoph ist in des Namens wahrer Bedeutung ein Weisheits-Freund. Wer aber aggressiv ist und sich besserwisserisch über die anderen erheben will, ist kein wahrer Freund der Weisheit, denn er liebt nicht mich, sondern vergöttert nur sich selbst. Statt Liebe tritt uns in diesen Streitenden nur besitzergreifende Begehrlichkeit entgegen, die sich in ihren absurden und verschrobenen Ansichten artikuliert. Diese eitlen Gelehrten sind mit dem kräftezehrenden Spiel sich gegenseitig fressender Gedanken

beschäftigt und verirren sich in diesem Labyrinth spitzfindiger Nebensächlichkeiten. Das ist wenig dazu angetan, über sich hinauszuwachsen und
Kreativität zu generieren. Damit entfernen sie sich von mir, und ich kann nur
traurig den Kopf schütteln und sie sich selbst überlassen. Du hast ja gehört,
wie der Pfortenwächter beklagte, daß ich so selten zu Besuch komme.
Schau mal, sie bemerken uns nicht einmal - so gefangen sind sie in ihren
übereifrigen Disputen."
„Können sie mich sehen und dich nicht?" fragte ich.
„Ich werde jetzt für sie unsichtbar und bleibe es auch während unseres heu-
tigen Besuchs. Wenn du jedoch willst, dann kannst du zu ihnen gehen und
dich ihnen zeigen. Aber du wirst enttäuscht sein, denn sie werden dich als
Philosophin nicht ernst nehmen und dich gar nicht weiter beachten. Diese
Priesterröcke werden vielleicht sogar so frech sein, dich aufzufordern, in die
Küche zu gehen und Kaffee zu kochen."
„Das übliche Macho-Gehabe – man kennt das ja. Doch dazu könnte ich mich
durchaus herbeilassen, wenn ich ihnen denn einen ganz besonderen Kaffee
servieren könnte, der ihnen einprägsam in Erinnerung bleiben dürfte."
„Alexa! Ich muß doch bitten! Oder willst du, daß ich auch für dich unsichtbar
werde?"
„Nein, Sophia, bitte nicht! Es war doch nur so zum Scherz gesagt."
„Überlassen wir also diese weisheitsfernen Streithähne sich selbst, weil ihre
Gesellschaft allzu unerquicklich ist und uns nur die gute Laune verdirbt. Wir
gehen jetzt einfach gemeinsam in die Küche. Laß uns doch mal sehen, ob
es dort freundlicher zugeht als in der Bibliothek."

Uns erwartete ein riesengroßer Kochtempel, dessen gewaltige Ausmaße
und Ausstattung die eines Grand Hotels noch zu überbieten schienen. Dort
trafen wir eine merkwürdige Mischung der verschiedensten Menschentypen
aller Altersklassen an. Einige hielten Selbstgespräche oder Ansprachen an
ein unsichtbares Publikum, andere unterhielten sich mit anwesenden Personen. Doch auch diese Konversation hatte etwas Merkwürdiges an sich. Es
ging um Rezepte und Zutaten für das Plätzchen-Backen. Wenn aber eine
Person etwas fragte oder sagte, dann erwiderte die angesprochene Person
etwas völlig anderes, das gar nicht dazu paßte. Trotzdem schienen sie alle
ganz gut miteinander auszukommen, obwohl sich keiner in einem echten
Gespräch mit einem anderen befand, sondern alle aneinander vorbei rede-
ten. Dann schauten wir einigen Plätzchen-Bäckern über die Schulter, wie sie
blasse Zuckerkringel auf ein Backblech legten, um sie braun zu backen. Sie
waren andächtig und todernst vertieft in ihre Beschäftigung, als sei diese
das Wichtigste auf der Welt.
„Diese Zuckerkringel sind ihre Geistesblitze – gar nicht so übel, wenn die
meisten unter ihnen sich und ihr Gebäck nicht so verbissen ernst nähmen

und für d i e Wahrheit überhaupt hielten", kommentierte Sophia das Geschehen.

„Bin ich auch so ein Zuckerkringel-Bäcker?" wollte ich wissen. „Wenn ja, dann aber Nußkipfel-Bäckerin bittschön", fügte ich schelmisch hinzu.

Sophia lächelte:

„Manchmal und in gewisser Weise, Alexa. Aber mit dem Unterschied, daß du nicht behauptest, daß deine Geistesblitze die ultimativen Zuckerkringel - oder meinetwegen auch die ultimativen Nußkipfel - schlechthin sind. Du hast immer heiter lächelnd, unverkrampft und ganz im Sinne von Lîla gesagt:

* …koste doch mal…*.

Damit hast du allen, die deine Nußkipfel vielleicht nicht mögen sollten, den Wind aus den Segeln ihrer Kritik genommen. Sehr clever, das muß man dir lassen, aber durchaus auch weise. Deswegen bin ich ja heute mir dir unterwegs, weil du eine Weisheitsfreundin und damit eben meine Freundin bist. Und noch etwas möchte ich dir mit auf den Weg geben, nach all dem was wir heute so an Lärm über uns ergehen lassen mußten:

Mach niemals überflüssige Geräusche! Die Welt ist voll davon.

Alles, was man von dir vernehmen soll, sei wie Musik   –   eine donnernde, wenn nötig – aber Musik, nichts anderes als immer wieder Musik, aber keine Geräusche!"

Sie sah mich liebevoll an aus ihrem überirdisch leuchtenden Gesicht. Ich wollte sie dafür umarmen, aber sie schlang einen ihrer langen, weiten, amethystfarbenen Schleier um mich und schwebte mit mir davon...

... einfach so...

29.

Ein leichter Ruck durchlief meinen Körper, als setzte eine Cessna ihre Haupträder auf, dann weich das Bugrad, um schließlich auszurollen: wieder im Hier und Jetzt... doch viel zu früh... erst 4 Uhr morgens...
... ich wollte doch noch gar nicht landen...

"request instructions for departure again"... *"clear to taxi - runway 09 – wind 08 – 2 knots - line up and hold* "...run up... "ready for take off "..*. "clear for take off* "... "roger – wilco". full power... kraftvoller Motorsound... und... air borne at 04:05 a.m. (31)....:

weg war ich wieder... Richtung Land der Träume...

Zurück im Traumland brauchte ich die Cessna nicht mehr, konnte wieder mit den Flügeln meiner Seele fliegen....

Plötzlich stand ich vor diesem Riesen-Weihnachtskalender. Er wirkte statisch und abweisend: 72 Türen, und alle geschlossen – nirgends ein Hinweis. Ratlos und etwas zaghaft klopfte ich vorsichtig an die nächstliegende Tür... ein zweites Mal... ein drittes Mal... die Wand wich zurück, weiter und weiter... hatte ich etwas falsch gemacht, weil ich nicht gewartet hatte, anstatt anzuklopfen? Die Wand jedoch begann sich zu verwandeln, gewann an Tiefe und an Volumen, bildete mehr und mehr die Konturen eines großen vielstöckigen Hauses, bis endlich nach diesem faszinierenden Schauspiel im Zeitraffer vor meinen erstaunten Augen eine Ritterburg entstanden war: Zinnen, Türme und... eine hochgezogene Zugbrücke.
Ich saß im edlen mittelalterlichen Gewand auf einem Einhorn, das mich leise und zufrieden schnaubend zur Burg trug. Lange Ketten senkten rasselnd die Zugbrücke nach unten: eine Einladung in den Innenhof einzureiten. Ein Knappe half mir absitzen und übernahm mein Einhorn, um es in den seitwärts gelegenen Stallungen zu versorgen.
Der Herr des Hauses – ein ehrwürdiger alter Fürst in kostbarer Kleidung – trat auf mich zu und empfing mich freundlich. Er umarmte mich wie ein väterlicher Freund und bot mir höflich seinen Arm. Wir sprachen kein Wort.
Unsere Herzen fühlte ich jedoch im gleichen Rhythmus schlagen, und unsere Seelen sangen miteinander eine uralte Melodie.
Als wir die Halle betreten hatten, war er plötzlich verschwunden. Ich wartete nicht, sondern schritt voran, die Burg zu erkunden, summte dabei immer noch diese alte Melodie vor mich hin.

* Singend geh ich durch große Säulenhallen,
von hohen Wänden kehren die Töne wieder,
daß man glaubt, es gibt da noch einen,
                        der mitsingt.

Ich singe und wandere durch Pforten und Türen,
die sich von selber öffnen:
herrliche Räume, Hallen, breite Treppen
mit kunstvoll verzierten Geländern.
Räume zum Singen von Heldengesängen,
Hallen zum Tanzen in langen Gewändern,
und über die breiten Treppen muß man schreiten,
mit erhobenem Haupte wie Fürstinnen schreiten,
daß die langen Schleppen den lautlosen Schritten
zögernd über die Stufen folgen - - - -

... und immer und immer singe ich.
Hab ich von alten Zeiten gesungen?
woher weiß ich, wer raunt mir die Worte ins Ohr?
Aus den großen goldenen Rahmen
steigen gemalte Gestalten,
rief ich sie? Oder wer?
Sie wandeln, sie schreiten, leicht, fast fließen.;
Ich bin keine Fremde unter ihnen,
ich tanze durch ihre Reihen,
sie nicken, sie lächeln,
und jede hat ein Wort mir zugemessen,
und alle mahnen: nie darfst du´s vergessen!
Sing nur, sing es, singend wirst du
                        manch Gehör gewinnen,
doch für taube Ohren soll´s zerrinnen!

Sie gehen wieder, schweben vorüber,
ich singe allein, bis ein schweres Eichentor
                        sich ächzend auftut - - - -
mein Lied schreit gellend aus mir,
ich taumle, sinke, entschwinde mir,
wie ein abgestreifter Mantel von einem Körper gleitet:
im Fallen noch gehoben und hinübergetragen
in eine andere Wirklichkeit.
Traum? Nein! Die Worte - das Lied.
Nur das! Nur? *   A.R.
                  * * * * * *

- 309 -

Ich finde mich mitten in einem Raum voller Dinge.
Die Lippen schweigen, staunend ein wenig geöffnet:
das Herz singt statt ihrer, ganz leis´ und behutsam,
als fürchte es ein Zuviel.

Und die Sehnsucht ist in den Händen,
sie müssen tasten, die Dinge berühren,
um sicher zu sein, daß sie da sind.
Und über alles streichen die Finger,
als liebkosten sie etwas lange Verlorenes;

und die Augen suchen etwas, das im Raume steht,
unsichtbar, untastbar, ich fühle es deutlich.
Singe Herz, singe, es entflieht mir sonst heimlich,
sing wie ein zarter schwirrender Flügel,
ich halt´ es, halte es, halte....Zügel,
Sonnenwagen, Sonnenpferde in rasendem Lauf,
Halten, halten, nicht stürzen, vollenden...
Die Worte - - das Lied... hinauf, hinauf....

... und die Worte lösen sich zu farbigen Lettern auf ;
wie sie wirbeln, sich drehen, ein riesiges Rad,
bis die Farben sich mischen,
brausender, schneller, bis sie gänzlich verwischen
und ganz weiß werden, zu weißem Licht,
so hell die Augen ertragen es nicht:
Lichtrad aller Sprachen der Welt,
*dröhnende Urkraft auf Erden. *   A.R.

Wie damals erfaßte mich ein Wirbel, und plötzlich saß ich am Strand auf einem der angespülten Baumstämme – dort wo ich Ishtuahavi zum ersten Mal getroffen hatte.
Mir war schwindlig – es drehte sich alles wie in einer Spirale. Ich blickte auf das blaue Meer, die Wellen, die Schaumkronen. Das half: langsam flaute das Schwindelgefühl ab.
Das... das war aber doch kein Traum mehr? Wie bin ich hierher gekommen?
... ob Ishtuahavi...?

„Guten Morgen, Alexa. Na, wie geht es dir nach diesen Turbulenzen?"
„Guten Morgen, Ishtuahavi. Noch etwas benommen nach dieser Reise, aber sonst ganz gut soweit, denke ich... ich bin noch nicht richtig angekommen im Hier und Jetzt, muß noch zu mir finden..."

„Das war auch alles ein bißchen viel für dich heute Nacht – ich weiß, Alexa."
Wir saßen lange schweigend auf unserem Baumstamm - wie schon so viele
Male zuvor.
Nach einer Weile wollte ich gerade den Mund aufmachen und etwas fragen,
als Ishtuahavi mir blitzschnell zuvor kam:

„Nichts mehr fragen, Alexa. Du hast genug gefragt - vorerst einmal.
Es ist Zeit, daß du anfängst zu schreiben. Du hast ganze Diarien voll Stich-
worte und Notizen gesammelt über unsere Gespräche:
Es ist jetzt soweit."

„Aber ich wollte doch nur noch..."
„Alexa, bitte! Kein Aber mehr."

„… und... wie soll denn der Titel lauten, Ishtuahavi?"

„Steh auf, Alexa. Heute brauchen wir keinen Stecken. D u wirst der lebendi-
ge Stab sein, an dem ich mich empor ranken werde."
Ich gehorchte. Ishtuahavi glitt senkrecht an meinem Rückgrat nach oben,
über den Kopf, über die Stirn, berührte mich mit ihrem Mund zwischen den
Augenbrauen, wanderte weiter an meiner Vorderseite entlang nach unten,
besuchte mein Herz auf gleiche Weise, bis sie schließlich den Sand unter
uns wieder erreicht hatte. Dann richtete sie sich in voller Höhe zu mir auf
und blickte mich aus ihren lächelnden Goldtopas-Augen erwartungsvoll an:

„Weißt du jetzt den Namen für unser Buch?"

Ich konnte kein Wort sagen und nickte nur.
Ishtuahavi schaute mich zufrieden und auch sehr liebevoll an und ver-
schwand.
Ich ging heim und schrieb den Titel auf ein Blatt Papier:

* Der Kuß der weißen Schlange *

Glossar

(1) Almendra: tropischer Mandelbaum, bis 15 m hoch, sehr widerstands-fähig,große, kräftig-fleischige Blätter, längliche, den europäischen Mandeln ähnliche Früchte

(2) lat.: wohlbemerkt

(3) Adam Kadmon: zu verwirklichende Uridee des Menschen

(4) laut Pinchas Lapide: siehe Lit.-Verzeichnis

(5) Wurzel-Chakra

(6) Stirn-Chakra - auch sogen. Drittes Auge

(7) lat.: ein Drittes gibt es nicht

(8) lat.: Jeder ist seines Glückes Schmied

(9) lat.: Eile mit Weile

(10) lat.: ein Gott aus der Maschine: meint eine unerwartet plötzliche, eher unwahrscheinliche Lösung eines Problems

(11) Montezuma war ein rachsüchtiger Herrscher. Scherzhaft meint man damit Bauchschmerzen und Diarrhöe

(12) tropischer Cocktail aus Kokosmilch, Ananassaft und Rum auf zersto-ßenem Eis

(13) Kiosk, Tante-Emma-Laden

(14) Leute vom Lande, auch Bauern

(15) Bewußtseins- oder Energiezentren im menschlichen Körper

(16) lat.: allmächtig und allgegenwärtig

(17) lat.: unter dem Blickwinkel der Ewigkeit

(18) span.: Küchenschabe

(19) Getränk, das man bei Sonnenuntergang trinkt

(20) Verwandlung von Brot und Wein in Leib und Blut Jesu Christi

(21) lat.: wohl oder übel

(22) ausdrücklich

(23) rote Blutkörperchen

(24) spiritueller Schüler, auch zuweilen tchela oder shela geschrieben

(25) span.: Gärtnerei

(26) lat.: wie oben – so unten

(27) span.: vom Lande

(28) span.: Gott sei Dank

(29) Filmtitel: ''Gone with the Wind'' - deutsch: ''Vom Winde verweht'' hier in Anlehnung: ''Gone with the Waves''- deutsch: ''Mit den Wellen gegangen''

(30) lat.: Geheimnis (Geheimnisse)

(31) ''erbitte Anweisungen für nochmaligen Start'' ...``Rollfreigabe zur Starbahn 09 – Wind aus 80° mit 2 Knoten – an die Startlinie rollen und halten`` - Funktionskontrolle - ''startbereit'' ---- Startfreigabe`` ---- ''verstanden, wird ausgeführt''... Vollgas und abgehoben... Diese Abfolge von Phrasen zwischen Tower und Pilot vor dem Start eines Fliegers sind nicht korrekt, sondern verkürzt wiedergegeben. Aber im Traum darf man ja alles machen, wie man will

(32) Kundalini: aus dem Sanskrit: eingerollte Schlange, die im Wurzelchakra ruht

(33) Solarplexus - 3.Chakra

(34) lat.: unerwünschte Person

(35) geflochtenes Dach aus den Zweigen der Cana Palme -

(36) Gringo: (etwas verächtliche) Bezeichnung für Ausländer in Lateinamerika

(37) lat.: das letztliche, unabänderliche Entscheidende

(38) Teufelskreis:nicht enden wollender Kreis eines Problem, der die Lösung verhindert

(39) die 10 Sefiroth des Lebensbaums der Kabbalah sind: 1.Kether; 2.Chockmah; 3.Binah; 4.Chessed; 5.Geburah; 6.Tifereth; 7.Netzach; 8.Hod; 9.Jesod; 10.Malkut

(40) archetypische Urschlange, die ihren Schwanz verschluckt und so den Kreis schließt: ohne Anfang und ohne Ende

(41) ungeschlechtliche Zeugung und Geburt aus einer Jungfrau

(42) Schrift-Auslegung - Experten der Schriftauslegung

(43) Eroberer: die im Zusammenhang von Columbus so genannten Entdecker Mittel- u. Südamerikas

(44) „Hören Sie diese Geräusche? Ich meine, da ist etwas kaputt!?!" „Nein, keine Angst! Das Geräusch ist normal. Das Fahrwerk wird eingezogen. Alle Verkehrsflugzeuge arbeiten mit diesem System, um mehr Geschwindigkeit zu erreichen und Kerosin zu sparen, müssen Sie wissen."

Griech. Wörter mit korrekten Akzenten siehe folgende Seite.
Alle Personennamen wurden geändert – mit Ausnahme des Kosenamens für meinen Stiefvater, den wir Ewel nannten

Griechische Wörter:

Kapitel 7: πάντα ῥεῖ
12: σύμβολον
17: ὁ καιρός
ἡ εἰδέα
18: γνῶθι σεαυτόν
20: Σῶμα – Σῆμα
θάνατος
τελευτᾶν τὸν βιόν
τό νῦν
τό ἄτοπον
Ἐν – Πολλά
πνεῦμα
τὴν ψυχὴν ἀφιέναι
Χριστός
27: τό πλῆθος
ἡ αἰτία
τετρακτιστύς

Literatur

Adler, Alfred	Menschenkenntnis
Aivanhov, Omraam Mikhail	Tagesgedanken
Angelus Silesius	Der Cherubinische Wandersmann
A.R.	Eigenzitate der Autorin
AT und NT	
Aurobindo	Integraler Yoga
Aurobindo	Savitri
Avalon, Arthur	Die Schlangenkraft
Bach, Richard	Die Möwe Jonathan
Balsekar, Ramesh S.	Erleuchtende Gespräche
Bardon, Franz	Der Weg zum wahren Adepten
Bardon, Franz	Die Praxis der magischen Evokation
Bardon, Franz	Die Schlüssel zur wahren Quabbalah
Blavatsky, Helena Petrowna	Die Geheimlehre
Bô Yin Râ	Das Buch vom Lebendigen Gott
Buber, Martin	Die Erzählungen der Chassidim
David-Neel, Alexandra	Die geheimen Lehren des tibetischen Buddhismus
Dirie, Waris	Wüstenblume
Donner-Grau, Florinda	Traumwache
Feuerstein, Georg	Das Geheimnis des Lichts Leben und Lehre von Aivanhov, Omraam Mikhail
Franz von Assisi	Der Sonnengesang des Heiligen
Fritsche, Herbert	Der große Holunderbaum
Fritsche, Herbert	Iatrosophia
Fromm, Erich	Die Anatomie der menschlichen Destruktivität
Fromm, Erich	Die Kunst des Liebens
Govinda, Lama Anagarika	Der Weg der weißen Wolken
Hawking, Stephen	Das Universum in der Nußschale
Hodapp, Bran O.	Die Hohe Kabbalah
Jaspers, Karl	Einführung in die Philosophie
Jaspers, Karl	Nietzsche
Jaspers, Kar	Nietzsche und das Christentum
Jung, C.G.	Der Mensch und seine Symbole

Jung, C.G.	Über psychische Energetik und das Wesen der Träume
Kierkegaard, Sören	Der Begriff Angst
Knaurs	Großer Religionsführer
Knaurs	Lexikon der Mythologie
Koran	
Kübler-Ross, Elisabeth	Sterben lernen – Leben lernen
Kyber, Manfred	Die drei Lichter der kleinen Veronika
Kyber, Manfred	Genius Astrid
Lao Tse	Tao Te King
Lapide, Pinchas	Wurde die Bibel richtig übersetzt?
Levi, Eliphas	Transzendentale Magie
Lurker, Manfred	Wörterbuch der Symbolik
Maharshi, Ramana	Sei wer Du bist
Meister Eckhart	Schriften und Predigten
Meister Yüan Kuang	I Ging
Meyrink, Gustav	Das grüne Gesicht
Meyrink, Gustav	Der Golem
Murphy, Dr. Joseph	Die Macht Ihres Unterbewußtseins
Nestle – Aland	Das Neue Testament (griechisch und deutsch)
Neturei Karta International	Leitung: Rabbi Yisroel David Weiss www.netureikarta.org
Nietzsche, Friedrich	Also sprach Zarathustra
Nietzsche, Friedrich	Ecce Homo
Nietzsche, Friedrich	Menschliches – Allzumenschliches
Obermeier, Siegfried	Starb Jesus in Kaschmir?
Papus	Die Kabbala
Plato	Phaidron
Plato	Symposion
Radhakkrishnan,S.	Bhagavad Gita
Ramacharaka	Die Kunst des Atmens der Hindu-Yogis
Riemann, Fritz	Grundformen der Angst
Rostoska, Alexa	Mir träumte - Gedichtband in Vorbereitung
Rostoska, Alexa	…daß sie fliegen wie Vögel (vergriffen)
Rostoska, Alexa	CD mit Gedichten: "Sei frei wie Wind und Wolken"
Rostoska, Alexa	Buchrezension ´´Kurs in Wundern´´ (veröffentlicht bei Amazon)

Saint-Exupery, Antoine	Dem Leben einen Sinn geben
Saint-Exupery	Der kleine Prinz
Satprem	Sri Aurobindo oder das Abenteuer des Bewußtseins
Schischkoff,Georgi	Philosophisches Wörterbuch
Scholem, Gershom	Zur Kabbala und ihrer Symbolik
Seneca, Lucius Anäus	Von der Seelenruhe
Shastri, Hari Prasad	Meditation
Sherwood, Keith	Die Kunst spirituellen Heilens
Steiner, Rudolf	Wie erlangt man Erkenntnis höherer Welten?
Tolle, Eckhart	JETZT – die Kraft der Gegenwart
Weinfurter, Karl	Der brennende Busch
Weinreb, Friedrich	Buchstaben des Lebens – Texte zum Nachdenken -
Wilhelm, R.-C. - G. Jung	Das Geheimnis der goldenen Blüte
Wilhelm, Richard	I Ging

Bemerkungen:
Auf die Angabe von Verlag und ISBN wurde bewußt verzichtet, da einerseits manche Bücher im Besitz der Autorin zu einer Zeit erschienen sind, als es noch keine Codierung mit ISBN gab, andererseits auch einige Bücher in mehreren Verlagen mit Vor- und Nachwort unterschiedlicher Autoren erschienen sind, unter denen die interessierten LeserInnen bitte selbst auswählen möchten.

Ein PARADIES geschenkt???

… das ist vorbei – seit Adam und Eva!!!
aber…

ein Stück Paradies kaufen –

ja – das geht immer (noch!!!)

Ihr persönlicher Engel verrät Ihnen alle Geheimnisse:
www.island.in.the.sun.4ever.ms oder
SUNS.Inter@directbox.com
Eurokunden kaufen so günstig wie nie zuvor:
Hoher € - niedriger US$
(Finanzierung kein Problem)

Mein herzlichster Dank
gilt meinem Freund

George Oz

für seine großzügige Unterstützung
bei der Verwirklichung
dieses Buches

property center

"people before profit"

propertycenter.tv
tay@propertycenter.tv

**Tay
Oz**

Office: 001-809-571-1050
Cel 1: 001-809-464-4728
Cel 2: 001-809-868-3486

#2 C/Alejo Martinez
El Batey, Sosua, Pto. Pta. R.D.

KASPAR SPRICHT:
SEI FREI WIE
WIND UND WOLKEN
Ernste und heitere Gedichte von Alexa Rostoska

Die Titel der Gedichte auf dieser CD siehe bei:

www.kaspar-spricht.de

… und noch einige interessante links:

www.bod.de
www.amazon.de - ... mal Alexas Rezensionen anschauen
www.pilgerreise-in-mein-herz.de
www.dream.caribbean.home.in.love.ms
www.caribbean.penthouse.studios.in.love.ms
www.house.in.house.penthouse.dream.in.love.ms

... und was für Geistesblitze
kommen da demnächst noch aus heiterem Himmel ???

Mir träumte...
(Lyrik-Bändchen)

Berg- und Talpredigt
(selige und unselige Sprüche - geklopft von Alexa)

Drehbuch: „**... der werfe den ersten Stein**"
- Lebensgeschichte eines Jesuitenpaters –

Drehbuch: „**Das dritte X**"
- das verhängnisvolle Schicksal
einer unerkannten Mörderin -